Nigeria

Über den Autor

Dr. Eberhard Stahn, geb. 1933 in Königs-
dubrau, Kreis Sorau (ehem. Provinz
Brandenburg), 1953–58 Studium der
Politischen Wissenschaften und der
Volkswirtschaft in Berlin und Paris,
1960–70 tätig bei der Deutschen Stiftung
für Internationale Entwicklung in der
Abteilung Erziehung und Wissenschaft,
seit 1970 für eine europäische Entwick-
lungshilfe-Organisation zunächst in
Afrika, 1978–82 im Südpazifik mit Sitz
in Suva/Fidschi, 1982–86 in Lagos/Nige-
ria, 1986–91 in der Karibik, seit 1991 in
Kamerun. Eberhard Stahn ist auch Verfasser von Mai's Weltführer Nr. 34 »Südsee«
und Nr. 45 »Hawaii«; sein Band über
die Kleinen Antillen ist in Vorbereitung.
Unser besonderer Dank gilt Frau Anneliese
Ashiwayu, Lagos, für aktuelle Informationen sowie dem Unternehmen Bilfinger
u. Berger, Wiesbaden, für die großzügige
Unterstützung mit Fotomaterial.

Herausgeber

Ingo und Marie-Luise Schmidt di Simoni

Verlag und Verfasser sind für Ver-
besserungsvorschläge und ergänzende
Anregungen jederzeit dankbar.

Nigeria

**Reiseführer mit Landeskunde
von Eberhard Stahn**

mit 167 Fotos und Textillustrationen
sowie 16 Karten und Plänen
und einem Reiseatlas

Konzeption, Gliederung und Layout wurden indi-
viduell für die Reihe »Mai's Weltführer« entwickelt.
Sie sind urheberrechtlich geschützt.

Die Deutsche Bibliothek – CIP-Einheitsaufnahme

Stahn, Eberhard:
Nigeria : Reiseführer mit Landeskunde /
von Eberhard Stahn. – [Neuausg.] 1. Aufl. –
Buchschlag bei Frankfurt am Main:
Mai's Reiseführer Verlag, 1995
(Mai's Weltführer ; Nr. 3)
ISBN 3-87936-220-3
NE: GT

4. Auflage 1995

© Mai Verlag GmbH & Co. Reiseführer KG 1995
Anschrift: Mai Verlag,
Quellenweg 10, D-63303 Dreieich
Tel. 0 61 03/6 29 33, Fax 6 48 85
Umschlaggestaltung, Typographie
und Layout: Gunter Czerny
Satz und Lithografie: PME, Gesellschaft
für Print- und Medienentwicklung mbH,
Kist bei Würzburg
Karten und Pläne: Verlag Haupka u. Co., Bad Soden
Lektorat: Kirsten Külker
Printed in Germany

ISBN 3-87936-220-3

Das Farbleitsystem

Teil 1: Landeskunde

Informationsteil

Karten und Pläne

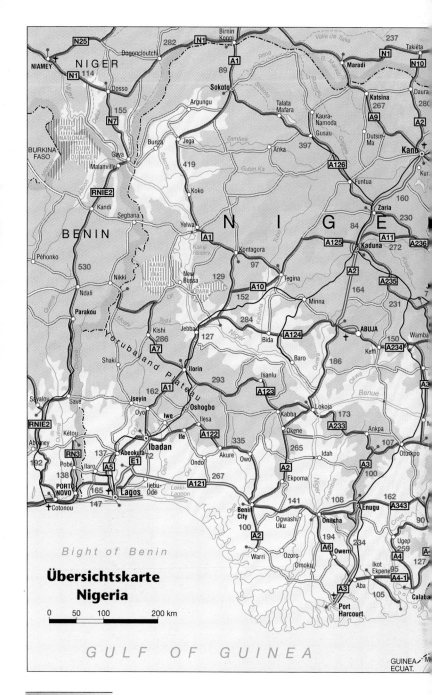

Übersichtskarte
Nigeria

0   50   100   200 km

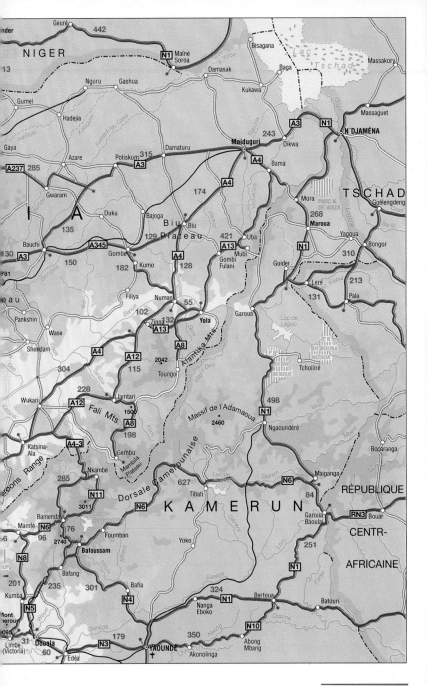

Vorwort

Einen landeskundlichen Reiseführer über Nigeria zu schreiben ist ein gewagtes Unterfangen, ist doch dieser wichtigste Staat Schwarzafrikas weder eine historisch gewachsene Nation noch eine von natürlichen Gegebenheiten geprägte Einheit. Nigeria – ein von einer Engländerin erfundener Kunstname, der sich vom Fluß Niger ableitet – ist eine willkürliche geographische Bezeichnung. Fast überall leben diesseits und jenseits der Grenzen Ethnien gleichen Ursprungs und gehören, bedingt durch die koloniale Teilung Ende des vergangenen Jahrhunderts, rundherum dem frankophonen Sprachraum an, während Nigeria Englisch als Amtssprache hat.

Und eben die von außen aufgepfropfte englische Sprache ist neben der Staatsangehörigkeit das einzige gemeinsame Band, obschon sie in den ländlichen Gegenden vor allem des Nordens kaum verbreitet ist. Ansonsten weisen die großen Volksstämme in Tradition, Kultur, Religion, Lebensformen und Mentalität markante Unterschiede auf. Erst die koloniale Eroberung und später das Streben nach politischer Unabhängigkeit innerhalb ursprünglich aufgezwungener, dann aber für unverletzlich erklärter Grenzen haben zur Bildung eines Vielvölkerstaates geführt, der bislang freilich schwer zu regieren ist.

Schwieriges Unterfangen für einen einzelnen Autor auch deshalb, weil eine Vielzahl von Themenbereichen, die dem Leser einen möglichst umfassenden Gesamteindruck des Landes vermitteln möchten, auf wenigen Seiten abzuhandeln sind. Eine inhaltlich erschöpfende und in Details exakte Darstellung wäre nur durch eine rigorose Begrenzung der Themen zu erreichen gewesen. Daher konnte das angestrebte Ziel, über alle größeren Volksgruppen und ihre Lebensräume ausführlich zu informieren, oft nur durch Verallgemeinerungen oder in manchen Fällen durch den Verzicht auf zu weit führende Detailschilderungen erreicht werden. Zu jedem Kapitel der Landeskunde und manchem ihrer Unterabschnitte sind, wie die Auswahlbibliographie zeigt, ganze Bücher geschrieben worden (allerdings überraschenderweise wenig zum Thema »Mensch und Gemeinschaft«). Es ist denn auch kein Zufall, daß bisher noch keine vergleichbare Veröffentlichung, selbst nicht in England, erschienen ist.

Nigeria ist und wird in absehbarer Zeit kein Touristenland sein, da es dazu an den entsprechenden Voraussetzungen fehlt. Die Zielgruppe dieses Buches ist deshalb nicht der sonnenhungrige Strandsucher, wenn auch die Reise-Informationen neben dem länderkundlichen Teil einen großen Raum einnehmen. Der Band will einen schnellen und möglichst umfassenden Überblick über dieses immer wieder in die Schlagzeilen geratende Land und seine Bewohner geben, auch jenen Lesern, die gar nicht nach Nigeria zu reisen beabsichtigen. Es ist erstaunlich festzustellen, wie wenig selbst seit Jahren in Nigeria ansässige Ausländer von diesem Land kennen, das in mancher Hinsicht wegen seiner Einzigartigkeit faszinierend ist. Der Band will deshalb dazu beitragen, Kenntnisse zu vermitteln und Verständnis zu wecken. Er soll ein hoffentlich nützliches Hilfsmittel für alle jene sein, die geschäftlich oder auch privat nach Nigeria reisen und sich im Land umsehen wollen.

Abschließend eine terminologische Bemerkung: Bestimmte Begriffe aus unserem westlichen Wortschatz wie Häuptling, Stamm, aber auch König und Palast haben einen negativen Unterton bzw. vermitteln falsche Vorstellungen. Diese aus den einheimischen Sprachen übersetzten Worte geben in unserer Sprache den sie abdeckenden Sachverhalt ungenau wieder. Das wird besonders deutlich, wenn vom »Palast« eines »Königs« die Rede ist. Man darf dann nicht an den Buckingham-Palast oder an Versailles denken. Diese Gebäude, die Sitze der sogenannten traditionellen Herrscher, fallen von außen betrachtet (ausgenommen die Herrschaftssitze der Emire) in der Regel allenfalls durch ihre Weitläufigkeit auf. Und ein König – im Text werden weitgehend die Originalbezeichnungen wie Oba etc. verwendet – übt lediglich traditionelle Herrschaftsfunktionen im sozialen Bereich aus. Zur Umschreibung von »Häuptling« und »Stämme« werden Begriffe wie *Chief*, das im Englischen nicht den kolonialen Unterton hat, bzw. Ethnien oder Volksstämme verwendet.

Die Moschee der neuen Hauptstadt Abuja im Abendlicht

Landesnatur und Bevölkerung

Lage und Größe

Der am Golf von Guinea liegende afrikanische Staat Nigeria (amtlich: Federal Republic of Nigeria) wird oft wegen seiner Bevölkerungszahl als das größte Land des schwarzen Kontinents bezeichnet. Flächenmäßig rangiert es mit seinen 923 768 km² (etwa zweieinhalbmal so groß wie die Bundesrepublik Deutschland) jedoch nur an 10. Stelle unter den Ländern südlich der Sahara. In Form eines Trapezes erstreckt es sich von 4° bis 14° nördlicher Breite und 3° bis 15° östlicher Länge und liegt damit im Übergangsgebiet zwischen West- und Äquatorialafrika. Die größten Nord-Süd-Entfernungen betragen etwa 1 100 km, während die Breitenausdehnung zwischen 700 und 1 300 km liegt.

Der Golf von Guinea im Süden ist die einzige natürliche Grenze des Landes. Sowohl im Westen zu Benin wie im Norden (Niger und Tschad) und Osten (Kamerun) verlaufen die auf der Berliner Konferenz von 1884/85 festgelegten Grenzen quer durch traditionelle Stammesgebiete. Lediglich die Kamerun-Berge können noch als eine topographische Grenze bezeichnet werden. Von dem aus Nordwesten einfließenden Niger (1 170 km Länge innerhalb Nigerias) und seinem aus dem Osten kommenden größten Nebenfluß Benue wird das Land in Form eines Ypsilons dreigeteilt, was in groben Zügen auch der Stammesgliederung entspricht. Die 22 Mündungsarme des Niger haben dessen Mündungsdelta kontinuierlich ins Meer hinauswachsen lassen. Es trennt heute die Bucht von Benin im Westen von der Bucht von Bonny.

Landschaft

Der größte Teil Nigerias liegt im Bereich des großen afrikanischen Festlandsockels, der aus kristallinen Gesteinen, vor allem Gneisen, Graniten und Magmatiten besteht. An einigen Stellen dringt das Tiefengestein als Gebirgsformation an die Oberfläche, während es im übrigen von Sedimenten überdeckt ist, aus denen gelegentlich kahle Inselberge von unterschiedlicher Form und Größe hervorragen. In einer groben Einteilung läßt sich die Landmasse in mehrere Zonen gliedern: Die Savannenlandschaft des Nordens umfaßt die Hochebene im Haussa-Land mit Höhen zwischen 400 und 1 000 m, die Senke von Sokoto (180–240 m) im Nordwesten und im Nordosten das Becken des riesigen, abflußlosen Tschadsees bei 240–300 m ü.d.M., dessen Seefläche in niederschlagsreichen Jahren nahezu die Größe Hessens einnimmt und an der außer Nigeria die Staaten Niger, Tschad und Kamerun Anteil haben. Das Jos-Plateau (1 000–1 200 m) mit vulkanischen Gipfelhöhen bis über 2 000 m liegt am südöstlichen Rande dieser Hochebene. Die in südöstlicher bzw. südwestlicher Richtung verlaufenden Flußtäler des Niger und des Benue haben Tieflandcharakter und trennen das nordnigerianische

**Inselberg
im Yorubaland**

Hochland von den Landschafts-
zonen des Südens. Die hügelige
Landschaft südöstlich des Benue
geht an der Grenze in das Kamerun-
Gebirge mit dem Mambilla-Plateau
(1500–1800 m), wo sich der höchste
Berg Nigerias, der Chappal Waddi
(2 419 m) – auch Chabal Nadi genannt – erhebt, und dem Obudu-Plateau (1600–1800 m) über. Dieser
Gebirgskette ist im Süden die Cross-
River-Ebene vorgelagert, die nach
Westen hin um die Stadt Enugu zu einem teilweise schroffen Hügelland
mit kohleführenden Schichten an-
steigt. Der Niger-Unterlauf, der stellenweise eine Breite von 1,5 km auf-
weist, mit seinem riesigen, in Sümpfe
übergehenden 350 km breiten Delta,
leitet zu den Ebenen und Hügellän-
dern im Westen über, die durch eine

flache 180–300 km breite Küstenzo-
ne mit weitverzweigtem Lagunen-
netz und Brackwassersümpfen vom
Meer getrennt sind.

Die natürlichen Landschaftszo-
nen sind durch menschliche Eingriffe und infolge dichterer Besiedlung
in mancher Weise beeinflußt und
umgestaltet worden. Die in Afrika
weit verbreitete Sitte des Abbren-
nens von schlechtem Grasland zur
Förderung des Wachstums junger
Gräser in der Regenzeit, aber auch
zur Vernichtung von Insekten und
Schädlingen, von Ernterückständen
und dichtem Gebüsch für die Nutzung des Bodens als Ackerland verwandelt in der Trockenzeit ganze
Landschaften, die ohnehin schon
durch die auf allen Pflanzen liegende
Staubschicht ein eintöniges Aussehen haben, in rußgeschwärzte
Ödnis.

Klima

Das Klima Nigerias wird infolge seiner äquatornahen Lage von den jahreszeitlichen Verschiebungen der vom Atlantik kommenden feucht-warmen Luftmassen aus südwestlicher Richtung und den trockenen Nordostwinden aus der Sahara bestimmt. Die Grenzzone zwischen diesen Luftmassen, die sogenannte Innertropische Konvergenzzone, wandert mit dem Sonnenhöchststand im Jahresrhythmus nord- und südwärts. Die Schwankungen der Temperaturen und Niederschlagsmengen sind eine Folge dieser Pendelbewegungen der Luftmassen.

Der um die Jahreswende vorherrschende Nordostwind ist an der westafrikanischen Küste unter dem Namen *Harmattan* bekannt. Dieser extrem trockene Wind hat seinen Ursprung in der Sahara und führt oft feinen Wüstenstaub mit sich. Selbst an der Küste, wo die relative Luftfeuchtigkeit trotzdem recht hoch bleiben kann, verdüstert sich der Himmel an manchen Tagen nebelartig, so daß der Flugverkehr zum Erliegen kommt. Die in einen dichten Schleier gehüllte Sonne nimmt dann, falls sie überhaupt noch zu erkennen ist, eine mondartige Färbung an. Mit Beginn der Regenzeit im März/April weicht die trocken-heiße Luft wieder nach Norden zurück, und die feuchtwarmen Luftmassen dringen bis zu 20° nördlicher Breite vor.

In der Küstenregion liegen die durchschnittlichen Höchsttemperaturen bis etwas über 30 °C und steigen auf knapp 35 °C im Norden an. Die heißesten Monate sind im Süden Februar bis April, d. h. die Über-

gangsperiode vom Harmattan zur Regenzeit. Im Norden beginnt die heißeste Jahreszeit im März und dauert mit Spitzentemperaturen von über 40 °C bis Juni. Juli und August, die Monate mit den höchsten Niederschlägen, weisen im allgemeinen niedrigere Höchstwerte auf.

Die durchschnittlichen Temperaturminima liegen im Süden bei 22 °C, im Norden bei knapp 19 °C, können aber hier während der Harmattan-Monate Dezember und Ja-

Sudansavanne an der Grenze zu Kamerun

nuar auf 13 °C und weniger fallen. Die Schwankungen sowohl im Tagesverlauf als auch während des ganzen Jahres sind im Norden also wesentlich größer als im Süden. Ebenso wie die Temperaturen weisen die Niederschläge und die relative Luftfeuchtigkeit bei regelmäßigen saisonalen Schwankungen markante Unterschiede zwischen dem Norden und dem Süden auf. Die jährlichen Niederschlagsmengen liegen im Westen bei 1800 mm und steigen nach Osten hin mit Werten über 4000 mm auf mehr als das Doppelte. In den zentralen Landesteilen erreichen die Niederschläge im Jahresdurchschnitt 1270 mm und fallen in den Sahelregionen des Nordens bis auf 500 mm – in den regelmäßig auftretenden Trockenjahren auch weit darunter. Lediglich der Südwesten kennt zwei Regenzeiten: die große Regenzeit während der Monate März bis Juli, in der die meisten Niederschläge fallen, und die kleine Regen-

Baumriesen, wie hier der Kapokbaum, werden immer seltener

zeit von Mitte September bis Anfang November. Nach Südosten hin macht sich die dazwischenliegende Trockenzeit immer weniger bemerkbar, und selbst in den Trockenmonaten November bis April fallen gelegentlich Niederschläge. Auch nordwärts gehen beide Regenperioden immer stärker ineinander über und verkürzen sich im äußersten Norden auf die Monate Juni bis September.

Die relative Luftfeuchtigkeit erreicht in den Gegenden mit den stärksten Niederschlägen die höchsten Werte und kann dort in den Morgen- und Abendstunden 100 % betragen. Nach Norden nimmt sie stetig ab und variiert mit den Regen- und Trockenzeiten, kann aber auch während der trockenen Jahreszeit bei feuchten südöstlichen Winden abrupt ansteigen.

Das im Süden fast das ganze Jahr hindurch vorherrschende tropische Klima ist im allgemeinen besser ver-

Tropischer Regenwald im Süden Nigerias

träglich als gemeinhin vermutet wird. Die früher als »Grab des weißen Mannes« verrufene West-küste hat mit der Eindämmung der Tropenkrankheiten, insbesondere der Malaria und Trypanosomiasis (Schlafkrankheit), ihren Schrecken verloren. Klimaanlagen in Wohn- und Geschäftshäusern tragen gleich-falls zum besseren Wohlbefinden bei. Und trotz der hohen Luft-feuchtigkeit kann man sich bei 30 °C nach entsprechender Eingewöh-nung auch sportlich betätigen.

Jamswurzeln, ein Grundnahrungsmittel im südlichen Nigeria

Flora und Fauna

Die Abgrenzung der Landschaftsgürtel stimmt weitgehend mit bestimmten klimatischen Kriterien überein. In den Tropen sind dies allgemein die ständig hohen Temperaturen bei geringen täglichen Schwankungen. Die jährliche Menge und Verteilung der Niederschläge zwingen jedoch zu einer weiteren Untergliederung innerhalb des Tropengürtels. In grober Schematisierung kann Nigeria in zwei großen Regionen unterteilt werden: die Regenwald- und die Savannenzone.

Zwischen der Küste und dem eigentlichen Regenwald zieht sich

Hirseanbau in der Guineasavanne

Westlich des Tschadsees dringt die Sahelzone immer tiefer nach Nigeria hinein

Die Sudansavanne ist durch einzelnstehende Baobab-Bäume gekennzeichnet

eine 30–40 km breite Zone mit Mangrovensümpfen hin, die im Nigerdelta ihre größte Ausdehnung erreicht und nach Westen immer schmaler wird. Die Vegetation wird hier von Mangrovenbäumen bestimmt, die 15 m hoch werden können. Die sich anschließende und bis zu 250 km breite tropische Regenwaldzone – im Westen kaum noch als solche zu erkennen – büßte bis auf wenige Stellen ihren Urwaldcharakter ein. Da ein großer Teil der Nutzhölzer weitgehend geschlagen wurde, mußte der Holzexport inzwischen verboten werden. Der artenreiche Baumbestand der durch menschlichen Eingriff entstandenen Sekundärwälder besitzt zwar

eine dichte Pflanzendecke am Boden, jedoch kein geschlossenes Kronendach mehr. Landwirtschaftlich wird diese Zone intensiv genutzt. Im Osten wurden Ölpalm- und Kautschukpflanzungen angelegt. In der Umgebung der Städte Ibadan und Ife im südwestlichen Nigeria befindet sich das Hauptanbaugebiet für Kakao. Jams, Kassava und Kochbananen sowie gelegentlich Reis und Mais werden als Grundnahrungsmittel für die Bevölkerung der südlichen Landesteile überall sowohl für die Eigenversorgung als auch zum Verkauf auf den Märkten angebaut.

Nach Norden geht der Regenwald in die dicht besiedelte Feuchtsavan-

Der Flamboyant an den Straßenrändern ist ein vertrauter Anblick

Ein besonders schönes Exemplar der Fächerpalme Ravenala madagascariensis, auch Baum der Reisenden genannt

Die Savanne ist die größte Vegetationszone Nigerias. Sie besteht im wesentlichen aus der Guinea-Savanne und der Sudan-Savanne. Die Guinea-Savanne gliedert sich in Waldland im Süden mit anschließender offener Baum- und Strauchsavanne sowie in reine (baumlose) Buschsavanne und in hohe Grassavanne. Eingesprenkelt in diesen breiten Streifen, zu beiden Seiten des Niger und Benue, den sogenannten Middle Belt, der weit über ein Drittel des Staatsgebiets umfaßt, liegen das Jos-Plateau mit geringem Baumbestand und großräumig betriebener Landwirtschaft, das Mambilla-Plateau mit Weideland und Teepflanzungen und das Obudu-Plateau, die Teile des Kamerun-Gebirges sind.

ne über, die durch intensiven Wanderhackbau und Buschbrände große Teile ihres früheren Baumbestands verloren hat. Waldland und Dickichte wechseln mit offener Baum- und Grassavanne. Neben Jams und Kassava gedeihen hier ebenfalls Mais, Reis, Bohnen, Sorghum, Baumwolle, Tabak und Zuckerrohr.

*Die Blütenpracht
der Bougainvilleen
erfreut das Auge
des Besuchers*

Die spärlichere Vegetation der Sudan-Savanne hängt mit den unregelmäßigen Niederschlägen zusammen. Ausgedehnte trockene und kurzhalmige Grassavannen, geringer Baumbestand (Akazien, Dornbüsche, Dumpalmen) und der bizarre Baobab (Affenbrotbaum) bestimmen das Bild.

Eingebettet in die Sudan-Savanne ist der Erdnußgürtel, der sich mit Schwerpunkt in den Bundesländern Kaduna und Kano fast über die ganze Breite Nordnigerias hinzieht. Am südlichen Rand dieses Gürtels gedeihen Tabak und Baumwolle. Sorghum, Reis und Sojabohnen werden hauptsächlich in der Sokoto-Senke und im Nordosten angebaut. Westlich des Tschadsees dringt die Sahelzone immer tiefer nach Nigeria hinein, jene Übergangszone von der Trockensavanne zum Wüstengürtel des nördlichen Afrika, die durch die schrecklichen Dürrekatastrophen der letzten Jahre traurige Berühmtheit erlangte. Die Landschaft wird hier von verstreuten Akazien und einer narbigen Grasdecke geprägt. In den Tälern der Flüsse, die die genannten Vegetationszonen durchqueren, hat sich eine eigene, von der umliegenden Landschaft abweichende Vegetation mit Grasbewuchs und angrenzendem Baumbestand herausgebildet.

An Nutzpflanzen, besonders in den südlichen Landesteilen, sind neben den bereits erwähnten landwirtschaftlichen Kulturen Kokospalmen,

Zeburinder spielen eine wichtige Rolle als Zugtiere sowie zur Fleischversorgung

Die zahlreichen Termitenhügel sind oft wahre Meisterwerke der Natur

Zitrusgewächse (Zitronen, Apfelsinen, Mandarinen u.a.), Bananenstauden, Papaya, Mangobäume etc. zu nennen.

Das tropische Klima bietet auch gute Voraussetzungen für Zierbäume und -blumen. In den Gärten und an Straßenrändern sieht man häufig die Bougainvillea, einen blühenden Ranker, dessen Farbpalette von Weiß über Gelb bis Violett reicht, die scharlach- bis orangerote Blütenpracht des Flammenbaums (Flamboyant), die blauen, trompetenähnlichen Blüten der Jakaranda, die an unseren Goldregen erinnernde Röhrenkassie und den in verschiedenen Farben blühenden Frangipani, dessen Blüten zierlichen Porzellangebilden gleichen. Blumen werden in den Gärten überraschenderweise wenig gezogen, obwohl auch Orchideen gedeihen.

In früheren Zeiten boten Urwälder, Savannen und Steppen weiten Lebensraum für zahlreiche Tiere wie Löwen, Leoparden, Elefanten, Giraffen, Büffel, Antilopen, Gazellen, Affen, Flußpferde, Krokodile und vielerlei kleinere Tierarten. Sie sind zwar nicht ausgestorben, doch die zunehmend dichtere Besiedlung, die Anlage von Nutzpflanzungen und die Erschließung von Ölfeldern hat zu ihrer Dezimierung und Zurückdrängung in entlegene Gebiete geführt. Mit der Errichtung der beiden Nationalparks Borgu Game Reserve (S. 215) und Yankari Game Reserve (S. 272) – weitere sind geplant – wurden erste Voraussetzungen für ihr Überleben geschaffen.

Die Zahl der Säugetierarten wird auf 250 geschätzt, darunter zwei Dutzend Antilopenarten. Zu den bekanntesten gehören, neben den

Kamele sind im Norden des Landes für den Transport von Menschen und Waren unverzichtbar

Großwildtieren, Hyänen, Wildschweine, Hundskopfaffen und Hasen. Während die Fauna der Regenwaldzone noch nicht völlig erforscht zu sein scheint – denn erst in den letzten Jahrzehnten wurden beispielsweise der olivfarbene Kolobus-Affe und das Riesenwildschwein entdeckt –, sind bereits Tiere wie der Rotbauch- und Rotohraffe sowie einige Vogelarten vom Aussterben bedroht. Überall anzutreffen sind die flinken, vielfarbigen insektenvertilgenden Geckos und Chamäleons. Schlangen kommen im Osten häufiger, im Norden seltener vor: am ehesten begegnet man Pythons, Kobras, Puffottern u. dgl. auf den Märkten – allerdings in Form einer gegerbten Haut oder als Zaubermittel, dem Juju (S. 102).

Artenreich ist die Welt der Vögel in den Wäldern und Savannen, aber auch in den Siedlungen der Menschen. Kormorane, Pelikane und zahlreiche andere Wasservögel findet man in den Flußtälern, Sümpfen und am Tschadsee. In der Nachbarschaft von Viehherden leben der Heron (Kuhreiher) und der Ibis und in der Nähe von Schlachthöfen der aasfressende Marabu. Geier, Adler, Falken, Sekretärvögel und Störche (im Mai bis Oktober) sind ebenfalls weit verbreitet, wogegen die majestätisch einherschreitenden Kronenkraniche nur im Norden vorkommen.

Der tropische Wald beherbergt eine Unzahl kleinerer Vögel, deren Zirpen und Gesang sich abseits der Verkehrswege zu einer vieltönigen Kulisse verbindet. Einige dieser Vögel, wie der gelehrige Graupapagei, der Sperlingspapagei (auch Grünköpfchen, engl. *lovebird*) und manch andere farbige Spezies, findet man als Hausgenossen in Stadtwohnungen. Ebenfalls in den Waldzonen sind zahlreiche farbenprächtige Schmetterlinge anzutreffen.

Weniger angenehm sind die zahllosen Insektenarten, wie die Malaria übertragende Anophelesmücke und die bei Mensch und Tier Schlafkrankheit erzeugende Tsetsefliege, Parasitenwürmer (Bilharzien, Hakenwürmer), Sandflöhe, Ameisen, Spinnen und Termiten, deren steinharte Hügel architektonische Meisterwerke sind.

Der Vollständigkeit halber sei noch auf die Nutztiere Pferd, Rind,

Kamel, Esel, Schaf, Ziege verwiesen, auf die im Landwirtschaftskapitel näher eingegangen wird. Und schließlich sind Hunde (in allerlei Mischungen, aber auch reinrassige), Katzen, Enten, Hühner und Trut-hähne sowie Ratten und Mäuse zu erwähnen.

Bevölkerung

Allgemeines

Die Bevölkerung Nigerias besteht aus schätzungsweise 400 ethnisch unterschiedlichen Gruppen. Während im Süden und Südosten die Bantu-Völker (insbesondere Yoruba, Ibo, Efik, Ibibio u. a.) dominieren, überwiegen im Norden die ebenfalls dunkelhäutigen Hausa und die hellhäutigeren Fulbe, die sich auch physiognomisch durch schmalere Nasen, dünne Lippen und glatteres Haar von den Ethnien im Süden ab-heben. Alle diese Gruppen sowie die zahlreichen Zwischenstufen und Mischgruppen haben eigene Spra-chen, Sitten und Gebräuche.

Niemand vermag verläßliche An-gaben über die Gesamtbevölkerung, geschweige denn über die der einzel-nen Ethnien zu machen. Die offiziel-le Volkszählung von 1952 erbrachte 32,4 Mill., die aus dem Jahre 1963 55,7 Mill. Einwohner. Diese Zahl wurde seitdem hochgerechnet und fortgeschrieben. Nach diesen Be-rechnungen stieg die Einwohnerzahl

*Innenhof eines
Rundhüttendorfes*

*Rundhüttendorf
in der Nähe von
Abuja*

bis 1970 auf 66 Mill., 1978 auf 82,5 Mill. Danach erreichten die Schätzungen Zahlen von 120 Mill., bis eine Volkszählung im Jahre 1991 zur allgemeinen Überraschung »nur« (offiziell nicht bestätigte) 88,5 Mill. erbrachte. Damit bleibt Nigeria auch weiterhin das am dichtesten besiedelte Gebiet Afrikas. Die jährliche Zuwachsrate der Bevölkerung wird auf 2,7 % geschätzt (auch eine Folge der im Norden praktizierten Polygamie); die durchschnittliche Lebenserwartung liegt bei 53 Jahren.

Innerhalb der Großräume ist die Bevölkerungsdichte recht unterschiedlich. Die bei weitem höchste Siedlungsdichte mit ca. 150–300 Einw./km² und mehr weisen die Bal-lungsräume Lagos und Ibadan im Südwesten, das Ibo-Land im Südosten und die Gebiete um Kano und Sokoto im Norden auf. Dem stehen weite Landstriche im Nordosten und im Middle Belt mit 20–30 Einw./km² und darunter gegenüber. Die Gesamtbevölkerungsdichte liegt bei knapp 100 Einw./km². Hinsichtlich der regionalen Bevölkerungsverteilung ging man seit der ersten offiziellen Erfassung im Jahre 1961 davon aus, daß auf den Norden etwa 54 %, auf den Westen und Osten jeweils rd. 23 % der Gesamtbevölkerung entfallen. Im Laufe der Jahrzehnte ist es jedoch zu Wanderungsbewegungen und Verschiebungen gekommen. Insbesondere die Ibo sind

Mit Ornamenten verziertes Lehmhaus in einem Haussa-Dorf des Nordens

aus ihrem dicht besiedelten Gebiet im Südosten in die städtischen Zentren der Westregion und des Nordens als Händler, vor allem aber als Saisonarbeiter in den Erdnuß- und Baumwollplantagen und als Regierungsangestellte abgewandert und bilden dort ethnische Enklaven. Auch Haussa und Fulbe sind wegen des größeren Beschäftigungsangebots südwärts gezogen, können hier aber wegen geringer Englischkenntnisse und fehlender Ausbildung nur niederrangige Tätigkeiten ausüben. Als Folge dieser Wanderungsbewegungen, aber wohl auch wegen bewußter Überschätzung des Anteils der Nordregion an der Gesamtbevöl-

Traditionelle Lehmbauweise in der Stadt Kano

Lagos ist eine moderne Metropole mit Hochhäusern und Stadtautobahnen

kerung ergibt sich jetzt folgende Verteilung: 31 Mill. (35 %) für den Norden, 41,25 Mill. (48 %) für den Süden und 16,2 Mill. (17 %) für den Middle Belt.

Weitaus problematischer ist die Abwanderung aus den Dörfern in die industriellen Entwicklungszonen. Zusammen mit der industriellen Entwicklung und den Begleiterscheinungen des Ölbooms sowie der Bildung von insgesamt 30 Bundesländern mit den dazugehörenden Verwaltungsapparaten führte die Landflucht zu einem unorganischen rapiden Wachstum der Städte. Diese haben trotz unzureichender Planung und ungenügender sozialer Infrastruktur – Strom- und Wasserversorgung einschließlich Kanalisation hinken, wenn überhaupt vorhanden, weit hinter dem Bedarf her und brechen regelmäßig zusammen – nicht an Anziehungskraft verloren. Das krebsgeschwürartige Wuchern

der unvorstellbar übervölkerten Slums mit hoher Arbeitslosen- und Kriminalitätsrate ist die zwangsläufige Folge. Die Elendsviertel stehen im bedrückenden Kontrast zu den gut entwickelten neuen Verwaltungszentren, den Wohngegenden der Regierungsbeamten und den Europäervierteln in den Großstädten. Bemühungen, diesem Trend mit Hilfe einer Politik der »Ruralisierung der Städte«, d. h. der Übertragung ländlicher Lebensformen in die Städte, entgegenzuwirken, dürften auf unüberwindbare Schwierigkeiten stoßen.

Einige der Städte haben sich in den ersten zwanzig Jahren nach Erlangung der Unabhängigkeit zu großen Ballungszentren entwickelt. Ibadan, eher eine Ansammlung von riesigen Dörfern der Kakao-Bauern, galt lange Zeit als größte Stadt Afrikas. Sie wurde bald von Lagos mit über fünf Millionen Einwohnern auf den zweiten Platz verdrängt. Starke Zuwachsraten haben weitere Industriestädte im Süden, aber auch Ka-

*Kinder in der Nähe
von Abuja*

no, Kaduna, Maiduguri etc. im Norden zu verzeichnen.

Nigeria hatte schon in der vorkolonialen Ära eine in den einzelnen Regionen unterschiedlich ausgeprägte Stadtkultur (Kano, Benin, Ife, Ibadan etc.) mit spezifischen Baustilen entwickelt. Mit der wirtschaftlichen Erschließung, vor allem dem Eisenbahn- und Straßenbau, entstanden eine Reihe neuer Städte wie Port Harcourt, Onitsha, Jos und Kaduna. Im Zuge der Neugliederung Nigerias in Bundesländer wuchsen während der Unabhängigkeitsphase kleine Orte wie Yola, Owerri oder Bauchi zu Verwaltungszentren heran bzw. wurden, wie die neue Bundeshauptstadt Abuja, aus dem Busch gestampft. Heute zählt Nigeria über 150 Städte mit mehr als 20 000 Einwohnern und 20 mit mehr als 100 000 Einwohnern.

Die meisten Städte weisen ein unzusammenhängendes Nebeneinander von Baustilen auf. Die traditio-

*Yoruba-Frauen mit kolonialzeitlichen
Gewändern und traditionellem Kopfputz
anläßlich eines Festes*

nelle Bauweise ist, ausgenommen im Norden, wo sie vielfach unverändert beibehalten wurde, zunächst einem kolonialen Baustil gewichen, der den Bedürfnissen der einheimischen Bevölkerung kaum entsprach. Er ist

*Haussa auf dem
Markt von Potiskum*

noch in den alten Verwaltungszentren anzutreffen, wird aber zunehmend von der den klimatischen Bedingungen nicht angepaßten Beton-Glas-Architektur verdrängt.

Yoruba

Das lebensfrohe und stolze Volk der Yoruba (20 % der Gesamtbevölkerung) im südwestlichen Landesteil mit den Zentren Ibadan, Lagos, Abeokuta, Oshogbo und Ife gehört zu den kulturell, politisch und religiös lebendigsten Nigerias. Im Gefolge des Sklavenhandels ist der Einfluß der Yoruba heute noch in Süd- und Nordamerika sowie in der Karibik erkennbar.

Das Yoruba-Land besteht aus mehreren Königreichen, die alle politischen Wandlungen Nigerias unbeschadet überstanden haben. An der Spitze jedes der straff organisierten Königreiche steht ein in der jeweiligen Hauptstadt residierender Oba, der vom Council of Chiefs beraten wird.

Charakteristisch für die Sozialstruktur der Yoruba ist die stark ausgeprägte Solidarität. Wechselseitige Abhängigkeit und Hilfsbereitschaft sichern jedem einzelnen seine Rolle in der Gemeinschaft. Über die Grenzen hinaus bekannt ist das Kunsthandwerk der Yoruba. Wie die Terrakotta- und Bronzefiguren aus Ife belegen, kann es auf eine jahrhundertealte Tradition zurückblicken.

In jeder nigerianischen Gesellschaft sind die Yoruba leicht an ihrer traditionellen Kleidung, der Agbada, zu erkennen. Es ist ein knielanges, kunstvoll besticktes wallendes Gewand und wird über die Sokoto genannte Hose getragen.

Die Yoruba leben hauptsächlich von der Landwirtschaft – in ihrem Gebiet wird Kakao, das wichtigste landwirtschaftliche Exportprodukt, angebaut –, sind aber auch über die Landesgrenzen hinaus als Händler tätig. Durch ihre frühe Bereitwilligkeit, sich den Bemühungen der ersten protestantischen Missionare zu öffnen, wuchs bald eine vorwiegend in Amerika ausgebildete, recht aktive intellektuelle Elite heran.

Ibo

Die Ibo (auch Igbo; 17% der Gesamtbevölkerung) haben im Gegensatz zu den anderen großen Volksgruppen des Landes zu keiner Zeit ihrer Geschichte politische Strukturen herausgebildet. Die größte politische Einheit war die Dorfgruppe. Städtische Siedlungen wie im Norden und Westen kannten sie nicht. Die durch Zahlungen oder Feste erworbenen Titel verschiedener Bedeutungsgrade verliehen Verantwortung für bestimmte Lebensbereiche. Ein allgemein anerkanntes Oberhaupt in der Form eines Chief gab es in der traditionellen Ibo-Gesellschaft mit der Ausnahme des Obi von Onitsha nicht. In jüngster Zeit hat die Titelsucht jedoch auch die Ibo mit der Errichtung von Minikönigtümern und der Einsetzung von Chiefs erfaßt (S. 60).

Die Ibo sind oft von kleinwüchsigerer Gestalt. Sie haben ihre ethnische Identität am stärksten bewahrt. Im Siedlungsgebiet dieser fleißigen Ackerbauern befinden sich größere Kautschuk- und Ölpalmpflanzungen, die Nigeria schon einmal zu einem »Ölexportland« machten. Starkes Bevölkerungswachstum und eingeschränkter Lebensraum führten zu erheblichen Abwanderungen in andere Landesteile, wo sie als Händler und mit wachsender wirtschaftlicher Entwicklung in zahlreichen anderen Berufen sowie in der Verwaltung zunehmend an Einfluß gewannen.

Frühe Alphabetisierung durch die Missionsschulen und ausgeprägter Fortschrittswille gab den Ibo einen erheblichen Wettbewerbsvorsprung gegenüber den anderen Ethnien. Durch das Erziehungswesen haben sich die Frauen weitgehend aus ihrer sozialen Unterordnung freimachen können. Soweit die Ibo nicht christianisiert wurden, sind sie oft noch polygam. Die jungen heiratsfähigen Mädchen erhöhen ihre Chancen durch eine spezielle Mastkur.

Haussa

Der Name Haussa (21% der Gesamtbevölkerung) bezeichnet heute nicht nur das Volk, das vor mehr als tausend Jahren in den Norden des heutigen Nigeria einwanderte, sondern alle Volksgruppen, die im Haussa-Land leben. Dazu gehören die Fulbe (ehemals Viehnomaden, heute jedoch teilweise seßhaft) und andere, auch nichtislamische Gruppen.

Die Haussa sind weit über Westafrika hinaus als Händler bekannt. Sollte man eine bestimmte Ware nicht auf dem Markt finden, genügt es, so sagt man, einen entsprechenden Auftrag an einen Haussa-Händler zu erteilen: binnen einer Stunde würde er die Ware beschaffen. Es würde ihm auch gelingen, Wasser an Leute zu verkaufen, die am Flußufer leben. Neben dem Handel betreiben die Haussa Ackerbau, besonders intensiv im Gebiet um Kano.

Unter den handwerklichen Fertigkeiten sind die Stoffärberei in Kano (S. 257) und anderen Städten und die Weberei, neben Gerberei und Töpferei, besonders hervorzuheben. Die Wohnstätten sind in einem Rechteck angelegt und von einem Zaun oder einer Mauer umgeben.

Das lose fallende, oft kunstvoll bestickte Gewand der Haussa, die *Baba Riga* (S. 150), die über einer weiten Hose zusammen mit einem um einen Fez gewickelten Turban getragen wird, ist zur Nationaltracht aller Muslime im Norden geworden; weiß ist die dominierende Farbe.

Die Haussa-Sprache, heute von fast der Hälfte der Bevölkerung Nigerias gesprochen, umfaßt ein reichhaltiges Vokabular und kann leicht technische Begriffe der Gegenwart assimilieren. Sie hat einen musikalischen Klang und verfügt über einen großen Schatz an Idiomen und Sprichwörtern.

Fulbe

Die wahrscheinlich im 16. Jh. aus dem Gebiet des heutigen Guinea eingewanderten Fulbe (auch Fulani genannt), deren Lebensraum sich heute noch vom Senegal bis zum Tschadsee erstreckt, sind überwiegend nomadisierende Viehzüchter. In Nigeria sind sie hauptsächlich in den nördlichen Landesteilen zu finden. Im Nordwesten, im Gebiet um Sokoto, sind die Fulbe in den Haussa-Königreichen zuerst seßhaft geworden und etablierten sich als Bildungselite und religiöse Fanatiker. Durch Mischehen wuchsen sie in die Haussa-Gemeinschaft hinein,

wenngleich andere ihre Identität durch engen Zusammenhalt bewahrten. Mit der Übernahme des Islam, der ihren Führungs- und Verwaltungsfähigkeiten zugute kam, gewannen sie wachsenden Einfluß in religiösen und politischen Angelegenheiten, was schließlich zur Errichtung des Fulbe-Reiches führte (S. 47); der Sultan von Sokoto gilt heute als der höchste islamische Titelträger im Norden. Die Fulbe-Sprache wird nur noch in wenigen Nicht-Haussa-Emiraten gesprochen, selbst die Fulbe-Emire beherrschen kaum noch ihre Muttersprache. Ansonsten ist die Vermischung zwischen Haussa und seßhaften Fulbe so weit fortgeschritten, daß in der Lebensweise keine Unterschiede mehr festzustellen sind. Sprache, Religion, Kultur und Lebensart sind die gleichen.

Anders dagegen die nomadisierenden Fulbe weiter östlich. Sie haben ihr soziales Wertsystem und Brauchtum bewahrt. Trotz ihrer nichtseßhaften Lebensweise verbindet sie ein starkes Zusammengehörigkeitsgefühl. Die Lebensgrundlage der Fulbe-Nomaden, der *Bororo'en*, auch *Fulbe na'i* genannt, zur Unterscheidung von den *Fulbe sire* (= seßhafte Stadt-Fulbe) ist die Viehzucht (Rinder, Schafe, Ziegen). Im jahreszeitlichen Wechsel sind sie ständig auf der Suche nach Weidegründen. Für deren Benutzung verlangen die jeweiligen Landeigentümer neben dem zwangsläufig anfallenden Naturdünger eine Art Pacht.

In ihrem Erscheinen und Aussehen weisen die Fulbe charakteristische Merkmale auf, die sie von den übrigen Ethnien Nigerias abheben: hellere Hautfarbe, dünne Lippen, schmale Nasen und langes Haar, das vor allem von den Frauen in kunstvolle Frisuren gelegt wird. Einen Fulbe erkennt man auch an seinem langen Stock, der oft quer über die Schulter mit den Armen darüber getragen wird.

Kanuri

Die Kanuri sind trotz ihrer nur 2–3 Mill. nach den Haussa, Fulbe und den Nupe die stärkste Minoritätengruppe im Nordosten Nigerias. Sie sollen im 9. Jh. aus dem nördlichen Afrika eingewandert sein und wurden schon im 11. Jh. islamisiert. Ihr Siedlungsgebiet liegt westlich des Tschadsees. Als Bauern, Handwerker, Händler und Krieger haben die Kanuri wahrscheinlich die älteste Geschichte aller Volksstämme. Die Sprache weist Ähnlichkeiten mit denen von Völkern in der Zentralshara auf. Besonders bekannt geworden sind die Kanuri durch die Berichte des Afrikaforschers Heinrich Barth (S. 154).

Die dunkelhäutigen Kanuri sind von großer Gestalt und fallen durch ihren würdigen Gang, ihre Gesichtsnarben und Kleider auf. Kanuri-Frauen sind an ihrer Haartracht zu erkennen, die einem aus riesigen Haarflechten gefertigten Helm ähnelt. Berühmt sind die Pferde- und Kamelreiter. Mit ihren prachtvollen dunkelfarbigen Gewändern, die sie zu besonderen Anlässen wie Mohammeds Geburtstag (Id-El-Malud) anlegen, wirken sie wie aus Tausendundeiner Nacht.

Nupe

Nördlich des Niger lebt das Volk der Nupe weit verstreut über den Nordwesten des Landes, jedoch in ge-

Kanuri-Schneider auf dem Markt von Maiduguri

schlossenen Dörfern oder Städten, die jeweils von großen Lehmmauern oder Flechtzäunen umgeben sind. Die einzelnen Gehöfte mit ihren Rundhütten, deren Mauern mit Ornamenten verziert werden, sind ebenfalls von einer Mauer eingeschlossen. Das traditionelle Oberhaupt der Nupe, der Emir von Bida,

auch *Etsu Nupe* genannt, wird unter strikter Einhaltung des Rotationsprinzips von einer der drei Dynastien gestellt. Dementsprechend ist die Hauptstadt Bida (S. 238) in drei Viertel aufgeteilt, wo jede der drei Dynastien ihren Palast hat.

Die Nupe genießen den Ruf, außerordentliches handwerkliches Geschick zu besitzen. Sie sind in hochorganisierten Zünften zusammengefaßt: Schmiede, Bronze- und Silberschmiede, Weber, Glasperlenhersteller *(latana)* und Glasmacher *(masaga)*. Die Frauen haben sich auf die Herstellung von Töpferwaren und Musikinstrumenten spezialisiert. Neben den Glasperlen haben vor allem die mit Ornamenten verzierten Kalebassen, die vor dem Eingravieren der geometrischen Figuren blau, rot oder gelb eingefärbt werden, das Kunsthandwerk der Nupe auch außerhalb Nigerias bekannt gemacht.

Obwohl die Mehrzahl der Nupe zum Islam übertrat, haben einige Volksteile ihren traditionellen Glauben bewahrt. Die gesellschaftliche Stellung des einzelnen ist klar abgegrenzt und wird streng eingehalten. Bemerkenswert sind die Höflichkeitsformen und Begrüßungsrituale. Die Nupe bilden trotz ihrer gruppenspezifischen kulturellen Besonderheiten und geographischen Streuung durch ihre Sprache und Tradition eine geschlossene ethnische Einheit. Festveranstaltungen und eine farbenprächtige Regatta in Pategi, gegenüber der Mündung des Kaduna in den Niger, symbolisieren alljährlich im Februar/März die kulturelle und geistige Zusammengehörigkeit.

Tiv

Die wahrscheinlich aus dem südlichen Afrika eingewanderten und den Bantuvölkern zuzurechnenden Tiv sind beiderseits des Benue River beheimatet. Sie leben überwiegend isoliert inmitten ihrer Felder in runden Strohhütten. Trotz ihrer Nachbarschaft zum Haussa-Land konnte der Islam bei ihnen kaum Fuß fassen. Auch bildeten sich keine Führungsstrukturen mit Chiefs heraus, statt dessen basiert die soziale Struktur auf der Autorität des Familienoberhauptes. Sie unterscheiden sich durch ihre besonderen Gesichtsnarben von den anderen Volksstämmen.

Andere Ethnien

Im Vergleich mit den bisher behandelten Volksgruppen, etwas schematisch den Großregionen »Norden«, »Osten« und »Westen« zugeordnet, sind die oft zahlenmäßig nur kleinen, in der Summe jedoch nicht unbedeutenden Ethnien des sogenannten Middle Belt und im Nigerdelta weitgehend unberücksichtigt geblieben. Angesichts der dominierenden Rolle der drei großen Volksgruppen in Politik und Wirtschaft ist es ihnen bisher kaum gelungen, sich als eigenständige Ethnien über ihre Grenzen hinaus zu manifestieren. Mit der schrittweisen Aufgliederung des Landes in nunmehr 30 Bundesländer, durch die vielfach frühere Minderheiten größerer Bundesländer zur Mehrheitsgruppe im neuen Bundesland wurden, kommt jedoch auch ihre Identität stärker zur Geltung.

Die Stämme des Jos-Plateaus sowie die nördlich der Stadt Yola lebenden wirken wie ein fremdes Einsprengsel, scheinen aber schon länger ansässig zu sein als die übrigen Ethnien in ihren heutigen Lebensräumen. Diese Stämmen fallen durch die Vielfalt der Sprachen, ihre kulturellen, religiösen und sozialen Besonderheiten auf. Sie bekleiden sich nur spärlich mit Blätterbüscheln oder gehen nackt. Ihre kunstvollen Wohn- und Speicherbauten verzieren sie mit Lehmplastiken. Eine weitere Besonderheit ist die Polyandrie, eine Art Wanderehe: Eine Frau bleibt nur eine bestimmte Zeit bei ihrem Mann und geht dann ohne Auflösung der Ehe zu einem anderen. Auf ihrer Wanderschaft kann sie durchaus zu einem der früheren Ehemänner zurückkehren. Die bekanntesten dieser ethnischen Gruppen sind die Anga, Birom, Katab, Jaba und Kurama.

Nichtnigerianische Bevölkerung

Die Bevölkerungsübersicht wäre ohne einen Hinweis auf die nichtnigerianische und nichtafrikanische Bevölkerung unvollständig. Zur ersten Gruppe gehören die zahlreichen Gastarbeiter – vielfach Facharbeiter – aus den Nachbarländern (vor allem aus Ghana, Togo und Benin), die, vom Ölboom angezogen, in den siebziger Jahren in das Land strömten. Da die meisten von ihnen illegal einreisten, ist ihre Zahl unbekannt.

Im Zuge der Industrialisierung und Erlangung der Unabhängigkeit hat sich auch eine große Zahl von *expatriates,* wie die nichtafrikanischen Ausländer (Engländer, Franzosen, Deutsche, Italiener, Holländer, Iren, Belgier und Amerikaner) genannt werden, auf mehr oder weniger lange Dauer als Berater, Firmenleiter, Facharbeiter etc. vor allem in den urbanen Zentren niedergelassen. Ihre Zahl ist entsprechend der wirtschaftlichen Lage ständigen Schwankungen unterworfen. Anfang der achtziger Jahre hat ihre Zahl mit 120 000, darunter 5 000–6 000 Deutsche und mehrere hundert Österreicher und Schweizer, wahrscheinlich einen vorläufigen Höchststand erreicht. Die Zahl der Engländer lag bei 20 000 und damit höher als während der Kolonialzeit.

Eine besondere Kategorie bilden die »Libanesen« (einschließlich Syrer) und die rd. 50 000 »Inder« – unter dieser Bezeichnung werden summarisch auch Pakistani, Nepalesen, Filipinos etc. geführt. Sie sind teilweise seit Generationen ansässig und vorwiegend im Handel, in der Wirtschaft und in freien Berufen tätig.

Nigerianer sind lebensfrohe Menschen

Geschichte

Die Ursprünge

Den geographisch-politischen Begriff »Nigeria« gibt es erst seit 1900, und dann auch nur als künstliche Wörtschöpfung für eine zu schaffende administrative Einheit. Die Geschichte Nigerias bis zur zweiten Hälfte des 19. Jh. ist deshalb eigentlich die Geschichte von ethnisch und religiös unterschiedlichen Teilgebieten, zwischen denen über Jahrhunderte hinweg nur lose Handelsbeziehungen bestanden.

Seit prähistorischen Zeiten siedelten hier nach Herkunft, Sprache, Kultur und sozialen Organisationsformen stark voneinander abweichende Völkerschaften. Sie setzten sich keineswegs nur aus einer Vielzahl von »heidnischen Stämmen« zusammen, wie die frühe kolonialgeschichtliche Darstellung es sah. Über die Zeitläufe hinweg bildeten sie unorganisierte Dorfgemeinschaften, aber auch große Königtümer mit komplexen Regierungsformen.

Historische Quellen aus der Frühzeit sind kaum vorhanden. Legenden und Sagen, lange Zeit nur mündlich überliefert, geben nicht immer verläßliche Auskunft. Archäologische Funde wie Werkzeuge aus dem Mezolithikum (30 000–3 000 v. Chr.) geben Kunde von einer frühen Besiedlung. Mit der Entdeckung der Terrakotta-Köpfe bei Nok (S. 117), 1936 und 1944, kam erstes Licht in die Vergangenheit. Die Periode der Nok-Kultur umfaßt den Zeitraum von 500 v. Chr. bis 200 n. Chr., reicht also in die Eisenzeit hinein. Über die Herkunft dieser kunstfertigen Menschen, deren Nachkommen heute zurückgezogen im Jos-Plateau leben, ist nichts bekannt.

Kanem-Bornu und die Haussa-Staaten: Frühe Königreiche im Norden

Mit der Eroberung Nordafrikas durch die Araber und der Ausbreitung des Islam im 7. Jh. wurde ein bedeutendes Element in die Geschichte Afrikas und Nigerias hineingebracht, wenngleich es erst 200 Jahre später eine seitdem anhaltende Wirkung zeitigte. Im Waldgürtel des Südens lebten zu jener Zeit in kleinen Einheiten zusammengefaßte Völker, die sich von Wurzelknollen, Früchten und Tieren ernährten und mit Töpferei, Schnitzerei und einfacher Webtechnik vertraut waren. Gegen Ende des ersten Jahrtausends schlossen sich diese lose organisierten Gruppen offensichtlich unter dem Druck der aus dem Norden vorstoßenden Völker teilweise zu staatsähnlichen Verbänden zusammen.

In den weiten Savannen des Nordens dagegen, wo Getreide angebaut werden konnte und sich eine arbeitsteilige Gesellschaft herausbildete, kam es schon früher zur Schaffung von politischen Einheiten. Die ersten staatsähnlichen Gebilde mit einer Zentralregierung scheinen das Königreich Kanem-Bornu, das um den Tschadsee herum entstand, und die Haussa-Reiche gewesen zu sein. Sie wurden zum Mittler zwischen den afrikanischen Mittelmeerländern und Gebieten der Guineaküste, zumal das seit dem 1. Jh. für die Saharadurchquerung benutzte Kamel sich als zuverlässiges Transportmittel bewährt hatte.

Mit dem Vordringen des Islam ging die Einführung der geschriebenen Sprache einher. Die Könige beschäftigten an ihren Höfen muslimische Schreibkundige und Berater, von denen die ersten überlieferten historischen Dokumente über Kanem-Bornu und später die Haussa-Reiche stammen.

Das Kanem-Reich entwickelte sich vermutlich um das Jahr 1000 nordöstlich des Tschadsees. Gegen Ende des 14. Jh. verlagerte sich sein Zentrum nach Südwesten in die heutige Region Borno, deren Namen es annahm. Parallel zu dieser Entwicklung gingen entscheidende Veränderungen in den westlich gelegenen Haussa-Reichen vor sich. Als ihr Urvater gilt der legendäre Bayajidda, Sohn des Königs von Bagdad, den es in den Haussa-Staat Daura verschlug. Dort trotzte er nach der Legende einer furchterregenden Schlange, die den einzigen Brunnen nur an Feiertagen freigab. Die Königin von Daura heiratete aus Dankbarkeit den Helden. Ihr Sohn Bawo zeugte sechs Söhne, die Könige von Daura, Kano, Zaria, Gobir, Katsina und Rano wurden. Zusammen mit dem Haussa-Staat Garun-Gabas bildeten sie die *Haussa-Bakwa* (oder sieben Haussa-Staaten). An strategisch wichtigen Stellen wuchsen Dörfer zu kleinen Städten *(gari)* heran, aus denen gelegentlich eine Art Verwaltungszentrum *(birni)* hervorging. An der Spitze einer solchen Stadt stand ein König *(sarki)*. Gegen Ende des 14. Jh. hatten sich Kano, Katsina und Zaria (auch Zazzau genannt) als die bedeutendsten Haussa-Reiche durchgesetzt. Im 15. Jh. breitete sich im Gefolge arabischer Händler der Islam im Haussa-Land mit Schwerpunkt Kano aus. Trotz wiederholter Bedrohung von außen kam es zu keiner Zusammenfassung der sich oft befehdenden Haussa-Reiche zu einer größeren politischen Einheit wie im Falle des Bornu-Reiches, das seine dominierende Stellung bis ins frühe 19. Jh. beibehielt.

Die Haussa-Königin Amina von Zaria

Die Königreiche der Yoruba und das Königreich Benin

Unabhängig von den Staatengründungen im Norden bildeten sich in den Regenwaldgebieten südlich des Niger zentralistisch aufgebaute Königreiche der Yoruba und das Königreich Benin heraus. Die Yoruba sollen zwar aus dem Norden oder Nordosten eingewandert sein, doch bestand sprachlich und kulturell keinerlei Verwandtschaft mit den Haussa. Nach der Yoruba-Mythologie liegt der Ursprung des Lebens im Ort Ile Ife. Olorun, der höchste Gott, sandte seinen Sohn Oduduwa mit einer Handvoll Erde, einem Hahn und einer Palmnuß auf das mit Wasser bedeckte Land. Dieser legte die Erde nieder, so daß der Hahn sie auseinanderscharren konnte. Auf dem so geschaffenen Land wuchs die Palme. Ihre 16 Zweige symbolisieren die 16 gekrönten Oberhäupter des Yoruba-Landes; in der geschichtlichen Realität wurden die Yoruba-Staaten von eingewanderten Herrscherfamilien gegründet. Das außerhalb des Yoruba-Landes liegende Benin sollte auch von einem Sohn Oduduwas, Oranmiyan, regiert werden, er mußte aber das Reich seinem Sohn überlassen. Oranmiyan gründete Anfang des 11. Jh. in Oyo ein neues Königreich, das bald mit dem Anspruch, das Zentrum des Yoruba-Landes zu

Krieger mit Gefolge – Benin-Bronzeplatte aus dem 17. Jahrhundert

sein, in Konkurrenz zu Ife trat. Oyo und Benin blieben bis zur Errichtung des britischen Protektorats Ende des 19. Jh. die mächtigsten Königreiche an der Westküste.

Wenig ist über die Frühgeschichte dieser beiden Reiche bekannt. Die einzigartigen Terrakotten und Bronzefiguren von Ife (S. 119) hingegen geben beredten Ausdruck von den technischen Fertigkeiten seiner Bewohner und lassen Rückschlüsse auf ein hochentwickeltes Staatswesen zu. Verläßliche Quellen über das Oyo-Königreich liegen vom Ende des 17. Jh. vor, als es große Teile des Yoruba-Landes bis hin zum heutigen Togo im Westen und zu den Mangrovensümpfen im Süden umfaßte. Der Name »Yoruba«, eine Ableitung von Yooba, dem Dialekt der Oyo-Leute, wurde erst im 19. Jh. von Missionaren eingeführt.

Der König oder Alafin von Oyo, dem eine Reihe von tributpflichtigen Provinzkönigen unterstanden, war der höchste Herrscher des Yoruba-Landes. Der Alafin galt als *ekeji orisa*, d.h. als Gefährte der Götter und als Herrscher über Land und Leben. In dieser halbgöttlichen Eigenschaft zeigte er sich selten dem Volk und regierte sein Riesenreich mittels dreier Eunuchen.

Ife verlor zusehends seine politische Macht, konnte aber die bis in die Gegenwart unumstrittene Bedeutung als geistiges und religiöses Zentrum für die Yoruba-Leute bewahren. Der jeweils von den Königmachern, den *Oyo Mesi,* ernannte Alafin von Oyo muß von alters her vom König von Ife, dem Ooni (König), bestätigt werden. Eine ähnliche Beziehung besteht zum Oba (König) von Benin.

Sklavenhandel und Missionierung

Während die nördlichen Reiche über den Karawanenhandel durch die Sahara direkten Kontakt mit den Mittelmeerländern und nach Europa hatten, blieben die Königreiche des Südens bis zum 15. Jh. den Europäern wegen der durch starke Brandung und Mangrovensümpfe unzugänglichen Küste verschlossen. Zwei Portugiesen, Ruy de Sequeira (1472) und João Afonso d'Aveiro (1486) waren die ersten Europäer, die Benin zu Gesicht bekamen.

Dieser Kontakt markiert eine Wende in der Entwicklung des südlichen Nigeria, da im Verlauf der nächsten Jahrhunderte seine Erschließung von Europa und dessen wirtschaftlichen Bedürfnissen bestimmt wurde. Erste Exportartikel aus Benin waren der von den Europäern geschätzte Pfeffer und Sklaven, zunächst nur für die bis dahin unbewohnte portugiesische Niederlassung auf der Insel São Tomé im Golf von Guinea. Portugal erkannte Benin als eines der wichtigsten Königreiche an der Küste an, was dieses mit der Entsendung eines Botschafters an den portugiesischen Königshof Ende des 15. Jh. honorierte, während katholische Missionare ihre erste Kirche in Benin errichten konnten.

Der Sklavenhandel rückte bald für die nächsten 350 Jahre in den Mittelpunkt der Aktivitäten europäischer Händler. Um die Mitte des 16. Jh. wurden die Portugiesen von den Engländern und später auch den Franzosen als Handelspartner und Sklavenaufkäufer abgelöst. Der Bedarf an leistungsfähigen Arbeitskräf-

Der britische Afrikaforscher Mungo Park

che Struktur auf die neuen Erfordernisse um. Die Sklavenhäfen Bonny, Calabar und Warri entwickelten sich zu starken monarchistischen Kleinstaaten.

Obgleich oder vielleicht gerade weil England den größten Anteil am Sklavenhandel innehatte, gingen von ihm die ersten Bestrebungen zur Abschaffung dieses unwürdigen Geschäftes aus. Nach jahrzehntelangem Widerstreben wurde schließlich 1807 vom Unterhaus ein entsprechender Beschluß gefaßt, ohne daß die von den Befürwortern des Sklavenhandels vorausgesagten wirtschaftlichen Schäden eintraten. Es vergingen aber noch weitere 50 Jahre, ehe durch rigorose Patrouillen entlang der Küste und Kontrolle der Überfahrtrouten der Handel mit Menschen endgültig unterbunden werden konnte. Lagos und das weiter westlich gelegene Badagry erlebten allerdings erst während dieser Zeit ihre Blütezeit als Sklavenhäfen, weil sie durch die Lagunen und Mangrovensümpfe geschützt waren. Außerdem verfügten sie durch die anhaltenden Bürgerkriege zwischen den Yoruba-Völkern und durch die Eroberungszüge der Fulbe über einen

ten auf den neuen Pflanzungen in Nord-, Mittel- und Südamerika führte zu einem auch für die afrikanischen Herrscher profitablen Aderlaß, der lange nachwirkte und Millionen von Menschen unsägliches Leid brachte. Der Sklavenhandel breitete sich rasch an der gesamten Westküste aus. Die im Nigerdelta und seinem Hinterland lebenden Völker stellten ihre soziale und wirtschaftli-

Frühe europäische Darstellung einer Siedlung am Niger

schier unerschöpflichen Nachschub an Sklaven.

Mit dem Niedergang des Sklavenhandels stellten sich die Küstenstaaten auf den Warenhandel um. Anfangs Palmöl, später Holz und Elfenbein waren die neuen Exportprodukte, die über Niederlassungen englischer Handelspartner ausgeführt wurden, von denen allmählich die gesamte Guineaküste kontrolliert wurde. Das bislang nicht direkt zugängliche Hinterland wurde zunehmend als lukrativer Absatzmarkt für die neuen industriellen Erzeugnisse wie Textilien oder Glasperlen entdeckt. Nur gegen erheblichen Widerstand der lokalen Könige und Mittelsmänner, denen die Kontrolle über den Handel zu entgleiten drohte, konnten sich zunächst Forscher und Entdecker in das Hinterland, zumeist von Norden kommend, begeben.

Berühmte Forschungsreisende des 19. Jh. wie Mungo Park und Hugh Clapperton waren zwar mehr an der Erforschung des geheimnisumwitterten Niger interessiert, über dessen Quelle und genauen Verlauf lange Zeit Rätselraten herrschte, ebneten mit ihren Entdeckungen aber auch gleichzeitig die Handelswege ins Landesinnere. Der Expedition Parks (1805/06), durch die die britische Regierung Napoleons Expansionsbestrebungen in Afrika Einhalt gebieten wollte, gelang es, auf dem Oberlauf des Niger von Sansanding im heutigen Mali flußabwärts bis zu den Wasserfällen von Bussa (Westnigeria) zu segeln, wo jedoch alle Expeditionsteilnehmer bis auf einen bei einem Überfall durch Einheimische úmkamen. Auch Clapperton, der auf seiner zweiten Reise

Der britische Afrikaforscher Richard Lander

(1825–27) von Badagry aus den Niger bei Bussa erreichte und überquerte, blieb die Klärung des weiteren Flußlaufs versagt, da der Sultan von Sokoto seine Einwilligung zur Bereisung des Niger hinauszögerte und Clapperton schließlich an Malaria starb. Erst Richard Lander, dem Diener und Reisebegleiter Clappertons, glückte es, zusammen mit seinem Bruder John das Rätsel der Nigermündung endgültig zu lösen, als sie 1830 nach einer ca. 900 km langen Fahrt auf dem Niger beim alten Sklavenhafen Brass Town das Meer erreichten. Damit wurde ein wichtiger Zugangsweg für die kommerzielle Erschließung frei, und bereits zwei Jahre später drangen die ersten Dampfschiffe stromaufwärts ins Landesinnere vor.

Den Handelsleuten folgten die Missionare mit dem Auftrag, bei der endgültigen Beseitigung des Sklavenhandels mitzuwirken. Ihr Ziel war die Förderung des Handels mit Waren anstatt mit Menschen und die Erlösung der Seelen dieser »ungläubigen Eingeborenen«. Unter der Devise »Bibel und Pflug« wurden Expeditionen ausgerüstet. Die erste 1841 am Niger errichtete Musterfarm scheiterte jedoch nicht zuletzt wegen der hohen Verluste durch Malaria.

Hauptträger der missionarischen Bestrebungen waren die Kirche von Schottland (katholisch) in Calabar und die Church Missionary Society (anglikanisch), die im Nigerdelta und flußaufwärts sowie, neben den Methodisten und Baptisten, im Yoruba-Land missionierten. Bei ihrer Arbeit bedienten sich die Missionare häufig der Dienste freigelassener Sklaven, die aus Sierra Leone vor allem in die Küstenstädte Lagos und Badagry wie auch ins weiter landeinwärts gelegene Abeokuta einwanderten; in Badagry wurde im Jahre 1842 die erste Missionsstation und später eine Schule sowie Faktoreien errichtet.

Das Ende des Sklavenhandels und die Bekehrung zum Christentum brachten für die einheimische Bevölkerung zwei grundsätzliche Wandlungen mit sich: zum einen die wirtschaftliche Umstellung auf die Erzeugung von Exportprodukten, zum anderen die Abkehr von überkommenen Glaubensvorstellungen und Riten. Auch der überwiegend religiös motivierten Kunst sprachen die Missionare jeden höheren Wert ab. Daß diese bewußt betriebene Entfremdung jedoch nicht immer erfolgreich war, erkennt man an den vielerorts lebendig gebliebenen religiösen Traditionen, die selbst von

praktizierenden Christen weiter gepflegt werden.

Die mit der Missionierung einhergehende schulische Erziehung war nicht nur für die spätere Kolonialverwaltung von Wert, die zunehmend schreibkundige Hilfskräfte benötigte. Aus diesen Schulen gingen auch die Vertreter einer neuen afrikanischen Elite hervor, die später zu den geistigen Führern der Unabhängigkeitsbewegungen werden sollten.

Die Entstehung der Fulbe-Emirate und der Zerfall der Yoruba-Reiche

Die Ankunft der Europäer im Süden hatte keinerlei Auswirkungen auf die Haussa-Reiche und Bornu, wenn man von der Belieferung mit Sklaven absieht. Im 18. Jh. waren die Haussa-Reiche zunehmend untereinander in Konflikte verwickelt, die sie gegenseitig schwächten, so daß sie dann dem Heiligen Krieg (Jihad) der muslimischen Fulbe Anfang des 19. Jh. kaum mehr Widerstand entgegensetzen konnten.

Das Hirtenvolk der hellhäutigen Fulbe war, aus dem Senegaltal kommend, im 16. Jh. ins Haussa-Land eingewandert. An den Königshöfen stiegen gelehrte islamische Fulbe in hohe Positionen auf. Die Haussa selbst, soweit sie nicht Animisten geblieben waren, befolgten den Koran nur halbherzig und behielten Teile ihrer alten Glaubensvorstellungen bei. Die Fulbe als Verfechter der »reinen Lehre« wollten diesem Glaubensschwund und der sich ausbreitenden moralischen Dekadenz nicht tatenlos zuschauen. Daß sie es in den Städten, wo ein Teil seßhaft ge-

Mit einem solchen Ibo-Kanu segelten Mungo Park und seine Begleitung den Niger abwärts

worden war, als Händler, Lehrer und königliche Berater zu politischem und wirtschaftlichem Einfluß und zu Wohlstand gebracht hatten, verstärkte das wachsende Mißtrauen der Haussa-Herrscher.

Die Unzufriedenheit mit der Mißachtung des »wahren Glaubens« wuchs sich unter der Führung des am Königshof von Gobir lebenden und umfassend gebildeten islamischen Gelehrten Usman dan Fodio zu einer radikalen Reformbewegung aus. Er wurde zum Kalifen und Anführer der geplanten Revolte gewählt. 1804 erklärte er den Ungläubigen den Heiligen Krieg und unterwarf innerhalb von vier Jahren die Haussa-Königreiche, an deren Stelle Emirate traten. Die an ihrer Spitze stehenden Emire blieben der Kontrolle Usman dan Fodios unterstellt, der zum Sultan von Sokoto aufstieg.

Bis 1835 konnten die Fulbe ihre Vorherrschaft über ganz Nordnigeria, mit Ausnahme von Bornu und einigen ihren Reiterscharen nicht zugänglichen Gegenden im Jos-Plateau, ausdehnen. Das Fulbe-Reich, auch Sokoto-Kalifat oder -Sultanat genannt, reichte schließlich bis weit

in das heutige Kamerun und bis in das Yoruba-Land südlich des Niger hinein, wo der Islam bis dahin nicht Fuß gefaßt hatte.

Ziel der Fulbe-Jihadisten (wie man diese fanatischen islamischen Glaubenskämpfer bezeichnet) war es, unter der Führung gottesfürchtiger Herrscher einen Staat aufzubauen, in dem soziale Gerechtigkeit im Sinne des Koran an die Stelle verantwortungsloser Willkürherrschaft treten sollte. Zu den größten Verdiensten dieser radikalen Reformer zählte neben der Förderung des Handels die Verbreitung der arabischen Sprache und Schrift. Als Ergebnis des Heiligen Krieges kamen zum ersten Mal weite Teile des heutigen Nigeria unter eine zentrale Verwaltung. Die Engländer konnten einige Jahrzehnte später diese administrative Einheit unter Anpassung ihres Herrschaftsmodells unverändert fortbestehen lassen.

Parallel zum Aufstieg des Fulbe-Reiches, wenn auch zunächst nicht direkt davon beeinflußt, setzte sich der im 18. Jh. begonnene Zerfall des Yoruba-Königreiches von Oyo fort. Hauptursache dieses Niedergangs war das komplizierte traditionelle Herrschaftssystem, das den Anforderungen des für damalige Begriffe riesigen Reiches nicht mehr entsprach. Die das Reich heimsuchenden Bürgerkriege waren zudem eine notwendige Quelle, den wachsenden Bedarf an Sklaven im Süden zu decken, nachdem die bisherigen Versorgungsgebiete durch das Vordringen der Fulbe entfallen waren. Der Alafin von Oyo mußte aus der damaligen Hauptstadt, dem heutigen Old Oyo, vor dem Ansturm muslimischer Krieger, die die Stadt zerstörten, fliehen und sein Hauptquartier einige hundert Kilometer weiter nach Süden ins heutige Oyo verlegen. Die neue Hauptstadt konnte jedoch keine so groß Bedeutung für das Yoruba-Land erlangen wie ihre Vorgängerin. Dagegen entwickelte sich Ibadan aus einem Heerlager schnell zu einem vor allem wirtschaftlich bedeutenden Mittelpunkt und zur größten Yoruba-Stadt. Sie widersetzte sich erfolgreich den von Norden nachdrängenden Jihadisten und den von diesen besiegten Völkern im Middle Belt.

Koloniale Besitzergreifung

Die wirksamere Durchsetzung des Sklavenhandelsverbotes und der Zerfall des Yoruba-Reiches erleichterten es um die Mitte des 19. Jh. den Engländern, die in Lagos einen Konsul eingesetzt hatten, ihre Handelsinteressen in Lagos und im Nigerdelta auszubauen, ohne zu diesem Zeitpunkt schon koloniale Besitzansprüche zu verfolgen. Mit der Beschießung und Besetzung von Lagos im Jahre 1851, die dem Sklavenhandel hier ein endgültiges Ende setzte, begann jedoch im Grunde genommen die britische Protektoratsherrschaft. Am 30. Juli 1861 wurde Lagos mit der formalen Abtretung durch den Oba und die Einsetzung des ersten Gouverneurs zur Kolonie. Eine weitere Ausdehnung der britischen Besitzungen fand in England bis in die achtziger Jahre keinen Zuspruch, weil man bewaffnete Auseinandersetzungen befürchtete und den Staatshaushalt durch koloniale Unternehmungen nicht belasten wollte. Die Kolonie Lagos blieb zudem mehr oder weniger stark in die andauernden Konflikte zwischen den anliegenden Yoruba-Staaten, insbesondere Abeokuta und Ibadan, verwickelt.

Auch im Nigerdelta vermischten sich Geschäftsinteressen europäischer Händler mit Konflikten zwischen den bislang den Handelsaustausch mit dem Hinterland kontrollierenden Volksstämmen. Jaja, ein zu Wohlstand und Macht aufgestiegener ehemaliger Sklave, gründete 1869 im Mündungsgebiet des Imo River den kleinen Inselstaat Opobo. Indem Jaja die Europäer von den Märkten des Hinterlandes ausschloß und die britischen Händler beim Handel mit Palmöl und Palmkernen unterbot, erlangte sein Königreich trotz geringer Flächenausdehnung den stärksten wirtschaftspolitischen Einfluß im Delta bis zu seiner Annexion im Jahre 1887, als die Briten König Jaja entführten und außer Landes schafften.

Über das Nigerdelta drangen in der zweiten Hälfte des 19. Jh. Händler flußaufwärts ins Landesinnere vor und errichteten dort für ver-

König Jaja von Opobo

schiedene britische Handelshäuser Stationen, um den für die einheimische Bevölkerung und die lokalen Herrscher lukrativen Zwischenhandel auszuschalten. Ihnen folgten Missionsgesellschaften, die sich zunehmend einheimischer Konvertiten bedienten. Die Handelsstationen waren ebenso wie die Niger-Mission, die ausschließlich mit afrikanischen Missionaren besetzt war, ständigen Angriffen der Bevölkerung ausgesetzt. Mit der Zusammenfassung der konkurrierenden Handelsfirmen in der United African Company (UAC) im Jahre 1879 stecke man die Grenzen ab, nicht zuletzt, um auch französischen und deutschen Ambitionen – u. a. durch das Handelshaus G.L. Gaiser – und der Annexion Kameruns durch das Deutsche Kaiserreich entgegenzuwirken. Die Grenzziehung wurde schließlich im Rahmen einer globalen Interessenregelung zwischen den europäischen Mächten auf der Berliner Konferenz 1884/85 anerkannt. England proklamierte nunmehr ein Protektorat über die Niger-Distrikte bis an den Oberlauf des Benue. Es wurde zwei Jahre später auf das Oil Rivers Protectorate reduziert, nachdem die jetzt als Royal Niger Company firmierende UAC den lang erstrebten Königlichen Schutzbrief erhalten hatte. Der Schutzbrief erkannte ihre Autorität über jene Gebiete an, mit deren Chiefs sie Verträge abgeschlossen hatte. Dieses Protektorat wurde 1893, nachdem der Widerstand König Jajas gebrochen war, auf alle Küstengebiete ausgedehnt und in Niger Coast Protectorate umbenannt.

Die Royal Niger Company hatte auch in Nordnigeria durch den Abschluß von Verträgen mit Emiren, Königen und Chiefs gegen französischen Widerstand ihren Einfluß ausgeweitet. Mit der Entsendung einer kleinen Streitmacht unter Frederick Lugard im Jahr 1903 meldete auch hier die britische Regierung schließlich politische Ansprüche an. In Verhandlungen mit Frankreich, das im

Westen und Norden Gebietsansprüche erhoben hatte, wurde der Grenzverlauf festgelegt.

Alle diese Arrangements der Royal Niger Company und der Protektoratsverwaltung führten zu einer ständig zunehmenden politischen Beherrschung dieser Gebiete. Lediglich das alte Königreich Benin isolierte sich nach wie vor von der Außenwelt. Auch nach Abschluß eines ersten Schutzvertrages im Jahre 1892, der die bei traditionellen Festen üblichen Menschenopfer und die Sklaverei verbot, hielten die Bini, wie die Bewohner von Benin genannt werden, an ihren religiös verwurzelten Sitten fest. Die Ermordung eines aus Lagos anreisenden Konsuls, den der Oba wegen eines gerade stattfindenden religiösen Festes (wahrscheinlich mit Menschenopfern verbunden) nicht empfangen konnte, zog die berüchtigte britische Strafexpedition von 1897 nach sich. Die Stadt mit ihrer hochentwickelten Kultur wurde zerstört, und 2 500 der berühmten Bronzestatuen, Holz- und Elfenbeinschnitzereien wurden nach Europa abtransportiert.

Die Eroberung von Benin bezeichnete den Endpunkt der britischen Besitzergreifung im südlichen Nigeria. Mit den sich noch immer befehdenden Yoruba-Herrschern hatte der in Lagos residierende Gouverneur Carter bereits zuvor Verträge abgeschlossen, die ebenfalls Menschenopfer verboten und einen ungehinderten Warenaustausch garantierten. Mit diesen Verträgen errichtete England eine De-facto-Oberherrschaft über das Yoruba-Land, und die fast ein Jahrhundert andauernden Bürgerkriege kamen allmählich zu einem Ende. Zur weiteren Förderung des Handels wurden Straßen mit Endpunkt Lagos angelegt und 1896 der Grundstein für den Bau der Eisenbahnstrecke nach Ibadan gelegt.

Die Erschaffung »Nigerias«

Die ungewöhnliche machtpolitische Situation – die südlichen Landesteile wurden von der britischen Regierung, die nördlichen hingegen von der Royal Niger Company kontrolliert – mit daraus resultierenden Spannungen und Verwaltungsproblemen sowie die anhaltenden Gebietsansprüche anderer Kolonialmächte veranlaßten London, am 1. Januar 1900 die politische Gesamtkontrolle über das zufällig zustande gekommene Gebilde zu übernehmen. Neben der bereits bestehenden Kolonie Lagos wurden das Protektorat Südnigeria (eine Erweiterung des Protektorats Nigerküste) und das neue Protektorat Nordnigeria geschaffen. Als Name für die neugebildete Besitzung war auf Vorschlag der Journalistin Flora Shaw »Nigeria« gewählt worden (andere Empfehlungen hatten »Negretia« und »Sudan Niger« gelautet). Im Jahre 1914 wurden schließlich alle Teilgebiete unter dem Namen »Colony and Protectorate of Nigeria« zu einer Einheit zusammengefaßt, jedoch aus verwaltungstechnischen Gründen in Provinzen unterteilt.

Die beschränkten finanziellen und personellen Mittel erlaubten es nicht, die riesigen Gebiete des Nordens mit einer effizienten Verwaltung zu versorgen. Die bereits in anderen Kolonialgebieten erprobte sogenannte »indirekte Herrschaft« (engl. *indirect rule,* S. 60), die die einheimischen Herrscher mit einbezog, wurde von Lugard auf Nigeria übertragen und zu einem Modell britischer Kolonialherrschaft weiterentwickelt. Zunächst mußte aber der Widerstand der Fulbe-Herrscher in ihren Emiraten durch militärische Aktionen überwunden werden. Mit der Eroberung Sokotos, dem Sitz des Sultans, der seit Usman dan Fodio als geistlicher und weltlicher Herrscher über alle Emire regierte, im Jahre 1902 ging die Oberherrschaft auf Lugard über, der sich die Einsetzung der Emire und Chiefs vorbehielt. Ihre angestammten Herrschaftsrechte sollten unangetastet bleiben, soweit sie mit ihrer Mittlerrolle zwischen der Kolonialmacht und dem Volk vereinbar waren.

In den Jahren 1906–12, nachdem auch das Ibo-Land völlig unter Kontrolle gebracht worden war, wurde die eigentliche Kolonisierung vollzogen. Ein neues Verwaltungs-, Wirtschafts- und Rechtssystem verdrängte jahrhundertealte Stammesgewohnheiten. Die Ausbreitung des Erziehungswesens durch die Missionare in ganz Südnigeria und in den nicht-islamischen Gebieten des Nordens leitete eine neue Epoche ein. In diesen Neuerungen sollten aber gleichzeitig die Wurzeln für den späteren Zusammenbruch des Kolonialreiches liegen.

Schon nach dem Ersten Weltkrieg wurden die ersten Forderungen der Einheimischen nach einer Beteiligung an der Verwaltung der Kolonie Lagos laut. Im 1923 eingerichteten Gesetzgebenden Rat saßen zum erstenmal vier gewählte Nigerianer.

Ihr Sprecher war Herbert Macaulay, der einer früheren Sklavenfamilie entstammte.

Die sich bildenden nationalistischen Bewegungen blieben zunächst auf Lagos beschränkt. Ihre Anhänger kamen fast ausschließlich aus dem Yoruba-Volk oder, wie Macaulay, aus eingewanderten Familien. Mit der Rückkehr junger, an amerikanischen Universitäten ausgebildeter Nigerianer in den dreißiger Jahren drängte eine neue politische Generation nach vorn, von der die Geschicke des Landes bis in die achtziger Jahre stark beeinflußt wurden. Unter der Führung von Dr. Nnamdi Azikiwe und Chief Obafemi Awolowo breiteten sich die nationalistischen Bewegungen auf andere Landesteile im Süden aus. Die Kolonialverwaltung ignorierte anfänglich diese politische Elite und bediente sich der Nigerianer nur für untergeordnete Verwaltungsaufgaben.

Der Weg in die Unabhängigkeit

Politische Strömungen in Südnigeria formierten sich 1944 zur ersten Partei des Landes, des National Council for Nigeria and the Cameroons (NCNC) – Teile der früheren deutschen Kolonie Kamerun waren nach dem Ersten Weltkrieg der britischen Verwaltung in Nigeria zugeschlagen worden (S. 156). Mit Macaulay und Azikiwe an der Spitze erhob der NCNC die ersten Forderungen nach Selbstverwaltung. Dieser Parteibildung im Osten folgte vier Jahre später die Gründung der Action Group (AG), einer Partei der Yoruba unter der Leitung von Chief Awolowo. Die zunächst zurückhaltenden Führer des Nordens gaben sich 1949 mit dem Northern People's Congress (NPC), zu dessen markantesten Führern Abubakar Tafawa Balewa gehörte, eine eigene politische Interessenvertretung.

Diese drei politischen Parteien beschränkten ihren Wirkungskreis weitgehend auf jeweils eine der drei großen Regionen: NCNC im Osten (Ibo), AG im Westen (Yoruba) und NPC im Norden (Haussa/Fulbe). Teils bewußt, teils infolge von Wahlergebnissen wurden diese Parteien zu Interessenvertetungen dieser drei Volksgruppen, zumal eine neue bundesstaatliche Verfassung ab 1952 die politische Aufteilung in die Ost-, West- und Nordregion vorsah.

Seit Mitte der fünfziger Jahre wurden im Norden Sezessionsforderungen laut. Man befürchtete, von dem wirtschaftlich, politisch und sozial wesentlich weiter entwickelten Süden dominiert zu werden. Der Norden widersetzte sich auch den Wünschen der Politiker im Süden nach Selbstverwaltung ab 1956. Um den Zusammenhalt des Landes zu sichern, einigte man sich schließlich auf die Festschreibung der regionalen Dreiteilung Nigerias mit Lagos als Bundeshauptstadt. Erster Ministerpräsident der Zentralregierung wurde 1957 Abubakar Tafawa Balewa, der einer kleinen Volksgruppe im Norden angehörte und von allen politischen Parteien akzeptiert wurde.

Zwischen Zivilregierung und Militärherrschaft

Als der Bundesstaat Nigeria am 1. Oktober 1960 seine Selbständigkeit erlangte, schien es, daß trotz aller regionalen Verschiedenheiten und ethnischen Gegensätze eine stabile Grundlage für den jungen Staat geschaffen worden war. Mit der Übernahme eines demokratischen Regierungsmodells, das sich an dem der ehemaligen Kolonialmacht orientierte, glaubte man, das riesige Land in eine friedvolle Zukunft führen zu können. Die durch das Stimmenverhältnis im Parlament bedingte Bildung einer Koalitionsregierung zwischen den Parteien des Nordens (NPC) und des Ostens (NCNC) mit der Action Group der Westregion als Opposition wirkte als Beispiel für andere junge Nationen des Kontinents.

Spannungen innerhalb der Action Group und die gebietsmäßig zu Lasten der Westregion gehende Gründung eines vierten Bundeslandes, der weitgehend von Nicht-Yoruba bewohnten Mittelwestregion, führten 1962 zu chaotischen Verhältnissen in der Westregion und zur Erklärung des Ausnahmezustandes. Die Ergebnisse der Volkszählung von 1963, derzufolge der Norden eine über 4 Mill. höhere Bevölkerung als der gesamte Süden (Bevölkerung Nigerias damals ca. 55 Millionen) haben sollte, erweckte bei den großen Parteien des Südens – der NCNC hatte sich inzwischen aus der Koalition mit dem NPC gelöst – Befürchtungen einer Majorisierung durch den überwiegend muslimischen Norden. Nach dem bestehenden Wahlrecht würde er zwangsläufig über eine absolute Mehrheit im Parlament verfügen.

Im Jahre 1963 wurde die Republik Nigeria ausgerufen, doch das mit Vorschußlorbeeren bedachte demokratische System versagte immer mehr. Bei Bundes- (1964) und Regionalwahlen (1965) waren Wahlbetrug und -fälschungen an der Tagesordnung. Gesetzlosigkeit griff um sich. Die Bundesregierung unter Balewa war außerstande, Ruhe und Ordnung wiederherzustellen und wurde schließlich in der Nacht vom 14. auf den 15. Januar 1966 von einer Gruppe junger Majore, vorwiegend Ibo, gestürzt. Premierminister Balewa sowie der wohl einflußreichste und mächtigste Politiker der I. Republik, der Premierminister des Nordens, Ahmadou Bello, und zahlreiche Offiziere, ebenfalls aus dem Norden, wurden ermordet. Damit nahm nach gut fünf Jahren die junge parlamentarische Demokratie der sogenannten Ersten Republik ein gewaltsames Ende.

Die neue Militärregierung unter J. Aguiyi-Ironsi, dem wegen seiner Herkunft aus dem Ibo-Land vom Norden Mißtrauen entgegengebracht wurde, verkündete schon wenige Monate später eine neue Verfassung. Die bisherige bundesstaatliche Gliederung wurde abgeschafft, die Regionen wurden durch Provinzen ersetzt. Jetzt war es der rückständige Norden, der trotz seiner vermeintlichen Bevölkerungsmehrheit eine Beherrschung durch den Süden befürchtete, wo eine junge dynamische Elite herangewachsen war. Um nicht die politische und militärische Vorherrschaft endgültig zu verlieren, ergriffen Offiziere des Nordens am 29. Juli 1966 die Initiative und ließen Aguiyi-Ironsi ermorden, nachdem zuvor in Sokoto, Kano und anderen Städten des Nordens Unruhen ausgebrochen und Hunderte dort lebender Ibo getötet oder vertrieben worden waren. Neuer Regierungschef wurde der aus dem Norden stammende, jedoch der Minderheitsgruppe der Angas angehörende Oberstleutnant Yakubu Gowon. Zum erstenmal trat damit ein Vertreter der Minderheitsvölker an die Spitze des Staates. Ende September eskalierten die Spannungen in der Nordprovinz in blutigen Massakern, während derer 6 000–8 000 Ibo umkamen und eineinhalb Millionen Flüchtlinge in den Osten flohen. Diese schrecklichen Ereignisse waren letztendlich für die Abspaltung des Ibo-Landes mitverantwortlich. Ausschlaggebend war allerdings die Absicht der neuen Regierung, die vier Regionen endgültig aufzulösen und an ihrer Stelle 12 Bundesländer zu errichten, worauf der Militärgouverneur der Ostregion, Oberst O. Ojukwu, den Plänen für die staatliche Neugliederung seine Zustimmung verweigerte. Am 30. Mai 1967 verkündete Ojukwu die Umwandlung der Ostregion in die Republik Biafra. Der sich daraus entwickelnde dreißig Monate andauernde Bürgerkrieg, der mit einer Niederlage Ojukwus endete, bedeutete insbesondere für die Ostregion einen starken wirtschaftlichen und finanziellen Aderlaß.

Die rapide ansteigenden Einkünfte aus dem Ölexport führten jedoch bald zu einem ungeahnten wirtschaftlichen Boom mit zahllosen negativen Nebenwirkungen, denen die Regierung hilf- und machtlos gegenüberstand. Trotz der wirtschaftlichen Stabilisierung des Landes wurde Gowon im Juli 1975 durch einen unblutigen Staatsstreich gestürzt. Als jedoch sein dynamischer und von Erneuerungseifer beflügelter Nachfolger Murtala Muhammed ebenfalls einem Mordanschlag zum Opfer gefallen war, übernahm Generalleutnat Olusegun Obasanjo die Staatsführung. Während am 3. Februar 1976 unter Murtala Muhammed die Zahl der Bundesländer bereits von 12 auf 19 erhöht worden war, wurde nun eine Reform des anspruchsvollen Entwicklungsprogrammes in die Wege geleitet.

Die Militärregierung Obasanjos verfolgte konsequenter als ihre Vorgängerin die Rückkehr zur demokratischen Regierungsform. Im Oktober 1976 wurde der Entwurf einer neuen Verfassung veröffentlicht, die am 29. August 1978 von der Verfassunggebenden Versammlung verabschiedet wurde. Nach der Aufhebung des Parteienverbots der Militärs am 21. September 1978 wurden fünf Parteien für die im Juli und August 1979 stattfindenden Wahlen zugelassen, aus denen die National Party of Nigeria (NPN) mit ihrem Präsidentschaftskandidaten Shehu Shagari als Siegerin hervorging.

Aber auch die neue Zivilregierung unter der Präsidentschaft des wiederum aus dem Norden stammenden Shehu Shagari erfüllte nicht die in sie gesetzten Erwartungen. Die dem amerikanischen Verfassungsmodell entsprechende Präsidialherrschaft der Zweiten Republik – im Gegensatz zum parlamentarischen System nach britischem Muster während der Ersten Republik – verlieh dem Präsidenten zwar eine erhebliche Machtfülle, die er jedoch nicht voll einsetzen konnte oder wollte. Ein Heer von Abgeordneten auf Bundes- und Länderebene sah in der ungewohnten Funktion als Volksvertreter seine Aufgabe weniger in der Kontrolle der Regierung und Gesetzgebung als in der Pfründensicherung in Politik und Wirtschaft. Frei von Skrupeln betrachtete man dies lediglich als Ausgleich für die zum Teil mit erheblichem eigenen finanziellen Aufwand geführten Wahlkämpfe.

Die wieder zugelassenen politischen Parteien führten im wesentlichen, trotz manchmal anders lautender Programme, zu einer Neuauflage des Systems der Ersten Republik unter anderem Namen. Die aus den Wahlen 1979 als stärkste Partei hervorgegangene National Party of Nigeria (NPN) verkündete in ihrem Namen zwar einen überregionalen Integrationsanspruch, blieb aber im Kern eine Partei des Nordens. Die United Party of Nigeria (UPN) unter Chief Awolowo (einer der wichtigsten Führer der Yoruba, dessen zeitweilige Entmachtung das Land 1962 in eine tiefe Krise versetzt hatte) machte aus ihrer Yoruba-Verwurzelung keinen Hehl. Und die Nigerian People's Party (NPP) unter ihrem unermüdlichen Matador Azikiwe, die wie ihre Vorgängerin in der Ersten Republik zunächst ebenfalls eine Koalition mit der NPN einging, konnte außerhalb der Ostregion nur wenig Stimmengewinne erzielen. Die sich radikal und revolutionär gebenden People's Redemption Party (PRP) und Nigerian Advance Party (NAP) spielten letztlich nur Nebenrollen.

Korruption, Amtsmißbrauch, Mißwirtschaft, uneffektive Verwaltung etc. drohten das Land in den Abgrund zu treiben. Die nach dem Auslaufen der ersten Legislaturperiode 1983 abgehaltenen Wahlen, die wiederum von Fälschungen und Manipulationen gekennzeichnet waren, brachten zwar eine überwältigende Mehrheit für Shagari, der in seinem Amt als Staatspräsident bestätigt wurde, und seine NPN, doch schon wenige Monate danach, am 31. Dezember 1983, intervenierten die Militärs erneut. Generalmajor Mohammed Buhari, der wie ein Teil seiner Mitstreiter auch schon unter dem vorangegangenen Militärregime eine wichtige Funktion innegehabt hatte, wurde nach einem praktisch gewaltlosen Putsch neuer Staats- und Regierungschef. Statt summarischer Hinrichtungen wurden einige hundert Repräsentanten der Zweiten Republik hauptsächlich wegen Wirtschaftsvergehen vor Gericht gestellt und zu langen Haftstrafen verurteilt.

Als die an den Regimewechsel geknüpften hochfliegenden Erwartungen sich nicht erfüllten, die wirtschaftliche Misere sich eher noch weiter verschlechterte und willkürlich erscheinende Inhaftierungen ohne Gerichtsverfahren auf wachsende Machtwillkür und diktatorische Herrschaftsausübung einiger weniger Führer an der Spitze hindeuteten, kam es zu einer Spaltung innerhalb der militärischen Führungsorgane und einer Art »Palastrevolte« am 27. August 1985. Neuer Staatschef wurde Generalmajor Ibrahim Badamasi Babangida, der weniger mit militärischen Zwangsmitteln als mit öffentlicher Zustimmung zu regieren versuchte. Das neue Regime trat mit dem Anspruch an, nach radikalen wirtschaftlichen und politischen Reformen die Macht in einigen Jahren wieder an eine Zivilregierung zurückzugeben. Babangida gehörte wie schon der frühere Präsident Go-

won einem kleineren Volksstamm aus dem Middle Belt an, konnte also nicht der Interessenvertretung einer der großen Ethnien verdächtigt werden.

In relativ kurzer Zeit wurde unter Beteiligung aller Bevölkerungsschichten von einem Verfassungsausschuß und einer Verfassunggebenden Versammlung eine neue Verfassung ausgearbeitet. Sie wurde 1989 verabschiedet und machte den Weg frei zur Bildung neuer Parteien. Trotz des Verbots, sich wieder am politischen Leben zu beteiligen, begannen die früheren Amtsträger der alten aufgelösten Parteien hinter den Kulissen das alte Intrigenspiel. Die Regierung durchschaute diese Manöver zur Wiederbelebung des alten Systems und verweigerte den zahllosen neugegründeten Parteien die Zustimmung. Statt dessen verordnete sie mit Regierungserlaß die Gründung von zwei politischen Parteien (S. 63) und ließ auch gleich die Parteiprogramme, die keine nennenswerten ideologischen Unterschiede aufweisen, von Beamten ausarbeiten. Eine Wahlkommission überwachte auch die Werbung von Parteimitgliedern und Kandidaten für die Wahlen. Mit dieser einzigartigen Methode, die man als »Retortendemokratie« bezeichnen kann, wurde die Rückkehr zu einer Zivilregierung vorbereitet.

Über Gemeinde- und Länderwahlen (noch ohne Parteien), die gewissermaßen als Einführung in das politische Leben gedacht waren, führte der Weg im Juli 1992 zur Wahl einer neuen Volksvertretung.

Die letzten Jahre der fortdauernden Militärherrschaft sind durch wiederholte Unruhen, deren Ursprünge teilweise in religiösen Konflikten (einer davon durch einen deutschen »Wanderprediger« ausgelöst), teils in den Folgen des drastischen Sparprogramms der Regierung liegen, gekennzeichnet. Wiederholt geäußerte Befürchtungen, daß der mehrfach verschobene Zeitpunkt der Rückkehr zum Zivilregime – ursprünglich für 1990 vorgesehen – auch nach der im Juni 1993 abgehaltenen Wahl eines Staatspräsidenten nicht eingehalten würde, haben sich mit der Annullierung des Wahlergebnisses bestätigt.

Zeittafel zur Geschichte

500 v. Chr. – 200 n. Chr.	Blütezeit der Nok-Kultur
ca. 1000 n. Chr.	Entstehung des Kanem-Reiches
1000–1200	Gründung der Haussa-Stadtstaaten
11. Jh.	Entstehung des Yoruba-Reiches Oyo
1472	Ankunft der Portugiesen in Benin
16./17. Jh.	Blütezeit der Yoruba-Reiche und des Königreiches Benin
1804	Usman dan Fodio beginnt seinen Heiligen Krieg (Jihad)
1830	Richard und John Lander klären das Rätsel um die Mündung des Niger
1842	Erste Missionsstation in Badagry
1851	Beschießung von Lagos durch die Engländer
1861	Lagos wird britische Kolonie
1884/85	Anerkennung des Nigergebietes als Einflußsphäre Großbritanniens auf der Berliner Konferenz
1893	Errichtung des Protektorats Nigerküste
1897	Zerstörung der Stadt Benin durch eine britische Strafexpedition
1900	Errichtung der Protektorate Nord- und Südnigeria
1914	Zusammenschluß zu Kolonie und Protektorat Nigeria
1923	Bildung eines Gesetzgebenden Rates
1944	Gründung der ersten politischen Partei NCNC
1954	Einführung einer bundesstaatlichen Struktur mit drei Regionen und Lagos als Hauptstadt
1. 10. 1960	Unabhängigkeit als Bundesstaat Nigeria
1. 10. 1963	Umwandlung in die Bundesrepublik Nigeria; Mitglied des Commonwealth

1960–1966	Zivilregierung (Erste Republik)
15.1. 1966	Armeeputsch; General Aguiyi-Ironsi wird neuer Staatschef
29.7. 1966	Gegenputsch durch Offiziere aus dem Norden; Oberstleutnant Gowon übernimmt die Macht
1967	Beschluß über die Bildung von 12 Bundesländern anstelle der vier Regionen
30.5. 1967	Oberst Ojukwu, Militärgouverneur der Ostregion, proklamiert Unabhängigkeit der Republik Biafra; Beginn des Bürgerkrieges (Biafra-Krieg)
15.1. 1970	Kapitulation Biafras
29.7. 1975	Absetzung von Staatschef Gowon; neuer Präsident wird General Murtala Muhammed
3.2. 1976	Erhöhung der Zahl der Bundesländer von 12 auf 19
13.2. 1976	Ermordung General Muhammeds; Nachfolger wird Generalleutnant Obasanjo
29.8. 1978	Verkündung der neuen Verfassung
21.9. 1978	Wiederzulassung politischer Parteien
Juli/August 1979	Allgemeine Wahlen; Shehu Shagari, Kandidat der NPN, wird zum Staatspräsidenten gewählt
1979–1983	Zivilregierung unter Shagari (Zweite Republik)
August 1983	Shagari und seine Partei NPN werden in Neuwahlen mit großer Mehrheit wiedergewählt
31.12. 1983	Erneuter Militärputsch; Generalmajor Muhammed Buhari wird Staats- und Regierungschef
27.8. 1985	Nach einer Palastrevolte übernimmt Generalmajor Ibrahim Babangida die Macht
1989	Verkündung einer neuen Verfassung; Wiederzulassung von politischen Parteien
1991	Parlamentswahlen
12.6. 1993	Präsidentschaftswahlen: Sieger Moshood K.O. Abiola; Ergebnis wird von Staatspräsident Babangida annulliert
26.8. 1993	Babangida erklärt seinen Rücktritt als Staatspräsident und Oberkommandierender der Streitkräfte
27.8. 1993	Ernennung von Chief Ernest Shonekan zum Interimspräsidenten und Oberkommandierenden der Streitkräfte
17.11. 1993	Rücktritt Shonekans. General Sani Abacha neuer Staatspräsident
23.6. 1994	Verhaftung des gewählten Präsidenten Abiola nach seiner Selbstproklamierung, Anklage wegen Hochverrats

Staat und Verwaltung

Vorbemerkung

Ist das seit 1960 unabhängige und 1963 zur Republik erklärte Nigeria eine Nation oder nur eine lose Gruppierung von hetrogenen Stammesstaaten, die durch große Entfernungen, unterschiedliche Geschichte und Tradition, durch ethnische und religiöse Grenzen voneinander getrennt sind, wie es der britische Gouverneur Sir Hugh Clifford in den zwanziger Jahren sah? Und wenn ja, kann die gemeinsame koloniale Erfahrung eine ausreichende Grundlage für nationales Zusammengehörigkeitsgefühl abgeben? Diese Fragen sind in Nigeria nicht unumstritten, und die Entwicklung der ersten 35 Unabhängigkeitsjahre gibt eher den Skeptikern recht.

Nigeria ist ein Vielvölkerstaat, dessen Gesellschaft unterschiedliche Kulturen und Religionen umfaßt. Selbst die einzelnen Ethnien bilden nicht immer geschlossene Einheiten. Die sich daraus ergebenden gesellschaftspolitischen Wertkonflikte können bei der Integration dieser heterogenen Volksgruppen in einen modernen Staat oder gar einen Nationalstaat nicht ignoriert werden. Versuche dominierender Ethnien, wechselseitig die ausschließliche Führungsrolle zu übernehmen, haben bis zur Gefährdung der staatlichen Existenz geführt. Tief sitzende

Ängste, die eigene Identität zu verlieren, wurden freigesetzt. Die Chancen für eine dauerhafte und friedliche Koexistenz und einer nationalen Integration hängen jedoch von der Verständnisbereitschaft der einzelnen Volksstämme für die unterschiedlichen sozialen, kulturellen und religiösen Wertvorstellungen ab.

Verfassung und Regierungsform

Als das demokratische Regierungssystem am Silvestertag 1983 zum zweiten Mal durch eine Militärherrschaft ersetzt wurde, sind alle politischen Parteien ebenso wie die gewählten Volksvertretungen in Bund und Ländern aufgelöst und zahlreiche Regierungsmitglieder verhaftet worden. Weite Teile der unter der Militärregierung Obasanjos ausgearbeiteten Verfassung wurden außer Kraft gesetzt. Eine Verwaltungsstruktur, vergleichbar derjenigen unter den früheren Militärregierungen, trat an ihre Stelle. Ein Dekret hob alle Bestimmungen auf, die sich auf die Wahl von Volksvertretern und alle sonstigen politischen Verantwortungsträger beziehen. Die Grundrechte wurden solchen Personen entzogen, die sich gravierender Wirtschaftsvergehen schuldig gemacht hatten, d.h. praktisch allen Ministern. Zur Klärung der gegen sie erhobenen Vorwürfe wurden Sondergerichte eingesetzt.

Aufbau und Regierungsweise dieser Militärherrschaft können allerdings nicht mit einer herkömmlichen Militärdiktatur gleichgesetzt werden. Gewisse Elemente einer demokratischen Herrschaft – weitgehend zivile Verwaltung, unabhängige Gerichtsbarkeit, freie Presse – wurden mit gewissen Einschränkungen beibehalten. Die letzten politischen Entscheidungsbefugnisse blieben jedoch den Militärs vorbehalten.

Die grundlegenden Strukturen bei den Entscheidungs- und Exekutivorganen, die nach dem Sturz der Zivilregierung von den Militärs errichtet wurden, sind auch nach dem Putsch im August 1985, der einem fast planvoll vollzogenen Regierungswechsel glich, beibehalten worden. Aus dem Obersten Militärrat wurde der Regierende Rat der Streitkräfte (Armed Forces Ruling Council – AFRC) mit 19 Mitgliedern. Unter dem Vorsitz des Präsidenten und Oberbefehlshabers der Streitkräfte, Generalmajor Ibrahim Babangida, bestimmte der Regierende Rat der Streitkräfte Grundlinien der Politik in Verfassungs- und Sicherheitsangelegenheiten. Er ernannte die Mitglieder der Regierung und des Staatsrates. Dem Nationalen Ministerrat, wie die Regierung offiziell genannt wurde, gehörten zur Hälfte Zivilisten an.

Die bundesstaatliche Struktur, wie sie in der Verfassung der Zweiten Republik vorgesehen war, wurde formell beibehalten. Die Militärgouverneure verfügten allerdings nicht über eigenständige Machtbefugnisse wie ihre zivilen Vorgänger, die gelegentlich wie Duodezfürsten auftraten. In der Regierungspraxis wurde Nigeria letztlich wieder zu einem Einheitsstaat, wie schon einmal unter der ersten Militärregierung 1966.

Der von der jetzigen Militärregierung mehrmals angekündigte Termin einer Rückgabe der Regierungsgewalt an parlamentarische Institutionen sollte mit der Wahl eines Staatspräsidenten am 12. Juni 1993 seinen krönenden Abschluß finden. Da jedoch der Kandidat des Südens, der Millionär Moshood K. O. Abiola als Sieger hervorging, wurde seine Wahl ohne Angabe überzeugender Gründe annulliert. Obwohl General Babangida am 26. August seinen Rücktritt von allen seinen Ämtern erklärte und der bereits als Chef einer Übergangsregierung amtierende Chief Ernest Shonekan als Interimsstaatspräsident und Oberkommandierender eingesetzt wurde, kam der Demokratisierungsprozeß wieder zum Erliegen. Zwar kündigte Shonekan für Februar 1993 neue Präsidentenwahlen an, doch am 17. November wurde er von den Militärs abgesetzt. Neuer Staatspräsident wurde der unter Shonekan fungierende General Sani Abacha, ein Muslim aus dem Norden. In der Folgezeit wurden die im Juli 1992 eingesetzten parlamentarischen Institutionen, wie Bundes- und Länderparlamente sowie die politischen Parteien, wieder abgeschafft. Der unter Vorsitz von Abacha stehende Provisional Ruling Council der Armee, dem eine Zeitlang auch vier Zivilisten angehörten, wurde das alleinige Entscheidungsgremium.

Mit der Verhaftung (23.6.94) des bei den Präsidentenwahlen 1993 erfolgreichen Kandidaten Abiola, der sich offiziell zum Staatspräsidenten erklärt hatte, geriet die Militärregierung durch die Verhängung von Sanktionen der Europäischen Union auch außenpolitisch zunehmend unter Druck. Unverkennbar hat somit in Nigeria eine weitere Phase autoritärer Herrschaft begonnen. Der von der eingesetzten Verfassungskonferenz für Ende 1994 geplante

Verfassungsentwurf für eine Zivilregierung konnte nicht vorgelegt werden. Er soll ein Mehrparteiensystem und für eine Übergangszeit eine zwischen dem Norden und Süden wechselnde Präsidentschaft vorsehen. Ein neuer Termin für Präsidentenwahlen wurde noch nicht angekündigt.

Ist Militärherrschaft für Nigeria die einzige Alternative? Ihre Befürworter halten sie für den besseren Sachwalter der lebenswichtigen Interessen des Volkes. Straffe Führung, Disziplin und Verantwortungsbewußtsein der militärischen Führer seien eine bessere Garantie für eine störungsfreie wirtschaftliche und politische Entwicklung. Das Problem der Verfassungsmäßigkeit eines solchen Regimes – d. h. gewaltsamer Sturz einer gewählten Regierung – müßte dahinter zurückstehen. Die notwendige Legalität würde eine solche Regierung durch die massive Zustimmung erhalten – sozusagen Demokratie durch Akklamation – bzw. im Falle eines Versagens wieder verlieren.

Traditionelle Herrscher

Handelt es sich bei dem Phänomen der Militärherrschaft um ein modernes, importiertes Ordnungsmodell, das sich in der Regel auf die ihm eigenen Durchsetzungsmittel stützen kann, so spielen in Nigeria die sogenannten traditionellen Herrscher nach wie vor eine nicht zu unterschätzende Rolle. Sie sind religiöse und weltliche Herrscher, in deren Händen vor der Ankunft der Europäer die politische Ordnungsmacht lag. Im muslimischen Norden waren es die Emire, bei den Yoruba

die Obas und, ihnen nachgeordnet, die Chiefs. Lediglich die Ibo, um hier nur die großen Volksstämme zu nennen, begnügten sich mit einer Art Basisdemokratie ohne eigentliche Führer. Während der Kolonialherrschaft breitete sich aber auch hier mit der Unterstützung der Briten das Chiefwesen aus.

Die britische Kolonialverwaltung bediente sich der traditionellen Herrscher im Rahmen der *indirect rule* als Mittelsmänner. Sie übten dank ihres Ansehens auf lokaler Ebene die Regierung aus. Dies hatte nicht nur den Vorteil, den finanziellen und personellen Verwaltungsaufwand niedrig halten zu können. Durch ihre Kenntnis der Absichten und Erwartungen beider Seiten wirkten diese Herrscher auch konfliktneutralisierend. Wegen ihres Ansehens und Einflusses ist die Institution der traditionellen Herrscher denn auch grundsätzlich von den verschiedenen zivilen und militärischen Regierungen des unabhängigen Nigeria nicht in Frage gestellt worden.

Die traditionellen Herrscher verkörpern die Einheit der Menschen in einer bestimmten Region. Sie sind die Gralshüter und Bewahrer der Kultur, des Brauchtums und der Tradition und bewahren durch ihre Beschützer- und Führungsrolle das friedliche Zusammenleben innerhalb der Gemeinschaft. Als »Väter« ihrer Gemeinde sind sie moralische Autoritätspersonen und genießen vielfach, insbesondere die Emire und Obas, eine halbgöttliche Verehrung. Ihre Macht und Verantwortung leiteten sich ursprünglich aus ihrer herausgehobenen Stellung ab, werden in der heutigen Zeit aber

Traditioneller Herrscher mit Hofstaat bei der Begrüßung eines Gastes

durch gesetzliche Regelungen bestimmt. Mit der Errichtung eines modernen politischen Staatswesens wurde ihre politische Rolle zwangsläufig zurückgedrängt. Nach Erlangung der Selbständigkeit des Landes verfügten sie zunächst mit dem House of Chiefs sogar über eine parlamentarische Vertretung und in der Person des Sardauna von Sokoto, dem erstgeborenen Sohn des höchsten muslimischen Würdenträgers, über den Premierminister der Nordregion. Die Verfassung der Zweiten Republik sah zwar noch die Bildung eines State Council of Chiefs in jedem Bundesland vor, beschränkte seine Befugnisse jedoch auf beratende Funktionen in kulturellen Angelegenheiten und Fragen des Gewohnheitsrechts (engl. *customary law*) sowie, falls erforderlich, auf die Aufrechterhaltung der öffentlichen Ordnung.

Wie schon im System der *indirect rule* sind die Chiefs im heutigen Nigeria Mittler zwischen der Staatsautorität und ihren Untergebenen, wenngleich mit verringertem Ver-

antwortungsbereich. Angesichts einer immer noch unzureichenden administrativen Erschließung des Landes sind sie für die jeweilige Regierung ein wirksames Hilfsmittel zur Durchsetzung der Programme und erhalten deshalb auch eine finanzielle Vergütung (neben reichhaltigen Sachspenden von ihren Untergebenen). In dieser politischen Mittlerrolle sollten sie im Prinzip Neutralität wahren. Es konnte jedoch nicht ausbleiben, daß traditionelle Herrscher in einer sich modernisierenden Gesellschaft, unbewußt oder auch gewollt, in die politische Arena hineingezogen wurden. Die Vermengung von althergebrachter Traditionsbewahrung mit Parteipolitik führte denn auch gelegentlich zu einer Aushöhlung ihrer Autorität, wenn sie sich zu stark als Erfüllungsgehilfen einer bestimmten Partei exponierten. Die Aussicht auf raschen materiellen Wohlstand verleitete manchen traditionellen Herrscher, sich politisch mißbrauchen zu lassen, zumal mit dem fortschreitenden Ausbau des Verwaltungsapparats der

Regierung ihr Einfluß- und Zuständigkeitsbereich stetig zurückgedrängt wurde. Darüber hinaus haben die neuen Eliten das Ansehen der Chiefs untergraben, indem sie die Institution der traditionellen Herrscher für anachronistisch erklären.

Diese geringschätzige Einstellung rührt teilweise von der erwähnten Verquickung der althergebrachten Machtstellung mit politischen Interessen, zum Teil aber auch von dem mißbräuchlichen Erwerb der Titel her. Die alten Titel mit den dazugehörigen Gebieten liegen seit alters her fest; die Anzahl der Emire und Obas, deren Titel nicht vererbbar sind, ist festgeschrieben. Anders dagegen bei den niederrangigen Chief-Titeln: Hier ist es seit den siebziger Jahren zu einer unkontrollierten Ausweitung der Titel wegen ihres hohen sozialen Prestigewertes gekommen, wobei schneller materieller Aufstieg den Titelkauf erleichterte. Während früher Titel nur an jene vergeben wurden, die sich durch besondere Leistungen für die Entwicklung der Gemeinschaft hervorgetan hatten, braucht der neureiche Chief sich erst im nachhinein zu bewähren. In den Ibo-Regionen hat die Titelsucht zu einer anderwärts nicht gekannten Aufblähung geführt: In verschiedenen Bundesländern werden bis zu 400 solcher »traditionellen« Herrscher gezählt, die den Titel überwiegend als Mittel zum Zweck betrachten. Viele sind kleine Händler, die sich nach Vollendung des Tagewerks als »Könige« ausstaffieren.

Es ist nicht damit zu rechnen, daß die traditionellen Herrscher ihre eigenartige Sonderstellung verlieren werden. Dazu sind ihr Ansehen und

ihr Einfluß, vornehmlich unter der ländlichen Bevölkerung, zu groß. Die 1984 an die Macht gekommene Militärregierung hat trotz ihrer Reformprogramme durch intensive Kontaktpflege mit den traditionellen Herrschern deutliche Zeichen gesetzt. Wie schon in früheren Jahren, treten sie bei politischen und gesellschaftlichen Veranstaltungen in ihren malerischen Trachten als Ehrengäste auf. Wenn sie sich selbst auf ihre Hauptfunktion als zeremonielle Oberhäupter ihrer Gemeinde und Wächter der Tradition beschränken, werden sie ihre Position als quasi-absolute Herrscher in Teilbereichen inmitten eines säkularisierten Staatswesens bewahren können. Eine wachsende Zahl von ihnen sind aber auch durchaus moderne Menschen, trotz des traditionellen Gepräges, das sie an ihren Sitzen, den sogenannten Palästen, umgibt. Sie haben oft ein abgeschlossenes Hochschulstudium (der Oba von Lagos ist z. B. Apotheker) hinter sich und kennen sich in der Welt aus.

Politische Parteien

Nigeria ist in den Jahren der Ersten und Zweiten Republik ein Mehrparteienstaat gewesen. Die Lebensfähigkeit des ersten ernsthaften Versuchs, mit der National Party of Nigeria des früheren Präsidenten Shagari eine übergreifende, nationale Partei zu etablieren, konnte nicht getestet werden. In den nicht ganz fälschungsfreien Wahlen 1983 erzielte sie zwar auch beachtliche zahlenmäßige Gewinne im Yoruba- und Ibo-Land, blieb aber eine vom muslimischen Norden geprägte Honoratiorenpartei. Ihre Satzung sah ein ausgeklügeltes Rotationsprinzip für die Besetzung der Führungspositionen in Staat und Partei vor. Der innerparteiliche Kampf um diese Position nach dem verfassungsmäßigen Ende der Shagari-Präsidentschaft 1983 hatte schon nach den letzten Wahlen begonnen und ließ erhebliche Zweifel aufkommen, ob der Aufbau einer überethnischen Nationalpartei von allen Beteiligten akzeptiert würde.

Unter den Militärregierungen waren politische Parteien verboten. Der von der vorherigen Militärregierung eingeleitete Versuch eines Über-

gangs zu einem Zivilregime stellte ein Kuriosum in der Geschichte der Demokratie dar. Durch Regierungserlaß wurde die Gründung von nur zwei politischen Parteien verordnet. Der Social Democratic Party (SDP) mit etwas linker Tendenz stand die nach rechts ausgerichtete National Republican Convention (NRC) gegenüber. Mit dieser künstlich geschaffenen Ordnung sollte zum einen die heillose Zersplitterung des politischen Lebens durch zahllose politische Parteien und Interessengruppen verhindert werden. Zum anderen wollte man auf diese Weise

Der Emir von Katsina, einer der hohen Haussa-Herrscher

auch eine primär an den alten Interessen ausgerichtete Aufgliederung unterbinden, da den beiden Parteien auferlegt war, sich landesweit zu etablieren. Dennoch wurden bald Verdächtigungen laut, daß mit der Links-Rechts-Orientierung das »S« in der SDP als Southern und das »N« in der NRC als Northern zu interpretieren seien.

Eine weitere Besonderheit war das Wahlverfahren: Angesichts einer hohen Analphabetenquote verzichtete man auf die schriftliche Stimmabgabe in Wahlkabinen und ließ die Wähler sich in zwei Schlangen einreihen.

Mit dem Abbruch des Demokratisierungsprozesses wurden die politischen Parteien wieder verboten (S. 59).

Innenpolitik

Der gestürzten Zivilregierung war in der Verfassung von 1978 zur Auflage gemacht worden, einen demokratischen und sozialen Rechtsstaat zu errichten. Unter weitgehender Beteiligung des Volkes sollte Sicherheit und Wohlergehen der Bürger das oberste Ziel der Innenpolitik sein. Um auf dem Wege der nationalen Integration voranzuschreiten, wurde jede Diskriminierung auf Grund von Herkunft, Geschlecht, Religion, ethnischer oder sprachlicher Zugehörigkeit untersagt. Amtsmißbrauch und Korruption sollten abgeschafft werden. Die Wirtschaftspolitik sollte die Anhäufung von Reichtum in den Händen einiger weniger verhindern. Gemäß dem Grundsatz »Gleiches Recht für alle« sollte jeder Bürger in den Genuß einer angemessenen Unterkunft kommen und eine Be-

schäftigungsmöglichkeit mit einem vernünftigen Mindesteinkommen erhalten. Wann immer möglich, sollte Schulgeldfreiheit eingeführt werden.

Wenige dieser Verpflichtungen sind von der Zivilregierung auch nur annähernd erfüllt worden. Disziplinlosigkeit, mangelnder Leistungswille zur Förderung des Gemeinwohls in der politischen Führung, hemmungslose Korruption – auch in den Oppositionsparteien, dort, wo sie die Mehrheit hatten – mit allen sich daraus ergebenden negativen Folgen in allen Bevölkerungsschichten führten mehrfach zum Eingreifen der Militärs. Diese sind mit einem hohen moralischen Anspruch angetreten und wollten mit den in der Armee erworbenen Tugenden der Disziplin und des Gehorsams das Land aus der tiefen sozialen, wirtschaftlichen und politischen Krise herausführen. Sie hatten eine transparente, wirksame, zielstrebige und ehrliche Verwaltung versprochen. Eigeninitiative und -verantwortung sollten wieder geweckt werden. An die Stelle vollmundiger Versprechen und großspuriger Ausgabenpolitik sind ernüchternde Einschränkungen getreten. Durch bessere Nutzung des vorhandenen Potentials, insbesondere der landwirtschaftlichen Ressourcen, soll das Land zu einem sich selbst tragenden Wachstum zurückfinden. Die Wiederherstellung von Gesetz und Ordnung soll jedem Bürger das Gefühl der Sicherheit zurückgeben.

Diese rigorosen Zielvorstellungen können nur über eine zumindest zeitweilige Verschärfung der allgemeinen Lage durchgesetzt werden. Die Bürger hoffen auf einen besseren sozialen Ausgleich, Schulgeldfreiheit, funktionierendes Gesundheitswesen und verbesserte Beschäftigungsmöglichkeiten.

Außenpolitik

In der Außenpolitik wuchs Nigeria aufgrund seiner Größe und Bevölkerungszahl in die Rolle eines einflußreichen Staates in Afrika hinein und trat bald als (selbsternannter) Sprecher des Kontinents in internationalen Gremien auf. Diesem hohen Anspruch stand jedoch ein zunehmend geringer werdender Einfluß bei afrikanischen und außerafrikanischen Konfliktlösungen gegenüber. Nigerias Wirtschaftsmacht, die zudem ausgehöhlt wurde, als Hauptmittel der Einflußnahme auf andere Staaten erwies sich immer mehr als unwirksames Instrument. Die Militärregierung hat darauf reagiert, indem sie die Ziele ihrer Außenpolitik thematisch und geographisch eingrenzte und ihr Augenmerk vorwiegend auf den Schwarzen Kontinent richtete und die auf die Abschaffung der Apartheid zielenden Maßnahmen unterstützte. In den Gremien der Blockfreien Staaten setzte es sich für die Errichtung einer gerechteren Weltwirtschaftsordnung ein.

Obschon sich Nigeria wegen seines Ölreichtums außenwirtschaftlich in einer wesentlich besseren Position befindet als die meisten anderen Entwicklungsländer, befürwortet es in den Verhandlungsrunden mit den westlichen Staaten nachdrücklich radikale Reformen im Beziehungsgeflecht Industrieländer– Dritte Welt.

Unter den verschiedenen politischen Regimen war Nigeria stets, wenngleich zur Gruppe der Blockfreien gehörend, mehr oder weniger pro-westlich ausgerichtet, und zwar aus wirtschaftlichen Erwägungen und ideologisch-innenpolitischen Gründen. Der Außenhandel wird fast ausschließlich mit den westlichen Ländern abgewickelt; ohne die Ölmilliarden, die anderwärts nicht zu erhalten sind, käme die Wirtschaft zum Erliegen. Sentimentale Bindungen zu Großbritannien und den USA, Abneigung gegen totalitäre Regime jeder Art, ungebrochener Glaube an das freie Unternehmertum und Bewahrung eines individuellen Freiheitsraumes können das Land nicht zu einem folgsamen Anhänger einer weltpolitischen Führungsmacht werden lassen. Nigeria bleibt im Prinzip nach allen Seiten hin offen und kooperiert mit jedem Land, wenn es dem nationalen Interesse dienlich erscheint (Süd- und Nordkorea koexistieren z.B. friedlich mit ihren Botschaften in Lagos). Verbale Aggressionen beeinträchtigen nicht das freundschaftliche Verhältnis zu traditionellen Partnern.

Die Beziehung zu den afrikanischen Ländern sind ähnlich pragmatisch. Als »Großer Bruder« ist Nigeria gelegentlich durch die Entsendung von Truppen (nach Zaire und Libe-

Briefmarke aus Anlaß der ECOWAS-Tagung 1991 in der neuen Hauptstadt Abuja

ria, aber auch in den Libanon) in der Rolle des Friedensstifters aufgetreten. Bei bewaffneten Grenzverletzungen durch die Nachbarstaaten Kamerun und Tschad hat es sich nicht zu heftigen Reaktionen des Stärkeren verleiten lassen. Im Rahmen der alle westafrikanischen Länder umfassenden Wirtschaftsgemeinschaft ECOWAS (Economic Community of West African States) bemüht es sich als größter Partner um engere Zusammenarbeit und gemeinsame Entwicklung. Daneben ist Nigeria u. a. Mitglied der Vereinten Nationen, des Commonwealth, der OPEC und der Organisation der Afrikanischen Einheit (OAU).

Rechtsordnung

Nigeria hat keine einheitliche Rechtsordnung. Geschichtliche Entwicklung, ethnische Zusammensetzung und Kolonialherrschaft haben dazu geführt, daß heute drei völlig verschiedene Rechtssysteme nebeneinander bestehen: das britische und das islamische – beides geschriebene Rechtssysteme – sowie das sogenannte *Customary Law,* das ursprüngliche Gewohnheitsrecht der eingesessenen Bevölkerung, das im Laufe der Jahrhunderte von den beiden anderen nacheinander überlagert und teilweise verdrängt wurde. Das zeitlich zuletzt eingeführte britische Recht gilt im Prinzip im ganzen Land, während der Anwendungsbereich des islamischen Rechts sich vorwiegend auf den Norden beschränkt und gewissermaßen ein »Gewohnheitsrecht« besonderer Art ist. Das eigentliche Customary Law könnte man nach europäischen Rechtsbegriffen als eine Art Naturrecht bezeichnen. Es ist in zahlreichen Variationen und Formen mit lokal unterschiedlicher Ausprägung in ganz Nigeria verbreitet.

In seiner ursprünglichen Form gewährte das Customary Law nicht in erster Linie dem Individuum, sondern der Gemeinschaft Rechtsschutz, der auf gegenseitigen Verpflichtungen und Loyalität basierte. Strafe oder Furcht vor Strafe im Sinne von Abschreckung waren nicht konstitutiver Bestandteil der traditionellen Rechtsauffassung, vielmehr bildete die Wiederherstellung der Harmonie in der Gemeinschaft durch Wiedergutmachung die Leitschnur. Moderne Einflüsse wie die Einführung der Gefängnisstrafe haben allerdings zu einer Verwässerung dieser »heilen Welt« geführt. Eine geplante Justizreform wird das Customary Law wahrscheinlich noch weiter aushöhlen.

Das Customary Law kannte keinen Richterstand. Die Sippenältesten, Chiefs und Obas waren auf Grund ihrer Lebenserfahrung und Kenntnis der Sitten und Bräuche berufen, durch geduldiges Palaver den gewünschten und von allen akzeptierten Interessenausgleich herzustellen. Zwar konnten in diesem System Fälle von »Amtswillkür« nicht ausgeschlossen werden, blieben in der intakten traditionellen Gesellschaft jedoch selten.

Die britische Kolonialverwaltung hatte die Praktizierung des Customary Law nur insoweit eingeschränkt, als es (europäische) Rechtsvorstellungen der Humanität und des Naturrechts sowie gesetzliche Bestimmungen verletzte. Seine Gültigkeit wurde auch nach Erlangung der Unabhängigkeit nicht angetastet, parallel dazu aber das geschriebene britische Recht mit mehreren Instanzen und einem Appellationsgerichtshof übernommen. Überschneidungen und Konfliktsituationen zwischen beiden Rechtsordnungen, aber auch mit dem islamischen, auf dem Koran basierenden Recht können in einer sich modernisierenden Gesellschaft nicht ausbleiben. Es kann durchaus vorkommen, daß ein Mohammedaner im Süden in einer mehrheitlich nicht-islamischen Gesellschaft geneigt ist, das Customary Law dem Koran-Recht vorzuziehen.

Jedes der drei Rechtssysteme hat, zumindest auf der untersten Stufe, eigene Gerichte: die Customary Courts für Fälle, die nach dem Customary Law verhandelt werden, die Moslem Courts (oder Alkali) für Rechtsstreitigkeiten nach dem Koran-Recht, die Amtsgerichte (Magistrate Courts) für die moderne Rechtsprechung; in einigen Bereichen fungieren letztere auch als Berufungsgerichte für Customary Courts. Sind sich in einem Rechtsstreit die Beteiligten uneins über das anzuwendende Rechtssystem, müssen sie vor dem Kadi zunächst darüber eine Einigung erzielen.

In der zweiten Instanz bestehen nur noch zwei Gerichte: die Oberlandesgerichte (High Courts of the States) für Berufungs- und Einspruchsfälle nach britischem Recht und dem Customary Law, das ursprünglich keine Berufung kannte; einzelne Bundesländer können jedoch auch Appellationsgerichte für das Customary Law errichten, die allerdings mit Berufsrichtern besetzt sein müssen. Im islamischen Rechtsbereich, d.h. vorwiegend in den nördlichen Landesteilen, sind in der zweiten Instanz die Sharia Courts of Appeal zuständig. Sie sind ausschließlich mit islamischen Rechtsgelehrten (Kadis) besetzt. Ihre Rechtsprechungsbefugnis ist aber ebenso wie die der Customary Courts auf Zivilsachen beschränkt.

In der dritten Instanz wird die gesamte Jurisdiktion für alle Bevölkerungsteile vom Bundesappellationsgericht (Federal Court of Appeal) ausgeübt. Mindestens je drei der insgesamt 15 Richter müssen Fachleute im islamischen Recht bzw. dem Customary Law sein. Das Bundesgericht (Federal High Courts) ist vornehmlich ein Finanzgerichtshof, vor dem alle zivilen und strafrechtlichen Fälle aus dem Steuer- und Geschäftsbereich verhandelt werden. Das Oberste Bundesgericht (Supreme Court of Nigeria) schließlich ist eine Art Verfassungsgericht und hat die ausschließliche Rechtsprechungsbefugnis für Konfliktfälle zwischen Bund und Ländern bzw. unter Bundesländern (Organstreitigkeiten). Außerdem kann es als letzte Instanz vom Bundesappellationsgericht in Straf- und Zivilsachen angerufen werden.

Von den Militärregierungen sind vorübergehend eine Reihe von Sondergerichten eingesetzt worden mit der Aufgabe, die nach dem Regierungswechsel festgenommenen Politiker und ihre Helfershelfer abzuurteilen. Eine Berufung gegen ihre Urteile ist zeitweilig eingeschränkt worden.

Streitkräfte

Nigeria unterhält eine Berufsarmee von 100 000 Mann, wovon 9 500 auf die Luftwaffe und 5 000 auf die Marine entfallen. Ihre Stärke ist im Verlauf der ersten 30 Unabhängigkeitsjahre erheblichen Schwankungen unterworfen gewesen. Die ursprüngliche Mannschaftsstärke von 20 000 Mann erreichte während des Biafra-Krieges vorübergehend 250 000, wodurch Nigeria zur bedeutendsten Streitmacht in Schwarzafrika wurde. 1993 wurde die Mannschaftsstärke der Streitkräfte auf die Hälfte reduziert.

Die Ausbildung ist von britischer Tradition geprägt. Auch die Ausrüstung mit Fahrzeugen und Waffen stammt überwiegend aus westlichen Ländern, lediglich während des Biafra-Krieges zählte auch der Ostblock zu den Lieferanten. Trotz des in der Verfassung vorgeschriebenen Proporzes (bezogen auf die Volksgruppenzugehörigkeit) sind historisch bedingt die nördlichen Landesteile überproportional im Offizierskorps vertreten. Dennoch ist die Armee wie in anderen Ländern auch eine Schule der Nation, in der sich am stärksten ein Nationalgefühl entwickelt hat.

Nahezu zwangsläufig wuchs die Armee in die Rolle einer »Wächterin der Nation« hinein. Als unter den Zivilregierungen 1966 und 1983 die Einheit und die Würde des Staates bedroht waren, übernahm das Militär die Regierungsgewalt, wobei die Armee von inneren Spannungen nicht verschont geblieben ist.

Wappen, Flagge, Nationalhymne

Das Wappen Nigerias besteht in der Mitte aus einem durch ein silberfarbenes Ypsilon, das die bei-

Das Wappen Nigerias

Die Flagge Nigerias

den Hauptflüsse (Niger und Benue) symbolisiert, dreigeteilten Schild mit einem darauf sitzenden roten Adler. Rechts und links steht jeweils ein weißes Pferd auf den Hinterfüßen, um den Schild abzustützen. Die Basis wird von einem Blumenbeet in den Nationalfarben Weiß und Grün gebildet und von einem Band eingerahmt, das die Losung »Unity and Faith; Peace and Progress« trägt.

Die Flagge besteht aus drei gleich großen vertikalen Streifen (grünweiß-grün). Grün symbolisiert die Landwirtschaft, Weiß Einheit und Frieden.

The national anthem

Arise, O compatriots,
Nigeria's call obey
To serve our fatherland
With love and strength and faith
The labour of our heroes past
Shall never be in vain
To serve with heart and might
One nation bound in freedom,
peace and unity.

Oh God of creation,
direct our noble cause;
Guide our leaders right;
Help our youth the truth to know
In love and honesty to grow
And living just and true
Great lofty heights attain
To build a nation where peace and
justice shall reign.

Trotz seiner jungen Geschichte als unabhängiges Land hat Nigeria schon seine zweite Nationalhymne. Die 1960 eingeführte, von einer Engländerin verfaßte Hymne enthielt noch zu viele koloniale Anklänge und wurde daher 1978 durch eine neue, von fünf Nigerianern getextete Hymne ersetzt. Die Musik wurde vom Direktor der Polizei-Musikkapelle, Ben Odiase, komponiert.

Staatliche und kommunale Gliederung

In den Jahren vor Erlangung der Unabhängigkeit wurde in dem zunächst zentralistisch verwalteten Gebiet durch mehrere konstitutionelle Reformen mit fortschreitender Autonomie der Regionen der Grundstein für den späteren Bundesstaat gelegt. Schon 1954 erfolgte eine Gliederung in die drei Regionen Nord, Ost und West mit dem Bundesgebiet Lagos und dem Quasi-Bundesgebiet Südkamerun (dieser Teil der früheren deutschen Kolonie Kamerun wurde seit dem Ersten Weltkrieg als britisches Mandatsgebiet verwaltet und nach einer Volksabstimmung 1961 an das inzwischen ebenfalls unabhängige Kamerun zurückgegeben; die Mehrheit des nördlichen Teils entschied sich für einen Verbleib bei Nigeria).

Die Regionalregierungen hatten Gesetzgebungsbefugnisse in allen Bereichen, die nicht der ausschließlichen legislativen Gewalt der Zentralregierung vorbehalten waren. Diese regionale Gliederung wurde auch nach der Selbständigkeit im Jahre 1960 beibehalten, aber schon 1964 bildete man zu Lasten der Westregion eine vierte Region, die Mittelwestregion.

Unter der ersten Militärregierung wurde 1966 für kurze Zeit die bundesstaatliche Struktur wieder durch einen zentralistischen Aufbau abgelöst. Die Rückstufung der Regionen zu Provinzen stieß jedoch auf erheblichen Widerstand und mußte wieder rückgängig gemacht werden. Da die alte regionale, weitgehend an ethnischen Mehrheitsgruppen orientierte Gliederung insbesondere im Osten Autonomie- und Sezessionsbestrebungen zu fördern drohte und ethnische Minderheitsgruppen sich im alten System benachteiligt fühlten, wurden 1967 die vier Regionen

*Die neue Haupt-
stadt Abuja ist
eine der größten
Baustellen Afrikas*

in zwölf Einzelstaaten (Bundesländer) aufgeteilt. Damit sollte dem
jungen Staatsgebilde eine größere
Stabilität gegeben werden.

Die 1979 mit der Rückkehr zur Zivilregierung in Kraft getretene Verfassung behielt diese Gliederung bei,
wenngleich immer wieder Forderungen nach Schaffung weiterer Bundesländer – eine Gesamtzahl von 50
wurde genannt – laut wurden. Die

Militärregierung hat solchen Ansin-
nen, die vorwiegend von Kirchturm-
politikern mit selbstsüchtigen Interessen verfolgt wurden, stattgegeben.
Nach ihrer Meinung berücksichtigte
die Aufgliederung in Länder unterschiedlicher Größe mit wirtschaftlichen Ungleichgewichten die ethnische Zusammensetzung der Bevölkerung in mehreren Bundesländern in
ungenügender Weise. Ihre Zahl wur-

de deshalb in zwei Etappen auf nunmehr 30 (1994) erhöht. Dazu kommt das Hauptstadtgebiet (Federal Capital Territory) Abuja als eigenständiges Bundesland. Entgegen der Überzeugung der Regierung, damit eine endgülti-ge Lösung gefunden zu haben, wurden jedoch weitergehende Erwartungen geweckt, die sich in zahlreichen Protesten niederschlugen. Angesichts leerer Staatskassen

wird es aber ohnehin schwierig sein, funktionsfähige Regierungen zu unterhalten.

Vom ursprünglichen dreistufigen Aufbau – Bund, Länder, Bezirke – sind nur die letzteren in ihren Funktionen und Aufgaben unberührt geblieben. Jedes Bundesland ist je nach Bevölkerungsstärke in 10–25 Bezirke (Local Government Areas) aufgeteilt, die von einem gewählten Bezirksrat (Lo-

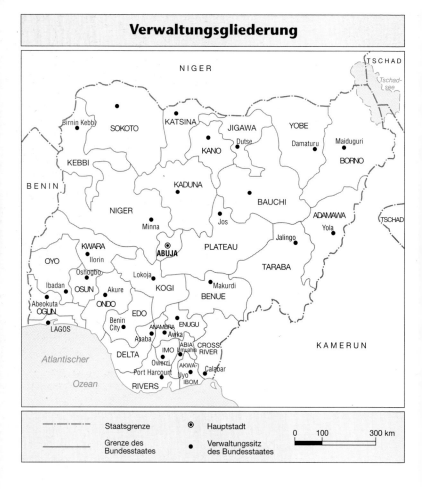

Verwaltungsgliederung

NIGER

TSCHAD

Tschad-see

Birnin Kebbi · SOKOTO · KATSINA · JIGAWA · YOBE
KEBBI · KANO · Dutse · Damaturu · Maiduguri · BORNO
BENIN · KADUNA · BAUCHI · ADAMAWA · TSCHAD
NIGER · Minna · Jos · Yola
KWARA · ⊙ ABUJA · PLATEAU · Jalingo
OYO · Ilorin · Lokoja · TARABA
Oshogbo · Makurdi
Ibadan · OSUN · Akure · KOGI · BENUE
Abeokuta · ONDO
OGUN · EDO · ANAMBRA · ENUGU
LAGOS · Benin City · Awka · ABIA · CROSS RIVER
Asaba · IMO · Umuahia
DELTA · Owerri · AKWA- · Calabar
Port Harcourt · Uyo · IBOM
RIVERS

Atlantischer
Ozean

KAMERUN

Symbol	Bedeutung
·—·—·—	Staatsgrenze
———	Grenze des Bundesstaates
⊙	Hauptstadt
•	Verwaltungssitz des Bundesstaates

0   100   300 km

cal Government Council) verwaltet werden. Diese rd. 500 Bezirksräte unterliegen der Kontrolle durch die jeweilige Länderregierung. Aufgabe der Bezirksräte ist es, bei der Planung der wirtschaftlichen Entwicklung des Gemeinwesens mitzuwirken und eine Reihe lokaler Verwaltungsaufgaben, darunter auch Angelegenheiten der Landnutzung, in eigener Verantwortung wahrzunehmen. Weiterhin müssen sie sich am Unterhalt der Grundschulen und des Gesundheitswesens beteiligen sowie sich um Straßen- und Wegebau kümmern.

In der Zeit vor dem Ölboom waren die großen Regionen in der Lage, die öffentlichen Ausgaben aus den Verkaufserlösen ihrer landwirtschaftlichen Produkte zu decken: der Norden mit Erdnüssen, der Osten mit Palmöl und der Westen mit Kakao, Kaffee und Holz. Keine dieser Regionen könnte heute ihren Fi-

Bundesland	Hauptstadt	Bevölk. in Mill. (1991)
Abia	Umuahia	2,298
Adamawa	Yola	2,124
Akwa Ibom	Uyo	2,340
Anambra	Awka	2,768
Bauchi	Bauchi	4,294
Benue	Makurdi	2,780
Borno	Maiduguri	2,597
Cross River	Calabar	1,866
Delta	Asaba	2,570
Edo	Benin City	2,160
Enugu	Enugu	3,161
Imo	Owerri	2,485
Jigawa	Dutse	2,830
Kaduna	Kaduna	3,969
Kano	Kano	5,632
Katsina	Katsina	3,878
Kebbi	Birnin Kebbi	2,062
Kogi	Lokoja	2,099
Kwara	Ilorin	1,566
Lagos	Lagos	5,686
Niger	Minna	2,482
Ogun	Abeokuta	2,338
Ondo	Akure	3,884
Osun	Oshogbo	2,203
Oyo	Ibadan	3,489
Plateau	Jos	3,284
Rivers	Port Harcourt	3,984
Sokoto	Sokoto	4,392
Taraba	Jalingo	1,481
Yobe	Damaturu	1,411
Abuja F.C.T.	Abjua	0,379
Total		88,514

nanzbedarf auch nur annähernd aus diesen Quellen erwirtschaften. Durch die Konzentration der Erdölfelder auf den Osten und Mittelwesten verfügen die dort gelegenen Bundesländer dagegen über Einnahmequellen, die ihren Bedarf weit übersteigen. Um hier einen gerechten Ausgleich zu schaffen, fließen alle Erlöse aus dem Ölexport zusammen mit anderen Bundeseinnahmen in eine Bundeskasse. Nach einem komplizierten Schlüssel wird ein Finanzausgleich zwischen Bund, Ländern und Bezirken vorgenommen (S. 92). Die Eigeneinnahmen der Bundesländer liegen bei nur 10–20 % ihrer Ausgaben.

Wirtschaft

Allgemeines

Nigeria gehört zu den wichtigsten Erdölförder- und -exportländern der Welt. Unter den afrikanischen Ländern nimmt es vor Libyen und Algerien den ersten Platz ein. Es läge deshalb nahe, eine Beschreibung der Wirtschaft dieses Landes mit dem Ölsektor zu beginnen. Zum Ver-

ständnis der Wirtschaftslage in den neunziger Jahren ist es jedoch notwendig, kurz die Entwicklung seit Erlangung der Unabhängigkeit nachzuzeichnen.

In der Tat hat die wirtschaftliche Struktur des Landes von 1960 kaum noch etwas mit der heutigen gemein. Nationaleinkommen, Außenhandel, Investitionen und Regierungsausgaben wiesen lange Jahre Steigerungsraten wie in keinem anderen afrikanischen Land auf. Trotz dieser beachtlichen Leistungen und des Ölreichtums bzw. gerade wegen dieses Reichtums war und ist das Land seit einigen Jahren großen Problemen ausgesetzt.

Die früher dominierende Land-

*Die Erdnuß-
pyramiden von
Kano in den
sechziger Jahren*

wirtschaft war seinerzeit der größte Devisenbringer. Exportiert wurden vor allem Kakao, Erdnüsse (die Pyramiden von Erdnußsäcken in Kano waren weltberühmt), Palmöl, Palmkerne, Rohgummi und Holz. Der Anteil dieser Erzeugnisse am Gesamtexport fiel von 1960–70 von 84,5 % auf 31,7 %, während Erdöl im gleichen Zeitraum von nur 2,7 % auf 58,1 % anstieg; 1975 entfielen nur noch 4,9 % auf land- und forstwirtschaftliche Güter, dagegen 92,9 % auf Erdöl (1993 rd. 98 %). Die Relationen haben sich vornehmlich durch die hohen Zuwachsraten der Ölproduktion verändert. Dennoch ist seit Mitte der sechziger Jahre auch absolut ein deutlicher Rückgang in der agrarischen Produktion eingetreten, der angesichts eines starken Bevölkerungswachstums eine Zunahme der Lebensmitteleinfuhren von 400 % innerhalb von 10 Jahren (1970–80) zur Folge hatte, die bis heute lebenswichtig geblieben sind und bei schwindenden Öleinnahmen zu Versorgungsengpässen geführt haben. Einige der früheren Exporterzeugnisse mußten lange Zeit sogar eingeführt werden (z. B. Palmöl). Mit der verstärkten Förderung der Landwirtschaft nach Ausbruch der Ölkrise ist seit Ende der achtziger Jahre jedoch wieder ein deutlicher

Landwirtschaft und Industrialisierung sind zwei wichtige Eckpfeiler der nigerianischen Wirtschaft

Markt in Katsina

Anstieg der agrarischen Produktion zu verzeichnen.

Mit dem ungeahnten Ölboom, der Mitte der sechziger Jahre einsetzte, nur kurz durch den Bürgerkrieg (1967–70) unterbrochen wurde und 1980 mit Öleinnahmen von 24,9 Mrd. US-$ seinen Höhepunkt erreichte, wurden Investitions- und Industrialisierungsprogramme eingeleitet, die alle bis dahin üblichen Proportionen sprengten. Rückgang der landwirtschaftlichen Produktion, teilweise auch durch Pflanzenkrankheiten und Trockenheit verursacht (vor allem bei Erdnüssen), geringerer Erlös aus den Verkäufen und relative Verschlechterung des Arbeitsertrages führten zu einer wachsenden Abwanderung der ländlichen Bevölkerung in die expandierenden Städte, auf die riesigen Baustellen und die Sekundärsektoren der Ölindustrie (Petrochemische Industrie).

Innerhalb von weniger als zwei Jahrzehnten wandelte sich Nigeria von einem Agrarland in ein fast ausschließlich vom Öl abhängiges Land (mehr als 90% der Exporterlöse, ca. 80% der Regierungseinnahmen) und geriet zwangsläufig, als der Welterdölmarkt stagnierte, Produktionsmengen und Preise

Die am Stamm sitzende Kakaofrucht kann leicht geerntet werden

Kokosnüsse im Nigerdelta

sogar fielen, in kaum zu meisternde Krisensituationen. Die Zivil- und Militärregierungen erkannten zwar rechtzeitig die heraufziehenden Gefahren und versuchten mit einem Programm für Nahrungsmittelproduktion, der Operation »Feed the Nation« (1974) und einer Grünen Revolution (1980), den beängstigenden Trend zu bremsen. Diese Versuche erbrachten aber zunächst ebensowenig die gewünschten Erfolge wie die mit hohen Investitionen errichteten, auf großflächigen Bewässerungsplantagenwirtschaft fixierten staatlichen Entwicklungsprogramme in den Flußlandschaften.

Die Wirtschaftsstruktur Nigerias weist eine bunte Mischung von Staatskapitalismus – alle Grundstoffindustrien befinden sich ganz oder mehrheitlich in staatlicher Hand – und frühkapitalistischer Ordnungslosigkeit auf. Bis zur Machtübernahme durch die Militärs Ende 1983 galt in beiden Sektoren der gleiche Grundsatz: mit wenig Aufwand möglichst schnell viel Geld zu erwerben (»get rich quick«). Diese Mentalität ließ versprechende Ansätze zu einer Umstrukturierung mit dem Ziel der Selbstversorgung bei Lebensmitteln im Sande verlaufen.

Eine Momentaufnahme der gesamtwirtschaftlichen Lage ergibt für die einzelnen Sektoren folgendes Bild:

Land- und Forstwirtschaft

Nur etwa ein Drittel der Gesamtfläche Nigerias wird landwirtschaftlich genutzt, wobei die Subsistenzwirtschaft mit Kleinbetrieben von bis zu 3 ha überwiegt. Über 60 % der Gesamtbevölkerung leben von der Landwirtschaft, tragen aber nach einem zeitweiligen Rückgang auf 30 % wieder zu 40 % (1960 noch 63 %) zum Bruttoinlandsprodukt bei. Für die Eigenversorgung werden hauptsächlich die Knollenfrüchte Jams und Kassava angebaut, die in den südlichen Landesteilen Volksnahrungsmittel sind. Dazu kommen im Norden Hirse, Sorghum (Guinea Corn), Mais und Erdnüsse sowie Reis, Bananen (hauptsächlich Mehloder Gemüsebananen), Süßkartoffeln, Feigen, Ananas, Papaya, Mango Bohnen und Zitrusfrüchte. Auf dem klimatisch begünstigten Jos-Plateau,

der »Salatschüssel« Nigerias, gedeihen nahezu alle europäischen Gemüsesorten sowie Weizen, dessen Produktionsmenge unter dem Schutz des Einfuhrverbots ständig zunahm. Auch der Anbau von Zuckerrohr, Tee und Tabak wurde gefördert.

Erdnüsse waren einst neben Kakao (Ende des 18. Jh. von Amerika eingeführt) und Palmöl (um 1900 war Nigeria größter Exporteur der Welt) das Hauptexportprodukt, erscheinen aber nicht mehr in den Ausfuhrstatistiken. Allerdings konnte die Gesamtproduktion innerhalb von fünf Jahren mit 1,2 Mill. t wieder verdoppelt werden. Lediglich Kakao im Roh- und verarbeiteten Zustand (1991: 1,4 % der gesamten Exporterlöse) spielt noch neben Rohgummi (0,8 %) und Baumwolle eine Rolle. Schlechte Ernten und Verfall der Weltmarktpreise haben allerdings in den letzten Jahren zu einer Halbierung des Kakao-Exports auf 150 000 t geführt. Die Erzeugung von Rohgummi übertrifft inzwischen wertmäßig den Kakao. Vor allem bei den nomadisierenden Fulbe im nicht von der Tsetse-

Holzgewinnung im Regenwald bei Sapele

Fliege bedrohten Norden bildet die Zucht von Rindern (14,5 Mill.), Schafen (24 Mill.), Ziegen (36,7 Mill.) und Schweinen (4 Mill.) den Haupterwerbszweig; Kamele (18 Mill.) und Esel (960 000) werden als Lasttiere, Pferde (250 000) als Reittiere – auch im Süden – gehalten. Die industriell betriebene Geflügelzucht gewinnt im Süden an Bedeutung.

Nur etwa ein Zehntel des Landes ist mit Wald bedeckt. Forstwirtschaftlich nutzbar ist jedoch nur der 2 % der Gesamtfläche ausmachende Regenwald im Süden des Landes. Brandrodung, illegaler Einschlag durch Einheimische und großzügige Ausnutzung der an Ausländer vergebenen Nutzungskonzessionen haben den Regenwaldgürtel drastisch reduziert, zumal die Wiederaufforstung völlig unzureichend ist. Trotz des schon 1976 erlassenen Ausfuhrverbots werden weiterhin Edelhölzer illegal exportiert. Der Holzeinschlag sollte sich auf die Versorgung des Binnenmarktes – in Sapele befindet sich eine große Sperrholzfabrik – beschränken.

Kamele spielen im Norden noch eine wichtige Rolle als Transportmittel

Zum Trocknen aufgehängter Fisch in Baga am Tschadsee

Wachsende Bedeutung erlangt die Fischwirtschaft, die mit den Fängen aus den fischreichen Küstengewässern einen steigenden Anteil des Verbrauchs deckt. Unter den Fischen der Binnengewässer ist nur der als Speisefisch begehrte Nilbarsch von Bedeutung.

Vom Ziel einer Selbstversorgung mit Nahrungsmitteln ist Nigeria noch weit entfernt. Die Korrektur der durch den Ölboom verursachten Fehlentwicklungen erfordert immense finanzielle, infrastrukturelle und institutionelle Anstrengungen über viele Jahre. Trotz eines Bevölkerungszuwachses von 2,7 % ist die Einfuhr von Nahrungsmittel erheblich eingeschränkt worden, obwohl sich die Verbrauchsgewohnheiten der Nigerianer langsam ändern (Brot und Reis werden den traditionellen Speisen vorgezogen). Eine 1986 verkündete Importsperre für Reis und Weizen (zeitweilig wieder aufgehoben) soll dieser nicht mehr finanzierbaren Entwicklung Einhalt gebieten.

Bodenschätze

Im Vergleich zu vielen anderen afrikanischen Ländern ist Nigeria relativ reich an Bodenschätzen. Neben dem schwefelarmen und damit hochwertigen Erdöl und dem Erdgas vor allem in Nigerdelta aber auch vor der Küste unter dem Festlandsockel, sind in jüngster Zeit auch Eisenerzvorkommen in der Umgebung von Okene-Itakpe, in der Nähe des Stahlwerkes Ajaokuta und bei Enugu entdeckt worden. Wegen des niedrigen Eisengehalts wird sich der Abbau aber möglicherweise nicht rentieren. Zu den schon seit Beginn des Jahr-

hunderts abgebauten Bodenschätzen gehören Zinn im Jos-Plateau (nach vorübergehendem Rückgang ist der Export von Zinn in den letzten Jahren wieder gestiegen) und Steinkohle bei Enugu (die jährliche Produktion ist von fast einer Million Tonnen 1959 auf rund 50 000 t 1983 gefallen, steigt seitdem jedoch langsam wieder an). Weitere Steinkohlevorkommen wurde bei Lafia südlich von Jos und bei mehreren anderen Orten im Südosten entdeckt; umfangreiche Braunkohlelager gibt es im Bundesland Edo. Von den auf 2,7 Mrd t geschätzten Vorkommen ist ein Viertel bereits nachgewiesen. Unter den übrigen mineralischen Bodenschätzen hat nur noch Kolumbit eine gewisse Bedeutung. Blei, Zink und Gold werden nur in geringen Mengen abgebaut. Uran wird im Bundesland Bauchi vermutet. Es kann damit gerechnet werden, daß bei systematischer geologischer Erforschung weitere Bodenschätze entdeckt werden.

Die Erdölindustrie ist der alles dominierende Wirtschaftszweig. Die Suche nach Öl begann schon Anfang dieses Jahrhunderts durch eine deutsche Firma 200 km östlich von Lagos, doch erst Ende der fünfziger Jahre ließen die Versuchsbohrungen Rückschlüsse auf größere Vorkommen zu. Die systematische Förderung begann 1961, und in wenigen Jahren stieg Nigeria zu einem der großen Erdölländer auf. Es rangiert mit 1,9 Mill. Faß pro Tag (1993) noch vor Libyen an 1. Stelle unter den afrikanischen Ölländern. Auf- und Abstieg lagen jedoch dicht beieinander. Mit dem Preisverfall auf den Weltmärkten und den verringerten Produktionsquoten wurde das gesamte Wirtschaftsgefüge in Mitleidenschaft gezogen. Der rapide Produktionsanstieg des von den großen internationalen Konzernen geförderten Öls von 17 000 Faß pro Tag im Jahre 1960 über 1,8 Mill. Faß pro Tag 1972 erreichte 1979 die Spitzenmenge von 2,3 Mill., pendelte eine Zeitlang um die von der OPEC festgesetzten 1,3 Mill., jedoch mit steigender Tendenz seit 1985. Die jeweiligen Ausfuhrerlöse lagen bei 11 Mrd. US-$ (1972), 24,9 Mrd. (1980) und fielen danach wieder kontinuierlich: 17,1 Mrd. 1981, 12,7 Mrd. 1982, 10,1 Mrd. 1983 und 7,1 Mrd. 1988. Seit Beginn der neunziger Jahre schwanken die Jahreserlöse zwischen 10 und 12 Mrd. US-$ bei einer effektiven Fördermenge um 2 Mill. Faß pro Tag, während die offizielle OPEC-Quote bei 1,78 Mill. Faß liegt. Hauptabnehmer des nigerianischen Öls sind die Europäische Union und die USA.

Nur ein geringer Teil dieser Fördermenge wird in den vier Raffinerien in Warri, Port Harcourt, Onne und Kaduna mit einer Gesamtkapazität von 440 000 Faß pro Tag für den eigenen Markt verarbeitet. Wegen mangelhafter Kapazitätsauslastung der Raffinerien müssen zur Deckung des Eigenbedarfs jährlich 15–20 % Erdölprodukte eingeführt werden. Die wichtigsten Erdölhäfen sind durch ein Netz von Pipelines mit den Ölfeldern verbunden. Großtanker werden auf offener See beladen. Zwei petrochemische Betriebe (in Kaduna im Norden und bei Warri an der Küste) haben 1988 ihre Produktion aufgenommen. Über die Erdölreserven Nigerias, die zum größten Teil vor der Küste unter dem Kontinentalschelf vermutet werden, wo auch jetzt schon zahlreiche Plattformen stehen, liegen noch keine verläßlichen Angaben vor. Im Jahre 1992 wurden die nachgewiesenen Reserven auf 20 Mrd. Faß geschätzt, die beim derzeitigen Produktionsniveau in etwa 40 Jahren erschöpft wären. Die vermuteten, also noch nicht nachgewiesenen Vorräte werden auf 100 bis 140 Mrd. Faß beziffert.

Das bei der Erdölförderung anfallende Erdgas wird zunehmend für die Energieerzeugung verwendet. Jährlich werden immer noch über 80 % des ausströmenden Gases im Gegenwert von 257 000 Faß (= $\frac{1}{7}$ der gesamten Erdölförderung) abgefackelt. Mit der Fertigstellung der Gas-Pipeline aus dem Erdölgebiet im Südosten nach Lagos 1988 ist die Stromerzeugung verbessert und der Industrie eine billige Energiequelle erschlossen worden.

Die auf rund 3,5–4 Bill. m³ geschätzten Reserven an Erdgas (entspricht etwa 525–600 Mrd. Faß Erdöl) sollen durch ein mehrere Milliarden Dollar kostendes Flüssiggasprojekt (Liquified Natural Gas, LNG) bis 1997 für den Export vor allem nach Europa und Amerika kommerzialisierbar gemacht werden. Die Ausfuhr von verflüssigtem Erdgas kann bis zum Jahre 2000 etwa 30 % der Erdölerlöse ausmachen. Mit der Erzeugung soll 1997 begonnen werden. Die Idee, eine Pipeline quer durch die Sahara und das Mittelmeer zu legen, ist inzwischen aufgegeben worden. Weitreichende Pläne für den Aufbau einer petrochemischen Industrie, mit deren Erzeugnissen ein beachtlicher Teil des Rohstoffbedarfs der einheimischen Industrie gedeckt werden könnte, werden nur langsam verwirklicht. In Onne hat eine Kunstdüngerfabrik mit einer Kapazität von einer Million Tonnen die Produktion aufgenommen. Bei Port Harcourt ist eine Kunststofffabrik für fast eine Milliarde US-$ im Aufbau.

Die Kontrolle über Förderung und Absatz von Erdöl und Erdgas liegt bei der regierungseigenen Nigerian National Petroleum Company, die auch an allen Ölgesellschaften mit 60% beteiligt ist. Trotz der gesamtwirtschaftlichen Bedeutung ist der Beschäftigungseffekt dieses kapitalintensiven Sektors mit 1,2% recht gering.

Energiewirtschaft

Die Energieversorgung liegt in den Händen der staatlichen National Power Authority (NEPA). Trotz Öl-,

Gas- und Wasserkraftreserven ist die Stromversorgung des Landes weit hinter der Nachfrage zurückgeblieben. Unzureichendes Management, Ersatzteilmangel und z.T. veraltete Anlagen führen immer wieder zu manchmal tagelang anhaltenden Stromabschaltungen. Zur Überbrückung dieser »Dunkelstrecken« haben sich Industriebetriebe und Haushalte kostspielige Dieselaggregate, sog. Stand-by-Generatoren, zugelegt, deren Kapazität auf 600 Megawatt geschätzt wird. Die dadurch entstandenen Zusatzkosten werden auf über eine Milliarde US-$ geschätzt.

Der lange Zeit größte Stromerzeuger war das Kainji-Wasserkraftwerk am mittleren Niger. Es hat eine Kapazität von 760 MW und war ursprünglich für die Versorgung des südlichen Nigeria gedacht. Ölboom und beginnende Industrialisierung nach dem Bürgerkrieg ließen den

Die Erdgas-Pipeline von Warri
soll die Energieprobleme des Landes
mit lösen helfen

Arbeiter beim Bau der Gas-Pipeline in Warri

Energieverbrauch von 1,3 Mill. kWh im Jahr 1970 auf 7,94 Mill. kWh 1990 hochschnellen, der durch den Bau eines Wärmekraftwerkes bei Sapele (Erdöl- und Erdgasbasis), das hauptsächlich die Lagos-Region versorgt, gedeckt werden konnte. Die im Süden gelegenen, mit Erdgas betriebenen Kraftwerke Afam (640 MW), Sapele (1020 MW) und Ughelli (312 MW) dienen hauptsächlich der Versorgung der Industrie. Die gesamte installierte und dem Verbundnetz angeschlossene Kapazität von 2858 MW (1983) ist durch den Bau von jeweils einem Wasserkraftwerk bei Jebba stromabwärts vom Kainji-Damm (540 MW) und Shiroro am Kaduna-Fluß (600 MW) sowie dem Wärmekraftwerk Egbin bei Lagos (Gas- und Ölbasis, 1320 MW) bis 1992 auf fast 6000 MW drastisch erhöht worden. Die tatsächliche Stromerzeugungskapazität liegt jedoch bei weniger als der Hälfte. Große Wasserkraftreserven liegen im Flußsystem des Mambilla-Plateaus an der Grenze zu Kamerun. Wegen der hohen Investitionskosten auf der einen und der Ungewißheit bei der Nutzbarmachung der Erdgasreserven auf der anderen Seite zögert die Regierung jedoch vor der energiewirtschaftlichen Erschließung zurück.

Weite Teile des Landes, insbesondere im Norden, und zahlreiche Dörfer sind noch nicht an das Stromnetz angeschlossen. Einzige Energiequelle sind hier Flaschengas und Kerosin sowie Holz. Der hohe Verbrauch an Feuerholz hat jedoch schon zu einer besorgniserregenden Reduzierung des Waldbestandes geführt.

Industrie und Gewerbe

Mit den Mitteln des unverhofft hereinbrechenden Milliardensegens durch den Erdölexport wollte Nigeria sich in wenigen Jahren durch staatliche Förderung in ein blühendes Industrieland verwandeln. Zwei Überlegungen standen dabei im Vordergrund: zum einen die Erzeugung von bislang eingeführten Verbrauchsgütern (Importsubstitution) und zum anderen später die Produk-

tion von Exportgütern. Im ersten Bereich konnte, geschützt durch hohe Schutzzölle auf konkurrierende Importe, ein gewisser Erfolg erzielt werden. Der Anteil der industriellen Erzeugung am Bruttosozialprodukt hat in den letzten 20 Jahren stets unter 10 % (1991: 8,3 %) gelegen.

Der Schwerpunkt in der verarbeitenden Industrie lag zunächst bei der Herstellung von Nahrungsmitteln, Getränken (30 Brauereien), Textilien, Tabakwaren, Seife und Waschmitteln (zusammen 80 %), Zement, Schuhen, Pharmazeutika, Metallerzeugnissen, Kfz-Zubehör etc. Auch agrarische Produkte wie Kakao, Palmkerne und Erdnüsse sowie Fleisch und Holz

wurden in zunehmendem Maße im Land verarbeitet. Öl- und Getreidemühlen (importierter Weizen) sind in verschiedenen Landesteilen errichtet worden. Der weitaus größte Teil dieser Industriebetriebe ist im Südwesten und Südosten, den am dichtesten bevölkerten Regionen, angesiedelt. In Nordnigeria bilden lediglich Kano und Kaduna noch lokale Konzentrationen mit einer relativ hohen Industriedichte. Die Kapazitätsauslastung des industriellen Potentials liegt unter 40 %, was die Produktion zusätzlich verteuert.

Zur Deckung des angesichts der Größe des Landes und seiner hohen Bevölkerung immensen Bedarfs an

Schwarz ist schön – solange man nicht blau wird

Auf dem Lande muß das Wasser noch mit Hand aus Brunnen heraufgeholt werden

Kraftfahrzeugen drängte die Regierung auf die Errichtung von Autofabriken, die letztlich aber nur Montagewerke europäischer Firmen sind – Peugeot in Kaduna und VW in Lagos für Pkws, Mercedes in Enugu (Lkws) und Steyr in Bauchi (Traktoren, Lkws), Bedford in Lagos (Lkws) und Leyland Bedford in Ibadan (Allradfahrzeuge und Lkws) sowie Fiat in Kano (Traktoren und Lkws). Alle diese Betriebe mußten angesichts der rapiden Verschlechterung der Kaufkraft ihre Produktion erheblich einschränken (Kapazitätsauslastung bei knapp 20 %) oder die Produktion ganz aufgeben. Ähnliche Betriebe wurden für die Herstellung von Haushaltsgeräten (Kühlschränke, Klimageräte, Rundfunk- und Fernsehempfänger etc.) gegründet. Die metallverarbeitende Industrie steckt ebenso noch in den Anfängen wie die Kapitalgüterindustrie.

Bei einer auf bloßer Montage aufgebauten Industrie hat sich der beschäftigungspolitische und preissenkende Effekt nicht im gewünschten Maße eingestellt. Der geringe Verarbeitungsanteil an im Lande vorhandenen Rohstoffen brachte auch keine nennenswerte Entlastung der Zahlungsbilanz. Unzureichender Ausbildungsstand der Arbeitskräfte und infrastrukturelle Engpässe (unregelmäßige Energie- und Wasserversorgung) sowie unstetige Versorgung mit Rohstoffen aus dem Ausland wirkten kostentreibend. Die Erzeugnisse waren auch wegen des überhöhten Kurses der Landeswährung kaum für den Export in Nachbarländer geeignet bzw. erhielten durch in großen Mengen hereinkommende Schmuggelware eine äußerst bedrohliche Konkurrenz.

Grundlage einer eigenständigen industriellen Entwicklung sollte die Eisen- und Stahlindustrie werden.

Das VW-Werk in Lagos

Mit den einstmals hohen Öleinnahmen sind drei Stahlwalzwerke errichtet und in Betrieb genommen worden: Katsina (1982), Jos (1983) und Oshogbo (1983). Die ursprüngliche Kapazität von jeweils 210 000 t soll in Etappen auf jeweils 720 000 Jahrestonnen ausgebaut werden. Ihre Produktion ist vorerst auf Baustahl, Profileisen, Halbzeug und Draht beschränkt. Hinzu kommen die Stahlwerke Delta Steel bei Aladja/Warri (1982), das für eine Kapazität von 1,3 Mill. t ausgelegt wurde, aber nur zu 20 % ausgelastet ist, und Ajaokuta am Niger (Walzwerk 1983 fertiggestellt. Phase I des Stahlwerks mit einer Kapazität von 1,2 Mill. t wurde 1992 mit sechsjähriger Verspätung fertiggestellt. Nach Abschluß der Phase II wird die Kapazität für die Stahlproduktion bei 5,3 Mill. t jährlich liegen). Deutsche und österreichische Firmen waren u. a. an dem Bauprogramm in Aladja beteiligt, während das Stahlwerk in Ajaokuta mit russischer Hilfe errichtet wird.

Lediglich in Ajaokuta – das Stahlwerk und die Stadt für 500 000 Einwohner wurden aus dem Boden gestampft – können teilweise eigene Erze aus den Lagerstätten bei Okene unweit von Ajaokuta mit heimischer Kohle verarbeitet werden. Hauptlieferanten für Eisenerz sind zur Zeit Liberia und Guinea. Für die Walzwerke, die aus politischen Gründen trotz der damit verbundenen erheblichen Transportkosten (z. B. nach Katsina hoch im Norden an der Grenze zu Niger) in verschiedene Landesteile gelegt wurden, muß der Rohstahl aus Aladja im Süden und später Ajaokuta auf dem Landwege herangeführt werden. Die Herstellungskosten für Stahl liegen weit über den Weltmarktpreisen. Nigeria hofft mit diesen Stahl- und Walzwerken in naher Zukunft seinen gesamten Bedarf (1983: 3 Mill. t, 1990: 6 Mill. t) zu decken und damit erhebliche Devisenbeträge zu sparen. Vorläufig arbeiten alle Stahlwerke weit unter ihrer Kapazität und werden nach Schätzung von Fachleuten kaum jemals rentabel produzieren.

Ein weiteres Großprojekt ist die Aluminium-Schmelze bei Ikot-Abasi im Bundesland Akwa Ibom. Sie wird mit einem Kostenaufwand von rd. 1,5 Mrd. US-$ von der deutschen Ferrostaal errichtet und soll eines Tages 180 000 t Aluminium, hauptsächlich für den Export, jährlich erzeugen. Es steht zu befürchten, daß die Herstellungskosten wie beim Stahlwerk in Ajaokuta weit über dem Weltmarktniveau liegen werden, obwohl mit dem Erdgas eine billige Energiequelle zur Verfügung steht. Der Rohstoff Bauxit muß allerdings eingeführt werden.

Das industrielle Aufbauprogramm konnte nicht aus eigener Kraft bewältigt werden. Mangel an technischem Know-how, an ausgebildeten Fachkräften und an Management-Erfahrung machten es notwendig, das Feld weitgehend erfahrenen auslän-

Vermessungstechniker in Ikot-Abasi

dischen Firmen zu überlassen, die in großer Zahl ihre Niederlassungen errichteten bzw. Gemeinschaftsfirmen mit Nigerianern gründeten. Durch die Abschaffung der Nigerianisierungsgesetze sind Anfang 1995 die Beschränkungen für ausländische Kapitalbeteiligungen aufgehoben worden (Näheres S. 94). Glänzende Gewinnaussichten zogen zahlreiche Firmen von Weltruf an. Allein aus der Bundesrepublik Deutschland hatten zeitweilig 200 Firmen, darunter die Creme der deutschen Wirtschaft, Niederlassungen in Nigeria; die Schweiz und Österreich sind ebenfalls stark vertreten.

Überall im Lande sind Handwerker in jüngster Zeit vorwiegend mit Wartung und Reparatur von Kraftfahrzeugen und Haushaltsgeräten beschäftigt. Auch Möbel werden in zunehmendem Maße von ihnen hergestellt. Sie haben ihre Kenntnisse in Gewerbeschulen oder, besonders im Kfz-Gewerbe, in großen Werkstätten erworben und machen sich dann mit verheißungsvollen Firmennamen selbständig. Ihre Werkstätten liegen an verkehrsreichen Straßen und unter Straßenüberführungen, wo sich ganze Gewerbezweige niederlassen.

Die Nigerianer, vor allem die Yoruba und Haussa, sind ein Händlervolk. In allen größeren Orten und in den Städten säumen sie bis spät in die Nacht unter freiem Himmel oder in notdürftigen Unterkünften die Straßen. Ihr Angebot reicht von Nahrungsmitteln und sonstigen Artikeln des täglichen Bedarfs bis hin zu den letzten technischen Neuigkeiten. Der Großhandel liegt zwar noch zu einem guten Teil in den Händen von Niederlassungen großer europäischer Handelshäuser wie UTC (Schweiz), UAC (Unilever), CFAO und SCOA (Frankreich), Leventis (Griechenland/England) sowie Libanesen und Indern, wird aber zunehmend von Nigerianern übernommen.

Tourismus

Die touristische Erschließung Nigerias steckt noch in den Kinderschuhen. In den Zeiten des Ölbooms und schnellen wirtschaftlichen Wachstums spielte die Nutzung des durchaus vorhandenen Fremdenverkehrspotentials eine völlig untergeordnete Rolle, zumal erhebliche Investitionen ohne sofortige Rendite erforderlich sind, will man attraktiv und konkurrenzfähig sein. Unmittelbare Nachbarländer wie Togo und Kamerun, nicht zu sprechen von Senegal, Gambia und Ostafrika, haben rechtzeitig die Bedeutung des Tourismus als einer wichtigen Einnahmequelle des Staates erkannt. (Auf die wohl andauernde Kontroverse über den tatsächlichen wirtschaftlichen Nutzen des europäischen Massentourismus für Entwicklungsländer kann hier nicht eingegangen werden.)

Anfang der achtziger Jahre hat man auch in Nigeria über die Möglichkeiten und Voraussetzungen für eine florierende Tourismusindustrie nachzudenken begonnen. Als Ansatz für eine Tourismuspolitik wurde Ende 1983 ein Masterplan entworfen, der alle für in- und ausländische Touristen interessant erscheinende Sehenswürdigkeiten auflistet. In der Tat weist Nigeria mit seinen verschiedenen Volksstämmen und deren Sprachen, Kulturen und Traditionen, seinen historischen Stätten, Museen und Festivals, wie auch seinen landschaftlichen Schönheiten eine breite Vielfalt an Attraktionen

auf. Nicht zu Unrecht wird aber auf die besonderen Schwierigkeiten hingewiesen, die einer schnellen Erschließung entgegenstehen: Unzureichende Infrastruktur, unzureichender Mietwagen-Service, restriktive Einreiseformalitäten machen die Reise für einen Touristen sicherlich zu einem schwierigen Unterfangen. Bei geschickter Auswahl der Reiseziele und Sehenswürdigkeiten kann eine solche Reise trotz aller Unannehmlichkeiten jedoch durchaus gewinnbringend sein.

Allerdings: Von einem potentiellen Touristenparadies oder gar von der größten Tourismusattraktion in Afrika zu sprechen, wie manche Publikationen es euphorisch tun, kann man trotz der geographischen Kontraste mit Stränden und Lagunen, Regenwäldern und Savannen, Flüssen und Seen, Hochebenen und Gebirgen getrost als Wunschdenken-Übertreibung abtun. Der Nimbus des Öllandes Nigeria wird wohl für den Rest dieses Jahrhunderts die Traumvorstellung vom Reiseland Nigeria überschatten. Als Wirtschaftsfaktor spielt der Tourismus gegenwärtig noch kaum eine Rolle.

Verkehrs- und Transportwesen

Straßen- und Hochbau waren von den siebziger bis Mitte der achtziger Jahre die wichtigsten Investitionssektoren und haben Unsummen der Ölmilliarden verschlungen. Die größte Baustelle Afrikas, Abuja, die geplante neue Hauptstadt im Landesinneren, die ursprünglich 1983 funktionsfähig sein sollte, hat zwar am 12. September 1991 offiziell die Hauptstadtfunktion von Lagos über-

*Beim Bau der
Tuga Bridge im
nordwestlichen
Bundesland Kebbi*

nommen, ist aber wegen des akuten Geldmangels immer noch nicht voll funktionsfähig.

Bei der Größe des Landes ist das *Straßennetz* relativ gut entwickelt. Es weist eine Gesamtlänge von 142 000 km auf, davon ist die Hälfte asphaltiert. Die Bundesstraßen in Nord-Süd-Richtung, die sogenannten Trunk A Roads, und in Ost-West-Richtung sind in das west- und zentralafrikanische Verbundnetz einbezogen. Dazu gehören die Transsaharastraßen von Algier über Kano nach Lagos, die Transwestafrikanische Straße (Sahel-Strecke) von Dakar nach Ndjamena, ebenfalls über Kano, die Küstenstraße von Nouakchott/Mauretanien nach Lagos und die Transzentralafrikanische Straße von Lagos bis nach Nairobi/Kenia. Als sogenannte Expressways (doppelspurige autobahnähnliche, nicht völlig kreuzungsfreie Schnellstraßen) wurden die Teilstücke Lagos–Ibadan mit Abzweigung nach Benin City, Lagos–Cotonou/Republik Benin–Port Harcourt–Enugu und Lagos–Epe entlang der Atlantikküste in östlicher Richtung ausgebaut.

Die vier Trunk A Roads – sie gehen z. T. auf die Motor Roads der britischen Kolonialzeit zurück – sorgen für die Anbindung Zentral- und Nordnigerias an die Küstenregion: A1 von Lagos über Ibadan, Kontagora, Sokoto an die Grenze zu Niger (Illela); A 2 von Warri über Benin City, Lokoja, Kaduna und Kano nach Daura; A 3 von Port Harcourt und Enugu, Makurdi, Jos und Maiduguri an die Grenze zum Tschad (Ngala); A 4 von Calabar über Wukari und Numan über Biu nach Maiduguri.

Das im Jahre 1895 begonnene *Eisenbahnnetz* der Nigerian Railway Corporation besteht aus zwei Hauptadern: Lagos–Kano über Ibadan, Jebba, Kaduna und Port Harcourt– Kano über Enugu, Makurdi, Kafanchan. Beide Linien treffen in Kaduna zusammen. Von Kafanchan führt eine Abzweigung in nordöstlicher Richtung nach Maiduguri (Gesamtlänge Port Harcourt–Maiduguri: 1516 km) mit einer Nebenstrecke

*Eisenbahnbau
in Ajaokuta*

*Autobahn im
Süden des Landes*

nach Jos, und von Kano wird die Hauptader ebenfalls in nordöstlicher Richtung weitergeführt nach Nguru an der Grenze zu Niger (Gesamtlänge Lagos–Nguru: 1357 km). Eine weitere Abzweigung von Zaria in nordwestlicher Richtung nach Kaura Namoda erschließt das dortige Erdnußanbaugebiet. Dieser unbedeutende und abseits gelegene Ort muß-

te seinerzeit (1927) als Endpunkt gewählt werden, weil der Emir von Sokoto seine Stadt aus religiösen Gründen nicht an die Außenwelt angeschlossen sehen wollte. Das Hauptstreckennetz wurde durch Stichbahnen wie die von Minna nach Süden mit Zielort Baro am Niger erweitert. Nördlich von Lagos führt eine Stichbahn in Richtung Westen nach Ilaro. Eine neue Verbindungsstrecke von Itakpe zum Stahlwerk Ajaokuta (55 km) wurde 1991 fertiggestellt, eine weitere Linie von Ajaokuta zur Hafenstadt Warri ist im Bau.

Das gesamte ein- und schmalspurige Streckennetz, das ursprünglich hauptsächlich dem Abtransport von landwirtschaftlichen Exporterzeugnissen und Mineralien diente, umfaßt zur Zeit 3 523 km. Der größte Teil davon geht auf die Briten zurück und wurde bereits vor dem Ersten Weltkrieg angelegt. Die Eisenbahn beförderte 1962 noch 12 Mill. Passagiere. Wegen des schlechten Zustands des rollenden Materials ist diese Zahl inzwischen auf etwa die Hälfte gesunken. Neben der Versorgung des Binnenlandes mit Importgütern dient das Schienennetz der Ausfuhr von Agrarprodukten und als Transitstrecke für die Binnenstaaten Niger und Tschad. Trotz des relativ ausgedehnten Streckennetzes wird der binnenländische Güterverkehr noch immer zu 90 % über die Straße abgewickelt.

Die zahlreichen *See- und Binnenhäfen* mit Ausnahme der privaten Jetties (Anlegestellen) unterstehen der Nigerian Ports Authority (NPA). Lagos mit den beiden Anlegestellen in Apapa und dem 1977 fertiggestellten Erweiterungshafen Tin Can Island ist der größte Seehafen, gefolgt von Port Harcourt am Bonny-Fluß (66 km flußaufwärts), Warri (44 km von der Küste entfernt), dem Marinehafen Sapele (mit 156 km am weitesten von der Küste entfernt) und den Erdölhäfen Bonny (größter Erdölhafen mit Anlegemöglichkeiten für Schiffe bis zu 200 000 t), Brass, Forcados und Escravos.

Mit dem Ausbau des Straßen- und Eisenbahnnetzes haben die *Wasserwege* im Landesinnern an Bedeutung eingebüßt. Bei einer Länge von 6 500 km – davon entfallen allein 1 600 km auf den 3 800 km langen Niger, der nach dem Bau des Kainji-Staudammes bis nach Niamey im Nachbarstaat Niger schiffbar gemacht wurde, und 1 500 km auf den Benue – stellen die Binnenschiffahrtswege jedoch einen wichtigen lokalen Transportfaktor dar. Ihre Nutzung hängt natürlich von den saisonalen Schwankungen des Wasserstandes ab. Der Binnenschiffsverkehr auf dem Niger und dem Benue wird von der Central Water Transportation Company abgewickelt; größter Binnenhafen ist Onitsha. Angesichts der beschränkten Zahl von Brücken sind an den Flüssen noch zahlreiche Fährschiffe (an weniger frequentierten Stellen nicht immer regelmäßig) in Betrieb.

Das Land verfügt mit Lagos, Abuja, Kano und Port Harcourt über vier internationale *Flughäfen*. Mit dem Beginn des Düsenverkehrs verlor Kano seine Funktion als internationale Drehscheibe an Lagos, wo mit dem 1979 fertiggestellten Großflughafen Murtala Muhammed in Ikeja die adäquaten Voraussetzungen für den modernen Luftverkehr geschaffen wurden. Der Hauptstrom des internationalen Flugverkehrs verläuft zwar nach wie vor in Nord-Süd-Richtung, ist aber mit direkten Verbindungen nach den USA, Brasilien, dem Nahen Osten, Indien, Ostafrika und zu den westafrikanischen Nachbarländern erweitert worden.

Das Inlandflugnetz ist recht gut ausgebaut. Mit dem großzügigen Aus- und Neubau von Flughäfen sind bis auf vier alle Hauptstädte der

Bundesländer an das Liniennetz angeschlossen. Zahlreiche kleinere Flughäfen und Landepisten werden von Privatflugzeugen angeflogen.

Geld- und Bankwesen

Die nigerianische Zentralbank Central Bank of Nigeria besteht seit 1959. Das nach Erlangung der Unabhängigkeit eingeführte Nigerianische Pfund wurde im Januar 1973 auf den Naira (N) mit Dezimaleinheiten (1 N = 100 Kobo) umgestellt.

Die Haupteinnahmequellen der Bundesregierung sind die Erlöse aus dem Ölexport, Zölle, Verbrauchs-, Einkommen- und Körperschaftsteuern sowie Ertragsanteile *(royalties)* an ausländischen Wirtschaftsunternehmen, insbesondere Konzessionsabgaben der Mineralölkonzerne. Teile dieser Einnahmen müssen über einen Finanzausgleich nach einem festen Schlüssel an die Bundesländer abgeführt werden. Die Länderregierungen können zwar Abgaben in jenen Bereichen erheben, für die ihnen die Gesetzgebungsbefugnis zusteht, wie beispielsweise Gebühren, Gerichtskosten, Pacht- und Kapitalzinsen und einige Steuern, bleiben jedoch in der Hauptsache auf die Überweisungen der Bundesregierung angewiesen.

Der Banksektor hat eine stürmische Entwicklung hinter sich. Zahlreiche ausländische Banken haben mit nigerianischen Partnern Niederlassungen, meist unter neuem Namen, errichtet. Neben den 58 Geschäftsbanken wurde eine Reihe von Handelsbanken (Merchant Banks) gegründet, die sich besonders der Finanzierung von Investitionen sowie der Gewährung von mittelfristigen Krediten an Handels- und Industriefirmen annehmen und beratend tätig sind. Eine Landwirtschafts- und eine Genossenschaftsbank sowie eine Industrie-Entwicklungsbank sind für die Gewährung von Klein- und Mittelkrediten in den jeweiligen Sektoren zuständig.

Das nigerianische Bankwesen ist für seine langsame Arbeitsweise bekannt. Es kann Wochen dauern, bis Schecks oder Überweisungen gutgeschrieben werden. Der Wert des Naira, der nach einem Währungskorb von US-Dollar, Pfund Sterling, Deutscher Mark, Schweizer Franken, Franc, Gulden und Yen festgelegt wird, war jahrelang stark überhöht. Wegen der drastischen Devisenknappheit im Gefolge des Ölpreisverfalls und wohl auch unter dem sanften Druck des Internationalen Währungsfonds ließ die Regierung den Wert des Naira zunächst über einen gespaltenen Wechselkurs von einstmals 0,6 N in Etappen auf einen dem realen Wert entsprechenden Kurs fallen. Seit März 1993 besteht ein offizieller Kurs (1 US-$ = 22 N, der »Parallelkurs«, d.h. der Marktkurs, betrug Anfang 1995 rd. 100 N).

Außenhandel

Der Handel mit Nigeria wurde lange Zeit durch eine Reihe von Bestimmungen und Beschränkungen reglementiert. Mit dem drastischen Rückgang der Einnahmen aus dem Erdölexport ging die Zeit der mengen-, preis- und qualitätsmäßig ungehemmten Einfuhren zu Ende, die von 1980 bis 1985 um 75 % gesenkt worden sind, um die stetig größer gewordenen Handelsbilanzdefizite infolge der steigenden Einfuhr von

Verbrauchsgütern auszugleichen. Im Jahr 1981 erreichten die Einfuhren mit einem Warenwert von 19 Mrd. US-$ einen Höchststand. Seitdem sind sie auf ein Drittel dieses Wertes gefallen, während die Exporterlöse um 12 Mrd. US-$ schwanken. Der Überschuß wird zur Schuldentilgung genutzt. Eine Reihe von Waren (sogenannte Luxusartikel) unterliegt seit 1982 einem totalen Einfuhrverbot. Rohstoffe und Halbfertigwaren, die zur Herstellung von Exporterzeugnissen verwendet werden, sind von Einfuhrzöllen befreit.

Nigerias wichtigste Handelspartner sowohl bei den Ein- wie bei den Ausfuhren sind traditionell die Europäische Gemeinschaft und die USA. Über 40 % der Gesamtexportmenge gingen 1993 in Staaten der EU, insbesondere nach Deutschland, Großbritannien, Frankreich, Spanien und in die Niederlande. Auch auf die USA entfielen nach einer kräftigen Zunahme über 40 %. Der offizielle Warenaustausch mit anderen afrikanischen Ländern ist trotz der zu dessen Förderung 1976 gegründeten Westafrikanischen Wirtschaftsgemeinschaft ECOWAS (Economic Community of West African States) noch recht klein. Allerdings gehen zahlenmäßig auch nicht nur annähernd abschätzbare Warenströme in beiden Richtungen schwarz über die Grenze.

Die Handelsbilanz mit der Bundesrepublik Deutschland ist seit 1975 in hohem Maße negativ für die Bundesrepublik. Zwar konnte die Bundesrepublik den Export von Maschinen, Fahrzeugen, chemischen Erzeugnissen, Haushaltsgeräten und Eisenwaren bis zur Verkündung der drastischen Einfuhrbeschränkungen mit dem Ende des Ölbooms kontinuierlich steigern, der Erlös blieb aber, von wenigen Jahren abgesehen, erheblich hinter dem Wert der Einfuhren aus Nigeria, insbesondere Erdöl (viertgrößter Versorger der Bundesrepublik), Kakao und einigen anderen landwirtschaftlichen Erzeugnissen weit zurück. 1992 waren die Exporte mit 1,03 Mrd. DM unter den Stand von 1975 gefallen, während sich die Importe aus Nigeria auf 1,45 Mrd. DM beliefen. Ähnlich defizitär ist der Handel Österreichs mit Nigeria, während die Schweiz durch Maschinen und pharmazeutische Produkte lange Zeit einen Überschuß erzielte. Für alle drei Länder ist Nigeria der wichtigste Handelspartner in Schwarzafrika.

Die Verschuldung Nigerias belief sich Ende 1994 auf rd. 30 Mrd. US-$ und hat damit alarmierende Ausmaße erreicht. Diese Verschuldung ist die Folge der hemmungslosen Ausgabenpolitik und des leichtfertigen Umgangs mit knapper gewordenen Devisen. Der Versuch, durch Bereitstellung von mehr als der Hälfte der Deviseneinnahmen der Schuldenbelastung Herr zu werden, schlug mit dem Ölpreisverfall 1986 fehl. Heute gehört Nigeria zu den am höchsten verschuldeten Ländern Afrikas. 1992 hatte die Gesamtverschuldung erst 9 Mrd. US-$ betragen. Die Einnahmen aus Ölexporten machten 1992 mit 7,9 Mrd. etwas über ein Viertel der Auslandsschulden aus. Zur Tilgung dieser Schulden müßten 36 % der Exporterlöse aufgewendet werden. Angesichts einer solchen untragbaren Belastung hat die Regierung wiederholt Umschuldungsabkommen mit privaten und öffentlichen Gläubigern geschlossen.

Seit einiger Zeit sind ausländische Firmen und Geschäftsleute mit Forderungen an den nigerianischen Staat oder an private Geschäftspartner einem ausgeklügelten Betrugsmanöver ausgesetzt. Sie erhalten von angeblich einflußreichen Nigerianern mit Vortäuschung guter Beziehungen zur Zentralbank und zum Finanzministerium Angebote, gegen Überlassung unterschriebener Blanko-Briefbögen und anderer Dokumente sowie Vorauszahlung einer entsprechenden Provision ihre Forderungen begleichen lassen zu können. Nach Eingang der Vorleistungen bleiben diese Mittelspersonen unauffindbar. In einschlägigen Kreisen sind diese Betrugsmanöver als »491-Briefe« (nach dem entsprechenden Paragraphen im Strafgesetzbuch) bekannt.

Niederlassungs- und Steuerrecht

Mit dem Öl- und Industrialisierungsboom der siebziger Jahre drängte eine rapide wachsende Zahl von Industrieunternehmen und Beratern in das Land. Um einer drohenden Überfremdung entgegenzuwirken, wurde 1972 ein Indigenization Decree (1977 und 1981 ergänzt) erlassen, das eine weitgehende »Nigerianisierung« in der Industrie, bei Banken und Versicherungen vorsah. Der Nigerian Enterprises (Industrial) Promotion Act (1977) legte die nigerianische Kapitalbeteiligung an inländischen Unternehmen fest. Mit diesen gesetzlichen Regelungen wurden bestimmte Gewerbezweige ausschließlich Nigerianern vorbehalten (Groß- und Einzelhandel mit örtlich hergestellten Erzeugnissen, Straßentransport, Kleinindustrie). Die Erdölindustrie und andere strategisch wichtige Sektoren blieben davon ausgenommen. Sogenannte »Pioneer Companies«, die eine besonders schnelle Entwicklung in Handel und Industrie fördern und die Hälfte ihrer Produktion exportieren, sind für eine bestimmte Anzahl von Jahren nicht steuerpflichtig.

Mit dem im Jahre 1990 erlassenen Nigerian Enterprises Promotion Decree wurde die ausländische Beteiligungsquote wieder auf 100 % heraufgesetzt, allerdings überwiegend nur bei Neuanlagen und bei Investitionen in der petrochemischen Industrie.

Trotz dieser Erleichterungen hielten sich große Kapitalanleger wegen des prekären politischen Umfelds und geringer Produktivität vor weiteren Engagements zurück. Anfang 1995 wurden deshalb alle einschränkenden gesetzlichen Regelungen ersatzlos aufgehoben. Fremde Investoren sind fortan, außer im Ölsektor, praktisch keinen Beschränkungen mehr unterworfen. Dennoch, die Zeit der fetten Jahre für Weltfirmen mit Rang und Namen, aber auch kleinere Unternehmen und Beratungsbüros, die die sich in dem aufstrebenden Lande bietenden Chancen (die Firmenliste liest sich wie ein »Who is Who« der internationalen Wirtschaft) genutzt haben, ist vorüber. Allein aus der Bundesrepublik waren zeitweise rund 200 ständige Niederlassungen, Produktionsstätten und Vertretungen ansässig; 1994 waren es dagegen nur noch 180.

Die Rezession der achtziger Jahre hat neben einer Reduzierung der

Ausländerquote, die vom Innenministerium festgelegt wird, auch zu einer Abwanderung ausländischer Unternehmen geführt. Die verantwortlichen politischen Führer Nigerias verkennen aber nicht die Notwendigkeit einer noch lange andauernden Präsenz ausländischer Firmen und Fachleute. Einheimische Kapitalbeteiligung allein, ohne technisches Know-how, garantiert noch keine beherrschende Kontrolle, und die Heranbildung von technisch qualifizierten Facharbeitern ist nicht mit Gesetzen zu erzwingen.

Die nigerianischen und nigerianisch-ausländischen Unternehmen unterliegen nach dem Companies Income Tax Decree von 1979 einer Körperschaftsteuer von 40%, wobei für Ölgesellschaften der Satz bei 85% liegt. Die für die Einkommensteuer gültigen Sätze sind im Income Tax Management-Uniform Provision Decree festgelegt. Zu versteuern sind alle in Nigeria erzielten oder begründeten Einkommen von Einzelpersonen (10–55%), d. h. Handelsgewinne, Gehälter, Dividenden, Miet- und Pachtzahlungen (15–20%).

Doppelbesteuerungsabkommen mit der Bundesrepublik, Österreich und der Schweiz bestehen nicht. Der ins Ausland transferierbare Einkommensanteil wurde von der Militärregierung 1987 auf 75% des Nettoeinkommens festgesetzt. Einzelheiten zum Niederlassungsrecht und über Investitionsförderungsmaßnahmen sind in den Broschüren »Guidelines for Setting up an Industrial Project in Nigeria« (hrsg. von der Nigerian Industrial Development Bank) und »Guidelines on the Granting of Business Permits and Expatriate Quota to Companies and other Organisations« (hrsg. vom Ministry of Internal Affairs) enthalten. Aktuelle Angaben über Besteuerung, Rechtsfragen, Ausfuhrbestimmungen, Zahlungsverkehr etc. können den regelmäßig aktualisierten Mitteilungen der Bundesstelle für Außenhandels-information in Köln entnommen werden (Kurzmerkblatt Nigeria). Der alle paar Jahre erscheinende »Länderbericht Nigeria« des Statistischen Bundesamtes enthält jeweils die neuesten Statistiken.

Entwicklungshilfe

Wegen seines Ölreichtums wurde Nigeria lange Zeit nicht als typisches Entwicklungsland angesehen und legte auch Wert darauf, nicht mit diesen gleichgesetzt zu werden. Man glaubte, mit Hilfe der Petrodollars den bevölkerungsreichsten Staat Afrikas ohne Schwierigkeiten in ein dynamisches Industrieland mit blühender Landwirtschaft verwandeln zu können.

Der Ölboom hat wegen der Fehlleitung von Mitteln und der Vernachlässigung der Landwirtschaft die Rückständigkeit weiter Landesteile nicht überwinden und den Lebensstandard der Masse der Bevölkerung nur unwesentlich verbessern können. Im Gegenteil, der Abstand zwischen Arm und Reich hat sich bis zum Sturz der Zweiten Republik noch vergrößert.

Bei einem Vergleich mit anderen weniger rückständigen Ländern Afrikas fällt zunächst auf, daß Nigeria selbst zur Blütezeit keineswegs das höchste Bruttosozialprodukt pro Kopf der Bevölkerung aufwies. Nach

einem rapiden Anstieg bis 1980 (rd. 1000 US-$) ist es 1993 auf wenig über 300 US-$ gefallen. Nigeria zählt heute zu den 20 ärmsten Ländern der Welt und ist zu einem wichtigen Entwicklungshilfeempfänger geworden. Wie andere Entwicklungsländer auch, erhält es in zunehmendem Maße Hilfe in Form nicht rückzahlbarer Subventionen. Zu den von der Bundesrepublik geförderten Maßnahmen zählen insbesondere ein metallurgisches Ausbildungszentrum in Onitsha, eine Kfz-Lehr- und Reparaturwerkstatt in Calabar, Projekte der Trinkwasserversorgung und des Umweltschutzes. Von besonderer Bedeutung sind umfangreiche Programme in ariden Zonen des Nordens, die den Risiken einer fortschreitenden Ausbreitung der Wüste ausgesetzt sind. Insgesamt hat die Bundesrepublik im Zeitraum

1950–90 knapp 400 Mill. DM an Zuschüssen und rund 4 Mrd. DM an sonstigen öffentlichen Leistungen aufgebracht.

Die multilateralen Einrichtungen wie der Entwicklungsfonds der EU und das Hilfsprogramm der Vereinten Nationen sowie die Weltbank hingegen finanzieren seit Jahren Projekte im Bereich der Ausbildung, der Land-, Forst- und Wasserwirtschaft. Angesichts der Größe des Landes und der beschränkten Mittel haben diese Projekte jedoch nur eine lokal begrenzte Wirkung, ohne den Entwicklungsprozeß als solchen merklich beeinflussen zu können.

Zusammenfassung

Der Wunschtraum Nigerias, innerhalb weniger Jahre zu einer wirtschaftlichen Großmacht aufzustei-

Gehöft in der Nähe von Abuja

ne Stabilisierungsphase in den aufgeblähten Sektoren und eine Strukturanpassung mit Bevorzugung der Landwirtschaft wird Nigeria aus der Krise herausfinden. Nach Schätzungen der Weltbank rangiert Nigeria unter den ärmsten Ländern an 13. Stelle. Der Lebensstandard ist unter das Niveau des Unabhängigkeitsjahres 1960 gefallen

Die seit Ende 1983 das Land führenden Militärregierungen haben die Schwächen und Mängel der Wirtschaftspolitik, die teilweise ihren Ursprung in den früheren Militärregierungen der siebziger Jahre haben, erkannt. Durch ein rigoroses Spar- und Strukturanpassungsprogramm hat sie versucht, das Land auf den Weg eines stetigen, alle Bevölkerungskreise erreichenden Wachstums zu bringen. Die öffentlichen Ausgaben wurden drastisch herabgesetzt, u. a. durch rigorose Reduzierung des aufgeblähten Verwaltungsapparates und Aufgabe zahlreicher ambitiöser Prestigeobjekte sowie Privatisierung defizitärer Staatsbetriebe. Das Schwergewicht wurde wieder auf die Förderung der Landwirtschaft gelegt. In wenigen Jahren soll Nigeria Selbstversorger mit Nahrungsmitteln sein und die traditionellen landwirtschaftlichen Exportprodukte (Kakao, Palmkerne und -öl, Erdnüsse, Kautschuk) wieder in größerem Maße ausführen. Die bislang stark importabhängige verarbeitende Industrie soll bis zu 80 % auf landeseigene Rohstoffe zurückgreifen. Durch den Ausbau der petrochemischen Industrie will man den Nutzen aus dem Erdöl durch Verarbeitung zu Treibstoffen und Gewinnung von synthetischen Produkten maximieren.

gen, ist vorerst verflogen. Das Zeitalter der Gigantomanie ist vorüber. Die im vierten Entwicklungsplan (1981–85) kalkulierten jährlichen Einnahmen von 30 Milliarden ₦ sind auf ein Drittel geschrumpft. Die einzigartige Chance, mit dem Ölreichtum das Land auf den Weg einer wirtschaftlichen Expansion zu führen und durch strukturelle Diversifizierung gesunde Voraussetzungen für eine stetige Entwicklung in der Zeit nach dem Öl zu schaffen, ist vertan worden. Das Land leidet unter strukturellen Ungleichgewichten. Die Landwirtschaft stagnierte lange Zeit; der industrielle Sektor ist in hohem Maße importabhängig. Dazu kommen infrastrukturelle Engpässe, hohe Inflation (seit Jahren über 50%), Auslandsverschuldung, Landflucht mit Slumbildung und hohe Arbeitslosigkeit. Nur durch ei-

Kulturelle Grundlagen

In einem Vielvölkerstaat oder – um die in Nigeria gebräuchliche Terminologie zu verwenden – Vielstammesstaat kann es keine einheitliche Kultur, eines der Kennzeichen einer historisch gewachsenen Nation, geben. Nigeria ist eine multikulturelle Nation, in der Stammestradition und religiöse Bindungen wichtige Determinanten sind. Es ist deshalb auch nicht denkbar, daß sich über eine Assimilierung der Einzelkulturen eine in sich geschlossene nationale Kultur herausbilden kann. In den folgenden Abschnitten kann diese kulturelle Vielfalt nur in Umrissen dargestellt werden.

Sprachen

Die Amtssprache ist Englisch. In einem Land mit fast 400 linguistischen (einschließlich Dialekte) und ebenso vielen ethnischen Gruppen wird sich wohl kaum jemals eine der bodenständigen Sprachen als einziges Verständigungsmittel durchsetzen können. Wie in kaum einem anderen Land haben wir es hier mit einem Sprachengewirr zu tun, das von der Forschung in 12 Gruppen gegliedert worden ist. In vereinfachter Form kann man jedoch drei große Regionalsprachen unterscheiden, die der ethnischen Gliederung

entsprechen: Yoruba, Ibo und Haussa. Während sich das Ibo in zahlreiche Dialekte aufsplittert, so daß auch hier oft die Kommunikation über das Englische erfolgt, haben sich in der Yoruba-Sprache der Oyo-Dialekt und in der Haussa-Sprache der Kano-Dialekt durchgesetzt. Das Haussa ist zu einer *lingua franca* in Handel und Verkehr weit über die Grenzen Nigerias hinaus geworden. Schon vor der Einführung des lateinischen Alphabets durch die Missionare im Süden wurde Haussa mit arabischen Schriftzeichen geschrieben *(= ajami)*. Später erfolgte dann auch die lateinische Transkription *(= boko),* die heute weitgehend das *ajami,* das nur noch von den arabischen Schriftgelehrten verwendet wird, verdrängt hat.

Alle drei Hauptsprachen Nigerias sind heute latinisierte Schriftsprachen und dienen teilweise in den Grundschulen als Unterrichtssprache (insbesondere Yoruba), wogegen in den Koranschulen des Nordens das Arabische verwendet wird. Als literarisches Ausdrucksmittel hat vor allem der Oyo-Dialekt der Yoruba-Sprache einen hohen Standard erreicht.

Angesichts einer immer noch hohen Analphabetenquote ist die Verbreitung des Englischen weitgehend auf die urbanen Zentren beschränkt. Begrenzter Kenntnisstand und regional variierende Aussprache erschweren oft das Verständnis selbst unter Nigerianern. Für den englischsprechenden Ausländer kaum verständlich ist das vornehmlich im Süden verbreitete Pidgin-Englisch, eine vereinfachte Mischsprache. Die häufig gebrauchte Begrüßungsformel »Long time no see« gehört aller-

Die wichtigsten Sprachgruppen

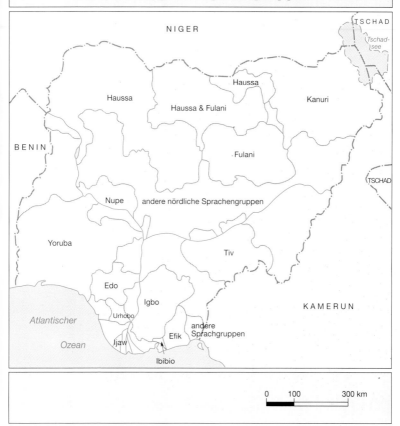

dings schon zur gehobenen Stufe. Das Pidgin-Englisch ist kein »Nigerianisches Englisch« oder schlechtes Englisch, sondern verbindet Syntax und Grammatik von nigerianischen Sprachen mit englischem Wortschatz und Einsprengseln aus dem Spanischen, Portugiesischen und Französischen. Es war ursprünglich das Verständigungsmittel der unteren Volksschichten, vor allem der Marktfrauen. Heute kann man es auch im Rundfunk und Fernsehen hören sowie in manchen Tageszeitungen lesen. Auch in der Musik ist es häufig anzutreffen.

Religionen

Religion ist für die Menschen Nigerias mehr als regelmäßiger Kirchgang oder wie auch immer geartete Gottesverehrung. Sie hat in der Geschichte, der Staatenbildung und der Familienstruktur stets eine Rolle gespielt. Sie bestimmt die Form

Neue Moschee in Minna

des menschlichen Zusammenlebens genauso wie Aussaat und Ernte und (in früheren Zeiten) die Kriegsführung.

Nigeria kennt eine Reihe von Religionen und religiösen Auffassungen, die sich teilweise überschneiden. Trotz Islamisierung (seit dem 11. Jh.) und christlicher Missionierung (seit 1842) nehmen die verschiedenen Formen der Naturreligionen, früher abschätzig als »Heidentum« apostrophiert, in der Form des Animismus und des Ahnenkults noch immer einen großen Raum ein.

Unter Animismus oder Naturreligionen versteht man die Ausübung von Glaubensauffassungen, die von der Beseeltheit der Dinge ausgehen und somit nicht den monotheistischen Religionen zuzurechnen sind. Epitheta wie Fetischismus oder Götzenverehrung, die den Naturreligio-

Kultstätte für Ogun, den Gott des Eisens

nen angehängt wurden, stammen aus eurozentrischen Denkkategorien, die einem objektiven Verständnis im Wege stehen. Es ist andererseits aber auch unmöglich, die Wirkungskräfte afrikanischen religiösen Denkens auf einen Nenner zu

*Kirche in Owerri im
christlichen Süden*

bringen. Ihre geistliche Welt mit obersten Gottheiten, Erdgeistern, Wassergöttern, Ahnengeistern, Dämonen und metaphysischen Kräften bis hin zu Magie und Zauberei zeigt eine große Vielgestaltigkeit.

In welcher Ausprägung die Naturreligionen mit ihren Riten bei den einzelnen Ethnien auch immer anzutreffen sind, sie sind nicht in ein System oder geschlossenes Ganzes gefaßt. Äußere Erscheinungsformen sind Zermonien, Opfer, Gebete, Gesang, Beachtung von Tabus, aber auch Herstellung von Heilmitteln und Befragung des Orakels mit oder ohne Priester.

Während Islam und Christentum – beides importierte Bekenntnisse – in bestimmten Regionen dominieren, sind die Naturreligionen über das ganze Land verstreut. Am stärksten ausgeprägt ist die Welt der Götter und Dämonen (über 200) mit ihren Mythen, Sagen und Kulten bei den Yoruba und bei der Volksgruppe der Bini um Benin City. Trotz gewisser Erfolge christlicher und islamischer Missionare ist die Mehrheit der Volksgruppe ihrem traditionellen Glauben treu geblieben. Ihr höchster Gott ist Olodumare (verkürzt Olorun), der allgegenwärtige und allwissende Schöpfer. Daneben spielen zahlreiche kleinere Gottheiten, wie z.B. Orisha, eine bedeutende Rolle. Die Orakelgottheit Orisha Ifa gehört neben Shango, dem Gott für Donner und Blitz, Ogun, dem Gott für Krieg und Eisen, zu den bekanntesten. Bestimmte Tänze, Musik und Maskenzüge sind den einzelnen Gottheiten zugeordnet und spielen im Alltag eine bedeutende Rolle. Ort der traditionellen Kulthandlungen sind die Schreine, eine Art von Hausaltären, die überall im Yoruba-Land anzutreffen sind.

In den Glaubensvorstellungen bei den Völkern im Osten und Südosten fällt die Beseeltheit der Natur auf: Flüsse, Quellen, Sterne und Pflanzen gelten oft als von geheimnisvollen Kräften bewohnt. Im sogenannten Juju-Hain haben diese Kräfte ihre Heimstätte. Der Juju-(Aber-)Glaube ist in ganz Südnigeria weit verbreitet. Das Wort Juju bezeichnet sowohl die magische Zauberkraft wie auch bestimmte Gegenstände (Talisman, Amulett, Fetisch), die als beseelte Träger dieser Kraft gelten und auf den Märkten erworben werden können. Zur Bewahrung der magischen Kraft bedarf es der regelmäßigen Erneuerung durch Opfer.

Magie und Zauberei sind in Nigeria überall anzutreffen. Alles rational für den einzelnen nicht Erklärbare wird auf magische Ursachen zurückgeführt. Um diese Ursachen zu ergründen oder den Urheber ausfindig zu machen, werden allerlei magische Mittel – eben der Juju –, am besten aber ein Gegenmittel angewandt. Die Ausübung solcher Zauberhandlungen ist den Medizinmännern vorbehalten. Kenntnisse der Naturgesetze und psychologisches Einfühlungsvermögen, aber auch Scharlatanerie und Ausnutzung von Aberglauben wirken bei diesen magischen Handlungen zusammen. Die Masse der Bevölkerung sucht im Juju Schutz vor fremden Mächten. Allerdings dient der Juju auch unlauteren und selbstsüchtigen Zwecken, wenn man ihn beispielsweise zur Erzeugung anstatt zur Behebung von Impotenz oder Kinderlosigkeit verwendet; in manchen Ritualen wird auch vor Mord bzw. Menschenopfer nicht zurückgeschreckt. Auf allen großen afrikanischen Märkten gibt es Verkaufsstände mit Juju in Gestalt von Talismanen in reicher Auswahl von Mäuse- oder Affenschädeln über Hühnerfedern bis zum Schlangenskelett, Tinkturen und Heilpflanzen: selbst im Zeitalter der elektronischen Massenmedien immer noch ein lohnendes Geschäft.

Der Islam prägt in Nordnigeria, wo die Schulerziehung in den Koranschulen mit dem Auswendiglernen des Korans beginnt, seit fast tausend Jahren alle Lebensbereiche. Er kam zunächst mit arabischen Händlern und Geistlichen mehr zufällig ins Land. Eine systematische Islamisierung der Haussa-Bevölkerung setzte mit dem Jihad von Usman dan Fodio 1804 ein, der mit der Bildung von Kalifaten und dem Vordringen bis ins Yoruba-Land die Stellung des Islam endgültig festigte (S. 46).

Inzwischen hat sich der Islam auf alle Landesteile bis hin zur Küste, aber auch nach Südosten, ausgeweitet. Als größte Religionsgemeinschaft – die Schätzungen liegen bei 50 % der Gesamtbevölkerung – wirkt der Islam fast schon wie eine nichtoffizielle Staatsreligion. Alle islamischen Feiertage – allerdings offiziell auch die christlichen – werden landesweit mit großem Pomp begangen. Die jährliche Pilgerreise nach Mekka, die Hadsch, ist ein nationales Ereignis. Das Freitagsgebet wird auch in Gegenden mit überwiegend christlicher Bevölkerung streng eingehalten, selbst wenn zur Gebetszeit im eingeschalteten Fernseher ein aufregender Krimi läuft.

Wie bei den christlichen Glaubensbekenntnissen haben sich auch im Islam verschiedene reformatorische und fundamentalistische Sekten herausgebildet. Besonders bekannt geworden ist die im Norden entstandene Sekte des kamerunischen »Propheten« Maitatsine, dessen Anhänger, zumeist städtische Arbeitslose und Analphabeten vom Lande, sich wiederholt blutige Auseinandersetzungen mit den nicht der Lehre des Maitatsine folgenden und daher in ihren Augen ungläubigen Muslimen oder der Polizei lieferten. Auch die Stellung der Emire wird gelegentlich in Frage gestellt.

Das Christentum in seinen facettenreichen Ausprägungen hat nach den erfolglosen katholischen Missionsversuchen der Portugiesen im 15. Jh. erst seit 1842 in Nigeria Fuß fassen können. Die ersten schwarzen Christen waren aus Sierra Leone stammende befreite Sklaven, die sich in Badagry niederließen. In den Folgejahren nahmen sowohl schwarze wie weiße Missionare (Methodisten, Anglikaner und Baptisten) an Expeditionen teil. Zentrum dieser Missionierung war zunächst die Stadt Abeokuta. Schon bald strebten viele Einheimische danach, den Gottesdienst nach ihren eigenen kulturellen Vorstellungen zu veranstalten. Zu diesem Zweck gründeten sie 1889 die erste afrikanische Kirche, die United Native African Church – heute folgerichtig, nach der Gründung zahlreicher anderer solcher Kirchengemeinden, First African Church genannt. Die katholischen Missionare konnten erst 1885 in Onitsha ihre erste Station gründen und ihre Tätigkeit auf das Yoruba-Land wie auch weiter nach Osten ausweiten, wo allerdings auch Presbyterianer (Calabar) missionierten. Während die Christianisierung in den östlichen Landesteilen am erfolgreichsten verlief, stieß sie im islamischen Norden auf große Schwierigkeiten. Der eigens zu diesem Zweck gegründeten

Sudan Interior Mission gelang es in den achtziger Jahren des 19. Jh. schließlich, einige isolierte Stationen in nicht-islamischen Regionen des Nordens zu gründen, die bis heute kleine Enklaven geblieben sind. Die eigentliche zivilisatorische Leistung der Missionierung ist in der Einführung des Schulwesens und der Krankenversorgung zu sehen.

Bei der im Gegensatz zum Islam weniger flexiblen und toleranten Haltung gegenüber afrikanischen Denk- und Glaubensvorstellungen hatte die christliche Mission es unendlich schwerer, von der einheimischen Bevölkerung angenommen zu werden. Dies führte nicht nur zur Herausbildung von sogenannten »Afrikanischen Kirchen«, sondern auch zu zahllosen Sekten, die in unterschiedlicher Weise christlichen Glauben und afrikanisches Kulturgut zu verbinden suchen. Es handelt sich hierbei um unabhängige einheimische Kirchen oder auch nur um Gebetsgruppen (Aladura). In Nigeria zählt man 200 verschiedene Orden und rund 1500 Glaubensgemeinschaften.

Zahlenangaben zu den drei Glaubensrichtungen sind angesichts der unbekannten Größe der Gesamtbevölkerung kaum zu machen. Man geht auf Grund früherer Zählungen davon aus, daß etwa die Hälfte der Einwohner Muslime sind. Die andere Hälfte verteilt sich mit 30–35 % auf Christen und 15–20 % auf Animisten, wobei die Grenzen oft fließend sind.

Bildung

Nach anfänglicher Zurückhaltung, Kinder in die von den Missionen

*Musizierender
Schüler*

errichteten Schulen zu schicken – ausgenommen Kranke und Schwache, die für die Landarbeit nicht tauglich waren –, wußten in den südlichen Landesteilen bald die Eltern den Wert der Schulerziehung als Voraussetzung für schnellen sozialen und wirtschaftlichen Aufstieg zu schätzen.

Das an englischen Lehrplänen orientierte Schulwesen hatte vornehmlich zum Ziel, Bürohilfspersonal, Lehrer und Katechisten heranzubilden. Es ließ die kulturellen Besonderheiten und eigentlichen Bedürfnisse der öffentlichen Gemeinschaft außer Betracht. Die Kolonialverwaltung verhinderte zudem lange Zeit die Ausbreitung des Schul-

wesens im islamischen Norden, um Konflikte mit den traditionellen religiösen Führern zu vermeiden, die eine Ausbildung in den Koranschulen für ausreichend hielten. Auch die allmähliche Einführung von öffentlichen Schulen klammerte den Norden weitgehend aus. Dies hat ein bis heute spürbares Nord-Süd-Gefälle im Bildungswesen zur Folge, welches das zwischenethnische Konfliktpotential weiter erhöhte, da die »Southerners« den Arbeitsmarkt beherrschen.

Die Regierungen des unabhängigen Nigeria stellten erhebliche Gelder für das Erziehungswesen bereit, das sie als wirksames Mittel zur Herausbildung der nationalen Einheit betrachteten. Der Anteil der Bildungsausgaben am Gesamtbudget ist jedoch infolge der Wirtschaftskrise erheblichen Schwankungen unterworfen. Von beachtlichen 20 % im Jahre 1982 fiel er innerhalb weniger Jahre auf knappe 2 % (1987) und bewegt sich jetzt zwischen 5 und 10 %.

Das 1976 proklamierte Ziel, eine allgemeine freie Grundschulerziehung einzuführen, konnte bis heute aus Kostengründen und Mangel an qualifizierten Lehrern nicht verwirklicht werden, wenngleich die Zahl der am Schulunterricht teilnehmenden Kinder von 3,5 Millionen im Jahre 1970 auf 13 Millionen 20 Jahre später gestiegen ist. In den Grundschulen hat die Einschulungsquote heute in einigen Regionen fast 100 % erreicht. Etwa 25 % der Grundschulabsolventen werden in die Sekundarschulen aufgenommen. Dennoch liegt die Zahl der Lese- und Schreibkundigen in den Städten im Durchschnitt erst bei 50 % und auf dem Lande bei 23 %. Wohlhabende Eltern ziehen es immer noch vor, ihre Kinder ins Ausland, vornehmlich nach England, zu schicken. Wiederholt blieben Schulen und auch Universitäten wegen ausstehender Lohnzahlungen für die Lehrer oder unzureichender Budgets monatelang geschlossen.

Ein anderes Problem ist die Anpassung der Lehrpläne der Grund- und Sekundarstufen an die spezifischen Bedürfnisse des Landes. Schon in der Kolonialzeit erkannte man, daß der Typus der Grammar School nicht die für eine soziale und wirtschaftliche Entwicklung erforderlichen Arbeitskräfte heranbildet. Dieser Anpassungsprozeß ist noch im Gange.

Das gleiche galt für die nachschulische Ausbildung, die 1934 mit der Gründung einer Fachschule, dem Higher College in Yaba, einem Stadtteil von Lagos, begann. Erst nach dem Zweiten Weltkrieg wurde mit dem University College von Ibadan die erste universitäre, wenngleich noch nicht eigenständige Einrichtung geschaffen. Sie wurde 1948 unter dem Namen University College of Ibadan (heute University of Ibadan) die erste Universität des Landes, der 1960 als erste Gründung des unabhängigen Staates die University of Nigeria in Nsukka folgte. Heute verfügen die 31 Bundesländer jeweils über eine Universität, dazu kommen sieben Technische Universitäten. Das Schwergewicht der Hochschulstudiengänge sollte ursprünglich im technischen und naturwissenschaftlichen Bereich liegen. Die eindeutige Bevorzugung der geisteswissenschaftlichen Fächer jedoch hat inzwischen zu einem Überangebot an Hochschulabsolventen geführt. Sieben von den insgesamt 31 Universitäten gehen auf die Gründung von Bundesländern zurück. Zur Förderung des sozialen Gemeinschaftsgefühls müssen sie jedoch einen bestimmten Prozentsatz Studenten aus anderen Bundesländern aufnehmen.

Nigeria verfügt außerdem über eine große Anzahl von Berufs- und Fachschulen in allen Landesteilen, Sonderschulen, Einrichtungen der Erwachsenenbildung und Lehrerausbildungsstätten.

Im Gefolge des immensen Zustroms europäischer Fachkräfte und ihrer Familien in den sechziger und siebziger Jahren sind von verschiedenen Ländern in Lagos Privatschulen für europäische Kinder errichtet worden. Eine solche bis zum Abitur führende Schule für deutschsprachige Kinder besteht im Beachland Estate auf Tin Can Island. Da die Schule sich weitgehend selbst tragen muß, sind relativ hohe Gebühren, einschließlich für den täglichen Sonderbus, zu entrichten. Firmen mit größeren Niederlassungen im Landesinnern leisten sich eigene Privatschulen, die jedoch nur beschränkt für Kinder von Firmenfremden zugänglich sind.

Presse, Rundfunk, Fernsehen, Film

Die nigerianische Presse ist für ihr kritisches politisches Engagement bekannt. In ihrer zuweilen angriffslustigen Präsentation spiegelt sie den Charakter der Nigerianer wider: aufbrausend, verwirrend, überschwenglich, humoristisch, zynisch. Mit der Wahrheit nimmt man es dabei nicht immer sehr genau, solange das Interesse des Lesers geweckt wird. Bekannt und beliebt sind die spitzen Federn der Karikaturisten.

Nigerias Presse verfügt heute über etwa 100 regelmäßig erscheinende Druckerzeugnisse: Tageszeitungen (20), Wochenzeitungen und Zeitschriften. Sie sind überall im Lande erhältlich und werden von lesefreudigen Nigerianern aller Schichten gekauft. Die etwa zwei Millionen Exemplare der Tageszeitungen werden von 15 % der Bevölkerung gelesen und stehen als Informationsmittel hinter Radio und Fernsehen an dritter Stelle. Die erste Zeitung wurde bereits 1859 von einem Missionar in Abeokuta herausgegeben. Die Pressefreiheit in Nigeria ist, zumindest für afrikanische Maßstäbe, ungewöhnlich groß, selbst zu Zeiten von Militärregierungen. Von den in Lagos erscheinenden Tageszeitungen sind besonders zu erwähnen: The Guardian, The Vanguard, National Concord, Daily Times (regierungseigen) und Punch (einige mit einer zusätzlichen Wirtschaftsausgabe wöchentlich). Dazu kommen einige Abend- und recht gute Wochenzeitungen. Außer in Lagos sind in fast allen Hauptstädten der Bundesländer Zeitungen ansässig: z. B. New Nigerian (Kaduna, regierungseigen), Daily Sketch (Ibadan, regierungseigen), Nigerian Observer (Benin).

Der Informationswert dieser Tageszeitungen, die zumeist auch eine gesonderte Sonntagsausgabe herausbringen, ist recht unterschiedlich und in einer »bild«-haften Darstellung auf lokale, meist stark personenbezogene Ereignisse beschränkt. Der Guardian und der National Concord sind mehr auf ein intellektuelles Publikum ausgerichtet und enthalten neben Meldungen aus dem Ausland auch politische, wirtschaftliche und gesellschaftliche Analysen.

Die wichtigsten Zeitschriften sind Nigeria Magazine (Kultur) und Nigeria Illustrated (Kultur, Politik, Tourismus). Eine komplette Übersicht aller Presseorgane ist im jährlich erscheinenden Nigeria Handbook aufgelistet. Die meisten erscheinen in englischer Sprache, einige auch in Haussa, Ibo und Yoruba sowie anderen lokalen Sprachen. Mit der News Agency of Nigeria (NAN) verfügt das Land über eine eigene Nachrichtenagentur mit Korrespondenten im Ausland.

Die staatliche Rundfunkanstalt Federal Radio Corporation of Nigeria (FRCN) sendet über drei Kanäle landesweit von 5.30 Uhr bis Mitternacht in Englisch und zahlreichen Landessprachen. Die Voice of Nigeria bietet ein Auslandsprogramm u. a. in Englisch, Französisch, Deutsch und Spanisch an. Die 30 regionalen Rundfunkanstalten, überwiegend im Besitz der Bundesländer, bedienen sich zum großen Teil auch der einheimischen Sprachen. Die Programme lassen sich in drei Gruppen zusammenfassen: Nachrichten und Zeitgeschehen, Kulturprogramme, Features und Dokumentarsendungen. Es ist Aufgabe des Rundfunks, durch ausgewogene Programme aus allen Landesteilen zur Entwicklung der nigerianischen Gesellschaft und Förderung der nationalen Einheit beizutragen.

Die seit 1976 bestehende staatliche Fernsehgesellschaft National Television Authority (NTA) versorgt über ihre 40 Sendestationen die meisten Landeshauptstädte. Dazu kommen 25 weitere Rundfunkstationen. Einige Bundesländer haben wie beim Rundfunk ihr eigenes Fernsehen (überwiegend in Farbe). In Lagos werden in den Abendstunden teilweise vier Farbprogramme (PAL-System) ausgestrahlt, drei von der NTA und eines von der Landesanstalt Lagos. Die Sendungen beginnen wochentags am frühen Nachmittag und enden gegen Mitternacht. An Wochenenden wird ganztägig bis Mitternacht gesendet.

Wie der Rundfunk soll auch das Fernsehen die Bewahrung des kulturellen Erbes fördern. Einheimische Dramen, eine Art Volkstheater, und Unterhaltungssendungen werden oft in der Sprache der jeweiligen Region – Yoruba, Ibo, Haussa – ausgestrahlt. Große Teile des Programms werden jedoch mit amerikanischen Filmen und Serien mittlerer Qualität ausgefüllt. Naturfilme und Tiersendungen erfreuen sich, gemessen an der Häufigkeit, besonderer Beliebtheit. Die technische Beherrschung des Mediums Fernsehen bereitet offensichtlich noch Schwierigkeiten, denn Ton und Bild weisen oft beträchtliche Mängel auf.

Videofernsehen hat in allen städtischen Zentren Eingang gefunden. Die von Straßenhändlern angebotenen Videokassetten – meist schlechte Raubkopien – bieten wenig Attraktives.

Nigeria besitzt seit den siebziger Jahren – nach erfolglosen Versuchen in den sechziger Jahren – eine kleine, aber recht dynamische Filmindustrie. Angesichts fehlender adäquater Voraussetzungen, wie technisch befriedigend eingerichtete Studios und investitionsbereite Filmproduzenten, ist es erstaunlich, wie junge Filmemacher, die gleichzeitig Produzenten, Drehbuchautoren, Regisseure und manchmal auch Darsteller sein müssen, größere Filme, z. T. mit sozialkritischer Zielrichtung, herstellen konnten. Namen wie Ola Balogun und Adeyemi Foloyan, um nur zwei zu nennen, sind auch über die Grenzen Nigerias hinaus bekannt geworden.

Ein fremder Betrachter dieser Filme sollte bei seiner Beurteilung bedenken, daß sie in erster Linie »für den Hausgebrauch« gedacht sind und deshalb oft in einheimischen Sprachen gedreht wurden. Darüber hinaus sind die sozialen Hintergründe und Zusammenhänge für den Außenstehenden nicht immer verständlich. Doch auch das nigerianische Publikum, das seit je mit amerikanischen und asiatischen Horror-

und Action-Filmen im Stile von Kung Fu sowie Krimis und Cowboy-Filmen sein Unterhaltungsbedürfnis befriedigt hat, zeigt nur mäßiges Interesse an der nationalen Produktion. Gewohnte Szenen aus dem Alltagsleben, und seien sie noch so gekonnt für den Film aufbereitet, üben wenig Anziehungskraft aus; auch Berufsschauspieler müssen erst langsam herangebildet werden. Eine von der Regierung 1982 eingesetzte Nigerian Film Corporation sollte dem jungen nigerianischen Film Hilfestellung geben. Angesichts leerer Staatskassen und anhaltendem geringen Interesse an nigerianischer Produktion ist die Filmindustrie seit 1984 in eine tiefe Krise geraten und hat kaum noch neue Filme auf den Markt bringen können.

Von A. R. Penck gestalteter Schutzumschlag zu Wole Soyinkas »Aké«

Literatur

Die literarische Entwicklung Nigerias im zeitgenössischen Sinne hat in den letzten 30 Jahren einen ungewöhnlichen, anderwärts in Afrika kaum anzutreffenden Aufschwung erlebt. Ihre Wurzeln hat sie in der missionarischen und kulturellen Durchdringung im Gefolge der Kolonisation. Doch schon vor dem Erscheinen der Europäer hatte sich vor allem im Norden eine vom Islam inspirierte Literatur mit eigenen Stil- und Ausdrucksmitteln herausgebildet. Vornehmlich in Versform wurden hauptsächlich politische Themen behandelt. Aus der ursprünglich arabischen Schrift entstand durch Vermischung mit dem Hausa eine spezifische Hausa-Schrift, das *ajami,* das vor allem im 19. Jh. benutzt wurde. Diese islamische Literatur stieß auch in Europa auf das Interesse der Literaturforschung, wie zwei selbst in deutsch erschienene Werke bezeugen (Eugen Diederichs: »Der Geist des Quorra«, 1913, und A. Michilich: »Neun Märchen aus Afrika«, 1923). Vor der Einführung von Schriftsprachen konnten Legenden, Mythen und Lieder nur mündlich von Generation zu Generation vermittelt werden. Dieser einstmals auf hoher Stufe stehenden Oralliteratur hat sich auch der deutsche Afrikaforscher Leo Frobenius angenommen und sie in einer umfangreichen Sammlung festgehalten (»Schwarze Sonne Afrikas«, Eugen Diederichs Verlag).

Nach der Transkription der wichtigsten Sprachen in das lateinische Alphabet erschienen seit Anfang diese Jahrhunderts Novellen und Gedichte in Yoruba, Ibo und Haussa.

Besonders bekannt geworden ist die »Onitsha Market Literature«, eine Art Trivialliteratur, die zwischen 1947 und 1966 über 200 Titel (Kurzgeschichten, Biographien, Liebesromane und ethnische Themen) hervorgebracht hat. Sie benutzte jedoch schon die englische Sprache und leitete zur modernen Literatur über. Ihr bekanntester Exponent ist Amos Tutuola (geb. 1920) mit seinem »Palmwine Drinkard« (deutsch unter dem Titel »Der Palmweintrinker«), der damit auch in den internationalen Literaturkreisen starke Beachtung fand.

Seither haben sich viele andere Schriftsteller, Poeten und Dramatiker mit Romanen, Novellen, Gedichten, Autobiographien und Theaterstücken einen Namen gemacht. Chinua Achebe (geb. 1930) versuchte als erster eine Darstellung des »Kulturschocks«, die Konfrontation afrikanischen Lebens mit fremden Einflüssen, ursprünglich der Missionare und später der Kolonialherren. Sein weltweit bekannter Roman »Things Fall Apart« (deutsch 1983 unter dem Titel »Das Alte stürzt«) behandelt das Problem des Verlustes von Selbstachtung und Würde durch fremde Machtausübung.

Der bekannteste Stücke- und Romanschreiber, Wole Soyinka (geb. 1934 in Abeokuta), der auch auf anderen literarischen Gebieten ein Meister ist und 1986 als erster Afrikaner den Literaturnobelpreis erhielt, stellte in seinen Werken politische Themen sowie Probleme, die sich aus der Einordnung und Bewahrung der Traditionen in einer entstehenden modernen und von fremden Einflüssen mitbestimmten Gesellschaft ergeben, in den Mittelpunkt

(»The Interpreters«, deutsch »Die Ausleger« 1983). Seine lesenswerten Kindheitserinnerungen »Aké – Jahre der Kindheit« erschienen 1986 in deutscher Sprache.

Literaturgeschichtlich stellt der Biafra-Krieg eine Zäsur dar. Bis zum Ausbruch des Bürgerkrieges 1967 bestand das Hauptanliegen darin, den Kulturschock – entstanden durch das Aufeinanderprallen von afrikanischer und europäischer Kultur – literarisch, vor allem mit den Mitteln der Satire, zu verarbeiten. Die Schriftstellergeneration nach dem Biafra-Krieg befaßte sich hauptsächlich mit den Folgen des Krieges, aber auch mit sozialkritischen Themen aus der »Neuen Gesellschaft«. Die Literaten suchten ihren Leserkreis in den weniger gebildeten Schichten des Landes und schrieben viel häufiger in einheimischen Sprachen (vornehmlich in Yoruba, Haussa und Ibo). Die Werke der jüngsten Zeit widmen sich besonders der Herausbildung eines neuen Selbstverständnisses, d.h. sie versuchen eine Standortbestimmung des »authentischen Afrikaners« in der heutigen Welt. Unter den bekannten Namen sind auch einige Frauen zu finden (Buchi Emecheta, Flora Nwapa, Zaynab Alkali), die sich mit der Rolle der Frau sowohl in der traditionellen wie in der modernen Gesellschaft auseinandersetzen.

Der Literaturpreis der Deutschen Welle für Autoren der Dritten Welt ging 1985 an den nigerianischen Schriftsteller Opki Kalu für seine Erzählung »The Champion Wrestler«.

Als Epigone von Tutuola hat der in London lebende Ben Okri (geb. 1959) starke Beachtung gefunden. Sein Roman »The Famished Road«

(deutsch »Die hungrige Straße«, 1994) erhielt 1991 den begehrtesten englischen Literaturpreis (Booker Prize). Mit seiner Darstellung des magischen Realismus, in der sich Traum und afrikanische Wirklichkeit mit den alltäglichen Problemen vermengen, vermittelt er ein eindrucksvolles Bild der nigerianischen Lebens- und Gefühlswelt.

Zu einer ganz neuen nigerianischen Literatur, die sich lossagt von den Befreiungskonzepten der nachkolonialen Jahrzehnte und den Utopien eines Chinua Achebe oder Wole Soyinka, gehört der 1967 während des Biafra-Krieges geborene Biyi Bandele-Thomas. Seine beiden Romane »Bozo David Hurensohn« (1991) und »Kerosin Mangos« (1993) reflektieren in aller Radikalität eine Welt der Verzweifelten und Verdammten im chaotischen Nigeria, wo durch wirtschaftlichen Niedergang, Gewissenlosigkeit und Korruption nur noch exzessive Gewalt erzeugt wird.

Unter den literarischen Ausdrucksmitteln ist die Yoruba-Oper besonders zu erwähnen. In ihr werden traditionelle Werte und Verhaltensweisen in auch auf den Außenstehenden mitreißend wirkender Weise dargestellt.

Bei der Lektüre der Werke nigerianischer Schriftsteller sollte man vor Beurteilung ihrer sprachlichen Qualität berücksichtigen, daß Englisch nicht die Muttersprache der Autoren ist. Nicht alle haben es in der Beherrschung der englischen Sprache zu gleicher Meisterschaft wie Wole Soyinka gebracht, der lange Zeit in England gelebt hat. Keiner der Schriftsteller hat sprachlich und thematisch seinen Kulturkreis überschritten. Andere ethnische Gruppen als die des Autors kommen in ihren Werken allenfalls mit negativen Anspielungen vor. Von einer nigerianischen Nationalliteratur kann man deshalb nicht sprechen.

Einen Querschnitt der zeitgenössischen Literatur Nigerias – Schauspiel, Prosa, Dichtung, Essay – enthält der Band »Nigerian Writing« (Bibliographie, S. 304). Der Band »Nigeria« in der Reihe »Moderne Erzähler der Welt« (Erdmann Verlag, Tübingen), in dem mehr als zwei Dutzend Autoren zu Wort kommen, vermittelt einen Einblick in die Themenvielfalt und spezifischen Stilmittel. Auch in der vom Peter Hammer Verlag herausgegebenen Serie »Dialog Afrika«, in der deutsche Übersetzungen afrikanischer Schriftsteller ediert werden, findet sich eine Reihe nigerianischer Autoren. In den sechziger Jahren brachte Ulli Beier mit seiner Zeitschrift »Black Orpheus« die afrikanische Literatur und Poesie in deutschen Übersetzungen, auch aus dem Yoruba, einem breiten Publikum näher.

In der Association of Nigerian Authors haben sich die Schriftsteller eine eigene Standesorganisation geschaffen. Die monatlich erscheinende Zeitschrift »Nigeria Magazine« verfolgt regelmäßig die aktuelle Entwicklung auf dem literarischen Gebiet, während diverse nigerianische Literaturzeitschriften sich jeweils nur für einige Jahre halten konnten.

Theater

Wie in der Literatur ist auch beim Theater zwischen der traditionellen, vorkolonialen Form und dem modernen Theater zu unterscheiden.

Die traditionellen theaterartigen Darstellungen im Rahmen der regelmäßig wiederkehrenden Feste (Festivals) waren auf das Yoruba-Land konzentriert und hatten in der Regel einen religiösen Bezug. Ähnlich unseren mittelalterlichen Mysterienspielen hatten sie historische Ereignisse zum Inhalt, die mit den Ausdrucksmitteln des Tanzes und des Gesangs, durch Umzüge und andere Zeremonien dargestellt wurden. Sie sind teilweise bis in die Gegenwart erhalten geblieben; markanteste Beispiele sind das Edi-Festival in Ile-Ife, das Shogun-Festival in Ede und das Oshun-Festival in Oshogbo.

Daneben entwickelte sich seit dem Ende des 16. Jh. an den Höfen der Herrscher ein Theater im engeren Sinne, das der reinen Unterhaltung diente. Der Puritanismus des sich im Yoruba-Land ausbreitenden Islams und seit Mitte des 19. Jh. der christlichen Missionare hat dieses als barbarisch angesehene Theater am Beginn des 20. Jh. aussterben lassen. Eine ähnliche theatralische Tradition weisen die rituellen Darstellungen der Ibo auf, während die Haussa im Norden eine eigene Form des Unterhaltungstheaters, vorwiegend für einen elitären Kreis der Gesellschaft, entwickelten.

Eine Symbiose zwischen dem traditionellen Yoruba-Theater und moderner Darstellungskunst hat der als Doyen des nigerianischen Theaters geltende Chief Hubert Ogunde (1916–90) versucht. Seit Mitte der vierziger Jahre hat er mit seinen zahlreichen polygamen Familienmitgliedern die erste professionelle Theatergruppe aufgebaut und das zeitgenössische Yoruba-Theater ge-

schaffen. Er entwickelte die als Kantaten von Wanderbühnen aufgeführten Stücke, die biblische Geschichten mit moralischen Inhalten verbanden, weiter. Seine in den folgenden Jahren selbst geschriebenen Stücke und Tanzdramen griffen politische und soziale Themen auf, wobei er sich oft des Stilmittels der Satire bediente.

Neben Ogunde ist der inzwischen auf dem Höhepunkt seiner Karriere verstorbene Duro Lapido einer der Gründerväter des nigerianischen Theaters. In seinen ursprünglich von Ogunde beeinflußten Stücken benutzte er unter dem Einfluß von Ulli Beier Themen aus der Yoruba-Geschichte als Vorlage. Er schuf einen neuen Stil, der sich von der Yoruba-Kirchenmusik entfernte. Einige seiner Stücke wurden von seiner Truppe, den »Duro Lapido Players«, auch in Europa mit großem Erfolg aufgeführt (insbesondere Oba Koso bei den Berliner Festspielen 1964). Lapido war ein vielseitiger Theatermann: Stückeschreiber, Schauspieler und Theaterdirektor. Seine Werke schließen alle Aspekte des traditionellen afrikanischen Theaters, der Poesie, des Tanzes und der Musik ein. Die Truppe ist auch nach dem Tod ihres Gründers recht erfolgreich geblieben.

Diese frühen Theaterleute waren Selfmademen. Obwohl inzwischen an einigen Universitäten Schauspielunterricht erteilt wird, ist die Zahl qualifizierter Berufsschauspieler noch recht gering. Lediglich die regierungseigene Open Theatre Group mit gelegentlichen Aufführungen im Nationaltheater und das 1982 gegründete Repertoire-Theater »PEC Repertory Theatre« sind neben dem noch immer bestehenden Ogunde-Theatre auf dem Wege, zu ständigen Einrichtungen zu werden. Daneben gibt es etwa fünfzig verschiedene kleine Yoruba-Wandertheatertruppen unterschiedlicher Bedeutung.

Ein besonderes Merkmal des Yoruba-Theaters ist das sogenannte totale afrikanische Theaterprinzip. Poesie und Rede, Musik, Gesang und Tanz werden miteinander vermischt, gewissermaßen eine Symbiose von Operette und Musical. Das Yoruba-Theater erfreut sich großer Popularität und kann auch für den Sprachunkundigen unterhaltsam sein. Schwieriger ist es für das englischsprachige Theater mit einer der europäischen Bühnenkunst nahestehenden Darstellungsweise, einen größeren Zuschauerkreis zu finden. Wegen seines zumeist sozialkritischen Inhalts bleibt es auf intellektuelle Gruppen beschränkt.

Das PEC-Theatre führt in der J. K. Randle Memorial Hall in der King George V Road im Stadtteil Lagos-Onikan neben englischsprachigen Theaterstücken seines Prinzipals und Stückeschreibers J. P. Clark auch Musicals und Tanzdramen auf und gibt Konzerte. Veranstaltungen finden meist nur an Wochenenden statt.

Mit der Gründung einer National Troupe im Jahre 1986 unter der künstlerischen Leitung von Chief Herbert Ogunde (S. 111) wurde ein festes Ensemble gebildet, dessen Aufgabe es ist, als Wanderbühne nigerianische Kultur in Form des Total Theatre, d.h. nigerianische Musik-, Tanz- und Theateraufführungen, im In- und Ausland bekannt zu machen.

Im Rundfunk und Fernsehen werden oft volksnahe Stücke gesendet, die, auch wenn sie in der Yoruba-Sprache oder einer kaum verständlichen Mischung von Pidgin und Englisch aufgeführt werden, für den Fremden einen guten Einblick in Lebensweise, Psyche und Verhaltensnormen des Nigerianers vermitteln.

Einer der erfolgreichsten Stückeschreiber ist der Schriftsteller und Theaterwissenschaftler Wole Soyinka, der in den 60er Jahren nach Tätigkeit als Dramaturg am Londoner Court Theatre in Nigeria verschiedene Theatergruppen gründete, während des Bürgerkrieges jedoch verhaftet und über zwei Jahre in Isolationshaft verbringen mußte; nach seiner Freilassung lehrte er in Oxford sowie in afrikanischen Ländern, bevor er 1975 als Leiter des Departments of Dramatic Art an die Universität Ife zurückkehrte. 1986 erhielt er den Nobelpreis (S. 109). Wegen seines unerschrockenen Eintretens für eine demokratische Regierungsform ist er wiederholt trotz seines weltweiten Ansehens mit der derzeitigen Militärregierung in Konflikt geraten.

Musik und Tanz

Wie überall in Afrika besteht auch in Nigeria eine Wechselbeziehung zwischen Musik und Tanz, die wiederum einen engen Bezug zum täglichen Leben haben. In der traditionellen Gesellschaft wird Musik nicht als Selbstzweck ausgeübt.

Da das tägliche Leben in feste Formen eingebunden ist, werden verschiedene Anlässe wie Zeremonien bei der Einsetzung von Chiefs, Anfang und Ende der Ackerbausaison, Jagd- und Fischfangriten, Eheschließung und Bestattung mit Mu-

Begrüßung des Emirs von Kano mit der Kakaki-Trompete

sik und Tanz begangen. Die Ausdrucksformen des Tanzes spiegeln oft die physische Lebensumstände wider. So wird in Küstengegenden die Bewegung des Kanu-Paddelns imitiert, in Waldregionen die Verfolgung und Tötung von Tieren. Besonders auffallend sind die Maskentänze, die bei den regelmäßig wiederkehrenden zeremoniellen Festen zu Ehren von Gottheiten und Ahnengeistern aufgeführt werden. Während sich an den Maskentänzen Zuschauer und Zuhörer jederzeit beteiligen können, werden die traditionellen Tänze von Spezialisten im größeren Zuschauerkreis vorgeführt.

Die Ausdruckskraft der Musik liegt in ihrer starken Verwurzelung im dörflichen Leben, wo traditionelle Kulturformen unverfälscht fortbestehen. Erst in jüngster Zeit werden Tanz und Musik auch formal auf Bühnen dargeboten, oft in der Form von Tanzdramen.

Trotz strenger Bewahrung der traditionellen Grundstruktur werden ständig neue Elemente in die Musik übernommen. Daneben hat sich im Laufe der letzten Jahrzehnte auch eine moderne Musik herausgebildet, die traditionelle und europäische Klang- und Kompositionselemente miteinander verbindet. Am bekanntesten ist der Highlife, dessen unserer leichten Tanzmusik vergleichbaren Klänge lange Zeit entlang der gesamten westafrikanischen Küste äußerst populär waren. Diese Musik hat ihren Ursprung in den Städten und ist eine Mischung von authentischen afrikanischen Tanzrhythmen, kolonialen Regimentsmelodien, Seemannsliedern sowie Melodien aus anderen Kulturen einschließlich westindischer Einflüsse (Reggae). Das Klangbild des Highlife variiert bei den einzelnen ethnischen Gruppen; charakteristisch ist die reiche Instrumentierung: Trommeln, Posaunen, Trompeten, Saxophone, Gitarren.

Der Highlife ist von dem aggressiv klingenden Afrobeat, der besonders von Fela Anikulapo Kuti praktiziert wird, abgelöst worden. Diese rockartige Musik, deren Hauptmerkmale

Bläser und Schlagzeug sind, enthält Passagen mit Sprechgesängen gelegentlich sozial-kritischen Inhalts, vergleichbar dem Reggae. Von ihm ist die Musik der siebziger und achtziger Jahre geprägt worden. Felas »Egypt '80 Band« spielt meist an vier Tagen der Woche (Di, Fr, Sa jeweils ab Mitternacht, So ab 17 Uhr) im Africa Shrine in Lagos/Ikeja in der von der Ola-Ageni Street abgehenden Pepple Street.

Die melodiösen, fast blues-artigen Effekte des Highlife kontrastieren stark mit dem unbändigen Afro-Jazz, der sich bei den Yoruba unter Einbeziehung traditioneller Elemente als Juju-Highlife herausgebildet hat. Ebenfalls bei den Yoruba hat sich aus einem Gesang der Muslime zur Fastenzeit eine modernisierte Musik mit dem Namen Fuji entwickelt. Fuji, das sich seit Beginn der siebziger Jahre ausgebreitet hat, ist heute die beliebteste Musik in Nigeria und hat Juju in den Hintergrund gedrängt. Diese Musik wird bei jeder Art von Festlichkeit, auch Beerdigungen, in Bars und Restaurants gespielt. Thematisch reicht ihre Bandbreite vom bloßen Geschichtenerzählen über die Kommentierung von sozialen und politischen Ereignissen bis hin zur einfachen Unterhaltung. Fuji und Juju unterscheiden sich deutlich durch ihre Instrumentierung. Im Juju, deren bekannteste Protagonisten Ebenezer Obey und Sunny Ade (Sunday Adeniyi) sind, dominieren die Saiteninstrumente, während beim Fuji, der durch Ayinde Barrister bekannt wurde, die Schlag- und Tasteninstrumente den Ton angeben. Wachsender Beliebtheit erfreut sich auch die aus der Karibik eingeführte Steel-Band-Musik. Moderner Jazz wird von dem über die Grenzen Nigerias hinaus bekannten Sonny Okosun als Ausdrucksmittel für seine Politsongs benutzt.

Eine Besonderheit stellen im Norden die *Griots* dar, eine Art wandernder Bänkelsänger. Sie sind traditionelle Träger der oralen Kultur, die sich in der Form von Gesängen und Erzählungen von Generation zu Generation vererbt hat. Man nimmt an, daß etwa 90 % der traditionellen Kultur mündlich weitervermittelt werden.

An den Höfen der Emire entstand eine Musik, die nicht im eigentlichen Sinne auf einer Melodie basiert, sondern eine von Trommeln *(kuge)* begleitete rhythmische Wiedergabe der Haussa-Sprache ist. Unter den Instrumenten fallen die meterlangen Trompeten *(kakaki)* und das Antilopenhorn *(kaho)* besonders auf.

In der Kirchenmusik wurden Texte und Melodien von Nigerianern umgeschrieben und teilweise mit einheimischer Instrumentierung versehen, was den Liedern einen unverkennbaren rhythmischen Klang verleiht. Daraus folgte nahezu zwangsläufig eine Einbeziehung des Tanzes, besonders bei einigen Sekten. Für den Bereich der Klassik sei schließlich auf die 1983 gegründete Musical Society of Nigeria hingewiesen, deren nigerianische und europäische Mitglieder entsprechende Musikveranstaltungen (zumeist Kammermusik) organisieren (Metropolitan Club of Victoria Island, Lagos). Die Radioprogramme enthalten regelmäßig Sendungen mit diesen verschiedenen Musiken. In der Museum Kitchen neben dem Nationalmuseum wird von einem Quintett neben Jazz auch Musik aus dem Nigeria der letzten 100 Jahre dargeboten.

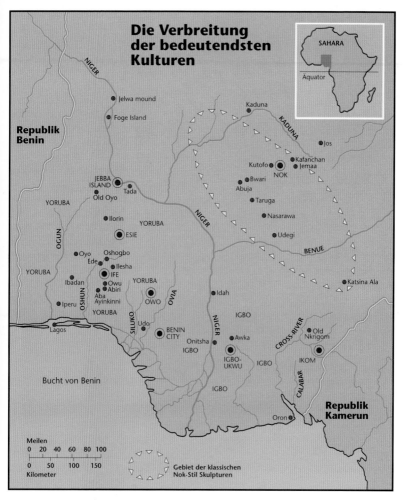

Die Verbreitung
der bedeutendsten
Kulturen

SAHARA

Äquator

Gebiet der klassischen
Nok-Stil Skulpturen

Meilen
0 20 40 60 80 100

0   50   100   150
Kilometer

Die Verbreitung und Benutzung von Musikinstrumenten ist regional unterschiedlich, wobei die Musik der diversen Volksstämme jeweils durch eine typische Kombination von zwei oder drei Instrumenten geprägt wird. So sind in den nördlichen Landesteilen die Saiteninstrumente charakteristisch, unter denen die *Goge* (eine einsaitige Geige) herausragt. Von den Yoruba, Meister im Trommelspiel, stammen auch die legendären »Sprechtrommeln«, deren Tonhöhe man durch Spannen bzw. Entspannen der Felle variieren kann; solche Trommeln findet man auch im Osten. Die Völker der östlichen Landesteile, deren musikalische Darbietungsform zu den aussagekräftigsten Nigerias zählt, beherrschen besonders virtuos Tasteninstrumente und Flöten.

Terrakotta der Nok-Kultur, die ihre Blüte-zeit um ca. 100 v.–100 n. Chr. hatte

Jahren umspannenden archäologischen Funde wie die Terrakottaköpfe von Nok und Ife und die Bronzefiguren (ebenfalls Ife und insbesondere Benin) zeugen von einer hohen künstlerischen Befähigung ihrer Schöpfer. Die Bronzeskulpturen, deren Zahl etwa neun Zehntel der bekannten Werke Schwarzafrikas ausmacht, und die Terrakottafiguren haben auch europäische Kunstrichtungen beeinflußt.

Die Künstler der afrikanischen Hochkulturen übten ihre Kunst jedoch nicht um ihrer selbst willen aus, sondern erfüllten von den gesellschaftlichen Pflichten gesetzte Normen. Sie drückten die religiösen und künstlerischen Wertvorstellungen ihrer Gemeinschaft aus. Ihre Erzeugnisse hatten jeweils bestimmte religiöse, rituelle oder magische Funktionen; ihr künstlerischer Wert war irrelevant.

Nigeria ist ein Kernland der ältesten bisher entdeckten schwarzafrikanischen Kulturen und blieb lange Zeit der Außenwelt wenig bekannt. Allenfalls kannte man die

Bildende Kunst

Traditionelle nigerianische Kunst

Die verschiedenen Völker im Gebiet des heutigen Nigeria haben Kunstwerke von großer Vitalität und Vielfalt geschaffen, die sich durch ihren Realismus und die Beherrschung des verwendeten Materials auszeichnen. Die einen Zeitraum von 2 000

Benin-Bronzen, von denen über 2 000 nach der britischen Strafexpedition 1897 nach England verfrachtet wurden, darunter die berühmte Büste der Königinmutter (kunsthistorisch für Schwarzafrika von gleicher Bedeutung wie z. B. die Nofretete für Ägypten). Lediglich einige wenige europäische Künstler, wie Picasso, Nolde oder Modigliani, erkannten die Ausdruckskraft dieser Kunst und ließen sich von ihren Formen inspirieren. Diese Unkenntnis findet ihre Erklärung darin, daß die meisten dieser Kunstwerke erst in den letzten drei bis vier Jahrzehnten gefunden wurden. Wie alles, was mit Afrika und seinen Menschen zusammenhängt, wurden sie zunächst den Bereichen Völkerkunde und afrikanische Folklore zugeordnet, zumal man auch keinen kunstgeschichtlichen Zusammenhang erkennen konnte. Die

Bronzenes Ritualgefäß aus Igbo-Ukwu, einem Dorf östlich von Onitsha (9.–10. Jh.)

Bekrönter Messingkopf eines Ooni (Ife-Kultur, 11.–15. Jh.)

Kunstgegenstände wurden bezeichnenderweise unter der Rubrik Antiquitäten geführt.

Ein solcher Zusammenhang ist trotz der fast nahtlos aufeinanderfolgenden Zeitabschnitte der einzelnen Kulturepochen in den letzten zwei Jahrhunderten in den verschiedenen Regionen auch heute noch nicht überzeugend zu erkennen. Einige scheinen zwar auf eine Befruchtung oder Beeinflussung hinzudeuten, andere wiederum wirken zeitlich und räumlich isoliert. Im nachfolgenden werden die einzelnen Kulturepochen in chronologischer Abfolge kurz charakterisiert.

Die *Nok-Kultur*, so genannt nach dem Fundort der ersten Terrakottafiguren, dem Dorf Nok im Jos-Plateau (nördlich des Zusammenflusses von Benue und Niger), erreichte ihre Blütezeit 100 vor bis 100 nach Chr. Diese Tonskulpturen sind die älte-

sten Kunstwerke ihrer Art, die bisher in Schwarzafrika entdeckt wurden. Zu den schönsten Nok-Figuren gehören Menschenköpfe, vermutlich Porträts von Königen und anderen hochstehenden Persönlichkeiten. Ihre auffälligsten Merkmale sind der gewöhnlich halbkreisförmige bis dreieckige Zuschnitt der Augen, die ebenso wie Nasen und Ohren durchlocht sind, und der Detailrealismus von Haartracht und Schmuck, vor allem Perlen, Ringen und Ketten. Während die durchweg vergrößert dargestellten Menschenköpfe aufgrund ihrer geometrischen Formen – zylindrisch oder kugelig –

einen gewissen Grad von Stilisierung aufweisen, sind Tiere (Elefanten, Affen, Schlangen) überwiegend naturalistisch dargestellt. Die bisher gefundenen Figuren deuten darauf hin, daß die Nok-Kultur im ausgehenden 1. Jahrtausend verfiel, zu einer Zeit, als sich weiter im Süden zwei getrennte Entwicklungen vollzogen.

In *Igbo-Ukwu*, einem Dorf östlich von Onitsha, entdeckte man 1938 beim Graben einer Zisterne Kunstgegenstände aus dem 9.–10. Jh. – von einigen Experten allerdings erst auf das 15. Jh. datiert. Zum ersten Mal treten hier als Werkstoffe Kupfer (zum Schmieden) und Bleibronze auf. Diese Metalle wurden wahrscheinlich wie die ebenfalls verwendeten Perlen aus anderen Gebieten eingeführt. Die Tierplastiken und die in unterschiedlichster Weise geformten Gefäße fertigte man mit Hilfe des sogenannten Wachsausschmelzungsverfahrens (oder Technik der verlorenen Form). Der kunstvolle Stil der Oberflächengestaltung ist einzigartig in der afrikanischen Kunst. Sowohl der Ursprung der Kultur von Igbo-Ukwu wie auch ihr plötzliches Ende liegen im dunkeln.

Ife hingegen, der Ursprungsort des Yoruba-Reiches, gibt das weniger Rätsel auf. Zwar ist der Beginn der Ife-Kunst nicht genau fixierbar, doch die lang anhaltende Blütezeit wird auf das 11.–15. Jh. datiert. Sie gehörte zu den Höhepunkten der afrikanischen Kunstentwicklung. Neben den Plastiken aus Kupfer-Zinn- (= Bronze) und Kupfer-Zink-Legierungen (= Messing), die oft unkorrekterweise ebenfalls als Bronze bezeichnet werden, gelang es den Ife-Künstlern trotz der großen technischen Schwierigkeiten, Figuren aus reinem Kupfer zu gießen. Der deutsche Afrikaforscher Leo Frobenius wurde 1910 bei seinen Reisen auf die Kunstwerke aufmerksam und gilt seither als der »Entdecker« der Ife-Kunst. Der von ihm gefundene, aber zurückgelassene Kopf des Gottes Olokun, des Gottes des Meeres und des Reichtums (vergleichbar dem griechischen Poseidon oder dem römischen Neptun), ist seitdem nicht mehr aufgetaucht; lediglich eine Kopie ist erhalten geblieben. Einer breiteren Öffentlichkeit bekannt wurde die Ife-Kunst erst durch Funde Ende der dreißiger Jahre.

Kopf einer Königinmutter, eines der berühmtesten Bronzekunstwerke aus Benin (16. Jh.)

Die meisterhafte naturalistische Porträtkunst der zumeist lebensgroßen Köpfe sucht in Afrika ihresgleichen und scheint an die Tradition der klassischen Antike anzuknüpfen. Typisch sind die aufgeworfenen Lippen und die senkrecht verlaufenden, das ganze Gesicht überziehenden Schmucknarben, wie sie heute nicht mehr anzutreffen sind; z. T. sind auch einzelne Gesichtspartien wie, beispielsweise Mund oder Kinn, durch Perforation hervorgehoben. Neben Menschenbildnissen stellten die Ife-Künstler auch Tiere dar – sowohl in Bronze wie in Terrakotta.

Bronzeleopard aus Benin

geben; charakteristisch dafür sind Köpfe mit einem Loch in der Mitte, um sie als Anhänger tragen zu können, und die zahlreichen Sakralopfer-Darstellungen. Kennzeichnend ist auch der Kontrast zwischen der sorgfältigen Ausführung der Köpfe und den gröber modellierten Körpern.

Benin-Bronzen sind weithin zum Inbegriff der Kunst aus Nigeria geworden. Zeitlich folgte diese Periode bei teilweiser Überschneidung auf die Owo-Kultur. Die Kunst des Bronzegießens soll von Ife eingeführt worden sein. Es bildete sich jedoch eine eigene geschlossene Gilde von Bronzegießern heraus, die alle ihre Werke an den Oba, das geistliche und weltliche Oberhaupt, abliefern mußten. Portugiesische Händler, die 1485 hier auftauchten, konnten daher keine Stücke mitnehmen, berichteten jedoch zum ersten Mal darüber. Die Variationsbreite reicht von Menschenköpfen und Tieren aus Bronze, Bronzeplatten mit szenischen Darstellungen und vor allem Tierabbildungen über Terrakottaskulpturen und verzierte Gefäße bis zu außerordentlich sorgfältig gearbeiteten Elfenbeinschnitzereien.

Als im 16./17. Jh. der Nachschub an Metallen offensichtlich zum Erliegen kam, verlagerte sich das Schwergewicht auf die Terrakottaherstellung, wobei man ansatzweise zu einer stärkeren Stilisierung überging und die Palette der dargestellten Objekte und Motive variierte und erweiterte. Ife und Nok waren als einzige Kulturen Schwarzafrikas in der Lage, fast lebensgroße Terrakottaskulpturen von Menschen herzustellen, weshalb man eine Beziehung zwischen beiden Kulturen annimmt.

Owo, 130 km südöstlich von Ife, ist wie Ife eine Yoruba-Stadt. Die dort gefundenen Kunstwerke aus dem 15./16. Jh. weisen eine klare Verwandtschaft mit Ife, aber auch mit Benin auf. Wahrscheinlich sind Ife-Künstler nach Owo ausgewandert und gerieten später unter den Einfluß von Benin. Insbesondere bei den Terrakotten von menschlichen Köpfen und Gefäßen mit Reliefskulpturen tritt die Ähnlichkeit mit der Ife-Kunst zutage. Daneben hat es aber auch eine eigenständige Owo-Kunst ge-

Die Benin-Kunst mit dem größten Skulpturenreichtum Nigerias war über 500 Jahre lebendig, bis sie mit der Absetzung des Oba 1897 zu einem jähen Ende kam. Da infolge der britischen Strafexpedition zahlreiche Figuren außer Landes geschafft wurden und in europäische Museen gelangten, verfügt das Museum von Benin nach London und Berlin nur über die drittgrößte Sammlung dieser Art. Der Kopf der Königinmutter mit aufgetürmter Krone, dessen Original in Amerika vermutet, aber bis heute nicht ausfindig gemacht werden konnte, ist zum einprägsamen Symbol dieser Kunst geworden.

Die *Tsoede*-Bronzen wurden auf der Insel Gungu im Niger und an seinen Ufern bei Jebba (Westnigeria) gefunden. Tsoede, ein entflohener Sklave, war der Gründer des Nupe-Reiches; er soll die Bronzen bei seiner Flucht nigeraufwärts, aus dem Yoruba-Reich kommend, mitgebracht haben. Es handelt sich bei den Funden um nur neun Bronzen, die Menschen und Tiere darstellen. Sie zeigen teilweise typische Merkmale der Kunst von Ife aus dem 13./14. Jh., von Owo und Benin (14./15. Jh.), weisen aber auch eigene Merkmale auf.

Die *Esie*-Specksteinfiguren (oder Seifensteinfiguren) sind von rätselhaftem Ursprung. Über 800 solcher Figuren, meist sitzende Männer und Frauen von 14 bis 100 cm Größe mit kunstvoll ausgeführten Frisuren, wurden im Dorf Esie, 55 km südöstlich von Ilorin, gefunden. Es ist die größte Sammlung von Steinskulpturen in Afrika; nach der Legende handelt es sich um versteinerte Überbleibsel von fremden Besuchern. Die Leute des Esie-Stammes, die sich Ende des 18. Jh. hier niederließen, fanden die Figuren im Busch vor. Die Skulpturen sind jetzt in dem 1970 eröffneten Esie-Museum ausgestellt.

Die *Ikom*-Monolithen wurden nach der Stadt am Oberlauf des Cross River nahe der Grenze zu Kamerun benannte in deren Umge-

Specksteinfigur aus dem Dorf Esie, südöstlich von Ilorin

bung rd. 300 dieser mysteriösen Steinskulpturen (Akwanshi), an 29 verschiedenen Plätzen aufgestellt, gefunden wurden. Ihre Entstehung wird auf den Zeitraum des 16. bis frühen 20. Jh. datiert. Neueste Erkenntnisse messen ihnen jedoch ein weitaus höheres Alter zu und verlegen ihre Entstehung in das Jahr 200 n. Chr. Man vermutet, daß die etwa 1–1,5 m großen Basaltfiguren, die sich durch einen hohen Grad von Abstraktion in der Darstellung menschlicher Züge auszeichnen, Ahnen darstellen. Die Fragen nach Ursprung und Bedeutung sind jedoch noch nicht geklärt (Abb. S. 233).

Bei *Oron* an der Mündung des Cross River im Südosten des Landes wurde die größte Sammlung von afrikanischen Holzskulpturen gefunden. Mit den zwischen 100 und 300 Jahre alten Figuren verehrte man in der Regel die Vorfahren, deren Geist nach dem Glauben der Einheimischen in den Ahnenskulpturen fortlebte. Sie wurden aus einem besonderen termitenresistenten Hartholz hergestellt und zählen zu den schönsten Afrikas. Als sie in den dreißiger Jahren bei den Einwohnern der Umgebung entdeckt wurden, dienten sie teilweise noch kultischen Zwecken. Einem britischen Kolonialbeamten gelang es, an die 600 dieser sorgfältig ausgeführten Skulpturen zu sammeln und im Oron-Museum (1959 eröffnet) auszustellen. Im Verlauf des Biafra-Krieges wurde durch Zerstörung und Verschleppung die Sammlung auf ein Drittel reduziert. Der Stil dieser bis zu einem Meter großen Schnitzereien ist sehr homogen: Der Kopf ist oft bedeckt, und ein langer Kinnbart fällt vom leicht stilisierten Gesicht auf den schlank ausgeführten Körper. Die Gesichter wirken gefaßt. Angeblich stellten die Oron-Künstler zu Beginn unseres Jahrhunderts die Fertigung der Ahnenfiguren ein und gaben diese im Bedarfsfalle bei Holzschnitzern der benachbarten Ibibio in Auftrag.

Die Herstellung von Holzschnitzereien war im alten Nigeria sicherlich nicht auf Oron beschränkt. Man kann davon ausgehen, daß in den Kunstzentren Nok, Ife, Benin etc. ebenfalls Holzskulpturen angefertigt wurden. Im Gegensatz zu den Terrakotta- und Bronzefiguren haben sie die Zeitläufe im tropischen Klima jedoch nicht überstanden. Oron ist somit der einzige Ort mit einer derartigen Sammlung (Abb. S. 231).

Moderne nigerianische Kunst

Künstlerische Betätigung als Ausdruck seelischer Empfindungen ist auch heute noch in allen Lebensbereichen anzutreffen. Während Musik und Tanz ihre traditionellen Ausdrucksformen vielfach bewahrt haben, erfuhren die bildenden Künste in den letzten Jahrzehnten durch die Auseinandersetzung mit den zeitgenössischen europäischen Kunstströmungen teilweise tiefgreifende Veränderungen. Trotz allem ist im Ausland das Interesse an nigerianischer Kunst, gefördert durch Ausstellungen und Veröffentlichungen, fast ausschließlich auf die traditionelle Kunst fixiert. Allenfalls weiß man noch von Masken und Plastiken als Bestandteile der religiösen Kultur. Der Kenntnisstand über die moderne Kunst ist zumeist auf kunsthandwerkliche Erzeugnisse, die, zugeschnitten auf den vermeintlichen oder auch tatsächlichen Touristengeschmack, in den internationalen Hotels und auf Flugplätzen angeboten werden, beschränkt. Diese sog. Airport Art fördert den Eindruck, die zeitgenössische Kunst in Nigeria beschränke sich auf polierte Holzplastiken und Schnitzereien. Künstlich gealtert, täuschen sie Authentizität vor. Gerade in Nigeria haben die künstlerischen Aktivitäten im Bereich der Malerei und Skulptur jedoch eine Fülle von Darstellungs- und Ausdrucksformen wie in kaum einem anderen afrikanischen Land hervorgebracht.

Diese moderne Kunst unterscheidet sich von der klassischen vor allem in einem Punkt: Während der traditionelle Künstler – eingebettet in die Gemeinschaft – innerhalb vorgegebener traditioneller Normen arbeitete und künstlerische Erzeugnisse für bestimmte zeremonielle Zwecke herstellte, fertigt der moder-

Zementplastiken im Heiligen Hain von Oshogbo, der den Yoruba-Göttern geweiht ist

ne Künstler seine Werke kaum noch für die Gemeinschaft, sondern experimentiert u.a. mit neuen Formen und Ausdrucksmitteln. Der Kontakt mit der westlichen Welt über das zunächst von den christlichen Missionen verbreitete Schulwesen führte auch zu einer Veränderung des Kunstverständnisses. In ihren Kunstwerken bringen die heutigen Künstler, wie alle modernen Künstler in der Welt, ihre Gefühle, Stimmungen und Lebensauffassungen zum Ausdruck. Der individuelle Stil verstärkt noch die Abkehr von der traditionellen Zweckgebundenheit und mag das Verständnis beim Betrachter erschweren.

Dieser Wandel von der sakralen zur profanen, zur dekorativen Kunst unterscheidet sich nicht grundsätzlich von der europäischen Kunst. Und angesichts eines begrenzten Marktes – moderne Kunst wurde lange Zeit fast ausschließlich von Europäern gekauft, die nach »authentischer« afrikanischer Kultur suchten – ist Auftragskunst weit verbreitet. In und an öffentlichen Gebäuden, Hotels und Banken kann man Skulpturen und Gemälde bekannter Künstler sehen. Einige Universitäten verfügen über Kunstakademien. Daneben haben sich Künstlerkolonien gebildet, von denen besonders in den sechziger und siebziger Jahren die Oshogbo-Schule über die Grenzen des Landes hinaus bekannt geworden ist und die als Oshogbo Artist Association fortbesteht. Hier haben zwei Europäerinnen, die Engländerin Georgina Beier und vor allem die Österreicherin Susanne Wenger, die in mehr als vierzig Jahren künstlerischer Betätigung im Yoruba-Land ihre Kunst ganz auf einheimische Motive in konkreter und abstrakter Darstellungsweise umgestellt (Skulpturen, Batiken, Plastiken, Gemälde) und durch ihre Anleitung und Förderung zahlreiche Künstler herangebildet hatte, die sich durch ihre mehr intuitive Kunst von den sogenannten »intellektuellen Künstlern« mit einer Akademie-Ausbildung abheben. Die 1993 verstorbene Susanne Wenger spielte eine bedeutende Rolle im nigerianischen Kunstleben. Sie setzte sich intensiv mit den Kulten der Yoruba auseinander, deren Sprache sie lernte, und wurde zur Priesterin des Schöpfergottes Obatalla geweiht (S. 203).

Die moderne Malerei hat keinerlei Beziehung zur traditionellen Malerei, die auf die Bemalung von Wänden in den heiligen Schreinen beschränkt war. In den letzten Jahrzehnten hat Nigeria eine große Zahl von Malern hervorgebracht, die sich von der Bindung an Tradition und Religion lösten. Sie bevorzugten zunächst in der Porträt- und auch in der Landschaftsmalerei einen naturalistischen Stil, wobei einige unter ihnen einen eigenständigen Durchbruch zum Abstrakten erreichten (Bruce Onobrakpeya, Muraina Oyelami, Tayo Adenaike, Obiora Udechukwu, Greg Odo).

Zu den bekanntesten Malern gehört der aus der Oshogbo-Schule hervorgegangene Taiwo Olaniyi, besser bekannt unter dem Namen Twins Seven Seven, der auch als Schauspieler und Musiker ein Begriff ist. Seinen Ruf hat er insbesondere durch seine großflächigen, im expressionistischen Stil gehaltenen Öl-

gemälde mit Szenen aus dem Leben seines Yoruba-Volkes begründet. Sein Atelier in Oshogbo steht auch Besuchern offen (S. 277). Im Bemühen der modernen Maler um eigene künstlerische Stil- und Ausdrucksmittel wird der ursprünglich unverkennbare europäische Einfluß zusehends verdrängt. Einige Künstler, darunter Ben Enwonwu, haben versucht, auch die europäischen Darstellungstechniken weiterzuentwickeln, um sie besser der nigerianischen Wirklichkeit anzupassen. Selbst traditionelle Gottheiten werden dabei gelegentlich in höchst eigenwilligen Formen bis hin zur völligen Abstraktion dargestellt. Schreitet auch die Entwicklung von der funktionalen zur dekorativen Kunst in Zukunft weiter fort, der Mensch in seiner natürlichen Umgebung und nach wie vor Gottheiten und Geister bleiben die bevorzugten Motive der Malerei. Typisch europäische Kunstgattungen wie Landschaftsmalerei oder gar rein abstrakte Kunst spielen nur eine untergeordnete Rolle. Zu den wirklichen Könnern gehören noch Chief Z.O. Oloruntoba, dessen Werke auf Unicef-Karten als Motive verwendet wurden, und Tyani Mayakiri.

Neben der Malerei nehmen in der bildenden Kunst Fresken, Mosaiken und Skulpturen, die zumeist einen konkreten traditionellen Bezugspunkt haben, einen besonderen Platz ein. Die Holzschnitzerei (S. 127) ist jedoch vielfach auf die Airport Art ausgerichtet, d. h. auf den Verkauf an ausländische Touristen auf den Flugplätzen. Die Herstellung von Holzfiguren für kultische Zwecke oder von geschnitzten Hauspfeilern und Türen für wohlha-

Twins Seven Seven: Affe mit Geistertrommel (Federzeichnung auf Stoff)

bende Bürger kann kaum noch einen Künstler ernähren, wenngleich wohlhabende Nigerianer zunehmend ihr Geld auch in Kunstwerken anlegen. Kunstinteressierte können sich in den regelmäßigen Ausstellungen der ausländischen Kulturinstitute und in den Museen, vor allem aber in der wachsenden Zahl von Galerien einen guten Überblick verschaffen. Auch im Centre for Black and African Arts and Civilization in Lagos sind Werke nigerianischer Künstler ausgestellt, neben Kunstwerken aus anderen afrikanischen Ländern.

Die Kunst der Terrakottaskulpturen ist praktisch ausgestorben. Eine Art moderner Variante ist die von Oshogbo ausgegangene, besonders von Susanne Wenger entwickelte Zementskulptur. Beispiele solcher Skulpturen – vornehmlich Tierdarstellungen – sind gelegentlich an Häusern als Dekoration zu sehen. Verstorbene werden lebensgroß in Zement verewigt und vor den Häusern und auf Friedhöfen ausgestellt. In ihrer naturalistischen Bemalung wirken sie aus der Ferne fast lebensecht.

Metallskulpturen, teilweise in Nachahmung der alten Benin- und Ife-Bronzen, aber auch Aluminiumreliefs und Ätzplatten werden als künstlerische Ausdrucksmittel benutzt. Dabei wird wie bei Steinskulpturen ein halbabstrakter Stil bevorzugt.

Kunsthandwerk

Die Ausübung kunsthandwerklicher Fertigkeiten verfolgt nach wie vor sowohl zweckgebundene wie auch rein künstlerische Ziele. Kunsthandwerkliche Erzeugnisse können künstlerisch verschönerte Gebrauchsgegenstände sein, was auch heute noch in den traditionellen Gemeinschaften im Landesinnern zutrifft. Daneben hat es stets auch »zwecklose« Kunstgegenstände zur Körperzierde oder zur Ausschmückung des Lebensumfeldes gegeben. Mit der Öffnung zu außerafrikanischen Staaten entwickelte sich daraus eine kommerziell orientierte Herstellung solcher Gegenstände, wobei die Übergänge zwischen wahrer Kunst und bloßer Massenproduktion fließend sind. Weite Teile der traditionellen nigerianischen Volkskunst sind infolge dieser Entwicklung im Schwinden begriffen.

Die althergebrachten Techniken des Webens und Färbens dienen der täglichen Bedarfsdeckung einer festen Kundschaft, ebenso die Anfertigung von Töpferwaren. Die Holz-

und Elfenbeinschnitzerei hingegen hat sich von der ursprünglichen sakralen und zeremoniellen Bedeutung in starkem Maße auf die Herstellung von Souvenirs in Serienanfertigung hin orientiert. Der Bedarf an Masken und Holzschnitzereien für traditionelle Zwecke ist so stark zurückgegangen, daß der Schnitzer in der Gemeinschaft keine ausreichende Lebensgrundlage durch die Ausübung seiner Tätigkeit findet.

Nachfolgend werden die wichtigsten Kunsthandwerke kurz beschrieben.

Färben: Das Färben von Stoffen geschieht fast ausschließlich für die nigerianische Kundschaft in den Städten des Nordens. Jede größere Stadt verfügt über einen offenen Platz mit bis zu drei Meter tiefen Farbgruben, über denen ein penetranter Indigo-Geruch lastet. Die Stoffe bleiben ein bis zwei Tage in der Farbmischung; danach werden sie gespült und in langen Bahnen zum Trocknen ausgelegt. Eine abgewandelte Form dieses Stofffärbens wird von den Yoruba insbesondere in Abeokuta und Ibadan betrieben. Sie haben die Technik entsprechend ihrer Geschmacksvorliebe in der Weise weiterentwickelt, daß Farbabstufungen möglich sind; diese Stoffe heißen hier *adire*. Das sind indigo-gefärbte Baumwollstoffe, auf denen vor der Blaufärbung mit Indigo mit Federkiel und flüssiger Mehlstärke anhand alter, traditioneller Metallschablonen wunderschöne Muster, oft Tiermotive aus der nigerianischen Mythenwelt, von Hand aufgetragen werden. Nach Trocknung wird der Stoff dann indigo-gefärbt und die Stärke ausgewaschen. Zurück bleiben graphisch

Färber in Kano

modern wirkende Symbole in licht-
blauer Farbe auf nachtblauem Un-
tergrund, patchworkartig angeord-
net. Zu den Adire-Stoffen gehören
auch die, die in der Tie-and-Dye-
Technik hergestellt werden. Es gibt
immer noch Künstler in diesem Bereich, und ihre arbeitsaufwendigen
Produkte sind sehr wertvoll und selten. Batikstoffe werden in Nike's
Oshogbo Gallery hergestellt, wo
junge Menschen Gelegenheit haben, Batik-Techniken zu erlernen.
Die oft sehr attraktiven Produkte
werden dort zu traditionellen Yoru-
ba-Kleidern geschneidert und verkauft. (Auch Holzskulpturen wurden dort hergestellt.) Die überaus
ungesunde Tätigkeit des Färbens
wird im Norden von Männern, im
Süden von Frauen durchgeführt.

Lederwaren: Taschen, Stiefel, Sandalen, Puffs, Reitzeug in guter Qualität werden besonders von den
Stämmen im Norden, aber auch in
Oyo (Yoruba-Land) aus Rind-, Kro-
kodil- und Schlangenleder relativ

grob angefertigt. Bemerkenswert ist
das Lederkunsthandwerk der Tuareg
in Nordnigeria, die ihre besondere
Art der Färbung und Dekoration
nach Nigeria mitbrachten.

Töpferei: Nigeria hat eine große
und vielfältige Tradition in der Herstellung von Töpfer- und Tonwaren.
Ein guter Querschnitt ist im Museum von Jos zu sehen. Diese hauptsächlich im Süden, aber auch im
Norden (Katsina, Kano, Maiduguri
sowie Bida und vor allem Suleja im
Nupe-Land) verbreitete handwerkliche Fertigkeit zeichnet sich dadurch
aus, daß man keine Töpferscheibe
verwendet. Fast jede Volksgruppe
hat ihre eigenen Stilarten entwickelt. Für jeden Lebensbereich
gibt es die entsprechenden Tonwaren mit dazu passenden Verzierun-
gen. Die traditionelle Töpferei wird
in einer eigens zu diesem Zweck
eingerichteten Werkstattschule unter der Leitung eines Europäers in
Suleja (S. 238) gepflegt.

Holzschnitzerei: Die Holzschnitz-
kunst hatte einst in Nigeria einen

technisch und künstlerisch nie wieder erreichten Stand. Sie war eng mit den traditionellen Religionen verbunden und war fast ausschließlich auf Masken und Skulpturen beschränkt, wie sie in Museen und gelegentlich bei rituellen Zeremonien in den südlichen Landesteilen zu sehen sind. Der Maskenschnitzer versteht sich auch heute noch als phantasiereicher Kunsthandwerker und arbeitet für rituelle Anlässe. Besonders bekannt sind jene von Afikpo, einem Ort in Südnigeria südöstlich von Enugu. Holz- und Elfenbeinschnitzereien, wie sie von den Souvenierverkäufern auf dem Touristenmarkt angeboten werden, haben zwar alte afrikanische Vorlagen, sind jedoch meist Repliken oder traditionellen Vorbildern nachempfundene Kunstgegenstände.

Bronzeguß: Benin ist das traditionelle Zentrum dieses Gewerbezweiges. Bronzefiguren aller Art werden ausschließlich von erblichen Mitgliedern – der Gilde der Bronzegießer *(igune-romwon)* – hergestellt. Mit steigender Nachfrage durch Touristen nach antiker Kunst werden von Händlern die Erzeugnisse durch chemische Behandlung »gealtert«. Abtrünnige Mitglieder der Gilde bieten sich geschäftstüchtigen Händlern als Zulieferer an. Die auf den Märkten auch anzutreffenden Gefäße und bearbeiteten Bronze- bzw. Messingplatten werden hingegen von den Nupe in Bida wie auch von Angehörigen des Haussa-Volkes hergestellt.

Kalebassen-Dekoration: Wegen ihrer harten Schale dienen ausgehöhlte und getrocknete Kalebassen (Flaschenkürbisse) normalerweise als Behälter für Flüssigkeiten. In einigen Gegenden, besonders in der Yoruba-Stadt Oyo und bei den Haussa, werden sie mit vielerlei Ornamenten versehen, die von traditionellen Schnitzern aufgetragen (Oyo) oder eingebrannt (Haussa) werden. Die Wirkung der Motive wird durch verschiedene Farben noch erhöht.

Perlenketten: Sie werden häufig seit dem schwunghaften Handel der frühen Kolonialisten mit billigen Glasperlen assoziiert. Ketten aus verderblichem, aber auch aus haltbarem Material waren allerdings schon lange vorher bekannt. Bei traditionellen Würdenträgern gehören sie in ihrer großformatigen, farbenschillernden Ausführung neben wertvollen Korallenketten zu der angestammten Tracht. Ein Zentrum für die Anfertigung von Perlenschmuck ist seit Jahrzehnten Bida im Nupe-Land. Die eigene jahrhundertealte Glasherstellung hat man allerdings aufgegeben und durch die Einschmelzung des Getränkeflaschenbruchs ersetzt – auch eine Möglichkeit des Recycling.

Weberei: Neben der Töpferei zeichnet sich dieses Kunsthandwerk durch seine große Vielfalt aus, da jede Volksgruppe ihre eigene Tradition bewahrt hat. Ob Geburt, Hochzeit oder Trauerfall – für jeden besonderen Anlaß im Leben wird ein spezielles Tuch gewebt. Im Norden wird dieses Handwerk auch von Männern betrieben, die vor allem Decken und grobe Tücher auf dem horizontalen Webstuhl anfertigen. Die Frauen sind auf die feinen Tücher für Bekleidungszwecke, die auf vertikalen Webstühlen hergestellt werden, spezialisiert. Im Yoruba-Land ist die

*Golfplatz in der
neuen Bundes-
hauptstadt Abuja*

Stadt Iseyin (S. 210) als Zentrum der Weberei bekannt.

Das als Begegnungsstätte konzipierte Iwalewa-Haus der Universität Bayreuth veranstaltet Kunstausstellungen, Konzerte und Vorträge (95444 Bayreuth, Münzgasse 9, Tel. 09 21/60 82 50; Öffnungszeiten Di–Fr 14–18, Sa und So 11–16 Uhr).

Sport

Die Nigerianer sind schon immer Sportenthusiasten gewesen. Die ursprünglichen Sportarten wie Ringen, Bogenschießen, Jagen, Wettrennen, Schwimmen, Bootsregatten oder Pferderennen, denen man sich in der Zeit nach der Ernte hingab, sind zum Teil moderneren, teilweise professionell ausgeübten Sportarten gewichen. Der populärste Sport ist heute Fußball mit landesweiten Wettkämpfen und Teilnahme an internationalen Turnieren. Amateur- und Berufsboxen – zwei Nigerianer, Richard Igbeneghu und David Izonritei, errangen bei den Olympischen Spielen 1992 in Barcelona je eine Sil-

bermedaille – erfreuen sich ebenfalls großer Beliebtheit. Rasentennis neben Kricket, eine der ältesten unter den modernen Sportarten, folgt mit Tischtennis und Squash in der Beliebtheitsskala. Schon etwas elitär, doch durchaus nicht nur von Ausländern gespielt, ist Polo, das vorwiegend von Nigerianern aus den nördlichen Landesteilen, wo Pferdezucht betrieben werden kann, ausgeübt wird. Golf ist ebenfalls weit verbreitet. Aber auch die Leichtathletik gewinnt an Boden: In Barcelona holte die Männer-Staffel im 4×100 m-Lauf Silber, während die Frauen in derselben Disziplin Bronze gewannen.

Ein vor allem bei den Yoruba beliebter »Denksport« ist das Ayo-Spiel. Es ist ein Brettspiel, bei dem jeder der beiden Spieler mit jeweils vier Kugeln in sechs Löchern nach festgelegten Regeln, ähnlich wie beim Damespiel, möglichst mehr Kugeln des Gegners gewinnen muß, als er selbst verliert. Lautstarke Kommentare begleiten den Spielablauf.

Mensch und Gemeinschaft

Mentalität und gesellschaftliches Verhalten

Angesichts der ethnischen Zusammensetzung Nigerias lassen sich keine allgemeingültigen Aussagen zur Mentalität der Nigerianer und zum Umgang mit ihnen machen. Selbst ein durch den geistigen Uniformierungsprozeß der westlichen Erziehung gegangener Yoruba, Ibo oder Haussa wird in seiner heimischen Umgebung überwiegend die seiner Ethnie eigentümlichen Verhaltens- und Denkweisen wieder annehmen. Dieser elitäre Kreis, der auch manche koloniale Attitüden angenommen hat und weiter pflegt, ist Meister im Rollentausch, wobei elitär hier nicht von vornherein positiv wertend gebraucht wird, sondern im Sinne des Privilegiertseins.

Vordergründig wirken *die* Nigerianer im Süden, vor allem die Yoruba, selbstsüchtig und -gefällig, hochnäsig, eingebildet, dünkelhaft, undiszipliniert, korruptionsanfällig, stark erregbar und lärmend – eine bedrückende Aufzählung von Eigenschaften, die Nigerianer selbst ihren Mitbürgern anhängen und die nicht aus der Feder eines von rassistischen und antiafrikanischen Gefühlsregungen und Vorurteilen eingenommenen Europäers stammen. Ein angesehener nigerianischer Schriftsteller, Chinua Achebe, hat in seiner kleinen Schrift »The Trouble with Nigeria«

die Schwächen und den Niedergang der Sitten schonungslos offengelegt.

Diesen negativen Eindruck gewinnt man insbesondere von der ersten Minute an nach der Ankunft in dem hektischen und rücksichtslosen Lagos. Aus geringstem Anlaß – weil jeder seine eigene Auffassung zum absoluten Recht erhebt – kommt es zu lautstarken, plärrenden Disputen, die von heftigem, manchmal schon als handgreiflich erscheinendem Gestikulieren und bedrohlicher Mimik begleitet werden. Schauspielerische Effekthascherei und übertriebene Selbstdarstellung spielen ebenso mit hinein. Durch ihren stark ausgepräg-

ten Individualismus, der manchmal destruktive Züge annimmt, wirken viele Nigerianer im Süden undiszipliniert. Es wäre jedoch verfehlt, darin einen spezifischen Charakterzug zu sehen. Jemand, der in Nigeria auf seine Vorrangstellung und Vorzugsbehandlung pocht, kann sich im Ausland den dort üblichen Normen ohne Schwierigkeiten anpassen, und wer in Gesetzesmißachtung kein Fehlverhalten sieht, unterwirft sich in seiner Gemeinschaft den Stammesregeln.

Den besten Anschauungsunterricht zum undisziplinierten Verhalten bieten der Straßenverkehr (S.160)

und das Treiben auf den Marktplätzen, wo das Ohr einer unbeschreiblichen Kakophonie von Stimmen, Lautsprechermusik und Verkehrslärm ausgesetzt ist. Selbst kritische Nigerianer sprechen von einer »Lärmkultur«. Andererseits können die gleichen Menschen aber recht humorvoll und witzig sein. Aus nichtigem Anlaß kann man sie lauthals und herzlich lachen hören. Die Lebhaftigkeit ist Ausdruck eines scheinbar sorgenfreien Lebensgefühls. Und so mancher Nigerianer stellt mit seinem gepflegten Auftreten und sei-

Im Umkreis der neuen Hauptstadt Abuja finden sich noch traditionelle Dörfer

nem Charme viele von kumpelhaften Überlegenheitsgefühlen nicht freien Europäer in den Schatten.

Großmannssucht ist den wirtschaftlich Erfolgreichen nicht immer abzusprechen. Selbstgefälliges Auftreten, gepaart mit großtuerischem Lebensstil, aber auch öffentlich gezeigte Generosität gegenüber der Masse der Erfolglosen wird ihnen leicht zur zweiten Natur. Kauf von Titeln, die auf einen hohen sozialen Status hinweisen, stellt dann die Verbindung zu alten traditionellen Werten her. Diese und andere Schwächen im Charakter der Nigerianer sind anschaulich in dem Buch »My Mercedes is Bigger Than Yours« von Nkem Nwankwo dargestellt. Recht amüsant ist auch die Lektüre des leider vergriffenen Büchleins von P. Enahoro »How to Be a Nigerian«. Anhand von Episoden aus dem Alltag der sechziger Jahre vermittelt der Verfasser ein recht anschauliches Bild von den Nigerianern.

Der moralischen Dekadenz und dem durch das wirtschaftliche Wachstum verursachten Verlust der Werte versuchte die Zivilregierung unter Shehu Shagari mit einem Programm zur »Ethischen Revolution« in den letzten Monaten ihrer Existenz entgegenzuwirken, wäre aber angesichts der negativen Modellwirkung weiter Kreise der Führungsschicht mit Sicherheit gescheitert. Die Militärregierung mit Blick für das Wesentliche erklärte mit dem verbal weniger anspruchsvollen Slogan »War Against Indiscipline and Corruption« (WAI-C) der Disziplinlosigkeit den Kampf.

In der Tat liegt die Wurzel zahlreicher Übel der modernen nigerianischen Gesellschaft in einem weit verbreiteten Mangel an Disziplin, die in der traditionellen Gesellschaft durchaus Teil des Verhaltenskodex war. Der Drang nach Wohlstand und schnellem sozialen Aufstieg, das hemmungslose Streben nach »quick money« war zum dominierenden Handlungsantrieb vor allem in den Städten geworden. »Be important, be successful« lautete ein Werbeslogan, dessen ersten Teil sich viele zu eigen gemacht haben und daraus den Anspruch auf Vorrechte ableiteten.

Mit Rundfunkappellen und Fernsehspots sowie Aufklärungskampagnen in Betrieben und Behörden versuchte man dem nigerianischen Urübel Disziplinlosigkeit zu Leibe zu rücken. Als typisches Beispiel wurde zunächst das den Nigerianern weitgehend widerstrebende Anstehen – ein auf zahlreiche andere Verhaltensmuster anwendbares Phänomen – propagiert. Erziehung zur »Kultur des Schlangestehens« *(queueing culture)* hieß das Schlagwort. Weitere Ziele des WAI-C sind die Herausbildung eines Arbeitsethos, die Erziehung zum Nationalbewußtsein, die Ausrottung von Wirtschaftssabotage und Korruption sowie die Umweltsäuberung. So ist der letzte Samstag jeden Monats ein sogenannter *sanitation day:* Alle Bürger müssen sich an der Müllbeseitigung beteiligen.

Alle Mängel, die besonders dem Neuankömmling ins Auge springen und mit denen sich abzufinden ein gehöriges Maß an Selbstüberwindung erfordert, werden von vielen Nigerianern mit einem entwaffnenden und jede weitere Diskussion überflüssig machenden »This is Nigeria« relativiert. »Das ist eben Nigeria« – darin schwingt eine Mischung von Pessimismus und Hoffnungslosigkeit mit. Es ist aber auch der Ausdruck eines Gefühls unbeschwerter Sorglosigkeit und der resignierenden Hinnahme des scheinbar Unveränderbaren. Diese Haltung hat zu einem Verlust der moralischen Werte geführt. Unaufrichtigkeit und Betrug galten deshalb unter den Zivilregierungen nicht als verwerfliche Mittel im persönlichen Umgang. Für den täglichen Überlebenskampf erschienen sie sogar als unerläßliche Hilfsmittel.

Es ist Bestreben der Militärregierung, den Slogan »This is Nigeria« in sein positives Gegenteil umzukehren. Ohne Zweifel verfügt eine Militärregierung über wirksamere Durchsetzungsmittel als eine Zivilregierung. Leicht ist aber auch für sie diese Aufgabe nicht, zumal sich immanente Charaktereigenschaften mit den bereits praktizierten drakonischen Strafen allenfalls zurückdrängen, nicht jedoch völlig auslöschen lassen. Mit zeitlichem Abstand zur Verkündung der einzelnen Phasen der Kampagne »Kampf gegen Disziplinlosigkeit« kommen manche der alten Mängel hydraartig wieder zum Vorschein.

Viele der den Nigerianern durchaus eigenen positiven Eigenschaften sind in den vom Ölboom privilegierten Schichten erst in den letzten Jahrzehnten teilweise verschüttet worden. Außerhalb der städtischen Ballungszentren wird man sie jedoch immer wieder antreffen, und freundliche Gesten werden stets die entsprechende Erwiderung finden. Der Durchschnittsnigerianer in den Dörfern ist trotz Transistorradio bis jetzt kaum vom industriellen Zeitalter beeinflußt worden und hat durchaus seine alten Wertvorstellungen behalten. Ein vorschnelles Urteil, das sich lediglich an den ersten sich ungewollt aufdrängenden Eindrücken orientiert, wird deshalb dem Wesen des Nigerianers nicht gerecht.

Neben dem Erscheinungsbild, das der fremde Beobachter gewinnt, ist das Urteil der verschiedenen nigerianischen Volksstämme übereinander aufschlußreich. So gelten die Ibo in den Augen aller anderen Ethnien als aggressiv, arrogant und stammesbewußt sowie habsüchtig, was allerdings die Ibo auch den Yoruba nachsagen. Die Ursachen dieser vorurteilsbeladenen Haltung gegenüber den Ibo sind vielschichtig. Ihre Aufnahmebereitschaft für Veränderungen, ihre individualistische und strebsame Natur verhalfen den Ibo in der Kolonialgesellschaft gegenüber den anderen Stämmen zu einem Wettbewerbsvorteil. Während die Haussa und Fulbe in eine allgegenwärtige Religion und die Yoruba in die traditionelle Hierarchie eingebunden waren, nutzten die Ibo ihre Ungebundenheit und die ihnen von den Missionaren gebotenen Erziehungsmöglichkeiten, die zunächst den Yoruba zugute gekommen waren, innerhalb von nur 20 Jahren (1930–50) zum Aufbau einer Vorzugsstellung. Sie erzeugte in anderen Landesteilen, wo die Ibo erfolgreich ihren Geschäften nachgingen, Gefühle von Haß und Ablehnung, die sich schließlich während des Bürgerkrieges 1966–70 entluden.

Die einzelnen Volksstämme haben zwar immer noch ihre geographisch klar abgegrenzten Lebensräume – Begriffe wie Haussa-Land,

Ibo-Land, Yoruba-Land sind geläufig –, doch mit der schon in der Kolonialzeit begonnenen wirtschaftlichen Entwicklung kam es zu Ab- und Zuwanderungen aus allen und in alle Himmelsrichtungen. Ziele der Wanderungsbewegungen waren und sind in der Regel die Städte, wo die einzelnen Stammesmitglieder möglichst in geschlossenen Wohngebieten leben und gewissermaßen eine neue, bunt zusammengewürfelte Großfamilie mit sozialen Verpflichtungen bilden. Jeder ist jedermanns Bruder bzw. Schwester (»your brother's keeper« ist eine weitverbreitete Redewendung), ohne daß verwandtschaftliche Beziehungen bestehen müssen. Bei der Arbeitsplatzvermittlung wird der vorgeschlagene Kandidat grundsätzlich als »mein Bruder aus der gleichen Stadt« vorgestellt, selbst wenn er und sein Vermittler aus verschiedenen Lehmdörfern stammen und nicht miteinander verwandt sind.

Die Nigerianer sind sehr gesellige und lebensfrohe Menschen. Sie lieben es, laute und oftmals recht aufwendige Feste zu den verschiedensten Anlässen zu feiern. Für wohlhabende Nigerianer bieten sie eine willkommene Gelegenheit, mit kostbarer Kleidung und nicht immer dezent angelegtem, vielfach extravagantem Schmuck ihren sozialen Stellenwert zu demonstrieren. Solche Feste sind nicht nur für den Gastgeber eine kostspielige Angelegenheit. Von den geladenen Gästen wird neben den üblichen Gaben zum jeweiligen Anlaß – Heirat, Geburt eines Kindes, Tod, Jahrestage aller Art, Examen, Geschäftsgründung, Beförderung – auch eine indirekte Beteiligung an den Kosten erwartet. Die vom Gastgeber angeheuerten Musikanten und Tänzer erbitten nach ihren Darbietungen von den Gästen recht aufdringlich Geldgaben. Üblicherweise werden ihnen die Geldscheine auf die schweißgetränkte Stirn oder Brust gedrückt (man sollte zu diesem Zweck immer einen größeren Vorrat von kleinen Geldscheinen vorrätig haben). Als wohlhabend bekannte oder auch nur als solche angesehene Nigerianer sowie Ausländer, die automatisch als reich gelten, werden bei Ankunft und Weggang von dröhnenden Trommlern in fast hautnaher Bedrängung begrüßt bzw. verabschiedet und ebenfalls um Geldgaben gebeten.

Ein Kapitel für sich ist der Umgang mit Behörden. Regierungsstellen sind offensichtlich von der Vorstellung besessen, von zahllosen Spionen umlauert zu sein. Jedes Schriftstück, auch mit noch so banalem Inhalt, trägt oft mehrfach den Stempel »Secret«. In den Korridoren der Ministerien liest man zudem die Aufforderung »Keep your secrets secret«. Diese scheinbare Geheimhaltung kann jedoch nicht mit der notorischen Unauffindbarkeit von Akten in Verbindung gebracht werden. Bei wiederholt notwendig werdenden Erinnerungsschreiben empfiehlt es sich, Kopien des vorangegangenen Schriftwechsels »for easy reference« beizufügen. Bei Abwesenheit eines Beamten erhält man die alle Fälle abdeckende Antwort »He is not on seat«.

Beim Umgang mit Nigerianern ist zu beachten, daß die linke Hand bei vielen als unrein gilt. Das Zahlen von Geld, die Überreichung von

*Die zahlreichen
Feste werden gern
und ausgelassen
gefeiert*

Eßwaren, aber auch das Winken sollten immer nur mit der rechten Hand vorgenommen werden, andernfalls wird diese Handlung kommentarlos zurückgewiesen.

Sozialstruktur

Die traditionelle Sozialstruktur der jeweiligen Ethnien ist vielerorts noch intakt, kann aber angesichts der Vielzahl der Volksstämme in einer Gesamtdarstellung verständlicherweise keineswegs hinreichend gewürdigt werden. Zudem hat die Modernisierung in Wirtschaft und Politik mit Verstädterung und Industrialisierung, deren Anfänge in die Kolonialzeit zurückreichen, neue Strukturen entwickelt, die sich teilweise mit den traditionellen überla-

gerten und vielfach Konfliktsituationen zur Folge hatten.

Grob vereinfacht läßt sich die gesellschaftliche Struktur mit dem Begriff der doppelten Zweiklassengesellschaft umreißen: auf der einen Seite die feudalistische Ordnung mit traditionellen Herrschern und ihren Untergebenen, andererseits die neuen Klassen der Wohlstandsnigerianer, denen die Masse der Armen gegenübersteht.

Losgelöst von der traditionellen Struktur haben sich neue soziale Schichtungen herausgebildet, die nicht organisch gewachsen sind. Dieser Geldaristokratie, deren Mitglieder jedoch oft bar jeglicher aristokratischer Attribute sind, andererseits aber auch hochgebildete, weitgereiste und distinguierte Persönlichkeiten in ihren Reihen hat, steht im Norden eine alte feudale, in vielen Ursprüngen ins Mittelalter zurückreichende Ordnung gegenüber. Die Klassentrennung von Freien und Unfreien wurde dort schon seit 1900 mit der Aufhebung der Sklavenhaltung formal beendet, doch in der Praxis bleiben vor allem die nichtislamischen Volksstämme den traditionellen islamischen Herrschern tributpflichtig. Der Grundbesitz ist praktisch den früheren Herren verblieben. Auch im Süden war der Boden kein Individualbesitz, sondern Eigentum der Ahnen, in deren Auftrag er von den Stammes- oder Sippenältesten zugeteilt wurde. Durch ein Landnutzungsgesetz wurde 1978 jedoch aller Grundbesitz treuhänderisch den Bundesländern übertragen: Der Staat hat die Funktion der Ahnen übernommen.

Funktion und Rolle der Großfamilie, die überall die soziale Kerngruppe darstellt, weisen bei allen Ethnien eine große Gemeinsamkeit auf. Die Kleinfamilie im westlichen Sinne steht nirgendwo allein. In der Großfamilie findet jeder Schutz und Geborgenheit, jeder muß aber auch an den Lasten dieser Art Sozialversicherung mittragen. Die soziale Einbindung hat für den Erfolgreichen und Aufsteiger, dessen Schulbildung möglicherweise von der Familie finanziert wurde, eine fast parasitäre Ausnutzung zur Folge. Er muß seinen Wohlstand teilen, was seinen Aufstiegswillen bremsen kann, oder, wie in der Vergangenheit in Nigeria teilweise in unvorstellbarem Maße eingetreten, zur Anwendung von allerlei Unterschlagungspraktiken und zur Herausbildung eines Korruptionssystems führt, das mittlerweile die ganze Gesellschaft durchdrungen hat. Der Modernisierungsprozeß hat allerdings auch nicht vor den Verhaltensnormen innerhalb der Großfamilie haltgemacht, so daß sie hier und da wegen der materiellen und finanziellen Belastungen auseinanderzufallen beginnt.

Unabhängig von der traditionellen gesellschaftlichen Gliederung, die ihren Ausdruck auch in spezifischen Verhaltensweisen findet, ist vor allem in den südlichen Landesteilen jeder gesellschaftlich Höherrangige für den jeweils Niederrangigen ein *Oga*. Dieser Ausdruck stammt aus der Yoruba-Sprache und hat die Bedeutung »Hoher Herr«, »Werter Herr« oder (in zeitgenössischer Umschreibung) »Boss«. Einem solchen Oga, der schon durch sein Auftreten die betont hervorgehobene Vorzugsstellung zum Ausdruck bringt, wird widerspruchslos Gehorsam entgegengebracht. Verbal äußert sich diese oft nur rein äußerliche Loyalität in einem ständigen »Yes, Sir« mit der Folge, daß tatsächliche oder vermeintliche Anweisungen in der Weise, wie man sie glaubt verstehen zu sollen, ausgeführt werden. Erweist sich das Ergebnis einer entsprechenden Handlung in den Augen des Oga als unbefriedigend, wird mit dem ebenso stereotypen »Sorry, Sir« geantwortet. Diese Oga-Mentalität und das »Yes-Sirring« (= ehrfürchtiges Ja-Sagen) charakterisieren die sozialen Beziehungsverhältnisse auch heute noch.

Zur Überwindung des Denkens und Verharrens in Stammeskategorien hat die Regierung einen nationalen Jugenddienst (National Youth Service Corps) geschaffen. Mit dem einjährigen Arbeitseinsatz von Jugendlichen sofort nach der Universitätsausbildung in einem ihnen fremden Landesteil will man über die Förderung des Gemeinschaftsgefühls die Grundlagen für ein nigerianisches Nationalbewußtsein schaffen.

Für das gesamte gesellschaftliche Leben weniger von Bedeutung sind die noch mancherorts bestehenden Geheimbünde und berufsspezifischen Gruppen (Schmiede, Händler, Weber, Färber, Medizinmänner). Eine weitaus größere Rolle spielt die Arbeitswelt der Städte, wo es zur Bildung von Gewerkschaften (seit 1975 die Einheitsgewerkschaft Nigerian Labour Congress), einer Beamtenschicht und einer im Ölboom stetig gewachsenen Schicht von Neureichen gekommen ist.

Traditionelle Herrscher und Titel

Auf den Stellenwert der traditionellen Herrscher in der politischen Struktur des Landes wurde bereits im Kapitel »Staat und Verwaltung« (S. 60) hingewiesen. Trotz der Anfechtung durch die modern eingestellten Eliten genießen sie nach wie vor ein hohes soziales Ansehen. Besonders eindrucksvoll kommt die Ehrerbietung, die den tradierten religiösen Herrschern wie beispielsweise den Sultanen und Emiren im Norden entgegengebracht wird, bei deren offiziellen Auftritten zur Geltung. Das Volk begegnet den von einer Heerschar von Bewachern, Gehilfen und Beratern umgebenen, im prunkvollen Ornat erscheinenden Würdenträgern mit nahezu göttlicher Verehrung und verneigt sich bis zum Boden.

Die zumeist in traditioneller Lehmbauweise errichteten weitläufigen Paläste bilden ein geistiges und politisches Zentrum in den Städten.

Durch ihre herausgehobene Stellung sind diese Herrscher für den gewöhnlichen Sterblichen unnahbar. Ausländischen Besuchern wird zwar gelegentlich eine Audienz gewährt, in das eigentliche Lebenszentrum dieser Paläste werden aber auch sie nicht eingelassen. Diese Herrscher werden mit »Your Royal Highness« angeredet.

Ähnlich stark ausgeprägt ist das Rollenverständnis der traditionellen Herrscher (Könige) im Yoruba-Land, die so verschiedene Titel wie Oba (Lagos, Benin), Ooni (Ife), Alafin (Oyo) etc. tragen. Sie sind wie die Herrscher im Norden geistliche und (mit allerdings schrumpfender Machtbefugnis) weltliche Führer für ihre territorial abgegrenzten Gebiete. Auch sie werden mit »Your Royal Highness«, in der Yoruba-Sprache mit *Kabiyesi* (= Herrscher, den Göttern nahestehend) tituliert. Ihre Residenzen, die in der Umgangssprache ebenfalls »Palast« genannt werden – stilistisch sind sie eine Mischung aus alter afrikanischer und moderner Bauweise –, sind weniger prunkvoll. Phantasievoll zusammengestellt sind dagegen die farbenprächtigen Gewänder und Insignien dieser Herrscher.

Die Oba-Titelträger gliedern sich in drei hierarchisch nachgeordnete Gruppen. Ihre höchste Gruppe besteht aus vier gekrönten traditionellen Herrschern in ursprünglich vier großen Königreichen. Diese bestanden aus mehreren kleinen Königreichen, deren Obas vom Herrscher des Gesamtkönigreiches ernannt wurden. Die unterste Gruppe stellten die ungekrönten Obas *(bales)*. Formal besteht diese Gliederung in Königreiche nicht mehr, die gesellschaft-

*Inthronisation
des Emirs
von Nassarawa*

liche Funktion der Obas und die hierarchische Ordnung sind jedoch beibehalten worden.

Die Chiefs (die häufig verwendete deutsche Übersetzung »Häuptling« ist irreführend und sollte tunlichst vermieden werden) stehen ihrerseits unter den Obas. Früher wurden diese Chiefs gewählt, doch wegen des hohen sozialen Prestigewertes des Chief-Titels als Namensbestandteil hat sich neuerdings auch die Praxis des Titelkaufes verbreitet. Angesichts der Titelsucht vieler Nigerianer hat das Chief-Wesen dadurch eine ungeahnte Ausweitung erfahren, obgleich ein solcher Chief für seine Ge-meinde eine Reihe finanzieller und sozialer Lasten auf sich nimmt, relativ gesehen sogar weit mehr als die Obas. Es überrascht denn auch nicht, daß Chief-Würden (und nur diese) gelegentlich Ausländern angetragen werden, denen man eine starke Finanzkraft beimißt. Ein Chief wird nur als solcher angesprochen, ohne Namen und ohne Mister. Bei weiblichen Chiefs wird zur besseren Kenntlichmachung »Mrs.« in Klammern hinter den Titel gesetzt.

Alle traditionellen Herrscher und Würdenträger werden von den politischen Herrschern, auch von Militärregierungen, ehrfurchtsvoll behandelt. Selbst der Staatschef zollt ihnen bei Reisen im Land durch einen Besuch den ihnen gebührenden Respekt. Bei offiziellen politischen Veranstaltungen erscheinen sie stets auf der Ehrentribüne.

Auch Muslime mit Mekka-Erfahrung, d. h. jene, die eine Pilgerreise (Hadsch) zum größten Heiligtum des Islam unternommen haben, genießen ein hohes soziales Ansehen. Sie setzen *Alhaji* bzw. für Frauen *Alhaja* vor den Namen und werden als solche angesprochen. Wirtschaftlicher Erfolg, mit welchen Mitteln auch immer erworben, und nicht-traditionelle Titelwürden gehen oft

eine unheilige Allianz ein, was sich im pompösen Auftreten und aufwendigen Lebenswandel äußert. Dem steht eine neue Elite von erfolgreichen Ärzten, Rechtsanwälten und Intellektuellen gegenüber, die zumeist an westlichen Wertvorstellungen orientiert ist und sich von den Auswüchsen distanziert.

Stellung der Frau

Wie in manchen anderen Kapiteln muß auch hier nach Regionen bzw. Ethnien differenziert werden. In der polygamen Gesellschaft des Nordens hat die Frau einen anderen gesell-

Kriegstänze bei der Inthronisation

Frauen sind die Stützen der afrikanischen Gesellschaft

schaftlichen Stellenwert als in den christianisierten Regionen des Südens, wenn auch hier eine de-facto-Mehrehe selbst bei Christen als traditionelles Relikt keine Seltenheit ist. Solange ein Mann keine standesamtliche Ehe schließt, kann er nach dem noch gültigen Customary Law (S. 66) mehrere Frauen heiraten.

Eine charakteristische Gemeinsamkeit läßt sich dennoch bei den Frauen ausmachen: Überall entfalten sie einen beachtlichen Unternehmungsgeist als Händlerinnen und Marktfrauen. Vielfach sind sie Ernährerin der Familie, und der Mann hat kein Verfügungsrecht über ihr Einkommen. Manche, vor allem im Süden, haben es zu beachtlichem Wohlstand gebracht und gebieten über große Transportunternehmen.

In den weltoffenen Städten Südnigerias stehen den Frauen die Wege zum wirtschaftlichen und sozialen Aufstieg bis hin zu hohen Regierungsämtern, aber auch zu den begehrten Chief-Titeln offen. Eine Frau als Ministerin wird ebensowenig als ungewöhnliche Erscheinung angesehen wie eine alleinstehende Rechtsanwältin. In den Dörfern hingegen ist die Frau bislang kaum aus ihrer traditionell inferioren Rolle herausgewachsen. Neben der beschwerlichen Aufzucht der Kinder muß sie in der Regel die mühselige Feldarbeit verrichten, weite Wege zu den Wasserstellen zurücklegen und die überschüssigen Feldfrüchte auf entfernte Märkte tragen. Die kleinen Kinder werden dabei stets – bis zum Alter von zwei Jahren – fest in ein Tuch eingebunden, das über der Brust zusammengeschlungen wird, auf dem Rücken getragen. Verlangen sie nach der Muttermilch, wird ihnen jederzeit und in aller Öffentlichkeit ungeniert die Brust gereicht.

Das gesellschaftliche Ansehen der Frau wächst mit der Zahl der Kinder.

Auch unterwegs bereiten die Frauen die Mahlzeiten

Früher war wegen der hohen Kindersterblichkeit eine hohe Geburtenzahl notwendig, um einen ausreichenden Nachwuchs zu sichern. Die Kinder sind sowohl eine Investition in künftige Arbeitskräfte für die Feldarbeit als auch eine Art Sozialversicherung für das Alter. Mit der verbesserten ärztlichen Versorgung vor allem in den Städten ist nicht nur die Geburten-, sondern auch die Kinderzahl pro Familie, nicht zuletzt auch wegen der materiellen Belastung, zurückgegangen.

In den rein muslimischen Landesteilen mit verbreiteter Polygamie müssen Frauen im gebährfähigen Alter praktisch ihr ganzes Leben innerhalb des Familiengehöfts verbringen. Sie sind nicht gewohnt, sich in der Öffentlichkeit zu zeigen oder einer Beschäftigung außerhalb des Haushaltes nachzugehen. Erst nach den Wechseljahren öffnet sich die Außenwelt wieder für sie.

Das 1982 gegründete National Committee for Women and Development sowie der National Council of Women Societies haben sich zum Ziel gesetzt, die Frauen stärker in das politische, wirtschaftliche und soziale Leben zu integrieren.

Feste und Bräuche

In allen Regionen Nigerias werden zum Teil sehr farbenprächtige, gelegentlich sich über Tage und Wochen hinziehende Feste veranstaltet. Diese »Festivals« finden jeweils aus einem bestimmten Anlaß statt: Geburt, Heirat, Tod, Verehrung eines Verstorbenen, Einhaltung religiöser Feiertage und Zeremonien, Erfolge bei der Jagd, beim Fischen und der Ernte, Einsetzung eines neuen Chiefs sind streng einzuhaltende Anlässe für ein bestimmtes Fest. Allein im Bundesland Edo, das besonders reich an kulturellen Traditionen ist, gibt es jährlich über 100 solcher Feste in den verschiedenen Orten.

Von wenigen Ausnahmen abgesehen, sind sie nicht für Außenstehende gedacht, wenngleich Besucher in Begleitung von Einheimischen zugelassen werden. Gelegentlich werden die zu den Festen gehörenden Tänze im Nationaltheater von Lagos aufgeführt. Ein Querschnitt aus diesen Festen wurde auf dem Zweiten Schwarzen und Afrikanischen Kunst- und Kulturfestival (Second World Black and African Festival of Arts and Culture, FESTAC) 1977 in Lagos gezeigt. Seitdem werden vom National Council for Arts and Culture in ein- bis zweijährigem Abstand nationale Kunst- und Kulturfeste jeweils in einer anderen Stadt veranstaltet, deren Programme, wie der Name andeutet, natürlich über die Folklore hinausgehen und gewöhnlich ein bestimmtes Schwerpunktthema haben.

Die bedeutendsten der traditionellen Feste sind die folgenden:

Pategi-Regatta: alle zwei Jahre wiederkehrendes Festival bei Jebba am Niger mit Kanu-Rennen, Trommlerdarbietungen und Festessen (Februar/März).

Egungun-Fest: Gottesdienst, Singen, Tanzen, Maskeraden, Sportereignisse, in zahlreichen Städten Westnigerias, vor allem Okene (zu verschiedenen Zeiten des Jahres).

Ogun-Fest: Opfer für den Gott des Eisens mit Trommeldarbietungen, Tänzen und Gesängen, in zahlreichen Städten Westnigerias (zwischen Juli und Oktober).

Ofala-Fest: Auftreten der traditionellen Herrscher vor ihrem Volk in Onitsha und anderen Städten entlang des Niger (Dezember).

Igue-Fest: Auftreten des Oba von Benin mit Prozessionen, Tänzen, Festessen (Dezember).

Os(h)un-Fest: Traditionelles, mehrere Tage dauerndes Priesterfest in Oshogbo (S. 203), das jedoch nur an einem Tag für Fremde zugänglich ist (Ende August/Anfang September). Es ist eines der bekanntesten Feste Nigerias.

Sallah: Fest zu Eid-el-Fitre, dem Ende des islamischen Fastenmonats Ramadan; besonders farbenprächtig im Norden, am sehenswertesten in Katsina und Maiduguri, aber auch in Zaria. Es beginnt mit einem pompösen Ausritt des Emirs und seiner Vasallen morgens um 9 Uhr zur Moschee. Nach der Gebetsstunde findet beim Emir-Palast ein großes Pferderennen statt. Am Nachmittag des übernächsten Tages beginnt ein weiteres Fest, das über eine Woche dauern kann. Anläßlich des Eid-el-Kabir (Fest des Opferlammes) finden ähnliche Veranstaltungen statt. Nur in der Grenzstadt Daura, hoch im Norden, kann man auch am Eid-el-Maulud (Geburtstag des Propheten Mohammed) die gleichen Festlichkeiten erleben.

Durbar: Eine der farbenfreudigsten und prächtigsten Veranstaltungen Nordnigerias. Das Wort stammt vom persischen *darbar,* das »Haus« oder »Audienzraum« bedeutet. Über Indien, wo es unter der britischen Kolonialverwaltung für feierliche Veranstaltungen, wie der Proklamation von Königin Victoria zur Kaiserin von Indien, verwendet wurde, kam es mit den Engländern nach Nordnigeria. Bis zur Unabhängigkeit wurden lediglich vier große Durbars veranstaltet; sie waren zeremonieller Natur und sollten die Unterordnung der traditionellen Herrscher unter die britischen Kolonialbehörden bekunden. Trotz dieser scheinbaren koonialen Herkunft der Durbar-Zeremonie sind in der Darstellungsform traditionelle Elemente enthalten. Die Emire und niederrangigen Herrscher erscheinen mit ihren Gefolgsleuten hoch zu Roß, gelegentlich auch auf Kamelen, vor dem Volk. Tänzer, Sänger und Musikanten begleiten mit ihren Darbietungen die Umzüge. Kriegerische Reiterspiele sind ein weiterer Bestandteil dieses Festes.

Pferde, die aus dem Sudan und Nordafrika eingeführt wurden – erst später begann man mit einer eigenen Pferdezucht –, und Kamele spielten seit je im sozialen und politischen Leben dieser Völkergemeinschaften eine besondere Rolle. Die militärische Stärke der Herrscher beruhte zu einem wesentlichen Teil auf ihrer Kavallerie. An hohen muslimischen Feiertagen wurden Umzüge der Emire und ihrer »Häuptlinge« hoch zu Roß, die sog. *Hawan Sallah,* zu charakteristischen Bestandteilen der zeremoniellen Veranstaltungen. Seit Erlangung der Unabhängigkeit

Bei einer Sallah im nördlichen Nigeria

wurden nur vier große Durbars veranstaltet, das größte anläßlich des FESTAC (S. 142) im Jahre 1977, das letzte 1986 anläßlich des Besuches des spanischen Königs. Die Sallah-Feste werden allerdings oft auch als Durbars bezeichnet.

Eine Touristenattraktion besonderer Art ist das *Argungu-Fischerfestival* im nordwestlichen Bundesland Kebbi. Es wird im Prinzip jährlich zusammen mit einer Landwirtschaftsausstellung Mitte/Ende Februar veranstaltet und erstreckt sich über eine ganze Woche. Der Höhepunkt ist ein Fischfangwettbewerb im Sokoto, einem Nebenfluß des Niger, mit bis zu 3 000 Teilnehmern. Mit Wurfnetzen, an denen große Kalebassen befestigt sind, oder der bloßen Hand bemühen sie sich, den größten Fisch zu fangen. Eine weitere Darbietung ist das *Kabanchi,* das verschiedene Wassersportarten wie Kanu-Rennen, Tauch- und Schwimmwettbewerbe umfaßt. Abends werden traditionelle Tänze aufgeführt. Für die von weit her anreisenden Touristen wurde eine Art Feriendorf mit Chalets, Bungalows und Hütten errichtet. Wegen des großen Andrangs sollte eine Reservierung über ein lokales Reisebüro – man organisiert einen Fünftage-Ausflug – vorgenommen werden. Auf dem Landwege ist Argungu von Sokoto aus (S. 263) in südwestlicher Richtung (90 km) zu erreichen.

Die insbesondere im Osten und Westen des Landes anzutreffenden Maskentänze *(masquerades)* erfüllen bedeutende Funktionen in den religiösen Ritualen, indem sie als Instrument zur weltlichen Inkarnation des Göttlichen oder der im Jenseits Lebenden dienen. Die vielfältig gestalteten und gewöhnlich aus Holz geschnitzten Masken, die den Kopf entweder vollends umschließen oder auf dem Kopf getragen werden, gewähren gewissermaßen einen flüchtigen Blick ins Jenseits, da der Träger vorübergehend den verlebendigten Geist, dessen Gegenwart erwünscht ist, darstellt. Verhaltensweisen und Lautäußerungen des Tänzers unterliegen festen Regeln, die mit dem jeweiligen Geist assoziiert werden. Gottheiten können auch anstelle von einem mit einer Maske verkleideten Menschen durch Skulpturen, die auf ihren Altären aufgestellt werden oder sich im Be-

*Die Fische werden
mit der bloßen
Hand gefangen*

*Das Fischerfestival
von Argungu
zieht stets viele
Besucher an*

145

Ekpe-Maskentänzer im Ibiboland (oben) tragen ein den ganzen Körper bedeckendes Flechtwerk, während die Ekpo-Tänzer (unten) durch ihre schrillen Maskeraden auffallen

sitz von Kultmitgliedern befinden, inkarniert werden (besonders bei den Yoruba).

In der heutigen Gesellschaft treten Maskentänzer auch losgelöst von den früheren religiösen Inhalten auf, vorzugsweise auf Marktplätzen und Straßen. Am bekanntesten sind die Ekpe-(= Leoparden-)Maskenmänner, die früher einen mächtigen Geheimbund der Ibibio bildeten. Sie übten in den dörflichen Gemeinschaften politische, richterliche und rituelle Funktionen aus (in einigen entlegenen Orten auch heute noch). Nicht zu verwechseln mit dem Ekpe-Kult ist der Ekpo-Männer-Geheimbund der Ibibio (Ekpo bedeutend sowohl Geister wie Teufel). Das Wort *Ekpo* drückt eine Beziehung zu den Seelen oder Geistern der Verstorbenen aus. Nach dem Glauben der Ibibio kehren die Seelen der Verstorbenen einmal im Jahr zwischen August und November aus dem Jenseits zurück. Die Ekpo-Bünde waren ebenfalls neben der Religion für die Rechtsprechung zuständig. Heute haben sie ihre »Regierungsaufgabe« verloren, doch die Maskeraden werden noch regelmäßig, ebenso wie die der Ekpe, veranstaltet. Während die Ekpe-Maskentänzer ein den ganzen Körper bedeckendes Flechtwerk tragen, das mit allerlei Beiwerk geschmückt wird, fallen die Ekpo-Maskeraden durch ihre häßlichen und grellfarbigen Masken auf, die unruhevoll den Weg ins Jenseits suchende Geister darstellen. Der furchterregende Eindruck wird durch die stilisierten Vogel-, Ziegen- und Rinderkopfmasken und die mit Holzkohle, Palmöl und Asche zusätzlich geschwärzten Körper verstärkt. Jene Maskeraden, mit denen die Seelen der Zurückgekehr-

ten verkörpert werden, benutzen freundlich wirkende, hellfarbige Elefantenmasken.

Wenn Maskentänzer heute öffentlich auftreten, dann tun sie dies, um anschließend Geld einzusammeln. Sie lassen sich auch gegen entsprechendes Entgelt fotografieren. Da es vor der Aufnahme entrichtet werden muß, ist Eile geboten, andernfalls hat sich das fotogene Objekt schon dem nächsten Opfer zugewandt. Eine kostenfreie Wiederholung wird nicht gewährt. Bei zu geringem Entgelt oder entdeckter heimlicher Aufnahme nehmen die Männer eine drohende und bösartige Haltung an und setzen zur Einschüchterung den Juju (S. 102) ein.

Ein alter, auch in der modernen Zeit beibehaltener Brauch ist die Zahlung eines Brautpreises, d. h. Geld- oder Sachaufwendungen für die Familie der Braut. In einigen Landesteilen, insbesondere bei den Yoruba und den Ibibio, macht die Geldzahlung nur einen geringen Teil der Aufwendungen aus. Sachleistungen (Ziegen, Pferde, Kühe, landwirtschaftliche Produkte, Kleider, Bronzeschmuck etc., früher auch Muscheln und Kolanüsse, in jüngster Zeit aber auch Fernseher, Video-Geräte und Autos) oder die Ausrichtung zeremonieller Feste sind dort der Hauptaufwand. Bei den Ibo hingegen will die Familie »Bargeld sehen«, wenn möglich, in Form von Devisen. In einer zunehmend auf Geld und Konsum ausgerichteten Gesellschaft mit hoher Arbeitslosigkeit stellen solche Forderungen eine unüberwindbare Barriere für Heiratswillige dar. Die Verfechter dieses Brauchtums verweisen auf den stabilisierenden Effekt des Brautpreises für die Ehe. Im Falle des Auseinanderbrechens der Ehe müßte die Familie den Brautpreis zurückzahlen, wozu sie oft nicht fähig oder auch nicht willens ist. In den traditionellen, analphabetischen Regionen ist die Zahlung des Brautpreises somit das legale Äquivalent für die standesamtliche Bestätigung der Eheschließung.

Von besonderer gesellschaftlicher Bedeutung ist die in ganz Westafrika verbreitete Kolanuß. Bei den Yoruba dient sie als Opfergabe zur Besänftigung der Götter, aber auch zur Segnung von Eheschließungen und Geburten sowie bei der Brautpreiszahlung als Ausdruck der Vereinigung der beiden Familien. Bei den Ibo wird sie dem Besucher als Zeichen der Freundschaft überreicht. Dieser bricht sie, wobei er die Ahnengeister um langes Leben und Schutz vor Feinden bittet. Für die Völker des Nordens wird die Kolanuß außer bei freudigen Ereignissen auch bei Beerdigungen überreicht, wodurch die Anteilnahme am Leid ausgedrückt werden soll. In allen Fällen werden die Kolanüsse – je nach Anlaß bis zu 100 Stück – in Kalebassen überreicht. Außerhalb ihres traditionellen Bedeutungsrahmens ist in der modernen Gesellschaft der Begriff Kolanuß gleichbedeutend mit Schmiergeld. Ein Job-Sucher, von dem eine »Nuß« verlangt wird, käme nicht auf den Gedanken, eine Kalebasse mit Kola zu überreichen.

Ein weiteres, stark verbreitetes Brauchtum ist die Anbringung von Stammeszeichen, in geometrischen Formen ausgeführte Narben im Gesicht, aber auch auf Rücken und Brust, Armen und Beinen. An diesen Zeichen kann der Eingeweihte noch heute die Herkunft des Trägers ablesen. Während der Zeit des Sklavenhandels, so wird vermutet, dienten sie der leichten Auffindung besonders von Kindern, um sie vor dem Verschleppen zu bewahren.

In jüngster Zeit werden diese Zeichen fast ausschließlich im Gesicht für dekorative Zwecke angebracht, finden aber immer weniger Anhänger. Durch die Verwendung moderner Geräte verläuft die in der Regel an kleinen Kindern vorgenommene Hervorrufung dieser Narben nicht mehr so peinvoll wie früher, kann aber bei Benutzung ätzender Flüssigkeiten zwecks besonderer Formengestaltung recht schmerzhaft sein. Diese Gesichtsnarben sind besonders bei den Yoruba und anderen Völkern in den südlichen Landesteilen anzutreffen. Obschon den Muslimen die Verunstaltung der Haut untersagt ist, wird auch bei den Haussa das Gesicht mit parallel verlaufenden Linien versehen, ebenso bei den Kanuri. Bei den Fulbe sind dagegen Tätowierungen beliebt.

Neben diesen auf Dauer angebrachten Maskierungen werden bei allen Stämmen Gesicht und Körper für zeremonielle Zwecke und Tänze in bunten Farben bemalt und verziert.

Die Frauen in Nigeria, wie auch anderwärts an der Westküste, sind bekannt für die phantasievolle Gestaltung ihrer Frisuren. Mit mancherlei Tricks wird die der schwarzen Rasse eigentümliche Naturkrause in kunstvolle Formen verwandelt. Zunächst werden die Haare der Mädchen, möglichst schon im Kindesalter, unter Zuhilfenahme von

Kunsthaaren zu immer längeren Zöpfen geflochten. Bis zu 100 Flechten werden am Ende teils mit Porzellanglasperlen oder Muscheln geschmückt. Das Zopfende wird leicht angebrannt, damit sich die Flechten nicht wieder auflösen. Die Anfertigung solcher Frisuren nimmt Stunden in Anspruch und erfordert eine große Fingerfertigkeit; sie können dafür aber Wochen und Monate getragen werden. Will man aus den Flechten vielgestaltige Kombinationen – zwei der komplizierteren Frisuren heißen »Eko-Brücke« (in Anlehnung an eine Brücke in Lagos) oder »Linksverkehr« (entstanden beim Wechsel vom Rechts- auf den Linksverkehr auf den Straßen) – konstruieren, werden die Flechten der besseren Formbarkeit wegen mit Zwirn umwickelt. Sollen die Haare nur entkraust (»entafrikanisiert«) werden, hängen die Zöpfe lose herab.

In früheren Zeiten wurden besondere Frisuren zu speziellen Anlässen (Heiratsfähigkeit, Schwangerschaft, Trauer, Kulthandlungen etc.) getragen. Diese bei den einzelnen Volksstämmen variierenden traditionellen Frisuren – auf dem Lande sind sie auch heute noch anzutreffen – haben ihre soziale Bedeutung weitgehend verloren. Lediglich die Kanuri-Frauen halten vielfach noch an ihrer hahnenkammförmigen *beri-beri*-Frisur fest.

Die nigerianischen Frauen sind sich der femininen Ausstrahlung, die von langen Haaren hervorgerufen wird, bewußt. Viele Mädchen glauben auch, daß die schwarze Hautfarbe ihrer Attraktivität abträglich ist und versuchen, mit allerlei Quacksalbermitteln ihre Haut zu bleichen. Es gelingt dann gelegent-

Kunstvolle Frisur mit Kauri-Muscheln, dem früheren Zahlungsmittel in Afrika

lich auch, eine helle oder pseudoweiße Hautfärbung zu erzeugen, was aber mit einer Schädigung der Haut und Schwächung ihrer Widerstandskraft erkauft wird, ähnlich wie bei der übertriebenen Bräunungssucht der Europäer.

In der traditionellen Gesellschaft sind die verschiedenen Formen des Aberglaubens, der oft als Fetischismus abqualifiziert wird, weit verbreitet. Auf den Juju-Zauber als spezischer Form dieses Aberglaubens wurde bereits hingewiesen (S. 102 und 147). In den Naturreligionen besonders der Yoruba spielt auch heute noch die Befragung des Orakels eine wichtige Rolle. Die Kaffeesatz-Deuter und Wahrsager der europäischen Gesellschaft finden im *babalawo*, der Regenmacher und Native Doctor in einer Person verkörpert, ihr Gegenstück.

Agbada

Kaftan

Suluya

Buba

Baba Riga

Einige der in Nigeria getragenen traditionellen Gewänder

Traditionelle Kleidung

Diese traditionellen Heilkundigen, auch Herbalisten genannt, haben ihre Position neben der Schulmedizin bewahren können. Angesichts einer unzureichenden medizinischen Versorgung vieler Landesteile sind sie für weite Bevölkerungskreise oft einzige Quelle für eine Behandlung. Zu Ihrer Therapie gehört, wie der Name andeutet, die Verwendung von Kräutern. Die Native Doctors im eigentlichen Sinne bedienen sich allerlei Zaubermittel (Juju) und psychologischer Tricks. Von eigentlicher medizinischer Betreuung kann bei ihnen keine Rede sein. Doch selbst in den Städten erfreuen sich diese traditionellen Heiler auch bei gebildeten Nigerianern großen Zuspruchs, wenn die Schulmedizin nicht die gewünschten Heilerfolge zeigt.

Die verschiedenen Voksgruppen haben zum größten Teil spezifische Trachten, an denen der Kenner die ethnische Herkunft des Trägers eindeutig identifizieren kann. Im Ausland ausgebildete Nigerianer haben sich allerdings auch auf europäische Mode umgestellt. Wirtschaftsmanager und Regierungsbeamte haben sie zu einem festen Bestandteil der Kleiderordnung gemacht, der sich auch der Ausländer trotz des feuchtheißen Klimas unterwerfen muß. Europäischer Anzug und traditionelle Tracht sind protokollarisch gleichwertig und werden von der gleichen Person auch abwechselnd getragen.

Die charakteristische Kleidung der Yoruba ist die *Agbada* (wörtlich

*Junge in der Agbada, die zu einer
Art nigerianischer Nationaltracht
geworden ist*

übersetzt: von vielen Leuten angefertigt). Dieses Gewand ist eine Abwandlung der schweren Haussa-Kleidung. Es besteht aus einem weitfallenden Gewand mit großen Ärmeln, das in mehreren Lagen auf die Schultern gelegt wird. Die Agbada wird aus sorgfältig handgewebten Streifenmustern, bedruckten afrikanischen Stoffen oder z. T. kostbaren, importierten Spitzen hergestellt und ist die feine Ausgehkleidung. Der Brust- und Halsteil ist gewöhnlich mit kunstvollen Handstickereien besetzt. Die Agbada hat eine kleine Brusttasche und eine große Vordertasche. Unter der Agbada wird das *Danshiki*, ein bis zur Hüfte reichendes, hemdartiges Gewand, das auch als Arbeitskleidung dient und an der ganzen Westküste ohne Agbada bekannt ist, oder das

Buba, ein etwas längeres Kleidungsstück mit rundem Halsausschnitt oder einem offenen, mit Knöpfen zu verschließenden Ausschnitt, getragen. Obgleich die Agbada gewöhnlich bis weit über die Knie reicht, werden noch vor den Knöcheln endende Hosen (*Sokoto*) angelegt. Der Kopf wird mit einer zur Seite, manchmal bis über die Ohren fallenden Mütze, der *Gobi* oder *Eleti-Aja*, aus gleichem Material wie die Agbada, bedeckt. Sie ist fester Bestandteil der Bekleidung und wird nur bei ganz bestimmten Anlässen abgenommen. Die Agbada ist auch außerhalb des Yoruba-Landes verbreitet und hat den Rang einer Nationaltracht. Eine Art Freizeitkleidung ist das aus Baumwollgewebe bestehende *Aso-oke*, ein rockähnliches Kleidungsstück, das um die

Hüfte geschlungen oder auch über eine Schulter getragen wird.

Yoruba-Frauen tragen eine lose, *Puba* genannte Bluse aus feinem Material und ein um die Hüfte geschlungenes Tuch, das *Lapai,* das meist bis zum Boden reicht. Am auffallendsten ist die Kopfbedeckung, die aus einer über einen Meter langen Stoffbahn zu einem kunstvollen Aufbau, dem *Gele,* geschlungen wird. Blau ist die bevorzugte Farbe der Yoruba.

Eine ähnliche Bedeutung wie die Agbada hat die *Baba Riga,* die von den Haussa und Fulbe bevorzugt wird. Dieses lange fließende, meist weiße Gewand, dessen Stickereien je nach Ausmaß den Reichtum des Trägers widerspiegeln, erreicht die Breite der ausgestreckten Arme. Unter ihr werden die langärmelige, um den Hals offene und bis zu den Knöcheln fallende *Tobes* und eine weite Hose getragen. Auch zur Baba Riga gehört eine Kopfbedeckung: eine reich bestickte lange Kappe, *Kube* oder auch *Zana* oder *Sagwa* genannt. Besondere Verbreitung hat sie durch den früheren Staatspräsidenten Shagari gefunden, der eine außergewöhnlich lange Form dieser röhrenförmigen Kappe zu tragen pflegte. An die Stelle der Kappe tritt oft bei den traditionellen Würdenträgern am Hofe der Emire der Fez, der von einem meterlangen weißen, zuweilen das halbe Gesicht umschließenden Turban, der *Rawani,* bedeckt wird. Die Stoffbahn aus feiner Baumwolle oder Seide kann eine Länge von 18 m erreichen.

Haussa-Frauen begnügen sich mit einer weißen oder einfarbigen weitärmeligen Tunika, ein um die Taille geschlagenes Tuch. Der Kopf wird von einem Baumwoll- oder Seidentuch bedeckt.

Die Fulbe-Nomaden tragen ein kaftanartiges Gewand über einer knielangen Hose, die Frauen ein schulterfreies Kleid. Auffallend bei den Fulbe-Frauen ist ihre besondere Haartracht.

Die typische Tracht der Ibo sprechenden Völker ist die *Jampa on Wrapper,* die aber meist nur bei festlichen Anlässen angelegt wird. Die knielange, aber kurzärmelige Jampa, das Hemd, ist oft aus Samt gefertigt, während der bis zu den Knöcheln reichende Rock (Wrapper) aus jedem beliebigen Material gearbeitet sein kann. Die handgewebte rote oder rosa Wollmütze *(Okpu)* fällt nach der linken Seite. Ansonsten bevorzugen die Ibo einen einfachen Kaftan mit Fez oder westliche Kleidung in bunter Stilmischung. Sie reicht vom Gentleman-Anzug der Londoner City mit Bowler bis zum Cowboy-Dress des amerikanischen Mittelwestens mit riesigem Strohhut, der auch in geschlossenen Räumen nicht abgenommen wird. Die Ibo-Frauen sind ähnlich wie die Yoruba-Frauen mit Rock und Bluse bekleidet.

Diese und manche andere Trachten verbinden sich bei großen offiziellen Veranstaltungen zu einer gesamtnigerianischen farb- und stilvollen Modenschau. Selbst in den gemeinhin als eher konservativ und steif wirkenden Parlamenten (wenn Nigeria nicht gerade eine Militärregierung hat) kann man dieses einzigartige Bild bewundern, das noch einen zusätzlichen exotischen Tupfer durch den alten englischen Zopf, die Perücke des Parlamentspräsidenten, erhält.

Eine Besonderheit in den nigerianischen Trachten, die sich nicht in die genannten Kategorien einordnen lassen, sind die Gewänder der traditionellen Herrscher und religiösen Würdenträger, der Obas, Oonis, Emire, Sultane und auch der Chiefs, die als Zeichen ihrer Sonderstellung zumeist einen Wedel tragen. Sie reichen vom bischöflichen roten Talar über königliche Gewänder bis zu phantasievollen und prunkreichen Verkleidungen, die in manchen Fällen nur bei einem ganz bestimmten Anlaß angelegt werden. Wegen ihres Formenreichtums muß auf ihre Beschreibung ebenso verzichtet werden wie auf eine detaillierte Darstellung der zahllosen Kostüme, die bei Maskeraden und traditionellen Tänzen getragen werden.

An den Füßen werden im allgemeinen rote oder ockerfarbige und mit verschiedenfarbigen Mustern versehene Ledersandalen oder pantoffelartige Schuhe, in den südlichen Landesteilen auch kostbare importierte Schuhe, getragen.

Traditioneller Herrscher im Norden

Nigerias Beziehungen zu den deutschsprachigen Ländern

Neben verschiedenen englischen Forschungsreisenden war der Deutsche Heinrich Barth im 19. Jh. maßgeblich an der Erforschung der nördlichen Landesteile des heutigen Nigeria beteiligt. Durch Zufall wurde er in eine von der britischen Regierung geförderte Expedition in die Zentralsahara und den westlichen Sudan als wissenschaftlicher Begleiter zusammen mit dem Geologen Adolf Overweg aufgenommen. Nach

Der deutsche Forschungsreisende Heinrich Barth

dem Tode des Expeditionsleiters James Richardson im Verlauf der Reise übernahm Barth dessen Funktion. Ziel dieser insgesamt fünf Jahre dauernden Expedition war die Erforschung der wirtschaftlichen und politischen Verhältnisse in diesen weitgehend unbekannten Gebieten und die Schaffung der Voraussetzungen zur Herstellung von Handelsbeziehungen. Von seinem Hauptstützpunkt Kukawa aus, dem Sitz des Shehu (= Emir) von Bornu in der Nähe des Tschadsees, erforschte und bereiste Barth in den Jahren 1851–55 den gesamten Norden Nigerias bis hin nach Kano und Sokoto sowie im Süden bis nach Yola, dem östlichen Vorposten des Fulbe-Reiches, wo er als erster Europäer auch den Benue als wichtigsten Nebenfluß des Niger entdeckte. Mit dem Emir von Bornu schloß er auftragsgemäß 1852 für die britische Regierung einen Vertrag über freien Zugang und Handel ab.

Die Leistungen Barths, der auf seinen Reisen unter dem Namen Abd el Kerim auftrat, als Geograph, Historiker und Sprachforscher gelten als unvergleichlich. Er wurde zu einem der größten Afrikaforscher und legte die Grundlagen für den heutigen Kenntnisstand über den westlichen Sudan (das damalige Zentralafrika). Alle weiteren Forschungen bauten auf seinen Erkenntnissen auf.

Nur zehn Jahre nach Barths triumphaler Rückkehr durchquerte ein anderer deutscher Afrikaforscher, Gerhard Rohlfs, von Bornu aus in den Jahren 1865/67 das gesamte heutige Nigeria bis hin zum Yoruba-Land, das bis dahin für Europäer nur vom Atlantik her zugänglich war. Ihm folgte schon fünf Jahre später

Nigerianisch-deutsche Geselligkeit

Gustav Nachtigal (1870/71), der seine Forschungen zunächst auf das von Barth erschlossene Gebiet beschränkte. Im Auftrag des Königs von Preußen bereiste er 1884 auch Ostnigeria.

Neben Barth ist es vor allem Leo Frobenius, der durch seine intensiven ethnographischen Studien insbesondere im Yoruba-Land und seine Ausgrabungen in Ife Verständnis für die Andersartigkeit dieser Kulturen und das Interesse an ihren künstlerischen Leistungen (vornehmlich der Ife-Kunst) weckte. Auf einer seiner großen Afrikareisen durchquerte er in den Jahren 1910–12 von Lagos aus das ganze Land bis zum Tschadsee.

Bevor es auf der Berliner Konferenz 1884/85 zwischen den europäischen Mächten zur Aufteilung der Interessen an der Westküste Afrikas kam, waren auch deutsche Kaufleute bemüht, im Gebiet des heutigen Nigeria Fuß zu fassen. Verschiedene Handelshäuser versuchten in Konkurrenz mit den Engländern am Niger bis hin zum Nupe-Land (im heutigen Mittelwest-Nigeria) Handelsverträge abzuschließen. Am erfolgreichsten war hier das hanseatische Handelshaus G. L. Gaiser, das auch das Mahinland westlich von Badagry an der Benin-Lagune als Schutzgebiet für Deutschland erwarb; es wurde später von Bismarck im Austausch gegen Gebiete in Kamerun an England zurückgegeben. Schon vorher hatte seit Mitte des 19. Jh. eine Reihe deutscher Firmen in Lagos und Umgebung sowie später entlang der Eisenbahnlinie ihre Faktoren errichtet. Der Versuch eines deutschen Abgesandten, u. a. mit dem Kalifen von Sokoto einen Schutzvertrag abzuschließen, scheiterte am britischen Widerstand. Am längsten hielt sich von diesen frühen deutschen Unternehmungen die Firma Gaiser, die erst in den fünfziger Jahren ganz in nigerianische

Hände überging. Deutsche Firmen gehörten auch zu den Pionieren bei der Erdölsuche. In den Jahren 1908–14 brachten sie die ersten Versuchsbohrungen östlich von Lagos nieder.

Bis zum Ersten Weltkrieg nahm das Deutsche Reich einen besonderen Platz im Handel mit Nigeria ein. Es nahm 44% der Exporte Nigerias auf, wohingegen es an den Importen des Landes nur mit 14% beteiligt war. Im Versailler Friedensvertrag, durch den Deutschland seinen Kolonialbesitz an verschiedene Siegermächte abtreten mußte, wurden Teile des westlichen Kamerun im Norden und Süden unter britische Mandatsverwaltung gestellt und 1922 administrativ mit Nigeria verbunden, während das restliche Kamerun unter französische Mandatsverwaltung kam. Der beträchtliche deutsche Plantagenbesitz, vornehmlich im südlichen Kamerun, wurde zunächst konfisziert, konnte aber Mitte der zwanziger Jahre zum großen Teil von den früheren Besitzern zurückerworben werden. Bis kurz vor Ausbruch des Zweiten Weltkrieges war die Zahl der dort lebenden Deutschen (fast 300) größer als vor 1914. Durch den Zweiten Weltkrieg ging dieser Besitz erneut und dieses Mal endgültig verloren.

Angesichts der für 1960 geplanten Selbständigkeit Nigerias wurden auf Verlangen der Vereinten Nationen in den Mandatsgebieten Nordkamerun (heute Teile der Bundesländer Borno, Adamawa und Taraba, die auch von deutschen Afrikaforschern erkundet worden waren) und Südkamerun im Jahre 1961 Volksabstimmungen angesetzt. Die Bevölkerung sollte entscheiden, ob sie im Staatsverband Ni-

geria bleiben oder zu dem ebenfalls seit 1960 unabhängigen Kamerun zurückkehren wollte. Der nördliche Teil des ehemaligen britischen Mandatsgebiets entschied sich für einen Verbleib bei Nigeria, während das südliche Gebiet für eine Rückkehr zu Kamerun votierte.

Erst in den sechziger und siebziger Jahren, als Nigeria infolge des Ölbooms zu einem Wirtschafts-Eldorado wurde, das schnellen Gewinn bei Investitionen und Handelsgeschäften versprach, kam es wieder zu einem rapiden Zustrom deutscher Firmen. Zahlreiche große deutsche Unternehmen oder Firmenvertretungen, deren Zahl von 200 in der Boomzeit auf 180 (1994) gesunken ist, sind heute in fast allen wichtigen Sektoren durch Gemeinschaftsunternehmen vertreten. Das gleiche gilt für österreichische (Traktorenmontage, Stahlwerk) und Schweizer Firmen. Das große, ursprünglich von der Baseler Missionsgesellschaft gegründete und jetzige nigerianisch-Schweizer Unternehmen UTC (Kaufhauskette und zahlreiche Produktionsbetriebe) blickt auf eine Geschichte von mehr als 50 Jahren zurück.

An der Entdeckung und Erforschung Nigerias sind österreichische und Schweizer Ethnologen nicht beteiligt gewesen. Eine bedeutende Rolle im modernen Kunstleben der Yoruba spielte Susanne Wenger, eine Österreicherin Schweizer Abstammung. Diese Künstlerin lebte und wirke jahrzehntelang bis zu ihrem Tode (1993) im Yoruba-Land (S. 203).

Die Bundesrepublik Deutschland, Österreich und die Schweiz unterhalten diplomatische Beziehungen mit Nigeria.

Anreise und Verkehr

Reisen nach Nigeria

Flugverbindungen

Lagos Internationaler Flughafen Murtala Muhammed, der 22 km nördlich des Stadtzentrums liegt, wird von nahezu allen westeuropäischen Hauptverkehrszentren mehrmals wöchentlich von den jeweiligen nationalen Fluglinien sowie der Air Nigeria (nur von Amsterdam, London, Paris und Zürich; jeweils einmal wöchentlich) angeflogen. Lufthansa bietet ab Frankfurt wöchentlich vier Direktflüge nach Lagos an: der Preis für den Hin- und Rückflug beträgt für ein Jahresticket 3 914 DM (Economy), 4 308 DM (Business), 6 312 DM (First). Bei einem Aufenthalt von mindestens 7 Tagen bis maximal 1 Monat bzw. 14 Tagen bis 3 Monaten gibt es Ermäßigungen (Stand: 1995). Nach Kano im Norden fliegen British Airways und Air Nigeria, die auch Direktflüge nach Port Harcourt sowie in die neue Bundeshauptstadt Abuja anbieten, sowie KLM, Air France und Sabena. Weiterhin ist Lagos von den meisten westafrikanischen Hauptstädten wie auch von Nairobi, Addis Abeba und New York aus erreichbar. Die Maschinen nach Lagos sind besonders in der 1. Klasse selbst in Zeiten wirtschaftlicher Rezession wegen des starken Geschäftsverkehrs oft lange im voraus ausgebucht. Rechtzeitige Reservierung ist deshalb erforderlich. In Nigeria erworbene und in der Landeswährung Naira bezahlte Flugscheine werden von anderen Fluggesellschaften nicht akzeptiert.

Schiffsverbindungen

Die nigerianischen Häfen werden im Gegensatz zu einigen anderen westafrikanischen Ländern nicht von Kreuzfahrtschiffen angelaufen. Es besteht zwar ein reger Schiffsverkehr nach Lagos und anderen Häfen, aber anders als in früheren Jahren werden keine zahlenden Passagiere mitgenommen. Der Frachtverkehr von Europa aus ist zum großen Teil auf Containerschiffe umgestellt worden.

Diese weitgehend automatisierten Schiffe kommen mit einem Minimum an Besatzung aus und sind nicht auf die Beförderung von Passagieren eingestellt. Lediglich die Nigerian National Shipping Company (Wharf Road, Development House, Apapa/Lagos, Tel. (2) 87 72 62; Postanschrift: P. O. Box 3 26) bietet auf ihren Frachtschiffen entlang der Westküste und nach Europa preisgünstige Passagen an.

Landverbindungen

Eine Reihe gut ausgebauter Straßen verbindet Nigeria mit seinen Nachbarstaaten. Am häufigsten wird der an der Küste gelegene Grenzübergang Seme nach Benin benutzt. Die Einreise nach Kamerun kann im Süden über Ekang oder Ikom nach Mamfe, im Norden von Maiduguri aus über Bama nach Maroua erfolgen. Ndjamena im Tschad ist ebenfalls von Maiduguri aus über Ngala erreichbar. Als Übergang von und nach Niger empfiehlt sich die Straße Kano – Katsina/Maradi – Zinder.

Reisen in Nigeria

Inlandflüge

Bei Inlandflügen muß man wegen der häufigen Verspätung der Abflüge mit längeren Wartezeiten rechnen. Wetterbedingte Verzögerungen von unbestimmter Dauer treten regelmäßig während der trockenen Wintermonate auf, wenn der Harmattan (S. 18) besonders staubbeladen ist. Bei mehrfach an einem Tag beflogenen Strecken kann man auch auf einen früheren (verspäteten) Flug umsteigen, da grundsätzlich keine Festbuchungen vorgenommen werden. Nach Abruf der Maschine setzt in der Regel ein Wettlauf zur Gangway ein, weniger um einen guten Fensterplatz zu erwischen als aus Furcht, eventuell wegen Überfüllung zurückbleiben zu müssen. Obwohl letzteres kaum noch der Fall ist, verschmähen die Nigerianer die bereitstehenden Zubringerbusse und begeben sich auf schnellstem Wege zur bereitstehenden Maschine.

Alle Inlandflüge ab Lagos werden vom sogenannten Domestic Airport Ikeja, dem alten Internationalen Flughafen, abgewickelt. Er befindet sich zwar in direkter Linie nur wenige Kilometer vom neuen Internationalen Flughafen entfernt, ist aber nur auf einem umständlichen und zeitraubenden Umweg (bis zu einer Stunde) mit dem Auto erreichbar.

Der Inlandverkehr wird von der staatlichen Fluggesellschaft Nigeria Airways, die sich den Nebentitel »Skypower« zugelegt hat, sowie zahlreichen privaten Chartergesellschaften (Concord, Okada u. a.) abgewickelt. Letztere fliegen auf Charterbasis, teilweise aber auch als Linie, ab Lagos die größeren Städte des Landes an. Sie verkehren meist pünktlicher, nehmen jedoch keine Vorausbuchungen an. Flugscheine werden nur gegen bar (gültige Flugscheine von Nigeria Airways werden nicht in Zahlung genommen) unmittelbar vor Abflug verkauft und sind nicht übertragbar. Auf den Inlandflughäfen verfügen sie über eigene Schalter, während in Lagos die Abfertigung im Domestic Airport an zwei getrennten Abflughallen (Terminus I und II) vorgenommen wird. Bei Inlandflügen wird eine Flughafensteuer von 50 N erhoben. Trotz Verbots sind auf den Flughäfen zahlreiche »Schlepper« (S. 285) tätig, deren Dienste man tunlichst nicht in Anspruch nehmen sollte. Insbesondere am Morgen und Abend sollte man zwei Stunden vor Abflug am Flughafen sein, um tatsächlich mit der gewünschten Maschine fliegen zu können.

Binnenschiffsverkehr

Zu Zeiten schlechter Straßen- und Flugverbindungen waren die sich von der Westgrenze bis zum Nigerdelta hinziehenden Lagunen beliebte Transportwege, werden heute aber nicht mehr kommerziell befahren. Auch die Personenschiffahrt auf dem Niger und seinem Nebenfluß Benue ist eingestellt worden. Innerhalb von Lagos bestehen Fährverbindungen zwischen den einzelnen Inseln und zu den Vororten auf dem Festland. Auskunft über den Fährbetrieb erteilt die Inland Waterways Division im Transportministerium in Lagos.

Eisenbahn

Die nigerianische Eisenbahn genießt als Personenverkehrsmittel keinen guten Ruf. Streckennetz und rollendes Material sind in einem sehr schlechten Zustand. Die Expreßzüge von Lagos und Port Harcourt nach Kano bzw. Jos – Maiduguri verkehren wegen der hohen Störanfälligkeit häufig unpünktlich und können bei längeren Verzögerungen mitunter tagelang unterwegs sein. Für die Passagiere der 1. Klasse – ein recht relativer Begriff – stehen klimatisierte Schlafwagen und Restaurantwagen zur Verfügung. Wer das Land aus einer geruhsamen Perspektive, vor allem das bewegte Leben und Treiben auf den Bahnhöfen, kennenlernen möchte, sollte sich die Zeit zu einer solchen recht abenteuerlichen Fahrt nehmen. Noch intensiver ist der Eindruck in der 2. Klasse: Hier erlebt man die Nigerianer und ihre Alltagsprobleme wegen der Überfüllung der Waggons in jeder Beziehung »hautnah«. Um die Strapazen einer Eisenbahnfahrt in Grenzen zu halten, beschränken sich Ausländer häufig auf die Teilstrecke Ibadan – Kaduna oder umgekehrt (etwa 12 Stunden). In jedem Falle sollte man eine Reservierung (nur für die 1. Klasse möglich) vornehmen.

Busverkehr

Private Busunternehmen unterhalten einen regelmäßigen Pendelverkehr zwischen Lagos und den übrigen städtischen Zentren sowie zwischen den großen Städten im Landesinnern. Busse und Sammeltaxis unterschiedlicher Größe verkehren von sogenannten »Autoparks« in den Stadtzentren. In Lagos liegt der größte Autopark für den Fernverkehr auf der Insel Iddo zwischen Lagos Island und dem Festland; Busbahnhöfe für den Nahverkehr gibt es

in verschiedenen anderen Stadtteilen, die am besten mit dem Taxi angefahren werden. Insgesamt werden monatlich etwa 10 Mill. Passagiere in Lagos befördert. An den Haupthaltestellen, insbesondere dem Tafawa Balewa Square, werben die *Agberos*, eine Art Zutreiber, die Fahrgäste für die einzelnen Zielorte lauthals an und überlassen sie dem Busfahrer gegen Entgelt. Das über den Eisenbahnverkehr Gesagte gilt auch für Reisen mit dem Bus: Nur Abenteuerlustige sollten sich dieses Transportmittels bedienen.

Auto

Bei Fernfahrten auf den sogenannten Expressways – auf den meisten muß ein Straßenzoll entrichtet werden – und den Bundesstraßen gilt das Recht des Schnelleren und Forscheren, ebenso auf einspurigen Überlandstraßen. Am berüchigsten ist die Strecke Benin – Onitsha, wo die Risikobereitschaft insbesondere von Busfahrern bei Überholmanövern kaum vorstellbare Ausmaße annimmt. Längere Fahrten sollte man nicht während der Hauptverkehrszeiten unternehmen. Selbst auf dreispurigen Autobahnen wird unabhängig von der Geschwindigkeit jede beliebige Fahrspur benutzt. Manchmal scheint der frühere Linksverkehr noch atavistisch nachzuwirken. Bei Sperrung durch Unfälle wird kurzerhand nach eigenem Gutdünken und ohne polizeiliche Kontrolle auf die Gegenfahrbahn übergewechselt. Die Leitplanken, die hier bezeichnenderweise *crash barriers* heißen, sind durch die Unfälle kaum noch intakt oder werden niedergerissen, um umwegsparende Übergänge zu schaffen. Und den Bewohnern in den anliegenden Dörfern ist das Prinzip des kreuzungs- und fußgängerfreien Autobahnverkehrs ohnehin fremd. Die Expressways sind trotz ihres autobahnartigen Charakters nicht immer kreuzungsfrei gebaut. An nicht erkennbaren Einfahrten und Wendestellen kommt es daher oft zu Unfällen. Alle diese Gefahrenquellen, einschließlich nicht gesicherter Pannenfahrzeuge, potenzieren sich in der Dunkelheit zu Todesfallen. Immer wieder kommt es vor, daß Pkws in bzw. unter nicht beleuchtete große Lkws und Sattelschlepper fahren, was für die Insassen meist tödlich endet.

Dazu kommen die zahlreichen Polizeikontrollen, die ohne Licht notdürftig mit Ölfässern und Autowrackteilen markiert sind (neuerdings mit säuberlich gemalten Schildern). Kontrolliert wird nicht der technische Zustand oder die Verkehrssicherheit des Fahrzeuges; es wird vornehmlich der Wageninhalt auf Schmuggel- oder Diebesgut überprüft – und gegebenenfalls mit materieller oder finanzieller Leistung des Fahrers »legalisiert«.

Weiterhin ist auf die vor manchen Kreuzungen, Ortsdurchfahrten oder Einfahrten zu Privatgeländen angebrachten *sleeping policemen* zu achten. Diese absichtlich angelegten Bodenwellen zwingen zur Herabsetzung der Geschwindigkeit, da sie nur im Schrittempo überfahren werden können; nicht immer sind sie rechtzeitig erkennbar.

Ist man in einen Unfall verwickelt, hilft es wenig, die Polizei herbeizurufen. Denn mit Schadenersatz durch den Unfallpartner bei geringfügigen Sachschäden ist ohnehin in der Regel nicht zu rechnen, und bei eigenem Verschulden wird ein Fremder von der Bevölkerung quasi einer »standgerichtlichen« Verurteilung unterworfen. In solchen Fällen sollte man deshalb gar nicht erst anhalten. Unfalltote, deren Identifizierung wegen fehlender Ausweise nicht immer leicht ist, bleiben gelegentlich tagelang am Straßenrand liegen. Straßenüberquerenden Enten sollte man tunlichst ausweichen; sie gelten als tabu, und ihre Tötung zieht Unheil nach sich.

Und noch ein besonderer Hinweis: In Gegenden mit Eisenbahnverkehr werden die unbeschrankten Bahnübergänge (nicht immer!) durch künstliche Kurven – eine Art Schikane – angekündigt. Zwangsläufig muß man die Gleise mit reduzierter Geschwindigkeit überqueren (nur gelegentlich weisen Verkehrszeichen darauf hin). Außerhalb der Stadtzentren sollte man keinesfalls nachts mit dem Auto unterwegs sein.

Auf den Landstraßen fallen die bunt bemalten und mit zahlreichen Aufschriften versehenen sogenannten Mammy-Lorries oder *Bolekajas* ins Auge. Diese Lastwagen europäischer Fertigung, auf deren Chassis hausgemachte Holzaufbauten aufgesetzt werden, dienen zum Transport von Massenwaren, auf denen das Lade- und Bewachungspersonal in scheinbar lebensgefährlicher Weise während des Transports sitzt. Der Name Mammy-Lorry leitet sich von ihren Besitzerinnen, geschäftstüchtigen Frauen, ab.

Fast alle Fahrzeuge, auch Busse und Taxis, tragen irgendwo auf der Karosserie einen aus der Bibel oder dem Koran entnommenen, manch-

Nigerianischer Bus mit der Mahnung »Viele sind (von uns) gegangen – fahr autobewußt«

mal auch selbst produzierten Spruch ernsten oder aufmunternden Inhalts: »Beware of Friends«, »Trust no Men«, »God's own bus«, »No Telephone to Heaven« oder »No Condition ist permanent«. Diese den lokalen Umständen angepaßten Sprüche drücken die Lebensphilosophie des Fahrers aus.

Infolge eines unzulänglichen bzw. fehlenden Straßenerhaltungsprogrammes hat sich die Verkehrssicherheit auch auf den Expressways und Hauptverkehrsadern zunehmend verschlechtert. Gleiches gilt für den Straßenzustand in den Städten. Zahlreiche achstiefe Schlaglöcher stellen höchste Anforderungen an das technische Können des Fahrers und die Robustheit des Autos. Vor allem bei durch länger anhaltenden oder stärkeren Regen verursachter Wasserauffüllung der Schlaglöcher ist eine gedächtnismäßige Lokalisierung dieser Schlaglöcher auf den einzelnen Straßen unbedingte Voraussetzung für ein störungsfreies Fortkommen. Nebenstraßen im Landesinnern, selbst in der Trockenzeit, sollten nur nach eingehender Erkundigung bei verläßlichen Auskunftspersonen – Taxifahrer gehören nicht dazu – benutzt werden. Auf nicht asphaltierten Strecken ist in der Trockenzeit mit erheblicher Staubentwicklung zu rechnen.

Verkehr in Lagos

Der Autoverkehr in Lagos und in den meisten übrigen Großstädten des Landes ist eine Kalamität erster Ordnung. Durch das rapide Anwachsen der Bevölkerung und den Motorisierungsdrang der Nigerianer sowie der zahlreichen Ausländer ist das Straßennetz an Wochentagen seit je hoffnungslos überlastet. Erst seit der durch den Ölpreisverfall verursachten Rezession ist eine gewisse »Normalisierung« zu verzeichnen.

In den sechziger Jahren wurde ein aufwendiges Stadtautobahnnetz mit Brücken und Überführungen konzipiert und in den siebziger Jahren überwiegend von deutschen Firmen gebaut. Dieses Autobahnnetz besteht heute aus dem sogenannten »Inneren Ring«, der die Insel Lagos (Lagos Island) umschließt und mit Abzweigungen

Umgestürzte Baumstämme auf Nebenstraßen sind keine Seltenheit

nach Ikoyi und Victoria Island hineinreicht. Drei Brücken – die Eko Bridge, die New Carter Bridge und die Third Axial Bridge – verbinden Lagos mit dem Festland. Über die erste und zweite gelangt man in das Hafenviertel Apapa und von dort durch die Liverpool Road zum Apapa-Oworonsoki Expressway, der über Tin Can Island (Containerhafen) zum Badagry Expressway, der beim Nationaltheater seinen Anfang nimmt, und weiter zum Flughafen führt. Die Verlängerung der Eko Bridge in Richtung Nationaltheater mündet in die Western Avenue zum Stadtteil Surulere mit dem Nationalstadion. Die Third Axial Bridge wurde nach Fertigstellung der Verlängerung (1991) in Ibrahim Babangida Bridge umgetauft (im Volksmund auch IBB Expressway genannt). Sie verläuft im weiten Bogen durch die Lagune (5,5 km) und führt unter Umgehung aller Stadtteile direkt zum Lagos-Ibadan Expressway und zum Flughafen. Die vorher zeitlich nicht bestimmbare Anfahrt zum Flughafen beträgt jetzt weniger als eine Stunde. Etwa auf halbem Wege

führt eine Abzweigung auf das Festland zur Herbert Macauly Road und weiter zur Ikorodu Road. Die Ikorodu Road ist auch eine Ausfallstraße zum Ibadan Expressway. Vom Stadtteil Yaba schließlich führt die durch pulsierendes Leben und ohrenbetäubenden Lärm bekannte Agege Motor Road nach Abeokuta.

Aber auch dieses für Afrika einzigartige Autobahn- und Schnellstraßennetz war nicht in der Lage, das rapide ansteigende Verkehrsaufkommen in den Hauptverkehrszeiten aufzunehmen. Durch einen vermeintlich wirksamen Eingriff versuchte die Stadt das Problem in den Griff zu bekommen: Hauptverkehrsstraßen zwischen den Stadtvierteln durften von Autos mit Nummern ungerader Anfangsziffer nur montags, mittwochs und freitags, von Fahrzeugen mit geraden Anfangsnummern nur dienstags und donnerstags benutzt werden. Polizeikontrollen an den entsprechenden Verkehrsknotenpunkten sorgten für eine wirksame Einhaltung dieser Regelung. Die dort diensttuenden Polizisten hielten aber auch gerne Fahrzeuge mit der »richtigen« Tagesnummer an und baten, insbesondere bei Europäern, teils freundlich um eine Aufmerksamkeit oder drohten mit einer Anzeige wegen einer imaginären Verkehrsübertretung, die mit einer sofortigen Barzahlung ohne Quittung abgewendet werden konnte. Der erhoffte Effekt, die Einschränkung des Autoverkehrs, wurde jedoch schnell durch entsprechende »Gegenmaßnahmen« der Verkehrsteilnehmer weitgehend aufgehoben. Finanzkräftige Personengruppen, vor allem aber Geschäftsleute und Firmen, legten sich kurzerhand einen Zweitwagen mit der notwendigen Ergänzungsnummer zu, notfalls auch für den Wagen der Frau. Inzwi-

schen ist diese Nummernregelung wieder abgeschafft worden.

Einen anderen Ausweg sah die Stadtverwaltung schließlich im Bau einer U-Bahn, der Metro Line, mit einer geplanten Länge von 28 km. Mit dem Bau der ersten Teilstrecke von der Marina auf Lagos Island zum Stadtteil Yaba sollte 1983 begonnen werden; er wurde jedoch wegen Geldmangel auf unbestimmte Zeit zurückgestellt. Nach ihrer Fertigstellung sollte die U-Bahn stündlich jeweils 40 000 Passagiere in beiden Richtungen transportieren. Später sollte die Teilstrecke über Ikeja (Flughafen) bis nach Agege weitergeführt werden.

Die Fahrweise in den Straßen mutet den Neuankömmling kamikaze-

haft an. Scheinbar rücksichtslos kämpft jeder Fahrer in blechnahem Kontakt um jeden Zentimeter. Zwecks optimaler Raumnutzung werden die Außenspiegel häufig hochgeklappt, und ständiges Hupen, oft selbst bei freier Fahrbahn, dient der Weckung der Aufmerksamkeit der anderen Verkehrsteilnehmer. Verkehrsregeln – die wenigen Ampeln sind wegen der häufigen Stromausfälle oft außer Betrieb – werden vielfach ignoriert. Nach dem gängigen Prinzip des aggressiven Fahrens gehört die Vorfahrt dem Wagemutigen und dem Auto mit Statussymbolwert. Die dem Mercedes »eingebaute Vorfahrt« wird teilweise respektiert. Fahrbahn- und Richtungswechsel, auch das unver-

Seit dem Bau der Ringautobahn um Lagos Island sind die Verkehrsprobleme nicht mehr ganz so prekär wie vorher

mittelte Anhalten werden, weil Blinker und Bremslichter nicht immer funktionieren, durch Handzeichen mitgeteilt, was allerdings nicht konsequent gehandhabt wird, so daß man stets mit ungeahnten Reaktionen rechnen muß.

Trotz aller Chaotik läuft der Verkehr nach einer eigenen Ordnung dennoch verhältnismäßig störungsfrei ab. Bei Einmündungen in Hauptstraßen wird dem nachrangigen Fahrzeug in der Regel das Einfädeln erlaubt, was mit einem dankenden Handzeichen honoriert wird. Gelegentlich wird aber auch rücksichtslos die Vorfahrt erzwungen und ohne Protest gewährt. Die Zahl der Unfälle und Karambolagen hält sich in Grenzen (die zahlreichen Wracks am Straßenrand gaben lange Zeit ein falsches Bild, weil sie selten weggeräumt werden).

Die Straßen in Lagos und den meisten anderen Städten des Landes befinden sich in einem bedenklichen Zustand. Manche sind wegen tiefer Schlaglöcher nur in Fahrzeugen mit Allradantrieb passierbar. Vor allem in der Regenzeit ist eine Übersicht über »Schlaglochstraßen«, die ständig aktualisiert werden muß, erforderlich.

Zur Entlastung des Straßenverkehrs in Lagos wurde ein Fährverkehr auf der Lagune eingerichtet. Von der Marina auf Lagos Island an der Fußgängerbrücke aus bestehen regelmäßige Verbindungen, außer an Wochenenden und Feiertagen, nach Apapa, Ikoyi, Victoria Island und anderen Stadtteilen. Während des Berufsverkehrs sind die Schiffe oft überfüllt. Auf der Strecke Marina – Apapa (Haltestelle Mile 2) hat man einen schönen Blick auf die Lagune.

Die alte Haupt-stadt Lagos

Lage und Geschichte

Lagos liegt im Südwesten Nigerias an einer Lagune der Bucht von Benin nahe der Grenze zum Nachbarstaat Benin. Das heutige Stadtgebiet erstreckt sich über die drei Inseln Lagos Island, Victoria Island und Ikoyi sowie das sich anschließende Festland. Die relative Nähe zum Äquator (6°30' nördl. Breite, 3°50' östl. Länge) macht sich durch ein feuchtheißes Tropenklima bemerkbar. Die durchschnittliche Höchsttemperatur von ca. 30 °C fast während des ganzen Jahres, die Spitzenwerte von 35 °C erreichen kann, und eine relative Luftfeuchtigkeit zwischen 70 % in der Trockenzeit (während des Harmattan auch schon mal unter 50 %) und 85 % in der Regenzeit ist nach entsprechender Eingewöhnung durchaus erträglich.

Dennoch: Wer als Europäer bis Mitte der achtziger Jahre zum erstenmal nach Lagos kam, brauchte ein hohes Maß an Frustrationstoleranz. Eine der schmutzigsten, teuersten und unsichersten Städte der Welt – dies waren einige der Epitheta für Lagos, wie man sie auch in den nigerianischen Zeitungen immer wieder lesen konnte. Diese Führungsrolle negativer Art wurde fast als Auszeichnung empfunden. Unter den Nichtafrikanern war die Stadt lediglich für Geschäftsleute

und Geschäftemacher attraktiv, da sie lange Zeit als Ort der unbegrenzten Möglichkeiten galt. Auf Afrikaner aus nah und fern übte Lagos hingegen stets eine magische Anziehungskraft aus. Die weitläufige expandierende Hafenstadt erschien in ihren Augen als Traumland, als Ort mit vielen Beschäftigungsmöglichkeiten und des vermeintlich schnellen Geldes.

Wie ist es zu dieser Agglomeration mit etwa 5,6 Millionen Einwohnern gekommen, deren ökologische Belastung unvorstellbare Ausmaße angenommen hat? Lagos ist eine der wenigen Hauptstädte der Westküste, die nicht auf eine planmäßige koloniale Stadtgründung zurückgehen; die Siedlungsanfänge sind noch nicht gänzlich erforscht. Im Jahre 1472 wurde die seinerzeit unbewohnte, von Mangrovensümpfen umgebene heutige Insel Lagos (damals hieß sie Eko = Heerlager) von dem portugiesischen Seefahrer Ruy de Sequeira entdeckt. Die Portugiesen gaben ihr den Namen Lago (= Lagune) de Curamo. Das später im Zusammenhang mit den europäischen Handelsniederlassungen entstehende Dorf wurde nach der kleinen Stadt Lagos im Süden Portugals benannt. Die an der Algarveküste gelegene namengebende Stadt, in deren Nähe auch die berühmte Seefahrerschule Heinrich des Seefahrers lag, war in der frühen Neuzeit ein wichtiger Ausgangshafen für Entdeckungs- und Handelsfahrten nach Südamerika, Westafrika und Indien.

Im Verlauf der nächsten Jahrhunderte diente die Insel zunächst als Anlegestelle für Handelsschiffe. Die erste Besiedlung erfolgte durch ei-

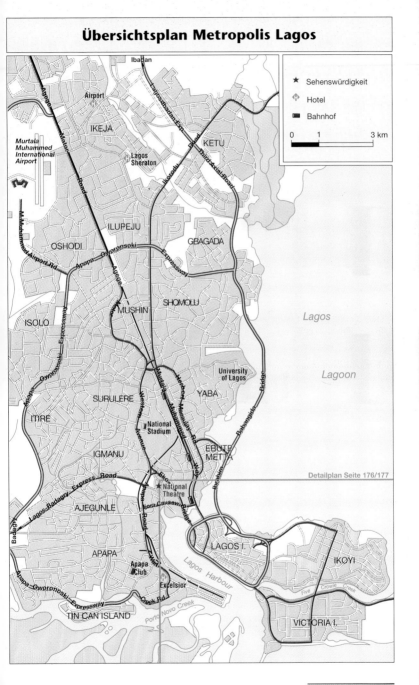

Übersichtsplan Metropolis Lagos

★ Sehenswürdigkeit
⬥ Hotel
🚉 Bahnhof

0   1   3 km

nen Yoruba-Chief, der sich in der Mitte des 16. Jh. mit seiner Familie auf der zwischen dem Festland und Lagos Island gelegenen Insel Iddo niederließ. Seine Nachkommen besiedelten dann auch Lagos Island und das ihr östlich vorgelagerte Ikoyi. Die Bewohner gerieten unter die Herrschaft des Oba von Benin. Gegen Ende des 18. Jh. machte sich verstärkt portugiesischer Einfluß bemerkbar, der bis heute vor allem im Baustil der Häuser nachwirkt. Der für den Oba errichtete Palast Iga Idunganran (idun = Palast, ganran = Pfeffer), so benannt nach der an diesem Platz einst betriebenen Pfefferfarm, war das markanteste Beispiel (S. 180).

Nach dem generellen Verbot des Sklavenhandels durch Frankreich 1794 in seinen karibischen Besitzungen und 1807 auch durch England entwickelte Lagos sich paradoxerweise zu einer Sammelstelle für Sklaven, weil sie hier von den Patrouillenschiffen besser versteckt gehalten werden konnten. Im Laufe des 19. Jh. mußten die Portugiesen ihre Vormachtstellung in diesem Gebiet an die Engländer abtreten. Nach der Beschießung der Stadt im Dezember 1851 und der Annektierung zehn Jahre später wurden der Hafen und die Insel Lagos endgültig britisches Protektoratsgebiet.

Mit der schließlich erfolgreichen Unterdrückung des Sklavenhandels

Lagos Island ist durch drei Brücken mit dem Festland verbunden

von der Goldküste aus verwaltet und erst im Jahre 1886 in eine eigenständige Kolonie mit eigenem Gouverneur umgewandelt. In den folgenden Jahrzehnten entwickelte sich die Stadt zu einem bedeutenden Wirtschafts- und Handelszentrum. Mit dem Bau einer Eisenbahn landeinwärts wurde 1896 begonnen. Im Jahre 1906 stieg Lagos zum Verwaltungssitz des Protektorats Südnigeria auf und 1914, nach dem Zusammenschluß mit dem Protektorat Nordnigeria, zur Hauptstadt des Riesengebietes.

Auch 1960, mit Nigerias Erlangung der Unabhängigkeit, behielt Lagos die Hauptstadtrolle bei und erlangte 1966 mit seinem Hinterland den Status eines Bundeslandes. Die bereits für Mitte der achtziger Jahre geplante Verlegung der Hauptstadt ins Landesinnere nach Abuja (S. 240), wird seit Anfang der neunziger Jahre etappenweise vollzogen.

kehrten frühere Yoruba-Sklaven *(Agudas)* aus Brasilien (Namen wie *da Silva* sind keine Seltenheit) und Kuba zurück. Sie ließen sich in dem heute noch so bezeichneten »Brazilian Quarter« (S. 179) mit den teilweise noch bestehenden Brazilian Houses nieder. Freigelassene Sklaven aus Sierra Leone *(Saros)* wurden ebenfalls von Lagos angezogen, bauten sich mehrstöckige Häuser im europäischen Stil und brachten es als Händler bald zu einem gewissen Wohlstand. Auf der heutigen Victoria Island ließen sich Einwanderer von der Goldküste, dem heutigen Ghana und aus Dahomey (Benin) nieder. Lagos wurde zunächst als Teil des westafrikanischen Kolonialreiches

Metropolis Lagos

Die vierfache Funktion als größte Hafenstadt, als Wirtschafts- und Industriezentrum sowie als Hauptstadt der Bundesrepublik Nigeria (ging am 12. September 1991 offiziell an Abuja über) sowie des Bundeslandes Lagos (dessen Verwaltungszentrum liegt jedoch im Vorort Ikeya) haben zu einer Anhäufung von schier unlösbaren Problemen geführt. Mit seinen geschätzten 5,6 Millionen Einwohnern ist Lagos eine übervölkerte, quirlige, geschäftige, rastlose Menschenansammlung: eine Metropolis, wie die Lagosianer ihre Stadt nennen. Der ständige Zustrom aus dem Landesinnern und den Nachbarstaaten (Gastarbeiter) sowie von Firmen

169

und Geschäftsleuten führte in den siebziger Jahren zu einer planlosen Ausweitung der Wohnsiedlungen mit Elendsquartieren neben modernen Hochhäusern aus Glas und Beton.

Trotz eines hochmodernen, teilweise von deutschen Baufirmen errichteten Stadtautobahnnetzes mit zahlreichen Überführungen und Brücken über die Lagunen bricht der Verkehr in den Spitzenzeiten immer wieder zusammen. Es kommt zum *go-slow,* wie die Lagosianer sagen. Fahrzeiten für die in den Außenbezirken lebenden Beschäftigten zu und von ihren Arbeitsstätten von jeweils zwei Stunden in schäbigen und überfüllten Bussen sind durchaus normal. Die pressierten Autofahrer versuchen durch Ausnutzung jeder Lücke und unter souveräner Mißachtung aller Verkehrsregeln mühsam Boden zu gewinnen.

Der Go-slow, der zu verschiedenen Tageszeiten und an wechselnden neuralgischen Punkten auftritt, ist die Stunde für das Heer der ambulanten Straßenhändler aller Altersstufen. Auf diesem wandernden Supermarkt wird die Palette der Schmuggelgüter am Autofenster vorgeführt: Armbanduhren (goldene!?) aus der Schweiz (made in Taiwan), Stereogeräte und Taschenrechner aus Fernost, Schuhe aus Italien, Parfüms aus Paris, Videokassetten, Autozubehör, Kleidung und Wäsche, in Zellophan abgepackte Äpfel und vieles mehr (jedoch wenig lokale Erzeugnisse). Setzt sich im Falle von Erwerbsinteresse eines Autoinsassen die Kolonne wieder in Bewegung – der Händler behält die Verkehrssituation mit einem Auge

ständig im Blick –, wird der Handel im Laufschritt fortgesetzt. Der Kaufgegenstand wird dann aber mit sicherem Griff dem potentiellen Kunden, der ihn zur Begutachtung erhalten hat, rechtzeitig wieder aus der Hand genommen: Trotz beachtlicher Spurtfähigkeit des Händlers selbst in der tropischen Mittagssonne könnte ja der vermeintliche Käufer mitsamt der Ware plötzlich entschwinden. Vornehmlich Jungen und Mädchen im Alter zwischen zehn und zwanzig Jahren nutzen die Schwachpunkte des

Typische Straßen-szene in Lagos

Auch nach Verlust des Hauptstadt-status wird die Metropolis Lagos immer eine Millio-nenstadt bleiben

Großstadtverkehrs für ihr offensichtlich lukratives Metier. Etwa fünfjährige Anfänger ohne entsprechende Kapitalbasis und Verkaufspraxis sammeln ihre ersten Erfahrungen beim Verkauf von Kaugummi. Ebenso werden an den Straßenrändern in notdürftig errichteten Kiosken *(bukas)* oder an von überdimensionalen Regenschirmen beschützten Verkaufsständen Lebensmittel wie Obst und Gemüse, daneben Waschpulver und andere Artikel des täglichen Bedarfs angeboten. Die Broad Street, die Hauptverkehrsstraße von Lagos Island, und die angrenzenden Straßen gleichen an Sonnentagen den Auslagen eines riesigen Kaufhauses. Diese Art des Straßenhandels ist überwiegend das Betätigungsfeld von Müttern, die auf diese Weise das kärgliche Familieneinkommen aufbessern. Man gewinnt fast den Eindruck, daß jeder Nigerianer ohne feste Anstellung ein Händler im kleinen oder im großen ist. Und in der Tat ist jedem Nigerianer der Drang, Handel zu treiben, angeboren. Es ist deshalb nicht überraschend, daß es trotz aller Misere kaum Bettler gibt. Lediglich vor den Kaufhäusern trifft man einige wenige, zumeist Krüppel und Blinde, die keiner Tätigkeit nachgehen können.

An Verkehrsknotenpunkten und anderen neuralgischen Plätzen wie großen Bushaltestellen haben sich ständige Märkte gebildet. Das Warenangebot ist hier umfangreicher und reichhaltiger, bis hin zu Wunderheilmitteln aus dem Arsenal der *native medicine* (die wir als Naturheilkunde bezeichnen würden) und allerlei Zaubermitteln. Lautstarke afrikanische Musik aus voluminösen Lautsprechern hebt den ohnehin hohen Geräuschpegel, der durch den Verkehrslärm, ständiges Hupen, schreiende Kinder, zeternde Marktfrauen und marktschreierische Verkaufsaktionen verursacht wird, auf einen für das ungeübte Trommelfell beängstigenden Grad an. Auch die freien Plätze unter den Autobahnüberführungen, wo sich, geschützt gegen Regen und Sonne und standmietenfrei, komplette Handwerkszünfte wie Automechaniker (ohne adäquate Werkstattausrüstung, aber mit »Firmenschilder« wie »Doktor für Mercedes und alle anderen Modelle«), Friseure, Zeitungsverkäufer, Schuster und Glaser niedergelassen haben, sind zu Zentren quirliger Geschäftigkeit geworden.

Die Lagosianer demonstrierten bis zur Rezession das Verhalten der oft zitierten Wegwerfgesellschaft unserer Tage. Ausgediente, nicht mehr benötigte und unbrauchbare Dinge wurden an Ort und Stelle stehen-, liegen- oder fallengelassen. Jahrelang gehörte jegliche Art von Müll zum gewohnten Stadtbild, und da trotz der Errichtung von drei modernen Verbrennungsanlagen die Müllabfuhr nicht organisiert war, häuften sich die wochen- und monatealten Müllberge am Straßenrand. In den Wohnvierteln dienten alte Ölfässer als Mülltonnen, deren Inhalt nach Erschöpfung der Aufnahmekapazität, ebenso wie die Abfallhaufen an den Straßenrändern, in der Trockenzeit durch Verbrennen auf ein erträgliches Maß reduziert wurden. In der Regenzeit verwandelten sich die Müllberge in übelriechende, krankheitsfördernde

Verwesungshaufen (Seuchen brachen überraschenderweise kaum aus). Auch hier hat die Militärregierung mit wechselndem Erfolg versucht, Abhilfe zu schaffen, so daß die Stadt sich für den Alteingesessenen gelegentlich von einer saubereren Seite zeigt.

Dennoch liegt vieles noch im argen. So führen beispielsweise das Fehlen oder der schlechte Zustand von Abwasserkanälen, die zumeist offen oder unzureichend abgedeckt zwischen Straße und Bürgersteig verlaufen und gleichzeitig als »Abfalleimer« dienen, bei starken Regenfällen zu Überschwemmungen. Ganze Straßenzüge stehen dann knietief unter Wasser: für so manchen Autobesitzer und Familien ohne fließend Wasser eine willkommene Gelegenheit für eine »Totalwäsche« auf offener Straße.

Nach dieser Zustandsschilderung mag sich der Leser fragen, wie man denn überhaupt in dieser Metropolis leben kann. Auch in dem nunmehr saubereren Lagos bedarf es schon einer gewissen Anpassungsfähigkeit und vor allem -willigkeit, gepaart mit stoischem Sichabfinden und duldsamen Hinnehmen des Nichtbeeinflußbaren, über das auch zahlreiche Nigerianer naserümpfend klagen.

Dabei ist ein besonderer Schwachpunkt noch nicht erwähnt: Lagos weist eine sehr hohe Kriminalitätsrate auf und ist zu einer Drehscheibe des internationalen Drogenhandels geworden. Es befindet sich damit »in guter Gesellschaft« mit New York, Paris oder Rom. Hauseinbrüche durch bewaffnete Banden, Raub auf offener Straße – selbst im dichten Verkehr können Autos überfallen und die Insassen all ihrer Habe beraubt werden – und Autodiebstähle trotz mehrfacher Diebstahlsicherung gehören zum Alltagsleben, wenn auch die Wahrscheinlichkeit, selbst Opfer zu werden, nicht viel größer ist, als den Hauptgewinn in der Lotterie zu ziehen. Sicherheitshalber sollte man stets die Türen von innen verriegeln und bei nächtlicher Heimkehr, insbesondere vor Ankunft an der Grundstückseinfahrt, in den Rückspiegel schauen. Die meisten bewaffneten Autodiebstähle passieren während des kurzen Stops vor dem Eingangstor. Bei einem Überfall sollte jeglicher Widerstand unterbleiben, um sich nicht unnötig zu gefährden.

Trotz aller Schattenseiten kann man die Frage nach der Lebensmöglichkeit in Lagos je nach den individuellen Bedürfnissen des einzelnen mehr oder weniger kräftig bejahen. Schwieriger ist dagegen die Frage nach der künftigen Überlebensfähigkeit der Stadt. Eine gewisse Entlastung verspricht man sich von der Fertigstellung der neuen Hauptstadt Abuja, wenn alle Bundesministerien und -behörden sowie die rund 100 diplomatischen Vertretungen umgezogen sein werden. Doch selbst dann wird Lagos Einfallstor und Wirtschaftsmetropole bleiben. Es wird nach einer kurzen Verschnaufpause weniger schnell wachsen und weiter an den skizzierten Gebrechen leiden. Den Ruf als eine der teuersten Städte der Welt (die Jahresmiete für ein Einfamilienhaus betrug 150 000 DM und mehr) hat Lagos nach der drastischen Abwertung der Landeswährung inzwischen verloren:

Das Gebäude der International Merchant Bank (IMB) in Lagos ist ein Beispiel für die moderne Glasarchitektur

Sie ist heute für den Ausländer eine der billigsten Städte Afrikas.

Lagos ist ein überdimensionierter Zerrspiegel des Landes und seiner Bewohner. Es ist eine Stadt der Widersprüche, wo der Reichtum der Wohlhabenden und das Massenelend in den Slums, hochmoderne Technik und vorindustrielles Handwerk in unmittelbarer Nachbarschaft anzutreffen sind. Es quillt über von Leben, wirkt abstoßend und anziehend zugleich. Auch mancher Europäer lebt hier seit Jahrzehnten. Ein Autoaufkleber gibt die einzig mögliche Antwort: »Love this country or leave it.« Und dennoch ist jeder Nigerianer froh, wenn er an Wochenenden oder Feiertagen dieser Stadt den Rücken kehren kann, um in sein *village* zurückzukehren.

Stadtbesichtigung

Vorbemerkung

Es ist nicht leicht, sich in den verschiedenen Vierteln der Stadt zurechtzufinden. Der Neuankömmling sollte eine Erkundung möglichst nicht allein unternehmen und schon gar nicht als Selbstfahrer mit einem Mietwagen. Angesichts der Schwierigkeiten, im Verkehrsgetümmel vorwärtszukommen und sich im Gewirr der Straßen zu orientieren, würde er diesen Versuch bald aufgeben. Weit angenehmer ist es, die Dienste eines Reisebüros in Anspruch zu nehmen, das auf Bestellung Fahrten durch die Stadt arrangiert.

Um die ursprüngliche Siedlung Lagos Island entstand die Metropolis Lagos, bestehend aus Lagos Island, den ihr vorgelagerten Inseln Ikoyi (das aber durch Aufschüttungen heute mit Lagos Island verbunden ist) und Victoria Island (durch den Five Cowrie Creek von Ikoyi getrennt) sowie dem sogenannten Mainland (Festland), dessen verschiedene Stadtteile sich bis Ikeja mit dem Internationalen und dem Inlandflughafen hinziehen. Die wichtigsten Stadtteile auf dem Festland, außer Ikeja, sind Apapa, Ebute Metta, Surulere, Yaba, Mushin, Shomulu, Oshodi, Ilupeju und die westlich von Lagos gelegenen neuen Viertel Festac Town und Satellite Town. Im nachfolgenden wird die Bezeichnung Lagos für den gesamten Ballungsraum verwendet und der eigentliche Stadtkern zur Abgrenzung »Lagos Island« genannt.

Lagos Island

Lagos Island, das durch die Eko, New Carter und Ibrahim Babangida Bridge mit dem Festland über das dazwischenliegende **Iddo Island** (heute kaum mehr als Insel zu erkennen) mit dem **Lagos Terminus,** dem Hauptbahnhof, verbunden ist, bildet das Handels-, Banken- und Geschäftszentrum. An der Marina Street (in der Umgangssprache kurz Marina genannt), einer ursprünglich direkt an der Lagune entlangführenden Straße, die nach den Aufschüttungen für den Bau der Stadtautobahn und großer Parkplätze den Charakter einer Uferstraße verloren hat, sowie der parallel dazu verlaufenden Broad Street liegen die vielstöckigen Bank- und Geschäftshochhäuser. Unter ihnen ragt das Gebäude des nach einem Brand 1983 noch immer nicht renovierten **NITEL-House** (Fernmeldeamt) mit dem höchsten Turm Afrikas heraus. Die Skyline ist zum Erkennungszeichen des modernen Lagos geworden.

Im Bereich dieser beiden Straßen befinden sich die wichtigsten Geschäfte, darunter mehrere Supermärkte und die Büros von Fluggesellschaften. An der Marina liegen außerdem das **State House,** der frühere Sitz der britischen Gouverneure (das Gebäude dient heute für Staatsempfänge), das ehemalige Außenministerium und der Haupt-

sitz der Elektrizitätsgesellschaft **NEPA** mit der Bronzestatue des Donnergottes Shango von B. Enwonwu, die **Anglican Church of Christ,** das **General Post Office** und in der parallel zur Marina verlaufenden Wesley Street die **National Library** (Öffnungszeiten werktags 7.30–15.30 Uhr). Inmitten der zahlreichen Neubauten haben vor allem in den Nebenstraßen alte Kolonialhäuser den Bauboom des Wirtschaftsaufschwungs überdauert.

Unweit des östlichen Endes der Marina, in der Awolowo Road, befindet sich das **National Museum Onikan,** wo in behelfsmäßigen Gebäuden ein allgemein- und insbesondere kunstgeschichtlicher Querschnitt gezeigt wird. Die Räume im Erdgeschoß enthalten in einer Dauerausstellung jene Kunstwerke, die vor Jahren als »Treasures of Ancient Africa« in zahlreichen Ländern, darunter auch der Bundesrepublik, einer größeren Öffentlichkeit bekannt wurden. Sie sind, jeweils nach den verschiedenen Kunstepochen (S. 117–122) gruppiert, in insgesamt sieben Räumen ausgestellt. In den Gängen um den Innenhof sind in Schaukästen überwiegend Schnitzereien aus verschiedenen Regionen zu sehen. Der Ausstellungsraum in der ersten Etage (Benin Gallery) ist ausschließlich mit Exponaten aus dem Palast des Oba von Benin bestückt. Unter dem Thema »Nigerian Government Yesterday and Today« vermittelt eine weitere Abteilung einen Überblick über die koloniale Vergangenheit des Landes und die verschiedenen Perioden der Zivil- und Militärregierungen des unabhängigen Nigeria. In der offenen Galerie des

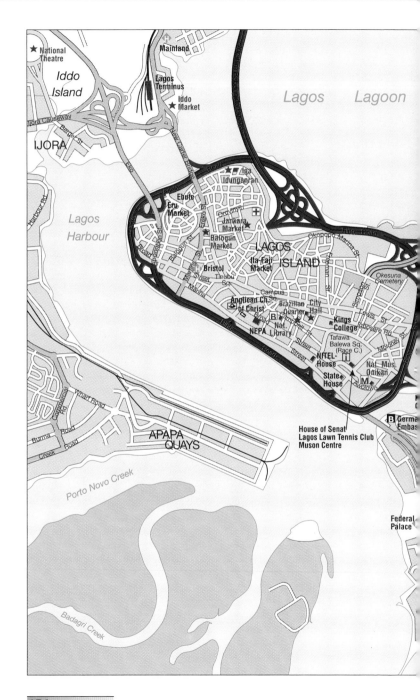

Stadtplan Lagos Island

★ Sehenswürdigkeit
B Bibliothek
M Museum
✚ Krankenhaus

📭 Hauptpost
⛨ Hotel
B Botschaft
i Touristen-Information

0   500   1000 m

Ikoyi Inner Cr.
Osborne St.
Temple
Road
Gerald
Ikoyi Park
Turnbull Road
Alexander
Avenue
Lugard
Glover
Federal Secretariat
Ikoyi
Bedwell Road
Ikoyi Cemetery
Bank Road
Road
Shaw Rd.
Glover Road
Buxton Rd.
Ikoyi Club
Fowler Rd.
Cooper
IKOYI
Road
State House (Dodan Barracks)
Golf Course
Keys Way
Bell Av.
A. Lawson Rd.
Avenue
ALENDE
Polo Club
Falomo Shopping C.
Road
Probyn
Road
Iratose
Road
Queens Rd.
Bourdillon
Oyinkan
Mekunwen Rd.
Anaromi Rd.
Drive
Iwolowo
Cowrie
Creek
Five
Maroko
One thousand and four
Road
Adeola
Adebola
Hopewell St.
Festival Rd.
Bishop Aboyade Cole Street
ozidowe Avenue Road
Abayomi
Akin
Goethe Institute
Muri Okunola
VICTORIA ISLAND ANNEX
B Embassy of Switzerland
Odeku
S. Fawunwa St.
Ajose Adeogun Rd.
VICTORIA ISLAND
Saka Tinubu St.
B Embassy of Austria
3Rd. Av.
304 Road
Eko Meridien
Bishop Oluwole Street
Ahmadu Bello Way
Kuramo Waters
Bar Beach

Innenhofes sind alte, reich verzierte Türtafeln (engl. panels) aufgestellt. Die dazwischen angebrachten Schaukästen enthalten nochmals Holzskulpturen, Töpferwaren, Glas- und Quarzperlen. Im Vorhof direkt vor dem Museumseingang stehen fünf besonders schöne Exemplare der Steinfiguren von Ikom (S. 121). Das Museum ist täglich von 9 bis 18 Uhr geöffnet.

Im **Craft Village** neben dem Hauptgebäude kann man Männern und Frauen bei der Ausübung der verschiedenen traditionellen Handwerke zuschauen. Das dem National-museum angeschlossene Restaurant **Museum Kitchen** (9–18 Uhr) bie-tet mittags eine Reihe nigerianischer Gerichte an sowie ein täglich wech-selndes Spezialmenü aus den ver-schiedenen Regionen. Abends dient das Freiluftlokal als Minibühne. Donnerstags abends (21 Uhr) wer-den Jazz-Konzerte gegeben. Ein de-tailliertes Gesamtprogramm hängt in der Eingangshalle des Museums aus. Im **Museum Craft Shop** kön-nen gute Reproduktionen der be-kanntesten Bronzefiguren erworben werden. Die **Bibliothek** des Mu-seums enthält eine umfangreiche Li-teratursammlung über afrikanische und speziell nigerianische Kunst.

In dem 1994 eröffneten, dem Mu-seum gegenüberliegenden **Muson**

Centre finden klassische Konzerte statt.

Das auf den Stadtplänen als **Race Course** eingezeichnete Gelände ist inzwischen durch den Baukomplex am Tafawa Balewa Square (Tafawa Balewa war der erste Premierminister Nigerias) verkleinert worden. Auf dem Innengelände dieses Komplexes, der von zwei offenen Türmen überragt wird, werden große Paraden und offizielle Veranstaltungen abgehalten. An den Außenseiten der Tribünen sind Geschäftsgalerien, Reisebüros, Fluggesellschaften und eine Kunstgalerie (Shop No. 5a) untergebracht. Das frühere **House of Senate** am Kopf-

Die Ibrahim Babangida Bridge ist eine der drei Brücken, die Lagos Island mit dem Festland verbindet

ende des Race Course beherbergte bis zum Machtantritt der Militärs das Parlament und dient jetzt Verwaltungszwecken. Es ist von der Lagunenseite her durch einen Eingang mit riesigen Pferdeplastiken zugänglich. Auf der anderen Straßenseite liegt der **Lagos Lawn Tennis Club.**

Am stets belebten **Tinubu Square** mit dem nicht funktionierenden Springbrunnen steht das Gebäude der Zentralbank. Hinter der **City Hall,** dem Rathaus, in der parallel zur Broad Street verlaufenden Campbell Street und am Campos Square sind die historischen Gebäude des **Brazilian Quarter** sehenswert, das im vorigen Jahrhundert von ehemaligen nigerianischen Sklaven, die um die Jahrhundertwende aus Brasilien zurückgekehrt waren, errichtet wurde. Die »Brasilianer« oder *Agudas* ahmten den Baustil ihrer ehemaligen portugiesischen Herren nach, indem sie ihre zweistöckigen Häuser mit Stuckornamenten, kunstvoll gestalteten Tür- und Fensterumrahmungen und Simsen sowie verzierten Balustraden schmückten. Eines der beeindruckendsten Beispiele dieser Architektur war das **Ebun House** in der Odunfa Street, das leider vor kurzem zerstört wurde.

Haus im sog. Brazilian Quarter von Lagos

Abendstimmung in Lagos Island

Am Nordende von Lagos Island, zwischen der New Carter Bridge und der Ibrahim Babangida Bridge, liegt in der Upper King Street 26 der Palast des Oba von Lagos, der **Iga Idunganran.** Von außen macht das von einer Mauer umgebene Gebäude mit Wellblechdach keineswegs einen palastartigen Eindruck, sondern sieht eher wie ein Lagerhaus aus. Der derzeit regierende Oba hat auch einen durchaus bürgerlichen

Hauptberuf: Er ist Apotheker (Ausführliches über die Rolle solcher traditionellen Herrscher S. 137).

Ikoyi

Die Grenzlinie zwischen Lagos Island und Ikoyi wird heute von der Trassenführung der Stadtautobahn, dem Ostabschnitt des Inneren Ringes, markiert, der teilweise über einem schmalen Abwasserkanal verläuft. Beginnt man den Inselrund-

gang im Nordwesten, fallen einem zunächst die lebensgroßen Steinplastiken auf dem **Friedhof** an der Ikoyi Road auf. Ikoyi entwickelte sich in der Kolonialzeit zum Wohnviertel mit großzügig angelegten Landhäusern inmitten parkartiger Anlagen. Der **Ikoyi Club** von 1938 mit angeschlossenem Golfgelände und Business Centre (Zeitungen und Zeitschriften, überseeische Telekommunikation), der **Polo Club** und

der **Motorboat Club** stammen ebenfalls aus dieser Zeit.

Das ehemalige bevorzugte Wohngebiet der Kolonialherren ist mit der Errichtung des **Federal Secretariat,** in dem die meisten Bundesministerien untergebracht sind, zum Regierungsviertel geworden und heute nahezu vollständig bebaut. Südlich des Federal Secretariats befindet sich jenseits der Ikoyi Road das **State House** – nicht zu verwechseln mit dem gleichnamigen Gebäude auf Lagos Island. In dem festungsartig von der Außenwelt abgeschirmten Bau befand sich bis zu seiner Verlegung in die neue Hauptstadt Abuja der Amtssitz des Staatsoberhauptes. Heute trägt er wieder den ursprünglichen Namen der früheren Kaserne (Dodan Barracks), heißt in der Umgangssprache jedoch nach der Straße kurz »Ribadu Road«.

Wer das Gewimmel in der Stadt vermeiden will, findet im **Falomo Shopping Centre** an der Awolowo Road zahlreiche Geschäfte, Reisebüros, Buchhandlungen und ein Fernmeldeamt. Vom Kreisverkehr in der Nähe des Einkaufszentrums führt die Kingsway Road zum Nordufer und erschließt als zentrale Achse mit parallel angelegten Querstraßen den Mittelteil von Ikoyi. Die zahlreichen Straßen, die die Namen früherer britischer Gouverneure tragen (z. B. Lugard Avenue, Glover Road, Mulliner Road), wie auch die halbrunde Straßenführung nach englischem Vorbild (Ikoyi Crescent und Inner Crescent) erinnern an die koloniale Vergangenheit. Etwa auf halber Länge der Kingsway Road steht eines der großen Hotels von Lagos, das **Ikoyi Hotel.** Der am Nordufer gelegene **Ikoyi Park** ist inzwischen recht vernachlässigt und dient Hundebesitzern als Auslaufgelände.

Victoria Island

Victoria Island entwickelte sich erst in den siebziger Jahren zu einem Wohngebiet und Diplomatenviertel und war bis in die achtziger Jahre hinein fast ausschließlich ein exquisites, ruhiges Wohnviertel. Während der westliche Teil mit dem **Federal Palace Hotel** und zahlreichen Botschaften inzwischen völlig bebaut ist, schreitet die Erschließung der östlichen Hälfte mit dem **Eko Meridien Hotel** als Markierungspunkt kräftig voran. Trotz andauernder schwerer Wirtschaftskrise sind hier in den letzten Jahren moderne Bürokomplexe, Banken Apartmenthäuser und aufwendige Villen in teilweise eigenwilliger Architektur aus dem Boden geschossen. Riesige Parabolantennen spiegeln symbolhaft den nach weitverbreiteter Meinung nicht immer mit legalen Mitteln erworbenen Wohlstand wider. Von Ikoyi über die **Falomo Bridge** kommend, sieht man linker Hand einen großen Wohnhauskomplex, der im Volksmund **One thousand and four** genannt wird, weil er 1004 Wohnungen enthält. Während der Zeit der letzten Zivilregierung waren hier die Senatoren und Abgeordneten untergebracht, danach – wie schon zuvor – Regierungsbeamte. Das Goethe-Institut, in dem regelmäßige Filme und Ausstellungen gezeigt werden, hat hier ebenfalls sein Domizil (Ozumba Mdadiwe Avenue). Die Hochhäuser rechts nach der Brücke (Eko Court Residential Buildings) sind private Wohnblocks mit Geschäften und einer Apotheke. An der Südseite von Victoria Island erstreckt sich zum offenen Atlantik hin der Badestrand **Bar Beach.** Die parallel zur Straße verlaufende durchbrochene Betonmauer sollte durch Ausgrenzung von aufdringlichen Souvenirverkäufern den Strand in eine Oase der Erholsamkeit verwandeln. Durch eine Sturmflut ist sie jedoch zu einem erheblichen Teil zerstört und nicht wieder repariert worden.

Als scharfer Kontrast zu dem den Ölreichtum widerspiegelnden Erscheinungsbild von Victoria Island wirkte das an der Ostseite gelegene Slumviertel **Maroko.** Hier suchten die zahlreichen Zuwanderer unter hygienisch kaum vorstellbaren Verhältnissen eine Bleibe in notdürftigen Unterkünften, die bei Sturmfluten gelegentlich unter Wasser gesetzt wurden. Die dort lebenden etwa 30 000 Menschen wurden Anfang der neunziger Jahre zwangsweise umgesiedelt und ihre Behausungen niedergewalzt. Das frei gewordene Gelände wird von einer beziehungsreich »Westminster« genannten Erschließungsgesellschaft in ein neues Wohnviertel umgewandelt.

Das Stadtgebiet auf dem Festland

Auf dem Festland gegenüber von Lagos Island liegt das Hafenviertel Apapa mit zahlreichen Handelsunternehmen und Industriebetrieben. Der westliche Teil war in der frühen wirtschaftlichen Entwicklungsphase das Wohnviertel der Europäer und ist es teilweise auch heute noch. An die europäische Prägung dieses Stadtteils erinnert u. a. der **Apapa Club.** Der sich nördlich anschließende Stadtteil Ajegunle ist hingegen ein Slumviertel mit hoher Kriminalitätsrate, weshalb ein Besuch dort unterbleiben sollte.

Die Sehenswürdigkeiten auf dem Festland beschränken sich auf den Komplex des **National Stadium** im Stadtteil Surulere an der Western Avenue und das **National Theatre** in Iganmu, das für das FESTAC-Kulturfestival 1977 (S. 142) als Mehrzweckbau errichtet wurde. Im Haupt-

saal mit 5 000 Plätzen finden Theater-, Tanz- und Musikaufführungen statt. Außerdem sind in dem großangelegten Gebäudekomplex zwei Kinosäle, ein Konzertsaal mit 1 200 Plätzen, Ausstellungshallen und Restaurants untergebracht; auch das National Arts Theatre hat hier seine Heimstatt. Unter dem gleichen Dach befinden sich der National Council for Arts and Culture mit einem Ausstellungsraum sowie die **National Gallery of Modern Art** (Eingang C, Di–Fr 10–17 Uhr, Sa und So 12–16 Uhr, an öffentlichen Feiertagen geschlossen), ebenso das Centre for Black and African Arts und Civilization (CBAAC) in der **Exhibition Hall II,** das eine Sammlung schwarzafrikanischer Kulturgüter (Archivmaterial, Bibliothek etc.) und ein Museum mit wechselnden Ausstellungen umfaßt (geöffnet Mo–Sa 7.30–15.30 Uhr). Gegenüber dem Eingang C befindet sich in einem eigenen Gebäude die **National Gallery of Crafts and Design,** die einen Überblick über das traditionelle Kunsthandwerk in Nigeria vermittelt (Mo–Fr 10–17 Uhr, Sa bis 16 Uhr).

Das von bulgarischen Architekten erbaute Nationaltheater erinnert in seiner architektonischen Ausführung etwas an die Berliner Kongreßhalle. Ursprünglich war der Bau als Mittelpunkt eines kulturellen und touristischen Zentrums konzipiert; das letztere ist bisher jedoch nicht errichtet worden. Aufgrund seiner isolierten Lage in einem sonst vernachlässigten Gebiet wirkt der Komplex wie ein Fremdkörper.

Im Westen etwas außerhalb des eigentlichen Stadtgebiets, am Badagry Expressway, liegen zwei moderne Wohnsiedlungen: **Festac Town** und **Satellite Town.** Die erstere wurde anläßlich des Afrikanischen Kulturfestivals 1977 für die zahlreichen Festspielteilnehmer aus dem In- und Ausland errichtet. Heute leben in den beiden Trabantenstädten vorwiegend mittlere Regierungsbeamte. Der lange und umständliche Anfahrtsweg macht diese ansonsten schöne Wohngegend nicht sehr attraktiv. Auf dem Wege von Apapa zu diesen Wohnvierteln liegt links vom Expressway **Tin Can Island** – ein ehemaliges Sumpfgebiet, auf dem in den siebziger Jahren die Tochtergesellschaft einer deutschen Baufirma in 15monatiger Bauzeit den zweiten Hafen von Lagos errichtete. Im Ortsteil Beachland befinden sich die **Deutsche Schule** (Schulabschluß Abitur) und eine **deutschsprachige ökumenische Kirche.**

Märkte

Für den Neuankömmling ist der Besuch der zahlreichen Afrikanermärkte ein ungewöhnliches, wenn auch vielleicht nicht immer positives Erlebnis. Diese Märkte, auf denen alle Früchte des Landes, vielerlei Importwaren und Industrieerzeugnisse angeboten werden, gleichen einem riesigen Freiluftkaufhaus. Neben der täglichen Versorgungsquelle für die überwiegende Mehrheit der Stadtbewohner erfüllen sie auch eine wichtige soziale Funktion als Kommunikationszentrum und Ort für den Austausch von Neuigkeiten. Ein Besuch sollte möglichst nicht in der Regenzeit unternommen werden, da sich dann die Gassen in diesen weitflächigen Märkten häufig in Schlammpfade verwandeln und mit normalem Schuhwerk kaum passierbar sind.

Besonders sehenswert sind folgende Märkte:

Jankara Market auf Lagos Island, an der Okoya Street, der alte, zum Teil überdachte Zentralmarkt von Lagos. Neben dem üblichen Allerweltswarenangebot findet man hier die traditionellen Indigo-Stoffe, Glasperlen und andere Schmuckartikel sowie die Juju-Zaubermittel.

Balogun Market auf Lagos Island, am und um den Balogun Square und in den umliegenden Nebenstraßen, insbesondere in der Daddy Alaja Street: Hier werden hauptsächlich Stoffe (importierte Spitzen und Damast), traditionelle

Die Märkte sind sowohl Versorgungsquelle als auch Kommunikationszentrum

Gewebe und allerlei Kurzwaren angeboten.

Iddo Market auf der Insel Iddo gegenüber dem Hauptbahnhof rechts neben der Carter Bridge in Richtung Festland. Dieser Markt ist auf frisches Gemüse und Obst spezialisiert.

Yaba Market im Stadtteil gleichen Namens hat sich in kurzer Zeit zu einer Versorgungsquelle von anderwärts nicht erhältlichen Waren entwickelt.

Ein kleiner Obst- und Gemüsemarkt befindet sich auch auf Victoria Island am östlichen Ende der parallel zur Bar Beach verlaufenden Ahmadu Bello Road; der frühere Markt direkt am Strand wurde geschlossen.

Alaba International Market (am Badagry Expressway 30 km außerhalb von Lagos): Am VW-Montagewerk links zum Ojo Village abbiegen, nach weiteren 2 km erstreckt sich der Markt ab der Alaba-Bushaltestelle. Er ist der größte und am besten ausgestattete Markt in Westafrika und wird vor allem von Käufern elektronischer Geräte, die hier am preiswertesten zu erhalten sind, aufgesucht. Darüber hinaus werden komplette Hauseinrichtungen, Textilien etc. angeboten. Wegen der überwiegend aus Japan stammenden Waren heißt dieser Markt auch »Little Japan«.

Alle diese Märkte sind durchaus auch als Versorgungsquelle für Europäer geeignet. Mangelwaren sind hier eher zu erhalten als in den großen Kaufhäusern und Supermärkten.

Lagos von A bis Z

Ärzte und Apotheken

Die ärztliche Versorgung in Lagos ist zufriedenstellend. Zu empfehlen ist für zahnärztliche Behandlung Dr. E. Solarin (spricht etwas deutsch), Eko Court Building, Flat 2, Block D, Kofo Abayomi Road, Tel. (2) 61 09 17; Victoria Island.

Apotheken: Bola Chemist's in der Campbell Street 55; in den Arkaden des Tafawa Balewa Square Shopping Complex, Shops No. 2 und 39, sowie in den großen Kaufhäusern; Executive Chemist im Falomo Shopping Centre in Ikoyi.

Autovermietung

Private Vermieter am Flughafen und bei den großen Hotels sowie Car Hire Service (Douala Road im Stadtteil Apapa, Tel. 87 08 09). Im Landesinnern verfügen die größeren Flughäfen über einen Autoverleih. Mietwagen werden in der Regel nur mit Fahrer (8 Std., danach Zuschläge) angeboten. Wegen der besonderen Verkehrssitten (S. 163) und der Schwierigkeit, sich in dem unübersichtlichen Straßengewirr zurechtzufinden, sollte der Neuankömmling die Hilfe eines ortskundigen Fahrers in Anspruch nehmen. Auch Taxis können tageweise gemietet werden, was oft preisgünstiger ist als ein Mietwagen. Wer sich dennoch selbst ans Steuer setzen möchte, kann sich in der City Hall unter Vorlage eines internationalen Führerscheins einen nigerianischen Führerschein ausstellen lassen (zwei Paßfotos).

Badestrände

Der nächstgelegene Strand ist der Bar Beach auf Victoria Island. Er zieht sich auf einer Länge von 1,5 km an der Südseite der Insel hin. Zum Schutz gegen Sonnenstrahlung empfiehlt es sich, eine der mit Palmwedeln bedeckten und mit Liegestühlen ausgestatteten Strandhütten zu mieten. Wegen der starken Brandung und des tückischen Sogs des rückfließenden Wassers ist das Baden hier nicht gefahrlos. Auf keinen Fall sollte über die Brandungswellen hinausgeschwommen werden: Selbst erfahrenen Schwimmern gelingt es in der Regel nicht, gegen die Strömung zum Strand zurückzukehren! Bei starkem Tidenhub während der Tag- und Nachtgleiche werden oft große Teile des Strandes weggeschwemmt. Mit künstlichen Aufschüttungen versucht man den Naturgewalten zu begegnen.

Leider wird der Strand von zahllosen Souvenirhändlern und Lebensmittelverkäufern bevölkert, die den erhofften geruhsamen Strandaufenthalt zu einer permanenten Abwehrreaktion gegen die recht aufdringlichen Händler umfunktionieren. Eine als Schutz gedachte Betonmauer entlang der Straße hat seit der Beschädigung durch eine Sturmwelle ihre Bedeutung wieder eingebüßt. An Wochenenden und Feiertagen ist der Bar Beach auch Treffpunkt verschiedener Sekten, die ihre Andachten mit Gesängen, Tänzen und Musik verrichten. Einige der Sektenanhänger (sog. *Aladuras*) haben hier sogar ihre ständige Bleibe errichtet.

Durch die Fertigstellung des mit zwei getrennten Fahrbahnen angelegten Expressway Lagos – Eti – Osa – Lekki ist 23 km von Lagos entfernt (ausgeschildert) der Eleko Beach mit Palmenstrand erschlossen worden. Wie am Bar Beach kann man auch hier ein palmwedelgedecktes Sonnendach mieten. Im allgemeinen ist das Meer hier etwas ruhiger als am Strand von Victoria Island, wenngleich die Brandungswellen und die Strömung hier ebenfalls gefährlich sein können. Auch verhalten sich die weniger zahlreichen Strandverkäufer nicht so aufdringlich. Besuche an Werktagen sollte man aber wegen der Abgeschiedenheit des Strandes unterlassen.

Nur mit dem Boot zu erreichen sind der Tarkwa Beach und der Lighthouse Beach vor Lagos. Sogenannte »Banana Boats« verkehren regelmäßig von der Anlegestelle »Paradise Landing« am

Eleko Crescent auf Victoria Island. Denjenigen, die als Besitzer eines eigenen Boots nicht auf den Fährverkehr angewiesen sind, ist eine Reihe anderer Strände mit Wochenendstrandhäusern zugänglich.

Ein schöner Badestrand liegt bei der Ortschaft Badagry, am »Coconut Village« Asako, nahe der Grenze zur Republik Benin. Wegen seiner Entfernung von Lagos (80 km) ist er nur mit dem Pkw (kein Busverkehr) über den Badagry Expressway (1 Std.) zu erreichen. Der Expressway führt etwa 500 m am Strand vorbei. Nach Überquerung einer großen Lagunenbrücke stellt man den Wagen an einer kleinen Zufahrt neben dem Expressway ab und heuert einen Jungen gegen geringes Entgelt zur Bewachung an. Wegen häufiger Diebstähle und Überfälle wird dieser Strand trotz seiner touristischen Einrichtungen in letzter Zeit gemieden.

Bahn

Vom Hauptbahnhof (Lagos Terminus) im Stadtteil Iddo zwischen Lagos Island und dem Festland geht täglich jeweils ein Zug (Express Train) nach Kano (Abfahrt 9 Uhr, Ankunft 15.20 Uhr am folgenden Tag), nach Jos (Abfahrt 15.10 Uhr, Ankunft 5 Uhr am übernächsten Tag) und Maiduguri (Abfahrt 16.10 Uhr, Ankunft 21 Uhr am übernächsten Tag) ab. Näheres zum Bahnverkehr S. 89.

Banken

Lagos verfügt über eine Vielzahl von Banken. Die bekanntesten und verläßlichsten sind die United Bank for Africa, die First Bank of Nigeria, die Union Bank of Africa (Barclays), die Savannah Bank und die Société Générale. In den Banken herrscht meist starker Andrang. Lediglich unmittelbar nach Öffnung kann mit schneller Abfertigung gerechnet werden. Die großen Hotels verfügen vielfach über eine Bankzweigstelle. Für Überweisungen aus dem Ausland sowie von Bank zu Bank und für Gutschriften von Schecks auf das eigene Konto ist mit einer Zeitdauer von einem Monat und länger zu rechnen. Schecks werden in den Geschäften nur selten akzeptiert.

NAL Merchant Bank (20, Marina) vertritt American Express, ebenso Mandilas Travel (33 Simpson Road). Schalterzeiten: Mo–Do 8–15 Uhr, Fr bis 13 Uhr.

Buchhandlungen

Das Angebot in den Buchhandlungen ist bescheiden. Die größeren Hotels (am besten Eko) verfügen über Bookshops mit einer kleinen Auswahl von Büchern über Afrika und Nigeria sowie eruopäische Zeitungen und Zeitschriften. Etwas reichhaltiger ausgestattet ist der »Bestseller« im Falomo Shopping Centre sowie gelegentlich die Buchhandlung im Bookshop House in der Broad Street und die Buchhandlung in der Universität Lagos; außerdem die Buchhandlungen im Internationalen Flughafen (An- und Abflughalle) sowie im Domestic Airport, der über das beste lokale Angebot verfügt. Die Buchhandlungen im Nationalmuseum und Nationaltheater (Entrance D) sind auf Kunst spezialisiert.

In Zeiten der Devisenknappheit wird gelegentlich die Versorgung mit Büchern und Zeitungen aus dem Ausland eingeschränkt. Die größte Auswahl an Veröffentlichungen über Nigeria findet man in London in Dillons University Bookshop und bei Mandarin Books.

Busse

Die Busse des öffentlichen Nahverkehrs *(oluwale)* sind aufgrund ihres roten Farbanstrichs sofort als Fahrzeuge der Lagos City Transport Corporation erkennbar. Die etwas kleineren gelben Busse *(molue)* mit unförmigen Aufbauten werden von Privatunternehmen auf bestimmten Strecken betrieben, ebenso die Minibusse *(danfo)*. Schlechter Zustand und ständige Überfüllung machen die Busse zu einem unzuverlässigen und abenteuerlichen Verkehrsmittel (und zu einem Eldorado für Taschendiebe). Ihre Chauffeure, insbesondere die *Molue-drivers* und *Danfodrivers*, sind wegen ihrer rücksichtslosen und riskanten Fahrweise gefürchtet.

Bei den mit »Staff Bus« gekennzeichneten Bussen verschiedener Größe handelt es sich um firmeneigene Personalfahrzeuge.

Der Busbahnhof für Fahrten in das Landesinnere befindet sich am Iddo Market auf der Insel gleichen Namens in der Nähe des Hauptbahnhofs. Weitere Informationen zum Busverkehr S. 160.

Fluggesellschaften

British Airways, 1 Idowu Taylor Street, Victoria Island, Tel. 2 61 21 11

KLM, 4B Idowu Taylor Street, Victoria Island, Tel. 2 61 93 38

Lufthansa, 150 Broad Street, Tel. 2 66 44 30, Fax 2 66 02 22

Nigeria Airways, Airways House, Airport, Ikeja, P. M. B. 1024 Ikeja, Tel. (2) 90 04 70-88

Swissair, Adeola Hopwell Street, Victoria Island, Tel. 2 61 36 78

Flughafen

Lagos Internationaler Flughafen Murtala Muhammed liegt 22 km nördlich des Stadtzentrums. Inlandflüge vom Domestic Airport Ikeja (S. 159). Für eine Fahrt in die Stadt mit dem offiziellen Flughafen-Taxi zahlt man 1000 ₦.

Friseure

Das Angebot von Friseurgeschäften und ihre Ausstattungen sind bescheiden. Die besten sind im Mainland Hotel, im Falomo Shopping Centre in Ikoyi und im Ikoyi Club. Die größeren Hotels verfügen in der Regel auch über einen Frisiersalon.

Geschäftszeiten

Supermärkte und Fachgeschäfte: Mo–Fr 8.30–17 Uhr, Sa bis 13 Uhr

Gottesdienste

Holy Cross Cathedral auf Lagos Island in der Catholic Mission Street (gegenüber der City Hall), Messen sonntags 6.30, 8, 9, 10 und 19 Uhr

Eine weitere kleine katholische Kirche, Church of the Assumption, befindet sich in Ikoyi gegenüber dem Falomo Shopping Centre; Messen wochentags 6.30 und 18.30 Uhr, sonntags 6.30, 8, 9, 9.30 und 18.30 Uhr

St. Paul's Lutheran Church in Ikoyi (4 Mekunwen Road), sonntags 10 und 11.30 Uhr

Eine ökumenische Kirche befindet sich im Komplex der Deutschen Schule im Beachland Estate westlich von Apapa.

Anglican Church of Christ an der Marina auf Lagos Island, wochentags 6.30 und 7.15 Uhr, sonntags 7.30, 9, 10.15 und 18.30 Uhr

Trinity Methodist Church, Tinubu Square, Lagos Island, sonntags 10 und 18 Uhr

Presbyterian Church, City Way, Yaba, sonntags 10 und 18 Uhr

Central Mosque, Nnamdi Azikiwe Street, Lagos Island, sonntags 10 Uhr

Hotels

Die Hotel Licensing Authority des Bundesstaates Lagos hat auf der Grundlage verschiedener Kriterien wie Lage, Erreichbarkeit, Zimmerpreise, Ausstattung, Service etc. die Hotels in vier Kategorien A–D eingeteilt. Die folgende Auswahl beschränkt sich auf Hotels der 1. Kategorie (Reihenfolge innerhalb der Stadtteile vom teuersten zum billigeren):

Eko Meridien, Kuramo Waters, Victoria Island, Tel. 2 61 50 00, Fax 2 61 52 05; 500 Zi. und Suiten,

Klimaanlage, Fernsehen, Sauna, Swimmingpool, chinesisches Restaurant

Federal Palace Hotel (Altbau), Ahmadu Bello Road, Victoria Island, Tel. 2 61 79 32-4, Fax 2 61 14 20; 160 Zi., Klimaanlage, Fernsehen, Swimmingpool, Sauna, Tennisplätze, chinesisches Restaurant

Federal Palace Suites (Neubau), Tel. 2 61 49 38; 288 Doppelzimmer und Suiten, Klimaanlage, Fernsehen, Swimmingpool, Sauna, Tennisplätze

Ikoyi Hotel, Kingsway Road, Ikoyi, Tel. 2 69 12 55, Fax 68 58 33; 286 Zi. und Suiten, Klimaanlage, Fernsehen, Swimmingpool, chinesisches Restaurant

Bristol Hotel, 8 Martins Street, Lagos Island, Tel. 2 66 02 04/07; 83 Zi. und Suiten, Klimaanlage, Fernsehen

Mainland Hotel (auf dem Festland in der Nähe des Hauptbahnhofs), 2/3 Murtala Muhammed Way, Oyingbo, Tel. (2) 80 03 00; 185 Zi., Klimaanlage, Fernsehen, chinesisches Restaurant

Excelsior Hotel, 3/15 Ede Street, Apapa, Tel. (2) 80 36 80; 110 Zi., Klimaanlage, Fernsehen

Durbar Hotel, Mile 2 (etwas außerhalb am Badagry Expressway), Tel. (2) 88 09 13; 528 Zi., Klimaanlage, Fernsehen, Swimmingpool, Tennisplätze, Autovermietung

Lagos Sheraton Hotel Ikeja (10 Minuten vom Flughafen), 30 Airport Road, Ikeja, Tel. (2) 90 09 30, Fax 49 03 22; 350 Zi., Klimaanlage, Fernsehen, Swimmingpool, Tennisplätze

Airport Hotel (10 Minuten vom Flughafen), Obafemi Awolowo Way, Ikeja, Tel. 90 10 01; 275 Zi., Klimaanlage, Fernsehen, Swimmingpool, Tennis

Information
Nigerian Tourism Development Corporation, Tafawa Balewa Square Shopping Centre, Entrance No. 2, Tel. 63 70 80

Tourist Office im Trade Fair Complex außerhalb von Lagos

Parkplätze
Bewachte Parkplätze gibt es nur bei den Hotels und auf Lagos Island entlang der Marina gegenüber den Kaufhäusern sowie am Tafawa Balewa Square. Parkschein nicht sichtbar im Auto liegen lassen! Trotz Diebstahlsicherung werden Fahrzeuge oft auch von bewachten Parkplätzen entwendet. Vorschriftswidrig geparkte Fahrzeuge werden entweder abgeschleppt oder neuerdings von der Polizei mit Sperriegeln (Radkrallen bzw. -riegel) versehen, die nur nach Zahlung eines hohen Bußgeldes entfernt werden.

An den Fernstraßen, auch an den autobahnartigen Expressways, sucht man vergeblich nach Parkplätzen für eine Ruhepause. Fahrtunterbrechungen können nur an den weit auseinanderliegenden Tankstellen eingelegt werden.

Polizei
Trotz ihrer allgegenwärtigen Präsenz in den Städten und auf den Fernstraßen ist die Polizei für den Bürger und Reisenden kaum ein »Freund und Helfer«. Wegen der ständigen Behelligungen an den zahllosen »Check Points« genießt sie einen schlechten Ruf. Eine Hilfestellung kann kaum ohne vorheriges finanzielles Entgelt *(dash)* erwartet werden, obwohl dies inzwischen verboten wurde. Die mit einem gelben Hemd bekleideten Verkehrspolizisten an den Straßenkreuzungen heißen deshalb im Volksmund auch »Yellow Feaver« (in Anlehnung an die gefährliche Tropenkrankheit Gelbfieber).

Die Polizei-Notrufnummer lautet 199. Das Polizeirevier im Wohnviertel Ikoyi ist unter den Nr. 68 28 91 und 68 03 52, im Stadtteil Victoria Island unter Nr. 61 07 43 zu erreichen.

Postämter

Das Hauptpostamt befindet sich an
der Marina (geöffnet Mo–Fr 8–12 und
14–16 Uhr, Sa 8–12 Uhr). Die Neben-
stellen in Ikoyi (Awolowo Road) und
Victoria Island (Adeola Odeku Street)
haben samstags geschlossen. Wegen des
starken Publikumsverkehrs mit stun-
denlangen Wartezeiten empfiehlt sich
die Erledigung postalischer Angelegenheiten in den Hotels. Briefmarken
sind auch im Philatelic Bureau in
der Tinubu Street erhältlich (8–13,
14–16.30 Uhr). Die Zustellung von
Briefen (über Postfach) aus Europa,
aber auch anderen Landesteilen, kann
ein bis zwei Wochen dauern.

Firmen und Regierungsstellen verfügen
über eigene Funkverbindungen und
Mobilfunk bzw. arbeiten mit Kurieren
innerhalb von Lagos und im Verkehr
mit dem Landesinnern. Der gewöhnli-
che Nigerianer bedient sich des bewähr-
ten Mittels der »Buschtrommel« (Über-
mittlung von Nachrichten durch
reisende Bekannte von Ort zu Ort), was
schneller und zuverlässiger als die Post
ist.

Für den Postverkehr mit dem Ausland
nehmen Firmen professionelle Kurier-
dienste in Anspruch wie International
Messengers Nigeria Ltd. (IMNL) im Fe-
deral Palace Hotel, Tel. 2 61 92 34, und
DHL, 1 Sunmbo Jibowu Street, Ikoyi,
Tel. 2 68 11 06, mit Außenstellen in den
Wirtschaftszentren des Landesinnern.
Sie befördern auch Post innerhalb
Nigerias.

Reisebüros

Calvary Travels & Tours, N.I.J. House,
Adeyemo Alakija Street, Victoria Island,
Tel. 2 61 97 78 7

Suntours of Nigeria, 21–25 Broad Street
(Investment House), Tel. (2) 66 35 82

Bitts Travel & Tours, E 7 Falomo Shopping Centre, Tel. (2) 68 35 49

(Fahrten zu den bei den Routen genannten Sehenswürdigkeiten,
auch Tierparks und Obudu Cattle
Ranch)

Eine große Anzahl weiterer Reisebüros
in den verschiedenen Stadtteilen ist
auf die Ausstellung von Flugscheinen
spezialisiert; diese sollten aber besser
bei den jeweiligen Fluggesellschaften
bestellt werden.

Restaurants

Die Qualität der Restaurants in den
großen Hotels mit europäischer Küche
ist mittelmäßig, gut dagegen die der
chinesischen Restaurants in den gleichen Hotels sowie Zenith Gardens in
der Awolowo Road.

Zu empfehlende Stadtrestaurants:
The Lagoon Waters, 1C Ozumba Mbadi-
we Avenue, Victoria Island; Bacchus,
57 Awolowo Road, Ikoyi; Bagatelle,
208 Broad Street, Lagos Island, und
Chez Antoine, 61 Broad Street, Lagos
Island – in allen drei Restaurant
abends Krawattenzwang.

Nigerianische Kost sollte man nicht
in den Hotel (ausgenommen Sheraton)
probieren, sondern im Museum
Kitchen im Nationalmuseum (S. 178)
das allerdings abends geschlossen
hat.

Ein italienisches Restaurant befindet
sich im Ikeja Palace Hotel, Opebi Village Road, Ikeja. Der Arts Place im Vorort
Yaba, 280 A Murtala Muhammed Way,
bietet neben seiner nigerianischen, europäischen und brasilianischen Küche
ein Unterhaltungsprogramm und
Kunstausstellungen. Indische Restaurants sind in nahezu allen Stadtteilen
anzutreffen; am besten das Sherlaton in
der Broad Street (gegenüber dem
Bagatelle). Ein gutes, an der Lagune auf

Victoria Island gelegenes libanesisches Restaurant ist das Peninsula (gegenüber dem Hochhauskomplex »1004 Flats«).

Sportmöglichkeiten

Die großen Hotels verfügen über Swimmingpools und Tennisplätze. Im Ikoyi Club (Golf, Tennis, Squash, Badminton, Schwimmen) kann man nur durch ein langwieriges Verfahren Vollmitglied werden. Eine vorläufige Mitgliedschaft ist schneller erhältlich und berechtigt zur Nutzung der Anlagen. Auf dem Tennisplatz ist weiße Kleidung obligatorisch. Tagesbesuche von Nichtmitgliedern sind nur in Begleitung eines Mitglieds möglich. Ähnlich ausgestattet sind der Lagos Country Club im Vorort Ikeja und der Apapa Club (kein Golf); außerdem der Lagos Lawn Tennis Club (trotz des Namens nur Hartplätze).

Der Wassersportler hat die Auswahl zwischen dem Motor Boat Club in Ikoyi, dem Lagos Yacht Club (nur Segeln) in Ikoyi und dem Motor Boat Club in Apapa. Schließlich gibt es auch einen Polo Club auf Ikoyi Island.

Taxis

Fast jeder zweite Pkw in Lagos ist ein Taxi. Sie sind leicht an ihrem gelben Anstrich und der verbeulten Karosserie zu erkennen. In der Regel sind sie nicht klimatisiert (nur am Flughafen und vor den großen Hotels werden auch Taxis mit Klimaanlage für Ganztagesfahrten angeboten) und technisch oft in einem sehr schlechten Zustand. Taxistände gibt es nur vor großen Hotels und Kaufhäusern. Bei der Ankunft mit dem Flugzeug ist es ratsam, für die Fahrt in die Stadt ein offizielles Flughafentaxi zu nehmen (1000 ₦).

Die Zonentarife für Fahrten in die einzelnen Stadtteile liegen pauschal fest (50 k innerhalb einer Zone). Taxameter, falls überhaupt vorhanden, funktionieren nicht. Der Preis sollte auf jeden Fall vor Fahrtantritt ausgehandelt werden. Für eine Fahrt innerhalb des gleichen Stadtviertels (1 drop) muß man normalerweise 50 ₦ bezahlen. Von Europäern wird meist ein weit überhöhter Preis verlangt. Dies gilt besonders für die Taxis an den Flughäfen und an den Hotels. Ein Gang bis zur vorbeiführenden Straße erbringt eine erhebliche Ersparnis.

Im Stadtverkehr werden oft mehrere Passagiere in die gleiche Richtung, manchmal auch über Umwege, mitgenommen. Aus Sicherheitsgründen sollte man aber vor allem nachts solche Sammelfahrten vermeiden. Taxis, die nicht als solche gekennzeichnet sind, auf keinen Fall benutzen. Aktentaschen und dgl. nicht auf den Beifahrersitz legen. Trinkgeld wird nur für besondere Zusatzleistungen erwartet.

Telekommunikation

Das Hauptfernmeldeamt befindet sich im NITEL-Gebäude (Nigerian Telecommunication) an der Marina, eine Zweigstelle im Falomo Shopping Centre in Ikoyi. Ferngespräche, Telegramme, Fax und Telex werden im Hauptgebäude rund um die Uhr, auch an Feiertagen, im Falomo Shopping Centre von 7 bis 20 Uhr angenommen. Die gleichen Dienstleistungen bietet das Business Centre im Ikoyi Club. Die Verbindungen mit dem Landesinnern sind häufig gestört oder funktionieren nur in den Abendstunden. Geschäftsleute bedienen sich in zunehmendem Maße des Mobilfunks. Telefonzellen gibt es im Stadtgebiet.

Über die Umstellung der Telefonnummern s. S. 293.

Fünf Reisen durch Nigeria

Vorbemerkung

Im Gegensatz zu anderen schwarz-afrikanischen Staaten wie Kenia oder Tansania ist Nigeria kein Touristenland. Zudem ist Nigeria kein »leichtes« Land. Nicht nur natürliche Gegebenheiten wie das für Europäer ungewohnte Klima, sondern darüber hinaus hektische, z. T. chaotische Verkehrssituationen, schlechte Telefonverbindungen, Strom- und Wasserabschaltungen und die weit verbreitete Unsitte des *Dash* (Handgeld) erfordern ein hohes Maß an Durchstehvermögen. Selbst Nigerianer, die es sich finanziell erlauben können, verbringen ihre Ferien lieber im (europäischen) Ausland, als ihr eigenes Land kennenzulernen. Abgesehen von Ethnologen und Kunstinteressierten sowie Afrika-Enthusiasten gibt es bisher kaum Ausländer, die Nigeria als Ferienland wählen. Wenn hier dennoch touristische Reiserouten empfohlen werden, so sind sie mehr als Anregungen für in Nigeria ansässige Ausländer oder auch durchreisende Geschäftsleute gedacht.

Wer länger in Lagos oder einer der anderen großen Städte lebt, sollte sich dort der jeweiligen Field Society anschließen. Diese Clubs veranstalten unter landeskundiger Anleitung an Wochenenden regelmäßig naturkundliche Wanderungen und Autoausflüge in die nähere und weitere Umgebung der Städte. Einige der unter Lagos von A bis Z erwähnten Veranstalter (S. 190) organisieren auf Anfrage Ausflüge zu traditionellen Festen und den Tierreservaten. Allen, die ein zuverlässiges Auto besitzen, wird jedoch empfohlen, selbst auf Erkundungsfahrt zu gehen. Trotz der großen Entfernungen zu den einzelnen Zentren, die natürlich leichter in ein bis zwei Flugstunden erreichbar sind, sollte man möglichst im eigenen Fahrzeug reisen (Leihwagen sind zu teuer), da man andernfalls auf die Städte fixiert bleibt und nicht Land und Leute »erlebt«.

Angesichts der Größe des Landes ist es schwierig, feste Ausflugsrouten zusammenzustellen. Die nachfolgend genannten Rundreisen mit Ausgangspunkt Lagos sind nur als grobe Anleitung gemeint und können je nach Zeit und Interessenlage variiert werden.

Wer jedoch die Gelegenheit – und Zeit – zur Reise mit dem Auto hat, sollte sie nutzen. Dabei empfiehlt sich die Mitnahme von Motoröl, destilliertem Wasser, eines Ersatzkeilriemens und, wenn möglich, eines zweiten Ersatzreifens. Auch eine Camping-Grundausstattung (allerdings ohne Zelt), Lebensmittelreserven sowie Trinkwasservorräte (besonders in der Trockenzeit) können nützlich sein. Alle größeren Städte verfügen zwar über entsprechende Hotels, ohne jedoch immer eine adäquate Versorgung sichern zu können.

Reisen in alter Zeit

Route 1: In den Südteil des Yoruba-Landes

Lagos – Badagry – Abeokuta –
Ibadan – Ife – Oshogbo
(410 km)

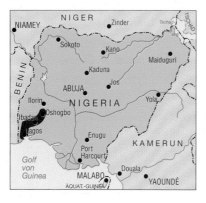

Diese 2–3 Tage (in Verbindung mit Route 2 entsprechend länger) dauernde Route führt durch das Kernland des Yoruba-Volkes, eine der »reinrassigsten« Regionen Nigerias. Mit dem hohen Anteil von 40 % an städtischer Bevölkerung haben wir es hier mit einer auf langer Tradition beruhenden Stadtlandschaft zu tun. Ursprünglich waren diese Städte riesige Dörfer mit zahllosen Lehmbauten. Dorfcharakter besitzen sie z. T. noch heute, doch sind natürlich Dachmaterialien durch Wellblech verdrängt worden und einige Viertel von festen mehrstöckigen Wohnhäusern im europäischen Stil – sichtbare Zeichen einer elitären Wohlstandsklasse – durchsetzt.

Das etwa 100 km nördlich von Lagos im Übergangssaum vom Regenwald zur Savanne gelegene Abeokuta ist eine der bedeutenden Yoruba-Städte. Es kann von Lagos aus auf zwei Wegen erreicht werden: entweder über die Ikorodu Road und durch zahlreiche Vororte von Lagos und sodann über die den Feuchtwald, der nur noch stellenweise Urwaldcharakter hat, durchquerende A5 oder über das etwas abseits südwestlich von dem zum Nachbarland Benin führenden Expressway gelegene **Badagry** (85 km).

Badagry

Die Ursprünge des geschichtsträchtigen Badagry verlieren sich im Dunkel der Geschichte. Zu trauriger Berühmtheit gelangte die Stadt während der Zeit des Sklavenhandels (S. 44), als sie nach dessen Verbot zur wichtigsten heimlichen Sammelstelle der im Yoruba-Hinterland gefangenen Sklaven wurde. In dem von hoher See durch unwegsame Lagunen schwer zugänglichen Mangrovengebiet harrten die Sklaven, in schwere Ketten gelegt, auf ihren Abtransport insbesondere nach Südamerika. Eine Sammlung dieser Folterinstrumente kann in einem alten Sklavenhaus besichtigt werden, das man wie folgt erreicht: Am Stadtrand an der Gabelung geradeaus weiter, den Platz in der Stadtmitte überqueren und bis zur Straße an der Lagune fahren. Das dort am östlichen Ende etwas versetzt stehende Missionshaus hat durch die notwendig gewordenen Renovierungsarbeiten leider seinen alten Charme weitgehend verloren. In der Nähe befindet sich dann das Sklavenhaus.

Die Ironie der Geschichte wollte es, daß Badagry nach der endgültigen Ausmerzung der Sklaverei auch zu einem Einfallstor vieler zurück-

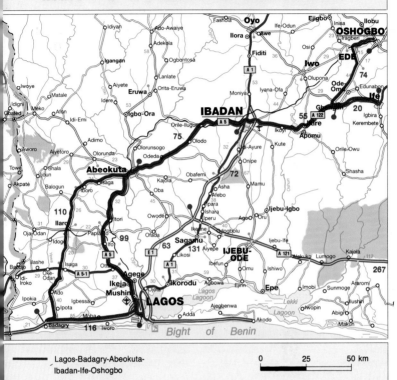

Route 1: In den Südteil des Yoruba-Landes

Lages-Badagry-Abeokuta-
Ibadan-Ife-Oshogbo

0   25   50 km

kehrender, nunmehr befreiter Sklaven wurde. Unter ihnen waren auch einige bekannte Missionare, wie der später zum Bischof aufgestiegene Samuel Crowther, der hier die Bibel in die Yoruba-Sprache übersetzte. 1842 errichteten die Methodisten in Badagry die erste Missionsstation im Yoruba-Land. Ein aus dieser Zeit erhaltenes Zeugnis ist das erste, aus dem Jahre 1845 stammende, mehrstöckige Haus Nigerias (vom Hauptplatz in westlicher Richtung abbiegen).

Heute ist Badagry eine Handelsstadt, die sich die grenznahe Lage zu Benin zunutze macht. Die schönen palmenumsäumten Sandstände (S. 186) werden allmählich zu einem Touristenzentrum ausgebaut.

Anschließend fährt man zurück zum Expressway und von dort in nördlicher Richtung über **Ilaro** (60 km) weiter nach **Abeokuta** (50 km).

Abeokuta

Abeokuta (350 000 Einw.) wurde 1830 vom Stamm der Egba am Fuße des Olumo-Felsens gegründet und bald von Badagry aus christianisiert. Bereits 1854 erschien hier die erste

Einwohner von Abeokuta in alter Zeit

von Missionaren herausgegebene Zeitung. Der Olumo-Felsen, am Stadtrand gegenüber dem Ogun State Hotel, ist das Wahrzeichen von Abeokuta, eine Kultstätte der Egba und das Symbol ihrer Einheit. Der etwas beschwerliche Aufstieg auf den kahlen Felsen, von dem man einen guten Rundblick auf die expandierende Stadt und die sie umgebende Hügellandschaft hat, sollte nur mit gutem Schuhwerk und in Begleitung eines Führers unternommen werden. Im Olumo Rock Museum am Felsen werden einige Relikte aus der Zeit der frühen Siedler aufbewahrt. Am Fuße des Felsens hat die Künstlergruppe Olumo Art Movement ihre Wirkungsstätte aufgeschlagen. Ihre traditionellen und avantgardistischen Werke (Skulpturen, Wand- und Porträtgemälde, Batiken) werden in einer eigenen Gale-

rie ausgestellt. Der Orisa Igun-Schrein, eine große Höhle, ist eine bei den Egba-Frauen beliebte Kultstätte; während einer 30 Tage dauernden Zeremonie werden hier Lamm- und Ziegenopfer dargebracht.

Hotels

Ogun State Hotel, Tel. 0 39/23 16 45;
Alt- und Neubau, 200 Zi., Klimaanlage, Fernsehen, Friseur, Swimmingpool, Tennisplatz

Crown Royal Hotel, Tel. 0 39/23 16 45

Catering Rest House, Tel. 0 39/23 00 04

Krankenhaus

s. S. 290

Die Straße nach Ibadan, vorbei am Asero Stadium, führt zunächst durch lichten Hochwald, in dem der Kakaogürtel beginnt. Kakao wird seit den siebziger Jahren des vorigen Jahrhunderts – er wurde von Amerika eingeführt – hauptsächlich nördlich von Abeokuta und vor allem im weiteren Umland von Ibadan von Kleinbauern angebaut (Erntezeit ab September) und hat den Yoruba einen gewissen Wohlstand gebracht. Weiterhin wachsen in diesem Hügelland neben den landesüblichen Grundnahrungsmitteln Zitrusfrüchte und Bananen. Der Kolanuß-Baum ist hier ebenfalls beheimatet. Nach 75 km durch die Feuchtsavanne wird **Ibadan** erreicht.

Ibadan

Das bei direkter Fahrt über den E 1 Expressway 160 km nördlich von Lagos auf 238 m Höhe gelegene Ibadan (3 Mill. Einw.) mit seinen weiträumigen Ansammlungen von Wellblechhäusern galt lange Zeit

Palmenstrand bei Badagry westlich von Lagos

Die beliebten Kolanüsse stammen meist aus der Feuchtsavanne um Ibadan

*Der Ibadan Expressway ist eine der
wichtigsten Verkehrsadern des Landes*

als die bevölkerungsreichste Stadt Schwarzafrikas. Sie entwickelte sich seit 1830 aus einem Heerlager der Yoruba, die sich erfolgreich dem Ansturm islamisierender Fulbe widersetzen, und wurde bald zu einem wichtigen Handelszentrum. Der Name leitet sich von *Eba Odan* (= das Feld zwischen Wald und Savanne) ab. In den zahllosen kriegerischen Auseinandersetzungen blieben die Ibadaner stets unbesiegt. Daraus resultierte bei den Bewohnern ein Gefühl der Überlegenheit, das auch heute noch in ihrem selbstbewußten Auftreten zum Ausdruck kommt.

Durch die Lage Ibadans außerhalb des Regenwaldgürtels sind die klimatischen Verhältnisse weniger bedrückend. Zwar erreicht bei einer jährlichen Niederschlagsmenge von 1230 mm und der hohen Sonneneinstrahlung die relative Luftfeuchtigkeit immerhin 80–90 %, geht aber in den Trockenmonaten November bis April nachmittags auf 50–60 % zurück. Die durchschnittlichen Höchsttemperaturen von 33 °C fallen nur in der Regenzeit auf 25 °C, während die mittleren Tiefsttemperaturen bei 21 °C liegen.

Etwa ein Fünftel der fast ausschließlich aus Yoruba bestehenden Bevölkerung Ibadans ist in der Landwirtschaft tätig, so daß Gehöfte zum Stadtbild gehören. Einen Gesamteindruck von der zweitgrößten Stadt Nigerias mit ihrem schier endlos sich hinziehenden einförmigen Häusermeer, aus dem nur vereinzelt einige Hochhäuser herausragen, hat man von der **Mapo Hall,** dem Rathaus von Ibadan. Gegen ein ge-

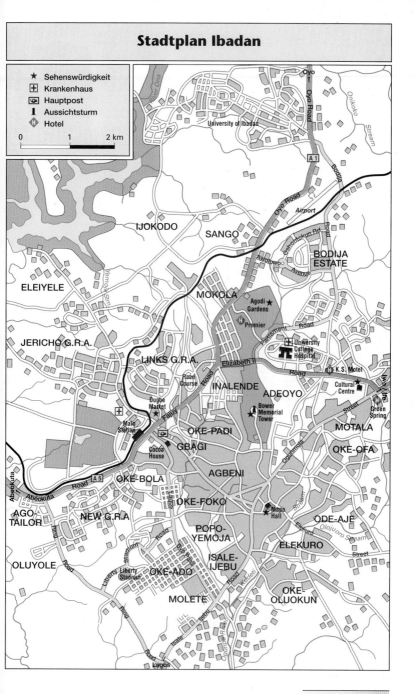

Stadtplan Ibadan

★ Sehenswürdigkeit
⊞ Krankenhaus
◉ Hauptpost
I Aussichtsturm
◈ Hotel

0   1   2 km

ringes Entgelt gestattet der Wächter den Aufstieg auf das Dach. Noch besser ist der Rundblick vom **Bower Memorial Tower,** der aber nur über eine schlechte Straße zugänglich ist. Das Zentrum um den **Dugbe Market** mit seinem unübersichtlichen Straßennetz, das sich in der Regenzeit in kaum passierbare Wassertümpel verwandelt, erscheint undurchdringlich. Dennoch sollte man einen kleinen Rundgang unternehmen, um diesen Teil der Stadt näher zu erkunden. Wählt man als Ausgangspunkt den **Bahnhof** (Main Station), so liegt direkt gegenüber das neue **Hauptpostamt** (General Post Office); der Dugbe Market erstreckt sich zu beiden Seiten der Fajuyi Road. Etwas weiter südlich steht das höchste Gebäude der Stadt: Das 23 stöckige **Cocoa House,** das 1985 teilweise ausbrannte, ist das weithin sichtbare Symbol des exportorientierten Kakaoanbaus in dieser Region. In dichter Nachbarschaft zu diesem Viertel liegen Supermärkte und Banken.

Die **Agodi Gardens** an der zum Regierungsviertel führenden Parliament Road eignen sich für einen Spaziergang inmitten tropischer Vegetation (täglich von 10 bis 18 Uhr geöffnet). Der dazugehörende Zoo ist mit seinen wenigen Tieren sehr stark vernachlässigt. Das in der Nähe liegende **University College Hospital** zählt zu den modernsten Krankenhäusern Nigerias. Im Neubau des **Cultural Centre,** das sich die Förderung der Yoruba-Kunst zur Aufgabe gemacht hat, werden Theater- und Tanzaufführungen sowie Ausstellungen veranstaltet (werktags von 7.30 bis 15.30 Uhr).

Im Norden, etwa 8 km vom Stadtzentrum entfernt, liegt jenseits des alten Flughafens an der Oyo Road die 1948 gegründete **Universität.** Hier lohnt sich ein Besuch des dem Institut für afrikanische Studien angeschlossenen **Museums** mit seinen Bronze- und Holzfiguren (Mo–Fr 10–15.30 Uhr).

Das nigerianische **Nationalarchiv** ist hier ebenfalls untergebracht. Der Bookshop (Mo–Fr 8–16 Uhr, Sa 8–12 Uhr) bietet eine reichhaltige Auswahl an Büchern. An der katholischen **Chapel of Resurrection** in der Nähe – eine protestantische Kirche befindet sich gegenüber – fällt das eindrucksvolle Schnitzwerk vom »Risen Christ« des nigerianischen Künstlers Ben Enwonwu ins Auge. Ebenfalls auf dem Universitätsgelände befindet sich der erfreulich gut ausgestattete **Zoologische Garten** (täglich von 7 bis 19 Uhr) mit einer reichhaltigen Sammlung von Affen (darunter Gorillas und Schimpansen), Raubtieren und -vögeln, Reptilien, Antilopen etc.

10 km weiter an der Oyo Road liegt auf der linken Seite der idyllische Campus des **International Institute of Tropical Agriculture,** an dem Forscher aus allen Erdteilen arbeiten.

Ibadan hat sich zu einer bedeutenden Industriestadt mit der größten Brauerei Afrikas und einem bedeutenden Montagewerk für Allradfahrzeuge (Leyland) entwickelt. Hauptprobleme für die Stadtverwaltung sind die regelmäßigen Ausfälle in der Wasser- und Stromversorgung, der schlechte Straßenzustand und die Kanalisation.

*Der Palast des
Ooni von Ife*

Hotels

Premier Hotel, Tel. 0 22/46 23 40; 90 Zi., Fernsehen, Swimmingpool, Bank, Apotheke, Friseur, Buchladen

Lafia Hotel (an der Ausfallstraße nach Abeokuta), Tel. 0 22/46 27 50; 40 Zi., Fernsehen, Swimmingpool

Green Spring Hotel (älteres Gebäude im Bungalow-Stil an der Old Ife Road am nördlichsten Stadtrand), Tel. 0 22/24 27 56; 60 Zi., Klimaanlage

K. S. Motel, Tel. 0 22/41 20 47

Catering Rest House, Tel. 0 22/41 42 37

Restaurants

Chinesisches Restaurant im Premier Hotel sowie mehrere libanesische Restaurants im Zentrum, besonders im John Holt Building.

Von Ibadan führt unsere Route nach Osten in das 75 km entfernte Ife, das als geistiges Zentrum der Yoruba und moderne Universitätsstadt zusammen mit dem weiter nördlich gelegenen Oshogbo (S. 203) als Hort der lebendigen Traditionen des stolzen Volkes einen Einblick in die Yoruba-Kultur vermittelt.

Diese recht enge Straße ist wegen des hügeligen Charakters der Landschaft und des hohen Verkehrsaufkommens etwas gefährlich. Man muß ständig mit unfallträchtigen Situationen infolge riskanter Überholmanöver rechnen. Die Vegetation beiderseits der Straße wirkt oft undurchdringlich und ist recht gemischt: von Schlingpflanzen eingefaßte hohe Laubbäume und wildwachsende Ölpalmen, zwischen denen immer wieder kleine Kassavafelder und Bananenpflanzungen eingestreut sind, wechseln sich ab.

Ife

Ife (250 000 Einw.), von den Yoruba auch *Ile-Ife* (Ort der Liebe) genannt, ist eine der ältesten Städte Nigerias und die erste bekannte Siedlungsstätte der Yoruba (S. 42). Als legendärer Gründer gilt Oduduwa, der vom Himmel herabgestiegene Urvater der Yoruba.

Neben dem von einer hohen Mauer umgebenen **Palast des Ooni von Ife** (Titel des traditionellen Oberhauptes aller Yoruba in der Welt), dessen Außenbezirke besichtigt werden können, liegt das bedeu-

Eines der Universitätsgebäude von Ife

tende **Museum** mit seinen berühmten Terrakotta- und Bronzeskulpturen aus dem 10. bis 13. Jh. sowie einigen Schreinen (täglich 7–17 Uhr, Eintritt frei). Etwa 1 km hinter dem Palast steht in einem wenig gepflegten Garten der **Oranmiyan Staff** (auch *Orananyan* geschrieben), eine etwa 5 m hohe, mit Ornamenten verzierte legendenumwobene Steinsäule. Sie soll das Schwert des ersten Alafin von Oyo (Titel des traditionellen Herrschers der Stadt Oyo) symbolisieren. Gegenüber dem Palast am Ende der Straße liegt auf einer kleinen Anhöhe der **Oke Mogun-Schrein,** eine auch heutzutage noch bei traditionellen Anlässen benutzte Opferstätte.

Die am Stadtrand gelegene **Universität** gilt von der Anlage und der gelungenen Einbeziehung der landschaftlichen Gegebenheiten als eine der schönsten Afrikas. Die zentralen Gebäude wurden mit Beton- oder Metallplastiken dekoriert. Zur Universität gehören ein **Museum of Natural History** (geöffnet Mo–Fr 8–18 Uhr, Sa und So 11–18 Uhr) sowie ein **Biological Garden** (täglich 10–17.30 Uhr) mit einigen

Blick auf die Yorubastadt Ife

Raubtieren. Im Oktober findet in Ife das Olojo-, im November das Edi-Fest statt. Landschaftlich reizvoll ist mit ihren wechselvollen Hügelformationen die Umgebung von Ife, besonders entlang der Straße nach Ilesha. Im Mischwald fallen hier vor allem die Kakaopflanzungen auf.

Hotels

Hotel Diganga; 28 Zi., Klimaanlage, Fernsehen

Trans Nigeria Motel (einfaches Catering Rest-House)

Außerdem Gästezimmer im Conference Centre der Universität

Um nach Oshogbo zu gelangen, fährt man zunächst (wegen des schlechten Straßenzustandes der Strecke Ife–Edunabon) auf der Straße Ibadan–Ife Richtung Ibadan zurück und biegt nach 20 km rechts nach **Gbongan** ab. Von der Abzweigung sind es noch 44 km bis nach **Oshogbo.**

Oshogbo (auch Osogbó)

Obwohl 1983 ein von deutschen Firmen errichtetes hochmodernes Stahlwalzwerk in Betrieb genommen wurde, spielt Oshogbo (600 000 Einw.) weniger wirtschaftlich als kulturell eine Rolle. Seit den fünfziger Jahren ist die sonst eher unscheinbare Stadt zu einem Zentrum der modernen nigerianischen Kunst aufgestiegen. Diese etwas zufallsbedingte Entwicklung ging damals von europäischen Künstlern und Kunstenthusiasten aus, unter denen vor allem die Österreicherin Susanne Wenger hervorzuheben ist (S. 156). Als junge Künstlerin ging sie 1950 mit Ulli Beier, der sich durch mehrere Bücher über nigerianische Kunst einen Namen gemacht hat, nach Nigeria und ließ sich schließlich in Oshogbo nieder. Neben ihrer künstlerischen Betätigung als Malerin beschäftigte sie sich intensiv mit den Glaubensvorstellungen der Yoruba und erlernte deren Sprache.

Schon bald wurde sie in den Kult des Schöpfergottes Obatala eingeweiht und begann wichtige Priesterfunktionen im Kult der Flußgöttin Oshun auszuüben. Sie wurde auch ein bedeutendes Mitglied des Geheimbundes der Erdgöttin Ogboni. Seit den sechziger Jahren konzentrierte sich ihr Hauptinteresse darauf, den heiligen **Oshun-Hain** im Urwald bei Oshogbo zu erhalten bzw. wiederherzustellen. Sie hat die zerfallenen Schreine (heilige Kultstätten und Göttersitze der Yoruba-Mythologie) unter Mitwirkung von nigerianischen Künstlern mit modernen Zementplastiken und eigenwilligen Architekturformen in eigener Interpretation neu gestaltet. Die inzwischen weltberühmten Schreine mit

ihrer »neo-sakralen« Kunst sind in dem auf deutsch und englisch erschienen Bildband »Ein Leben mit den Göttern« von Gert Chesi einfühlsam beschrieben (s. Bibliographie, S. 305).

Susanne Wenger, die schon zu Lebzeiten eine Legende war und der nigerianischen Kunst wichtige Impulse gegeben hat, ging völlig in der Yoruba-Kultur auf. Ihr von Kunstwerken und Figuren überquellendes Haus mitten im Afrikanerviertel sticht durch die es umgebenden Zementplastiken hervor und war schon vor ihrem Tod zum Wallfahrtsort zahlloser Besucher geworden. In der Bevölkerung war sie unter dem Namen *Adunni Olorisha* (Olorisha = Priesterin) bekannt. Ortsunkundige werden zu ihrem **Oke Bade-Haus** in der Ibokun Road geführt.

Für den Besuch des Oshun-Haines stellen sich die zahlreichen Kinder als Führer zur Verfügung (die zusätzlich angebotenen Dienste der erwachsenen Führer am Eingang sind nicht erforderlich). Die bis zu 15 m hohen Zementplastiken, an denen Susanne Wenger im hohen Alter noch auf schwankenden Gerüsten gearbeitet hat, sind an zwei Stellen in der Nähe des Oshun-Flusses gruppiert. Sie können ebenso wie die Schreine gegen ein Entgelt an den Führer besichtigt werden.

Im Vorort Sabo befindet sich in der Aiyetoro Road das von Ulli Beier eingerichtete **University of Ife Museum** (Oshogbo Museum; täglich außer montags 10–17 Uhr. Es enthält eine kleine Sammlung traditioneller nigerianischer Kunst. Der **Schrein am King's Market** ist das älteste Haus von Oshogbo, der von Susanne Wenger mit neo-sakraler Kunst ausgestattete Palast des Stadtgründers. Besuchenswert ist auch das Haus des bildenden Künstlers und Musikers Twins Seven Seven (S. 124).

Anfang September findet das traditionelle, sich über mehrere Tage hinziehende Oshun-Fest statt. Für Besucher ist dieses Priesterfest jedoch nur an einem vorher angekündigten Tag zugänglich. Sehenswert ist auch das Egungun-Fest mit seinen Maskeraden.

Hotels

Osun Presidential Hotel, Tel. 0 35/23 23 99; 30 Zi., Klimaanlage

Moeje Hotel, Tel. 0 35/24 09; 22 Zi., Klimaanlage

Hotel Terminus, Tel. 0 35/23 20; 29 Zi., Klimaanlage

Das Wohnhaus von Susanne Wenger

Im Heiligen Hain von Oshogbo

Route 2: Die Städte im Nordteil des Yoruba-Landes und der Kainji Lake National Park

Lagos – (Abeokuta –) Ibadan –
Oyo – Ogbomosho – Ilorin –
Jebba – Mokwa – New Bussa –
Kainji Lake National Park
(ca. 560 km ohne Abstecher)

Auf dieser 4–5 Tage in Anspruch nehmenden Fahrt vom Süden in den sog. Middle Belt wird der landschaftliche Wechsel von der Feucht- zur Trockensavanne wie auch der ethnische Übergang vom Yoruba- zum Nupe-Land sehr deutlich.

Für den ersten Streckenabschnitt bis Ibadan kann man den in Route 1 beschriebenen Umweg über **Abeokuta** (S. 195) nehmen (ca. 200 km) oder aber direkt auf dem Expressway 160 km nach **Ibadan** (S. 196) fahren. Sodann durchquert man das Yoruba-Land weiter in nördlicher Richtung bis zur nächsten Yoruba-Stadt **Oyo,** die man nach 40 km erreicht. Das Dorf **Fiditi,** 15 km vor Oyo, ist für sein umfangreiches Obstangebot bekannt.

Oyo

Neben Ife ist Oyo (210 000 Einw.), das zwischen dem 11. und 13. Jh. erbaut wurde, für die Yoruba von besonderer Bedeutung als Hauptstadt des einstmaligen gleichnamigen Reiches. Der Alafin, wie der traditionelle Herrscher hier genannt wird, ist nächst dem Ooni von Ife der einflußreichste und geachtetste Oba der Yoruba. Sein **Palast** ist die einzige Sehenswürdigkeit der Stadt. Rein äußerlich wirkt der weitläufig angelegte Komplex mit seinen niedrigen, langgestreckten und wellblechbedeckten Häusern recht unscheinbar. Offizielle Besucher werden dem Alafin, der mit seiner zahlenmäßig kaum überschaubaren Familie (rd. 200 Frauen) im inneren Teil wohnt, durch vier ehrwürdige Trommler über ihre Sprechtrommeln angekündigt. Ein mit geschnitzten Türen und Säulen versehenes Gebäude dient ausschließlich als Haus der Begegnung mit anderen Oba. Ein Rundgang durch das Palastgebäude ist nur in Begleitung eines Führers gegen frei vereinbartes Entgelt möglich. Das Innere der Häuser kann nicht besichtigt werden.

Oyo ist auch für seine Kalebassenschnitzereien, Lederarbeiten sowie für Sprechtrommeln (S. 115) bekannt. In den direkt an der Hauptstraße gelegenen, auf Genossenschaftsbasis betriebenen Werkstätten kann man bei ihrer Herstellung zuschauen. Das Oro-Festival im Juli und das Shango-Festival im August sind die Hauptereignisse der Stadt.

Route 2: Die Städte im Norden des Yoruba-Landes

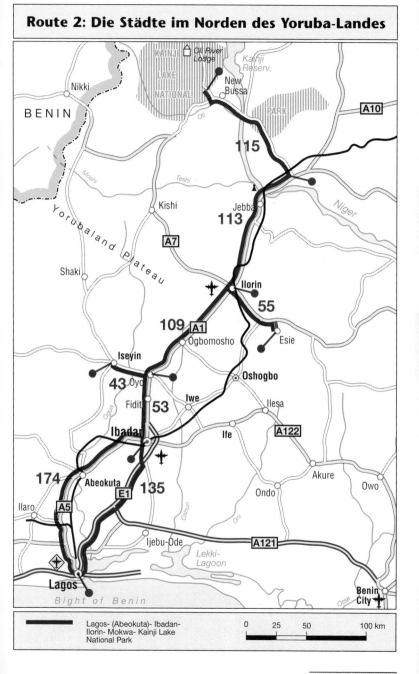

Lagos- (Abeokuta)- Ibadan-
Ilorin- Mokwa- Kainji Lake
National Park

0   25   50   100 km

Abstecher nach Iseyin (43 km)

Von Oyo kann man einen Abstecher in das 43 km nordwestlich gelegene Städtchen Iseyin machen, dessen Bewohner sich auf Webarbeiten spezialisiert haben. Das Weben ist hier Sache der Männer und wird von ihnen zumeist in Gruppen abseits der Straßen in den Höfen ihrer Behausungen ausgeübt. Bereitwillige Begleiter führen den Besucher dorthin. Die 130 000 Einw. zählende Stadt fällt durch das Fehlen von Zivilisationsmüll in den Straßen angenehm auf.

Der kaum bekannte Ort **Ogbomosho,** 53 km nordöstlich von Oyo, zählt mit seinen wenig ansehnlichen wellblechgedeckten Häuseransammlungen zu den größten Yoruba-Städten. Das von dort nur 56 km entfernte **Ilorin** ist die Hauptstadt des Bundeslandes Kwara.

Ilorin

In Ilorin (390 000 Einw.) mit seinen großzügig angelegten Hauptstraßen – die Stadt ist Sitz eines Fulbe-Emirs – werden schon die Einflüsse des nördlichen Nigeria sichtbar, obwohl das Stammesgebiet der Yoruba stellenweise bis an den Niger reicht. Neben seiner Rolle als Residenzstadt stellt Ilorin einen wichtigen Eisenbahn- und Straßenverkehrsknotenpunkt für die Verbindung nach Nordnigeria dar. Sehenswert sind die bei kulturellen Veranstaltungen auftretenden akrobatischen Alagba-Tänzer, die hohes Ansehen genießen.

Hotel

Kwara Hotel, Tel. 031/22 14 90; 198 Zi., Klimaanlage, Swimmingpool, Tennisplätze

Atlantic Hotel, Tel. 031/22 06 29

Abstecher nach Esie (55 km)

Auf Zeugen einer unbekannten Kultur stößt man in Esie, 55 km südöstlich von Ilorin, wo in dem 1970 eröffneten **Museum** etwa 1000 Figuren aus Speckstein ausgestellt

*Traditioneller Hausbau
in moderner Ausführung*

Nigerbrücke bei Jebba

Erinnerungstafel für Mungo Park und Richard Lander auf Gungu Island im Niger

sind, die man in einem Graben des Dorfes gefunden hatte. Der Ort ist von Ilorin über die A 123 in südöstlicher Richtung erreichbar. Bei Oro (50 km) rechts abbiegen, danach Beschilderung folgen (noch 5 km). Das Museum ist täglich von 9 bis 19 Uhr bei freiem Eintritt geöffnet (Abb. S. 121).

Die gesamte Vegetation nördlich von Ibadan bis hin zum Niger ist von der Baumsavanne gekennzeichnet. Diese nach Norden sich immer stärker lichtende Parklandschaft – wie man das Landschaftsmosaik von parkartigen Baumgruppen und offe-

nem Grasland bezeichnet – stellt zusammen mit der sich anschließenden Guinea-Savanne den Übergang zwischen dem feuchten Süden und dem trockenen Norden dar. Eine äußerliche Trennlinie bildet der Niger, der bei **Jebba** (110 km von Ilorin), einem geschäftigen Verkehrsknotenpunkt, erreicht wird. Etwa in der Mitte der Brücke verweist ein Schild auf **Gungu Island.** Auf dieser inmitten des Niger gelegenen Insel ist zur Erinnerung an den schottischen Afrikaforscher Mungo Park (S. 45), der die lange Zeit umstrittene

Frage nach dem Verlauf des Niger klärte und 1806 in der Nähe bei einem Überfall zu Tode kam, eine Gedenkstätte errichtet worden. Sie steht weithin sichtbar links von der Straßenbrücke, nicht weit entfernt von der alten Eisenbahnbrücke. 3 km stromaufwärts ist auch das imposante, 1985 fertiggestellte Wasserkraftwerk Jebba zu sehen.

Im Middle Belt, dessen westlichen Abschnitt unsere Fahrt berührt, sind die Nupe (S. 36) eine wichtige Volksgruppe – die Königshauptstadt Bida liegt östlich der beschriebenen Strecke, ist aber Station von Route 4 (S. 238). Entlang der Straße von Jebba nach Mokwa (35 km) fallen ihre charakteristischen konischen Strohhütten ins Auge. Obwohl die Tiefebene zu beiden Seiten des Niger (100–250 m) gute Voraussetzungen

für die landwirtschaftliche Nutzung bietet, ist sie recht dünn besiedelt. Eine pflanzliche Besonderheit ist hier der Sheabutterbaum, der an seiner Großlaubigkeit erkennbar ist.

Von **Mokwa** aus gelangen wir auf einer Nebenstraße in nordwestlicher Richtung nach **New Bussa** (110 km) und damit in das Gebiet des **Kainji Lake National Park** (ca. 560 km von Lagos).

Charakteristischer Feldbaum in der Savanne

Kainji Lake National Park

Der Nationalpark umfaßt das **Borgu Game Reserve** (Tierreservat), das **Kainji Reservoir** (Stausee), den **Kainji Dam** (Staudamm mit Wasserkraftwerk) und das noch nicht erschlossene und für Besucher gesperrte Zugurma Game Reserve (östlich des bestehenden Tierreservats). Von Lagos aus kann man den Park auf direktem Weg ohne Aufenthalt auf der oben beschriebenen Route in 8–9 Std. Fahrtzeit erreichen. Der nächste, von Linienmaschinen angeflogene Flughafen befindet sich im 250 km südlich gelegenen Ilorin.

Der 1968 fertiggestellte Staudamm, durch den der Niger auf einer Länge von 135 km und einer Breite von 25 km zu einem künstlichen See aufgestaut wurde (der mit zu den größten Seen Afrikas zählt), veränderte die Landschaft in weitem Umkreis. Neben der Umsiedlung der im Flußtal ansässigen Bevölkerung bedeutete dies auch tiefe ökologische Eingriffe. Ökonomisch gesehen war das Wasserkraftwerk bis Mitte der achtziger Jahre der größte Stromversorger des ganzen Landes. Der neu angelegte Ort **New Bussa** ist in dem vorher kaum besiedelten Gebiet zu einem lokal bedeutenden Wirtschaftszentrum geworden.

Als Unterkunft empfiehlt sich nicht das Kainji Motel in New Bussa (s.u.), wie oft in den Prospekten angegeben wird, sondern die billigere, jedoch bessere Oli River Visitors Lodge mitten im Tierpark. Man vermeidet dadurch auch die fast ein-

Kainji Lake National Park

stündige Anfahrt bis zur Parkmitte am frühen Morgen für die Besichtigungstour. Die Genehmigung zur Übernachtung wird vom Parkaufseher in **Wawa** (12 km von New Bussa) erteilt. Von dort sind es dann noch einmal 25 km über eine unbefestigte Straße bis zum eigentlichen Parkeingang, der nur nach Vorlage der vom Parkaufseher ausgegebenen Eintrittskarte geöffnet wird, und 45 km bis zur Lodge. Wegen der geringen Zahl der Gäste ist in der Lodge eine regelmäßige Versorgung nicht immer sichergestellt. Ein gewisser Vorrat an Lebensmitteln und

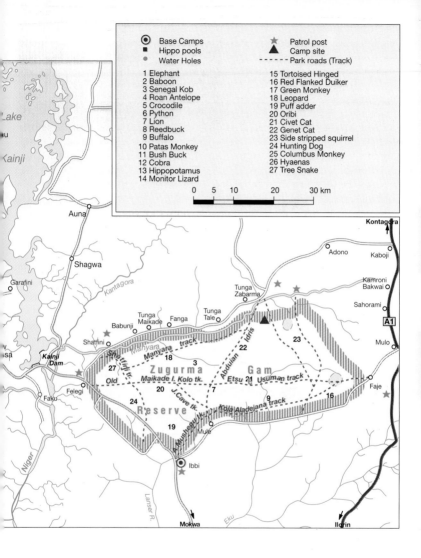

Legend:
- ◉ Base Camps
- ■ Hippo pools
- ● Water Holes
- ★ Patrol post
- ▲ Camp site
- - - - Park roads (Track)

1 Elephant
2 Baboon
3 Senegal Kob
4 Roan Antelope
5 Crocodile
6 Python
7 Lion
8 Reedbuck
9 Buffalo
10 Patas Monkey
11 Bush Buck
12 Cobra
13 Hippopotamus
14 Monitor Lizard
15 Tortoised Hinged
16 Red Flanked Duiker
17 Green Monkey
18 Leopard
19 Puff adder
20 Oribi
21 Civet Cat
22 Genet Cat
23 Side stripped squirrel
24 Hunting Dog
25 Columbus Monkey
26 Hyaenas
27 Tree Snake

Getränken sollte deshalb mitgeführt werden. Eine vorherige Reservierung von Lagos oder auch anderen Städten aus ist praktisch nicht möglich. Sollte wider Erwarten an langen Wochenenden die Lodge dennoch belegt sein – der Parkaufseher in Wawa erteilt Auskunft –, bleibt als Ausweichquartier immer noch das Kainji Motel in New Bussa (40 Zi., Klimaanlage, Schwimmbad, Tennisplätze).

Bislang wurden im Borgu Game Reserve auf einer Fläche von rd. 4 000 km² über 30 verschiedene Säugetierarten registriert, darunter

215

Elefanten, Büffel, Antilopen, Buschböcke, Löwen, Nilpferde, verschiedene Affenarten sowie Krokodile und Schlangen. Die beste Besuchszeit liegt in der Mitte der von November bis Juni andauernden Trockenzeit, wenn die Tiere zum Tränken an die Wasserstellen des Oli River kommen. Während der Regenzeit bleibt der Park geschlossen.

Die Tiere sind wegen der geringen Besucherfrequenz noch recht scheu und meiden die Nähe der von Autos befahrenen Pisten. Lediglich Frühaufsteher, die bei Sonnenaufgang unterwegs sind, bekommen eine größere Anzahl zu Gesicht. Auch aus diesem Grunde ist eine Übernachtung in der Lodge vorteilhaft, da man die zeitraubende Anfahrt vermeidet. In Wawa kann ein kleines Museum mit Jagdtrophäen, alten Gewehren und Fallen besucht werden.

Vom Kainji Motel werden an Werktagen auch Besichtigungen des 20 km entfernten Kainji-Wasserkraftwerkes, des Stausees und der Awuru-Wasserfälle (27 km, danach halbstündiger Fußmarsch) organisiert.

Ein Besuch in einem der Dörfer der Kamberi, eines an seiner traditionellen Lebensweise festhaltenden Volkes, am besten an einem der Markttage, gewährt einen interessanten Einblick in das unverfälschte Leben eines nigerianischen Volkes. 100 bis 150 km nördlich von New Bussa liegen an oder in der Nähe der Straße nach Yelwa mehrere Kamberi-Dörfer, in denen an folgenden Tagen Markt abgehalten wird: Gruffanti (So), Papiri (Mo), Kwana (Di), Tungan Damo (Do), Kokoli (Do), Ujiji (Fr), Agwarra (Fr) und Galla (Sa).

Der Frangipani oder Tempelstrauch

*Ein Abwehrzau-
ber (Juju) an einer
Hauswand*

Route 3: Durch Südnigeria ins Grenzgebiet zu Kamerun

Lagos – Benin City – Sapele – Warri – Port Harcourt (Variante: Benin City – Onitsha – Owerri – Port Harcourt) – Calabar (840 km ohne Abstecher, Variante insgesamt 610 km)

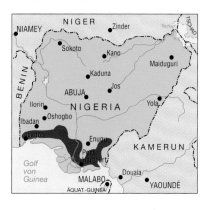

Bronzekopf der Ife-Kultur

Diese etwa fünftägige Route (mit Einbeziehung der Anschlußfahrt zur Obudu Cattle Ranch, S. 233, acht Tage) durchquert den Süden des Landes bis zur Bucht von Bonny und führt auf der Anschlußfahrt schließlich nordwärts ins Kameruner Grenzgebirge. Der erste Etappenzielort, Benin City (330 km), ist zwar von Lagos aus über den Expressway in 4 Std. erreichbar, doch lohnt es sich, rechtzeitig aufzubrechen und dafür einen Abstecher nach Idanre einzuplanen. Es sei allerdings darauf aufmerksam gemacht, daß sich die meisten Straßen dieser Route in einem sehr schlechten bis desolaten Zustand befinden.

Abstecher von Ore über Idanre und Owo nach Benin City (280 bzw. 300 km)

Auf dem Expressway Lagos–Benin City beim Ort **Ore** (220 km) links abbiegen in Richtung **Ondo** (40 km) und Akure (50 km). Etwa 20 km hinter Ondo Hinweisschild **Owenna/Idanre** folgen. Diese Straße kann gelegentlich durch umgestürzte Bäume gesperrt sein. In diesem Falle bis nach **Akure** weiterfahren und dort Straße nach **Idanre** (22 km) erfragen.

Wer einen geruhsamen Aufenthalt in natürlicher Umgebung sucht, kann im Chalet des Idanre Tourist Centre von Old Idanre Station machen. Der Ort New Idanre (300 m) liegt in einem Tal, das von zahlreichen über 100 m hohen kahlen Granitfelsen eingerahmt wird. Schon bei der Anfahrt kann man sie hier und da aus der üppigen Vegetation herausragen sehen. Auf einem dieser Felsen steht das nur zu Fuß über 600 Stufen erreichbare Tourist Centre.

Bronzeplatte mit der Darstellung des Eingangs zum königlichen Palast von Benin

Spuren des ursprünglichen Ortes Idanre – heute Old Idanre genannt – sind noch zu erkennen; das Haus des Oba ist erhalten geblieben, der seinen Hauptsitz (Oba's Palace) heute in New Idanre hat, gelegentlich aber auch in Old Idanre residiert und dort nach Voranmeldung Besucher empfängt. Für einen Aufenthalt sind Camping-Ausrüstung und Verpflegung mitzubringen. Bei klarem Wetter hat man einen herrlichen Rundblick auf die umliegende Landschaft und in das Tal.

Für die Weiterfahrt von Akure nach Benin City (165 km) kommt man an Owo vorbei: 40 km nach Akure hinter der Polizeikontrolle von der Umgehungsstraße rechts in eine Nebenstraße einbiegen; ca. 7 km bis zum Ort, den man bis zur Ausfallstraße durchquert. In dem neben dem Oba's Palace gelegenen **National Museum Owo**, ei-nem bescheidenen Haus, sind in dieser Gegend gefundene alte Kunstgegenstände – Masken, Musikinstrumente, Schnitzereien und Schmuck – ausgestellt (täglich 9–19 Uhr).

Benin City

Jahrhundertelang war Benin City (250 000 Einw.), 330 km von Lagos entfernt – der zweite Namensbestandteil dient zur Unterscheidung von dem gleichnamigen westlichen Nachbarstaat Nigerias – die Hauptstadt des bedeutenden Königreiches Benin und ist bis heute neben Ife und Lagos eines der kulturellen Zentren des Landes. Das **Benin National Museum** zählt zu den am be-

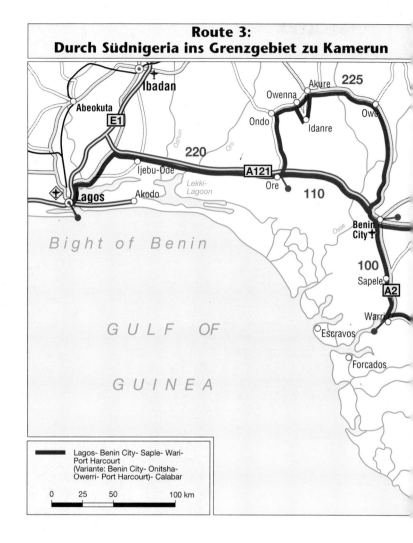

Route 3:
Durch Südnigeria ins Grenzgebiet zu Kamerun

Lagos- Benin City- Saple- Wari-
Port Harcourt
(Variante: Benin City- Onitsha-
Owerri- Port Harcourt)- Calabar

0   25   50   100 km

sten ausgestatteten Museen Afrikas, wenn auch die Plastiken, Figuren, Masken und Gefäße nicht immer in optimaler Weise präsentiert sind. Ein großer Teil der antiken Kultgegenstände und Kunstwerke wurde von den kolonialen Eroberern der Stadt 1897 nach London abtransportiert, so auch der weltberühmte Bronzekopf aus dem 16. Jh., vermutlich die Mutter des Oba Esigie, der zu einer Art künstlerischem Symbol des Landes geworden ist (S. 120). Das in einem roten Rundbau im Stadtzentrum untergebrachte, 1956 eröffnete Museum ist täglich von 9–18 Uhr zugänglich (Eintritt frei). In einem Nebengebäude werden

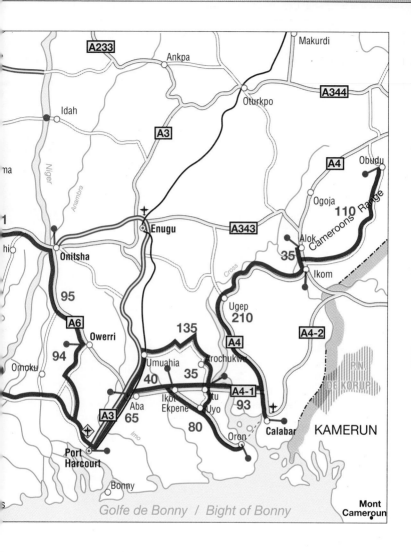

wechselnde Ausstellungen moderner Kunst veranstaltet. Das **Arts Centre** in der Nähe bietet kunsthandwerkliche Erzeugnisse zum Kauf an.

Wegen seiner bescheidenen Bauweise fällt einem Ortsfremden der **Palast des Oba** von außen kaum auf. Er ist von einer niedrigen runden Mauer umgeben und verfügt über nur einen Einlaß. Teile des Palastes sind für Rundgänge freigegeben, die unter Begleitung eines Führers vorgenommen werden können. Auf dem Palastgelände sind einige Lehmskulpturen ausgestellt. Der Oba selbst zeigt sich nur bei bedeutenden Festen dem Volk.

An verschiedenen Stellen der Stadt können Schreine (Kultstätten) besichtigt werden, und manche Tür zieren kunstvolle Schnitzereien. Kunsthandwerkliche Erzeugnisse, besonders die für Benin charakteristischen Bronzefiguren, werden vor allem in der **Igun Street** (nahe Nationalmuseum) hergestellt. Auf dem **Oba's Market** sind diese Figuren preiswerter erhältlich als bei den Herstellern selbst.

Die **Emotan-Statue** aus Bronze gegenüber dem Oba's Market wurde zur Erinnerung an eine Frau gleichen Namens aufgestellt, die einem früheren Oba bei der Wiedergewinnung seines Thrones behilflich war.

Die beste Zeit für einen Besuch Benins ist Mitte Dezember, wenn das jährliche Igwe-Fest (traditionelle Tänze und Rituale) zu Ehren des Oba als religiösem Oberhaupt der Edo und der übrigen Benin-Völker stattfindet. Sehenswert ist ebenfalls das Ogun-Fest im März zu Ehren des Eisengottes (S. 142).

Hotels
Benin Plaza Motel, Tel. 0 52/20 01 30; 32 Zi. im Hauptgebäude (mit Bad), 40 Zi. in Chalets mit Dusche, Klimaanlage, Swimmingpool
Emotan Hotel, Tel. 0 52/20 14 41; 32 Zi., Klimaanlage
Saidi Centre Hotel, Tel. 0 52/24 21 25; Fernsehen

Von Benin City über Sapele–Warri nach Port Harcourt
(280 km)
Für die Weiterreise von Benin City nach Port Harcourt kann man entweder die nördliche Route über Onitsha (330 km) oder die südli-

Im Regenwald bei Warri

che über Sapele–Warri (280 km) wählen. Die Strecke Benin City–Onitsha (S. 225) gilt als eine der unfallträchtigsten Straßen ganz Nigerias, weshalb es sich empfiehlt, die südliche Variante zu nehmen. Sie ist weniger bekannt, dafür aber wesentlich verkehrssicherer und außerdem kürzer.

Die Südroute führt durch den zunehmend dichter werdenden Re-

genwald, dessen üppig wuchernde Vegetation die Straße förmlich einrahmt und stellenweise bis auf die Fahrbahn vordringt. Dieser Regenwald ist immer wieder von Kulturpflanzungen (Kautschuk, Ölpalmen) durchsetzt. Auf dem Teilstück Benin City–Sapele (51 km) wird am Straßenrand frischer Palmwein angeboten.

Die Provinzstadt Sapele hat trotz ihres modernen Hafens (seit 1985 Marinehafen) die Funktion als Holzhandelszentrum verloren, seit die Ausfuhr von Nutzhölzern verboten wurde. Warri (100 km von Benin City) hingegen ist mit seiner Ölraffinerie, der 6 km südlich bei Aladja gelegenen Delta Steel Company (Stahl- und Walzwerk mit Satellitenstadt für maximal 50 000 Einw.; der 1982 in Betrieb genommene

Komplex wurde von deutschen und österreichischen Firmen errichtet) und vor allem der Ölindustrie zu einer bedeutenden Wirtschaftsmetropole geworden. Autobahnartige Schnellstraßen verbinden die westlich und östlich der Stadt gelegenen weiträumigen Industrieanlagen. Neben dem modernen Hafen in Warri und dem Verladehafen des Stahlwerkes Aladja wurden für den Ölexport eigene Terminals in **Forcados** (an der Mündung des gleichnamigen Flusses) sowie in **Escravos** angelegt. Diese Ölverladestellen sind auf dem Landwege nicht erreichbar.

Ab Warri beginnt das sumpfige, erdölreiche Nigerdelta. Bei Durchquerung auf der Hauptstraße ist davon jedoch nichts zu bemerken: Die moderne Fördertechnik benutzt nicht mehr die charakteristischen Bohrtürme vergangener Jahrzehnte. Lediglich der Feuerschein über den schornsteinartigen Rohren, die zum Abfackeln des anfallenden Gases errichtet wurden, ist weithin sichtbar.

Von Warri sind es noch 180 km auf direktem Wege nach **Port Harcourt,** S. 227.

> ## *Variante:*
>
> *Benin City – Onitsha – Owerri – Port Harcourt (330 km)*

Die Städte Onitsha, Enugu, Owerri, Port Harcourt und Aba markieren grob das Hauptstammesgebiet des recht mobilen und regen Ibo-Volkes. Die übrigen Teile der vormaligen Ostregion werden von anderen Minderheiten-Volksstämmen wie den Ibibio, Ijaw und Efik bewohnt.

Mit 300–400 Einw./km^2 ist das Ibo-Land nach der Metropolis Lagos der am dichtesten besiedelte Landesteil. Der übervölkerte Südosten ist überwiegend ländlich geprägt. Die Bevölkerungsmehrheit lebt in dörflichen Streusiedlungen, die großen Städte – heute Standorte von Industrieansammlungen – entstanden

Strandbad bei Warri

Die Siedlungen im Hinterland der Bucht von Benin sind teilweise nur per Boot erreichbar

erst in der Kolonialzeit. Die zahlreichen Kirchen sind Ausdruck der frühen und erfolgreichen Christianisierung.

An die Stelle des artenreichen tropischen Regenwaldes ist im Laufe der Zeit ein Sekundärwald mit vorwiegend Nutzholzbestand getreten, der seinerseits durch die kolonialzeitlich angelegten Ölpalm- und Kautschukpflanzungen sowie durch die Rodungstätigkeit der einheimischen Bevölkerung zurückgedrängt wurde. Die durch den Bevölkerungsdruck notwendige Ausweitung der Anbauflächen zur Sicherung der Nahrungsmittelversorgung hat in der hügeligen Landschaft vielerorts unheilvolle Spuren hinterlassen: Infolge der intensiven landwirtschaftlichen Nutzung sind vor allem Hänge und Flußtäler durch die Bodenerosion stark zerklüftet.

Früher war für den südlichen Teil der Ostregion das Palmöl der wichtigste Wirtschaftsfaktor – vergleichbar dem Kakao im Westen und dem Erdnußanbau im Norden –, heute ist es das Erdöl. Das Gebiet, das von meist unterirdisch verlegten Ölleitungen durchzogen wird, ist durch die Erdölförderung zum bedeutendsten Wirtschaftsraum Nigerias geworden, was seinerzeit mit zur Auslösung des Biafra-Krieges (S. 53) beitrug.

Wer mehr vom Ibo-Land kennenlernen möchte und die höhere Verkehrsdichte der Strecke Benin City – Onitsha nicht scheut, wählt ab Benin City die Nordroute und gelangt auf der Fahrt Richtung Osten nach **Onitsha** (300 000 Einw.). Der

Hauptmarkt, der einst als der größte Westafrikas galt und den Ruf der Stadt als wichtige Handelsmetropole begründete, hat unter den Zerstörungen während des Bürgerkrieges (1967–70) stark gelitten und trotz seines Wiederaufbaus nie wieder seine alte Bedeutung erlangen können. Die 1,5 km lange Nigerbrücke, die letzte vor dem Delta, war ebenfalls zerstört worden. Wegen ihrer Bedeutung als wichtigstes Bindeglied zwischen den westlichen und östlichen Landesteilen wurde

Bei einem Fest in Onitsha

Mangrovengesäumter Nigerarm

sie sofort wieder instandgesetzt. Bei der Central Water Transportation Division Company können Auskünfte über den Binnenschiffsverkehr für Passagiere und Ferry-Dienste eingeholt werden.

Hotels

Bolingo Hotels, Tel. 0 46/21 08 77; 50 Zi., Klimaanlage, Fernsehen, Swimmingpool

Rojenny Tourist Village mit Hotel, Tennis, Pool; 11 km von Onitsha

Owerri (210 000 Einw.), 100 km südlich von Onitsha, liegt am Westrand der Erdölfelder. Shell hat hier ein großes Basislager errichtet. Die Stadt ist für ihre qualitativ guten Töpferwaren bekannt.

Hotels

Imo Concorde Hotel, Tel. 0 83/23 00 11; 228 Zi., Klimaanlage, Fernsehen, Swimmingpool, Tennisplätze

Modotels Nigeria, Tel. 083/23 33 33

Pinewood Guest House, Tel. 083/23 01 35

Das **Oguta Lake Holiday Resort** in der Nähe von Owerri mit dem Oguta Motel (80 Zi., Klimaanlage, Tennisplatz, kein Tel.) und einem Golfclub bietet durch die abgeschiedene und ruhige Lage Gewähr für eine störungsfreie Erholung in ländlicher Umgebung. Der Oguta Lake – Baden ist möglich – ist auf den meisten Karten nicht verzeichnet. Auf der von Onitsha kommenden Straße weist kurz vor Owerri auf der rechten Straßenseite ein Schild der Imo State Tourist Corporation auf den Golfplatz hin; dieselbe Straße führt auch zum Motel.

Von Owerri erreicht man nach rd. 100 km die Hafenstadt **Port Harcourt.**

Port Harcourt mit den Inseln Bonny und Brass

Die Stadt Port Harcourt (500 000 Einw.) im östlichen Nigerdelta, einst die »Gartenstadt« genannt, weist aufgrund ihrer Lage inmitten der Mangrovenwaldzone während der meisten Zeit des Jahres ein unangenehmes Klima auf. Die jährlichen Niederschläge erreichen mit 4 300 mm in einigen Küstenregionen Spitzenwerte. In Port Harcourt selbst liegen sie bei 2 400 mm. Die ganzjährig hohe Luftfeuchtigkeit schwankt bei durchschnittlichen Höchsttemperaturen von 30 °C (durchschnittliche Minima bei 21 °C) um 80 %, in der Regenzeit liegt sie zwischen 90 und 100 %. Die von gelegentlichen Regenfällen unterbrochene Trockenzeit dauert von November bis März.

Die Stadt wurde erst 1916 als Verladehafen am Bonny River 55 km landeinwärts gegründet. Mit der Fertigstellung der Eisenbahnlinie nach Kaduna (1927), der zweiten Nord-Süd-Verbindung, nahm Port Harcourt einen schnellen wirtschaftlichen Aufschwung. Im Gefolge der in den sechziger Jahren sich schnell ausweitenden Erdölförderung, verbunden mit Industrieansiedlungen, entwickelte es sich zu einem fast kosmopolitischen Wirtschaftszentrum mit dem zweitgrößten Hafen des Landes. Der 30 km von der Stadt entfernte Flughafen hat direkte Verbindungen nach London, Rom, Amsterdam und Paris.

Das Wirtschaftsleben wird heute fast ausschließlich von der Ölindustrie geprägt. Mangels derzeit fehlender Verwendungsmöglichkeiten wird das bei der Ölförderung anfallende Gas zum großen Teil abgefackelt. Die teilweise auch bei Tage von der Straße her sichtbaren »Öl-flammen« bieten vor allem bei Dunkelheit einen prächtigen Anblick (gut zu sehen sind sie vom Dach des Hotels Presidential).

In dem provisorisch in der Altstadt untergebrachten **Cultural Centre** (täglich, außer an Sonn- und Feiertagen, 7.30–15.30 Uhr, Eintritt frei), das in der Nähe des Hafens in der Bonny Street liegt, können handwerkliche Erzeugnisse, Gemälde und die Techniken des Kanubaus besichtigt werden. Das kleine **Museum** enthält überwiegend traditionelle Masken. In der **Arts Gallery** finden Kunstausstellungen statt. In der angeschlossenen Drama Section werden einheimische Theaterstücke aufgeführt. Ein großzügiger Neubau für das Museum und das Cultural Centre ist an der Aba Road geplant.

Der bereits bestehende, etwas ungepflegte **Isaac Boro Park** soll zu einem Vergnügungspark aus-gebaut werden. Im leicht vernach-lässigten **Zoo Park** sind, neben Einzelexemplaren von Löwen und Straußen, Gazellen, Krokodilen und Vögeln, einige schöne Geparden sowie sehr spielfreudige Affen zu sehen (wochentags 10–12 Uhr, sonn- und feiertags 9–18 Uhr). Im Ort **Opuoko** (Abzweigung von der in östlicher Richtung nach Bori führenden Straße) befindet sich ein Zentrum der Kanuschnitzerei.

Ein pompöses internationales **Ölmuseum** im Ort Oloibiri, mitten im Ölförderungsgebiet 50 km westlich von Port Harcourt gelegenen (die auf den Karten eingetragene Straße von Mbiama in Richtung Brass existiert nur in einem Teilstück), befindet sich in der Planung. In Oloibiri wurde 1958 mit der kommerziellen Ölförderung in Nigeria begonnen.

Die Lagunen von Port Harcourt sind nicht zum Baden geeignet.

Dorf an den Ufern des Niger

Im Nigerdelta bei der Insel Brass

Schöne Strände befinden sich in größerer Entfernung auf den Inseln Bonny (50 km) und Brass (100 km), die jedoch nur per Boot zu erreichen sind, und bei Opobo (80 km) an der Mündung des Imo River. Die Ideal Travel Agency (Aba Road, Nigeria Airways Building) kann Ausflüge arrangieren.

Hotels

Presidential Hotel, Tel. 0 84/30 02 60; 200 Zi., Klimaanlage, Fernsehen, Swimmingpool

Cedar Palace Hotel, Tel. 0 84/30 01 90; 60 Zi., Klimaanlage, Fernsehen

Way International Hotel; 184 Zi., Klimaanlage

International Airport Hotel (5 km vom Flughafen und 20 km von der Stadt entfernt), Tel. 0 84/31 04 00; 183 Zi., Klimaanlage, Fernsehen, Swimmingpool, Tennisplätze

Restaurants

Port Harcourt verfügt im Gegensatz zu den meisten übrigen Städten über einige gute Restaurants außerhalb der Hotels. Besonders zu empfehlen sind das Lebanese Restaurant sowie die beiden chinesischen Restaurants Golden Phoenix und Hong Kong (alle in der Aba Road).

Die südlich bzw. südwestlich von Port Harcourt gelegenen **Inseln Bonny und Brass** waren seit dem 15. Jh. erste Handelsstationen portugiesischer Seefahrer und bis ins 19. Jh. Verladehafen der Sklavenhändler (in dem weiter westlich gelegenen Ort Akassa ist noch ein Slave Trade House zu sehen). In der zweiten Hälfte des 19. Jh. ließen sich die ersten englischen Missionare hier nieder. Heute stehen auf beiden Inseln große Tanklager, in denen das von zahlreichen Ölfeldern über die im sumpfigen Delta verlegten Pipelines herangeführte Erdöl gesammelt wird. Von hier aus wird es dann auf die 25 km vor der Küste errichteten Verladeplattformen in die dort anlegenden Öltanker gepumpt.

Beide Inseln sind trotz der auf manchen Straßenkarten eingezeichneten Straßen nur mit Motorbooten bzw. per Hubschrauber zu erreichen. Eine Fahrt mit einem Schnellboot dauert drei (Bonny) bzw. sechs Stunden (Brass), mit einem der Lastkähne der Inselbewohner doppelt so lange. Öffentliche Verkehrsverbindungen bestehen nicht. Die Bootsanlegestelle *(Local Wharf)* befindet sich neben dem Überseehafen in Port Harcourt. Die Ölfirmen unterhalten für ihr Personal einen regelmäßigen Hubschrauberdienst. Für anspruchslose Besucher stehen bescheidene Hotelunterkünfte auf den Inseln zur Verfügung.

Ein Flug mit dem Hubschrauber enthüllt die Wildheit der bis zum Horizont reichenden Sumpflandschaft. Die tiefgrünen Mangrovenwälder werden von zahllosen labyrinthartigen, ineinander verschlungenen und scheinbar richtungslosen Mäandern durchzogen. Hier und da deuten geometrische Formen auf die im Sumpf verlegten Ölleitungen hin, die von den Erdölquellen – nur erkennbar durch den Lichterschein des abgefackelten Erdgases – zu den Terminals führen. Zur Verlegung der Pipelines wurden geradlinige Schneisen durch die Mangrovenwälder geschlagen; die moderne Technik hat hier die Urwüchsigkeit der Natur durchdrungen. In einer Generation, nach Erschöpfung der Ölquellen, wird die Vegetation dieses Menschenwerk wieder mit ihrem grünen Teppich überzogen haben.

Von Port Harcourt nach Calabar (200 km)

Von Port Harcourt aus, auf der Weiterfahrt in Richtung Calabar, lohnt es sich, in verschiedenen Orten kurze Unterbrechungen einzulegen.

Die Stadt **Aba** (64 km) am Enugu-Expressway gleicht einem einzigen riesigen Marktplatz. Selbst die Durchgangsstraßen sind mit Verkaufsständen, Auslagen und Reparaturwerkstätten gesäumt. Der eigentliche Ariaria-Markt gilt als einer der größten in Nigeria. Man sollte sich nicht von dem Menschengewimmel, der lärmenden Geschäftigkeit und mancherlei ungewohnten Gerüchen abschrecken lassen. Handtasche und Geldbeutel sollte man allerdings in sicherer Verwahrung haben. Beim Kauf von schubkarrenweise angebotenen alkoholischen Getränken ist Zurückhaltung ratsam: Die originalverschlossene Gin-Flasche könnte mit Wasser und die Johnny-Walker-Flasche mit Tee gefüllt sein. Das 1985 eröffnete National Museum of Colonial History (an der Durchgangsstraße nach Ikot-Ekpene) vermittelt anhand von Reproduktionen alter Stiche und von Fotografien sowie begleitenden Texten einen guten Überblick über die Geschichte des Landes. Trotz des zeitlich eingrenzenden Namens schließt die Ausstellung auch die Epoche vor der kolonialen Eroberung und die Entwicklung nach der Unabhängigkeit ein (täglich 9–18 Uhr).

Abstecher nach Umuahia und Arochukwu

Bei **Umuahia** (65 km nördlich von Aba) erinnert ein War Museum an den verheerenden Biafra-Krieg. Der Museumskomplex enthält drei verschiedene Ausstellungen: die Entwicklung der Waffen von prähistorischer Zeit bis in die Gegenwart, Darstellungen der nigerianischen Armee und des Bürgerkrieges. Im Freigelände ist Kriegsmaterial, wie gepanzerte Fahrzeuge und Geschütze, die zum Teil in handwerklicher Fertigung hergestellt wurden, und Kampfflugzeuge zu sehen. Das Museum befindet sich am östlichen Rand der Stadt im Vorort Ugwunchara an einer nach Nordosten abbiegenden Stichstraße und ist nicht leicht zu finden. Man muß sich mühsam durchfragen.

Beim Ort **Arochukwu** (zu erreichen entweder über Umuahia oder über Ikot-Ekpene, s. u.) befindet sich eine Juju-Höhle *(cave)*, in der die sogenannten *Long-Juju* früher in ritueller Weise Streit zwischen gewöhnlichen Stammesangehörigen schlichteten. Recht erhielt letztlich der Meistzahlende, der durch einen geheimen Ausgang seine Freiheit zurückerhielt, während der Unterlegene sein Unrecht mit dem Leben bezahlen mußte oder als Sklave verkauft wurde.

Von dem entlang der Straße Aba – Ikot-Ekpene auftretenden Ekpo-Maskentänzern (S. 147) wird gesagt, daß sie giftige Pfeile bei sich tragen und gelegentlich davon Gebrauch machen, sollte die gewünschte Gabe für zu gering erachtet werden. Man kann beobachten, daß selbst die Afrikaner ehrfürchtig Abstand zu

ihnen halten oder einen großen Bogen um sie machen. Ihre ohnehin schon dunklen Körper haben die Tänzer zusätzlich geschwärzt.

Am Ortsausgang von **Ikot-Ekpene,** kurz vor der Abzweigung nach Oron, liegt auf der linken Straßenseite die Ikot-Ekpene Carving and Raffia Weaving Multipurpose Society, wo kunsthandwerkliche Gegenstände hergestellt und verkauft werden.

Abstecher nach Oron
(80 km)

In der Nähe von **Uyo** (30 km), der Hauptstadt des Bundeslandes Akwa Ibom, kann man noch einige erhalten gebliebene Exemplare der großen, aus Hartholz geschnitzten Ikoro-Schlitztrommeln (2,5 m lang, 0,9 m Durchmesser) sehen. Aufbewahrungsort in Uyo erfragen.

Der Ort Oron gegenüber von Calabar sollte wegen seines **National Museums** aufgesucht werden. Es wurde praktischerweise neben der Anlegestelle der Calabar-Fähre errichtet, so daß zahlreiche Passagiere ihre Wartezeit zu einem Besuch nutzen können. Das ursprüngliche Museum mit seinen Beständen von ca. 600 Fundstücken wurde im Bürgerkrieg zerstört. Doch der verbliebene Rest von über 100 Gegenständen (Holzschnitzereien, Ekpo-Masken, Töpfereien, Trommeln, Web-

Ekpo-Ahnenfigur aus der Gegend von Oron

arbeiten, Musikinstrumente und Bronze-masken noch ungeklärten Ursprungs) aus der Oron-Gegend und einigen anderen Landesteilen Südostnigerias ist sehenswert. Eine übersichtliche Anordnung in hellen Räumen mit ausführlichen Erläuterungen heben das Oron-Museum von den übrigen ab. Die Oron-Schnitzereien gehören zu den schönsten Afrikas. Der im Museum erhältliche »Guide to the National Museum Oron« mit ausführlicher Bibliographie zur Kunst Nigerias ist ein ausgezeichneter Leitfaden. Dem Museum angeschlossen sind eine Werkstatt und ein Verkaufsladen (Öffnungszeiten täglich 9–18 Uhr, Eintritt frei).

Für die Weiterreise nach Calabar empfiehlt sich die Benutzung der mehrfach täglich zu unbestimmten Zeiten verkehrenden Fähre. Die eineinhalbstündige Überfahrt durch die Mündungszone des Cross River, vorbei an Mangrovenwäldern, gemeinsam mit 300–400 Nigerianern, vermittelt einen hautnahen Eindruck vom nigerianischen Leben. Für die eilige Überfahrt liegen auch *Speed Boats* (kleine Motorboote) gegen entsprechenden Aufpreis an der gleichen Anlegestelle bereit.

Von Ikot-Ekpene nach Calabar
(98 km)

Wer nicht den Abstecher nach Oron gemacht hat bzw. wer mit dem Auto nach Calabar fahren möchte (das auf der Fähre nicht mitgenommen wird), benutzt die neue Brücke über den Cross River bei Itu.

Calabar

Im 18. und 19. Jh. war der Stadtstaat Calabar ein wichtiger Umschlagplatz für den Sklavenhandel. Wie Port Harcourt hat Calabar (400000 Einw.) durch seine küstennahe Lage (50 km oberhalb der Mündung des Calabar River) ein recht ungesundes Klima.

Die jährliche Niederschlagsmenge liegt bei über 3000 mm, die relative Luftfeuchtigkeit (konstant zwischen 85% und 100%) und die Höchsttemperatur von durchschnittlich über 30 °C erreichen Spitzenwerte in Nigeria. Die Trockenzeit um die Jahreswende, die von sporadischen Regenfällen unterbrochen wird, ist mit vier Monaten relativ kurz.

Calabar selbst bietet keine besonderen Sehenswürdigkeiten. Lediglich das **National Museum,** in dem die Geschichte der Stadt und ihrer Umgebung übersichtlich dargestellt werden, lohnt einen Besuch. Sie wird auch im Museumsführer »The Story of Old Calabar« nacherzählt. Das Museum ist in der Old Residency, dem Sitz der früheren Gouverneure, auf dem Government Hill untergebracht. Die vorgefertigten Teile dieses klassischen Kolonialbaus aus dem Jahr 1884 ließ man aus England kommen. Von der Anhöhe schweift der Blick über den Cross River.

Meist wird der Besucher auf das Grab von Mary Slessor auf dem Friedhof an der Andersen Street aufmerksam gemacht, einer Engländerin, die aufopferungsvoll gegen den Sklavenhandel gekämpft hat.

Im Gegensatz zu den meisten Städten Nigerias ist Calabar auffallend sauber und grün. Die Straßen sind nicht von Autowracks und Müllhaufen gesäumt. Die hier lebenden Ibibio und Efik blicken deshalb auch etwas abschätzig auf die weiter westlich lebenden Ibo. Auch die Kriminalität liegt hier weit unter dem Durchschnitt.

Sehenswert sind die gelegentlich stattfindenden Maskeraden und Oyimyim-Tänze (Zeitpunkt und Ort beim Tourist Board erfragen).

Ein Tagesausflug kann zu den Oban Hills an der A 4-2, die parallel zur Kamerun-Grenze verläuft, unternommen werden. Sie sind für ihre Rauheit bekannt. In ihrer Nähe befindet sich das Grabmal von König Jaja, einem ehemaligen Sklaven (S. 48).

Hotels

Metropolitan Hotel, Tel. 0 87/1 22 29 88; 140 Zi., Klimaanlage, Fernsehen, Swimmingpool

Marian Hotel, Tel. 0 87/22 02 33

Palladium Hotel, Tel. 0 87/22 20 63

Paradise City Hotel, Tel. 0 87/22 57 26

Anschlußfahrt zur Obudu Cattle Ranch (ca. 400 km)

Ein gern genutzter Ferien- und Erholungsort ist die Obudu Cattle Ranch in den Sonkwala Mountains, etwa 400 km nördlich von Calabar an der Grenze zu Kamerun. Von Lagos ist die Ranch nur in einer ziemlich strapaziösen Tagesreise (850 km) mit dem Auto über Benin City – Onitsha – Enugu erreichbar. Einfacher ist die Anfahrt von Calabar aus (fünf Stunden) über die gut ausgebaute A 4 (nicht A 4-2), die durch ausgedehnte Kautschuk- und Ölpalmpflanzungen über **Ikom** (220 km) führt. In der Umgebung von Ikom sind behauene Basalt- und Kalksteinblöcke zu besichtigen. Diese *Ikom Figures*, in denen die lokale Bevölkerung ihre Vorfahren verkörpert sieht, geben hinsichtlich ihrer wahren Bedeutung und ihres Alters noch Rätsel (S. 121) auf. Am leichtesten zugänglich sind die Figuren in der Nähe von **Alok** an der A 4, etwa 35 km nördlich von Ikom. Dort nach Sylvanus fragen, der Besucher zu den Figuren führt. Von Ikom die Fahrt nach

*Ikom-Monolith
aus dem Cross River-Gebiet*

Nordosten über eine Nebenstraße nach **Obudu** fortsetzen. Nach 110 km, kurz vor Obudu, rechts abbiegen, danach noch weitere 60 km bis zur Ranch. In Frage kommt auch eine Anreise mit einem Kleinflugzeug zum Bebi Airstrip bei Obudu, mit dem Pkw 15 Min. von der Ranch entfernt.

Die 1850 m hoch gelegene, 1951 eingerichtete Obudu Cattle Ranch besteht, wie der Name schon sagt, aus einer Viehzuchtstation, der 1959 ein Hotelbetrieb mit 12 Zimmern (VIP-Suiten, normale Suiten, beide mit Kamin), einfachen Doppelzim-

Flußhafen bei Ikom

mern und Chalets angeschlossen wurde. Rosensträucher, Blumenrabatten, Gemüsefelder (Erdbeeren), alte Laubbäume, Edelhölzer und kühle Nächte (die Temperaturen gehen bis auf 10 °C zurück), absolute Ruhe und Abgeschiedenheit versetzen den Besucher in eine andere Welt. Auch am Tage kann es bei bedecktem Himmel recht frisch sein. Man sollte warme Kleidung und notfalls auch eine Decke mitnehmen.

Der Hotelkomplex ist in den letzten Jahren etwas vernachlässigt worden. Wasser- und Stromversorgung sowie Verpflegung sind nicht immer gesichert. Für einen mehrtägigen Aufenthalt sollte man deshalb eine entsprechende Ausrüstung mitbringen. Bei einem geplanten Besuch an durch Feiertage verlängerten Wochenenden sollte, wenn irgend möglich, eine Voranmeldung mit Anzahlung vorgenommen werden. (Voranmeldung über das Cross River State Liaison Office in Lagos, 42 Bishop Oluwole St., Victoria Island, Tel. 01/(2) 61 01 52 oder (2) 61 10 05; schriftlich bei Obudu Cattle Ranching Co., P.O. Box 37, Obudu, Cross River State, kein Tel., oder beim Obudu Cattle Ranch Office, 2 Barracks Road, ADC Building, Calabar) Hauptsaison ist von Dezember bis März. Das nächste Ausweichquartier befindet sich 170 km entfernt in Ikom.

Die Ranch bietet Gelegenheit zum Reiten (für bescheidene Ansprüche), Minigolf, Tennis und einige andere Sportarten. Ein mehrstündiger, etwas beschwerlicher Spaziergang führt zu einem Wasserfall, der etwa 5 km hinter der Hotelanlage von einer Anhöhe mit vier Steinsäulen aus zu sehen ist (möglichst am Morgen). Kurz vor der Hoteleinfahrt (200 m) führt ein Weg vorbei an einem Feld mit europäischen Gemüsearten zu einer schattigen kühlen Quelle (Hinweisschild »Grotta«) mit Picknickplatz und Pool, dessen Temperatur kaum 15 °C überschreitet. Für beide Ausflüge bieten sich Dorfjungen gegen Entgelt als Führer an. Auf dem Obudu Plateau wird gelegentlich ein Rudel Gorillas gesichtet. Wer einen mühseligen Tagesmarsch auf sich nehmen will, kann ihnen möglicherweise begegnen. Das Gebiet ist Teil des Cross River State National Park, der mit Unterstützung der Europäischen Union eingerichtet wird.

Bei entsprechendem Management und nach den notwendig gewordenen Renovierungsarbeiten könnte die Ranch zu einem beliebten, stark frequentierten Höhenluftkurort werden. Für einen Aufenthalt eignen sich am besten die Trockenmonate November bis März.

Rückfahrt (wegen des starken Gefälles der 11 km langen, nicht gesicherten Abfahrt nur im 1. oder 2. Gang) auf der gleichen Strecke nach Calabar oder in Richtung Lagos über die anstrengendere Route (auch für die Anfahrt von Lagos) Obudu-Stadt, Ogoja, Abakaliki und Enugu (320 km, 6 Std.). Eine dritte, jedoch nur Ortskundigen zu empfehlende Route führt über Ikom zurück zur A 4 nach Ugep und von dort über Afikpo zum Enugu-Expressway.

Route 4: Ins Kernland der Haussa und Fulbe

Lagos – Ibadan – Ilorin – Mokwa – Bida – Suleja (Variante: Lagos – Benin City – Auchi – Lokoja – Abuja – Suleja) – Kaduna – Zaria – Daura – Katsina – Gusau – Sokoto
(ca. 1780 km, Variante 830 km)

Für die gesamte Route muß man 6–10 Tage rechnen; die Teilstrecke Lagos – Kaduna läßt sich unter günstigen Umständen ohne Aufenthalt in einem Tag zurücklegen. Bis zu dem auf der A1 erreichbaren Ort **Mokwa** (445 km von Lagos) ist die Strecke mit der durch Yoruba-Land führenden Route 2 identisch (S. 208–216).

In Mokwa biegen wir nach Osten auf die A124 ab. Hier, wo das Buschland für ein Landwirtschaftsprojekt großflächig gerodet wurde, führt die Straße nun parallel zum Tiefland durch die Ausläufer der nordnigerianischen Hochebene. Diese Graslandschaft mit lichter werdendem

Route 4: Ins Kernland der Haussa und Fulbe

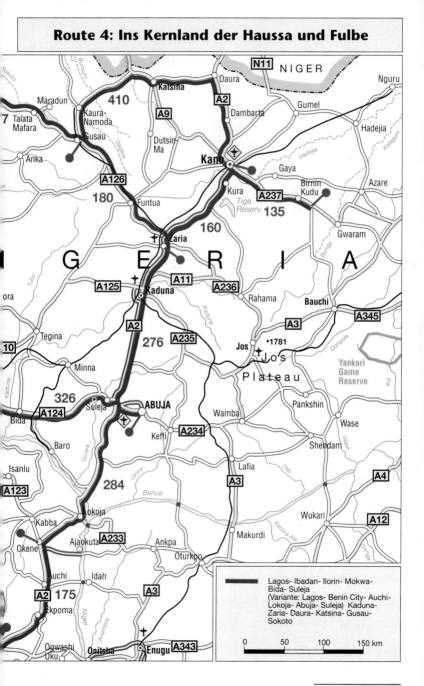

Lagos- Ibadan- Ilorin- Mokwa-
Bida- Suleja
(Variante: Lagos- Benin City- Auchi-
Lokoja- Abuja- Suleja) Kaduna-
Zaria- Daura- Katsina- Gusau-
Sokoto

| 0 | 50 | 100 | 150 km |

Baumbestand bildet das Kernland der Nupe, einer der größeren Minderheitengruppen Nigerias (S. 36). Ihre im vorigen Jahrhundert gegründete Hauptstadt **Bida** liegt 130 km von Mokwa entfernt. Ein kurzer Aufenthalt in der Nupe-Stadt sollte zu einem Besuch bei den Glasbläsern, Silber- und Bronzeschmieden genutzt werden (S. 128). Sie sind jeweils an bestimmten Straßen konzentriert. Der traditionelle Markt gehört zu den farbenprächtigsten von Nigeria.

Von Bida nach Suleja wird die Landschaft wieder stärker von einer baumbestandenen Graslandschaft gekennzeichnet. Lediglich die Umgebung von Suleja ist mit ihrer Hügellandschaft durch die Nähe des Niger-Beckens wieder feuchter. **Suleja** (185 km von Bida) mußte seinen alten Namen *Abuja* für die 50 km weiter östlich entstehende neue Hauptstadt Nigerias (S. 240) hergeben. Der in der Nachbarschaft lebende Stamm der Gwari ist bekannt für seine Töpferwaren. Während man in den Dörfern noch die alte Kunst sehen kann, bemüht man sich im Abuja Pottery Centre von Suleja, die traditionelle Töpfereikunst zu modernisieren.

5 km vor Suleja trifft man auf den nach Norden führenden, modernen Expressway (A 2), über den

*Mit Zebu-Rindern
pflügender Bauer
in der Savanne*

*Nigerbrücke
beim Stahlwerk
Ajaokuta*

man nach 180 km **Kaduna** erreicht (S. 248).

Variante:

Lagos – Benin City – Auchi – Lokoja – Abuja – Suleja (ca. 830 km)

Einigen Zeitgewinn bringt die ca. 330 km lange Strecke von Lagos Richtung Osten auf dem Expressway nach Benin City (Route 3, S. 219) und weiter auf der A2 nach Auchi (135 km), Okene (60 km) nach **Lokoja** (70 km).

Von Okene kann ein Abstecher über eine Schnellstraße zum 55 km östlich gelegenen Stahl- und Walzwerk **Ajaokuta** unternommen werden. Dieses größte Industrieprojekt des Landes wurde in den achtziger Jahren am Ufer des Niger von russischen Technikern buchstäblich aus dem Busch gestampft. Am Aufbau der dazugehörenden Infrastruktur wie Straßen, Versorgungseinrichtungen etc. waren u. a. auch deutsche Firmen beteiligt (S. 86).

Nach der Überquerung des Niger nördlich von Lokoja führt die A2 in das Territorium der neuen Hauptstadt Abuja; zum Flughafen fahren, dort rechts abbiegen und über die Flughafenstraße direkt nach **Abuja**.

Die neue Hauptstadt Abuja

1976 wurde beschlossen, die Hauptstadt Nigerias zu verlegen. Das peripher an der Küste gelegene Lagos in seiner vierfachen Funktion als Bundeshauptstadt, Landeshauptstadt, Wirtschaftsmetropole und Haupthafen erwies sich den vielfältigen Aufgaben kaum mehr gewachsen und hatte in politischer Hinsicht den Nachteil, im Herzen eines der drei großen Stämme (Yoruba) zu liegen.

Die Idee einer zentralen Hauptstadt wurde nicht erst in jüngerer Zeit geboren. Schon vor dem Ersten Weltkrieg erwogen die britischen Kolonialherren, wenn teilweise auch aus anderen Gründen, eine Verlegung nach Kaduna, einer Verwaltungshauptstadt im Haussaland und Knotenpunkt der beiden schon damals bestehenden Eisenbahnlinien. Die Auseinandersetzungen um das Für und Wider setzte sich über Jahrzehnte fort, wobei auch andere Orte in Betracht gezogen wurden. Die Wahl fiel schließlich auf Abuja (480 km Luftlinie nordöstlich von Lagos) im halbwegs zentral gelegenen Hochland (360 m ü.d.M.), dessen Bevölkerung keinem der drei dominierenden Stämme angehört. Weitere Vorteile sind das angenehmere Klima und das wegen der dünnen Besiedlung ausreichend vorhandene Bauland. Für das 8 034 km² große Territorium der neuen Bundeshauptstadt (Federal Capital Territory) mußten die umliegenden Bundesländer Teile ihrer Gebiete abtreten.

Seit über 15 Jahren ist Abuja (1992 rd. 420 000 Einw.) die größte Baustelle Afrikas. Eine völlig neue Stadt wurde auf dem Reißbrett entworfen und buchstäblich aus dem Busch gestampft. Ihr Aufbau sollte innerhalb eines festgesetzten Rahmens in vier Phasen erfolgen. Die ursprüngliche Planung, mit der Verlegung der Hauptstadtfunktion aus Lagos ab 1983 zu beginnen, mußte infolge voraussehbarer Verzögerungen des Bauprogramms wiederholt verschoben werden. Maßgeblichen Anteil an den Bauarbeiten hatte und hat neben anderen deutschen Firmen die Baugesellschaft Julius Berger. Deshalb wird das von einer zehnspurigen Ringautobahn einge-

Die im Hochland gelegene neue Hauptstadt Abuja mit dem markanten Zuma Rock

Stadttor der neuen Hauptstadt

*Eines der bereits fertig-
gestellten Ministerien*

rahmte Abuja von Einheimischen
auch »Berger City« genannt.

Obwohl die Stadt noch immer
nicht voll funktionsfähig ist, wurde
am 12. September 1991 offiziell die
Hauptstadtfunktion von Lagos auf
Abuja übertragen. Nach einem ersten Schub von Ministerien und
dem Präsidialamt sollen im Laufe der
Jahre die übrigen Verwaltungen und
die Botschaftsvertretungen folgen.
Für Jahre wird aber Abuja weiter eine
riesige Baustelle bleiben, aus der
Regierungspaläste und andere Mo-
numentalbauten scheinbar bezie-
hungslos emporragen. Dem Stadtbild haftet der Makel der
Gigantomanie an, da dessen Konzeption zu Zeiten des unerschöpflich
scheinenden Ölreichtums entworfen wurde. Das mit der Verlegung
der Hauptstadt in die Landesmitte
angestrebte Ziel, diese Retortenstadt

zum Symbol der nationalen Einheit,
Zusammengehörigkeit und Integration zu entwickeln, liegt noch in
weiter Ferne.

In seiner derzeitigen Gestalt verfügt Abuja über ein natürliches und
ein künstliches Wahrzeichen. Der
jenseits des westlichen Stadtrandes
sichtbare **Zuma Rock,** ein mächti-
ger Granitinselberg, hebt sich von
der umliegenden Landschaft wie ein
Steinaltar ab. Eindrucksvoll ist die in
das Stadtbild einbezogene **National
Mosque,** die drittgrößte ihrer Art
in Afrika. Mit ihren vier an die
100 m hohen Minaretts bestimmt
sie die Skyline der Stadt. Gewissermaßen als Gegenpol wirkt der obe-
liskförmige Turm der **ökumeni-
schen Kirche** auf der anderen
Stadtseite.

Den besten Gesamteindruck von
Abuja hat man von dem am
nordöstlichen Stadtrand liegenden
396 m hohen **Aso Hill.** Er ist von

Stadtplan Abuja

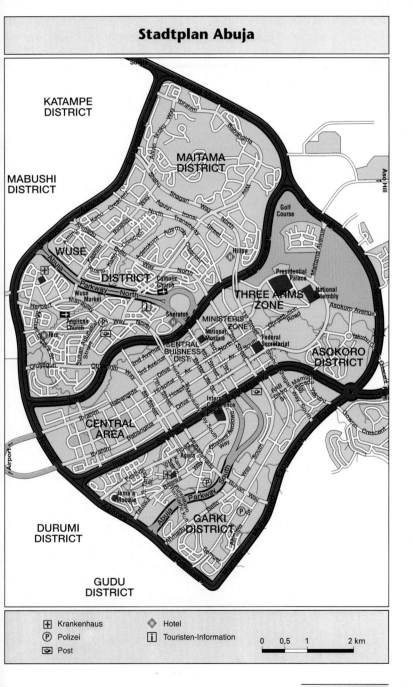

KATAMPE DISTRICT

MABUSHI DISTRICT

MAITAMA DISTRICT

WUSE DISTRICT

Golf Course

Hilton

Presidential Palace

THREE ARMS ZONE

National Assembly

Catholic Church

Wuse Market

Sheraton

MINISTERIS ZONE

National Mosque

Federal Secretariat

ASOKORO DISTRICT

Anglican Church

CENTRAL BUISNESS DIST.

Aso Hill

International Conference Centre

CENTRAL AREA

Jama'a Mosque

GARKI DISTRICT

DURUMI DISTRICT

GUDU DISTRICT

Symbol	Legend
Krankenhaus	Hotel
Polizei	Touristen-Information
Post	

0   0,5   1   2 km

den Hauptverkehrsadern des Stadtzentrums leicht zu erkennen. Die zum größten Teil fertiggestellten Regierungsgebäude wie der **Presidential Palace,** die **National Assembly,** das zwölfstöckige **Federal Secretariat,** in dem die meisten Ministerien untergebracht sind, liegen alle dicht beieinander im Central District. Im **Europe House** sind Außenstellen der EU-Vertretung und der Mitgliedstaaten untergebracht.

Alle für den internationalen Geschäftsreisenden notwendigen Einrichtungen wie Bankschalter, Reisebüros, Telekommunikation, Autovermietung befinden sich in den großen Hotels. Über lokale Ereignisse kann man sich in dem wöchentlich erscheinenden »Abuja Times« und dem »Abuja Monthly« informieren.

Für die in Abuja lebenden Ausländer, aber auch für die dorthin versetzten Beamten bietet die Stadt, wie jedes künstliche Verwaltungszentrum in der Anfangsphase, wenig Abwechslung. An den Wochenenden kehren die meisten schleunigst in ihre Heimatorte bzw. nach Lagos zurück. Andere unternehmen Ausflüge in die Umgebung bis hin nach Jos.

Bei der Anreise von Lagos auf dem Landwege sind ohne Zwischenstop acht Stunden zu veranschlagen. Der Abuja International Airport liegt 43 km vom Stadtzentrum entfernt. Eine Taxifahrt kostet mindestens 400 ₦.

Das in großen Dimensionen geplante Abuja wird noch über Jahre eine Baustelle sein

Die National Mosque der neuen Hauptstadt ist die drittgrößte Afrikas

Das neue Konferenzzentrum war bereits Versammlungsort wichtiger internationaler Tagungen

Abuja von A bis Z

Apotheken

Newland Pharmacie, Nicon Noga, Hilton Hotel, Maitama, Tel. 5 23 18 11

City Gate Pharmacie & Chemical Co, Shop 31, Area 1 Shopping Centre, Garki, Tel. 2 35 41 32

Associated Chemists, Shop 7, Area 10, Garki, Tel. 2 34 13 21

King Chemist, Shop 5, Area 2 Shopping Centre, Garki, Tel. 2 34 14 62

Ärztliche Versorgung

In den folgenden Einrichtungen wird sowohl stationär als auch ambulant behandelt:

Gwagwalada General Hospital, 80 km westlich von Abuja (bei Gwagwalada)

Garki General Hospital, Area 3, Garki, Tel. 2 34 14 87

Sauki Hospital, Plot 90, Zone 6, Wuse, Tel. 5 23 18 43

Abuja Clinic, Area 3, Garki, Tel. 2 34 21 99

El-Raphael Clinic & Maternity, Zone 2, Wuse, Tel. 5 23 07 42 (Entbindungsklinik)

Autovermietung

In allen großen Hotel befinden sich Autovermietungen

Banken

Im gesamten Hauptstadtgebiet arbeiten bereits 13 Banken, allerdings gibt es bisher noch keine Wechselstube in der Stadt, Besucher müssen deshalb ihr Geld im Hotel oder einer der außerhalb gelegenen Banken tauschen (Auswahl):

Central Bank of Nigeria, Blk 36, Area 2, Garki, Tel. 2 34 15 92

First Bank, Area 3, Garki, Tel. 2 34 10 70–73

Afribank, Area 1, Block 2, Garki, Tel. 2 34 13 14 (diese Bank hat eine Zweigstelle im Nicon Noga Hilton Hotel und in Area 7, Section 2, Tel. 2 34 13 14)

United Bank for Africa (UBA), Area 3, Garki, Tel. 2 34 10 82 (Zweigstelle im Nicon Noga Hilton Hotel, Tel. 5 23 18 11)

Savannah Bank, Block 8, Garki, Tel. 2 34 11 15 und 2 34 14 06

Société Générale Bank, Block 1, Area 1, Garki, Tel. 2 34 16 29

Busse

Für Fahrten in andere Städte stehen zwei Bahnhöfe zur Verfügung: Garki Motor Park, Area 1, und AUMTCO, Open University Complex, Area 1, Garki

Es gibt private (grün-weiße) und staatliche (braun-weiße) Busse. Vor Einsteigen nach Bestimmungsort fragen!

Flughafen

Der internationale Flughafen Abuja liegt 43 km außerhalb von Abuja (Tel. 5 23 13 78). Eine Taxifahrt zum Flughafen kostet mindestens 400 ₦.

Abuja ist an das innerafrikanische und internationale Flugnetz angeschlossen (Direktflüge nach London). Nigeria Airways und Chartergesellschaften verkehren mehrmals täglich zwischen Abuja und Lagos sowie einigen anderen Städten (keine Vorausbuchungen, daher gleich Rückflugticket kaufen!).

Geschäfte

In allen Stadtteilen, die Areas genannt werden, bestehen viele Einkaufsmöglichkeiten und große, moderne Supermärkte.

Abgesehen davon gibt es in und um Abuja eine Reihe von lokalen Märkten: Der Wuse Market, der größte in Abuja, findet freitags statt (manchmal auch noch an anderen Tagen), von traditioneller Handarbeit bis zu Fertigwaren ist hier alles zu finden.

Der Garki Village Market (montags) eignet sich gut zum Souvenirkauf. Der Pottery Market am Lokoja Kaduna Highway bietet eine große Auswahl an traditioneller Gwari-Kunst.

Hotels
Fünf Sterne

Nicon Noga Hilton Hotel, Maitama, Tel. 5 23 18 11–28, Fax 5 23 13 89; (695 Doppelzimmer und Suiten, klim.)

Sheraton Hotel & Towers, Maitama, Tel. 5 23 02 25, Fax 5 23 15 70; (660 Doppelzimmer und Suiten, klim.)

Abuja Sofitel Hotel (nahe Konferenzzentrum, Eröffnung 1995)

Vier Sterne

Agura Hotel, Festival Road, Area 10, Garki, Tel. 2 34 17 53–60, Fax 2 34 21 15; (140 Doppelzimmer und Suiten, klim.)

Ibro Hotel, Festival Road, Zone 5, Wuse, Tel. 5 23 32 00 (101 Zimmer, klim.)

Einfache Hotels

Bagudu Hotel, Area 1 Shopping Centre, Garki, Tel. 2 34 16 53

Rendevouz Hotel, University Junction, Zone 6, Wuse, Tel. 5 23 11 35

Information
Nigerian Tourism Development Corporation, Sefadu Street, Zone 4, Wuse, Tel. 5 23 04 18

Polizei
FCT Police Command, Comissioner's Office, Nyanyan Road, Garki, Tel. 2 34 18 00

Garki Police Station, A.I.G. Zonal Office, Area 1 Shopping Centre, Garki, Tel. 2 34 18 90

Wuse Police Station, Zone 5, Wuse-Maitama-Kreuzung, Wuse

Post
Die beiden Postämter Garki Post Office, Festival Road, Garki, und Wuse Post Office, Zone 3, Wuse, sind Mo–Fr 8–17 Uhr geöffnet

Reisebüros
Folgende Reisebüros verkaufen internationale Flugtickets und nehmen Reservierungen vor:

Allstates Travel, Nicon Noga Hilton Hotel, Tel. 5 23 19 41

A.B.V. World Travel, Nicon Noga Hilton Hotel, Tel. 5 23 18 11

Habis Travel Agency, Sheraton Hotel & Towers, Tel. 5 23 02 29

Trans-Rapid Travel Agency, Agura Hotel, Tel. 2 34 21 00

Religiöse Stätten
National Mosque, Central District

Juma'a Mosque, Garki

All Saints Anglican Church, Wuse

Pope John Paul II Catholic Centre, Wuse

National Ecumenical Centre

Restaurants
Die besten Restaurants mit internationaler, orientalischer und einheimischer Küche befinden sich in den großen Hotels.

Nigerianische Küche findet man auch in vielen lokalen Restaurants in den Einkaufszentren.

Eddie King Burger Restaurant: Area 2, Section 2, Garki

Schulen
Neben zahlreichen staatlichen und privaten Primary und Secondary Schools gibt es ein Teachers College und ein Technical College.

Außerhalb von Abuja (in Gwagwalada) befinden sich die Abuja University und eine School of Nursing

Sportmöglichkeiten
Golf: Ibrahim Badamasi Babangida International Golf Course, Maitama

Polo: Nigeria Polo Association, Maitama

Viele Sportmöglichkeiten (wie Tennis, Basketball, Hockey u.a.) kann man auch in den großen Hotels oder in Schulen nutzen

Taxis
Sie befördern bis zu vier Personen gleichzeitig; man kann sich aber auch ein Taxi privat mieten

Telefon
Die Vorwahlnummer von Abuja ist 09

Weiterfahrt nach Kaduna

Von Abuja fahren wir auf der A 234 nach Suleja (S. 238) zur als Expressway ausgebauten A 2 Richtung Kaduna. Nach Norden läßt man allmählich die Baumsavanne hinter sich und gelangt durch die von einer zusehends spärlicher werdenden Vegetation gekennzeichnete nördliche Guinea-Savanne in das auf 400–700 m gelegene nordnigerianische Plateau. Inmitten dieser welligen Rumpfflächenlandschaft liegt **Kaduna** (940 km von Lagos, ohne Abstecher Abuja).

Kaduna

Kaduna, eine Gründung des 20. Jh., hat heute ca. 500 000 Einwohner. Sie wurde 1913 zunächst als Garnisonsstadt am Kaduna River (Kaduna bedeutet in der Haussa-Sprache soviel wie »Krokodile im Fluß«) mit mehreren, breiten baumbestandenen Alleen angelegt und 1954 Verwaltungszentrum der britischen Kolonialverwaltung für das Protectorat Nordnigeria. Heute ist sie die Hauptstadt des gleichnamigen Bundeslandes. Die **Lugard Hall** im Stadtzentrum mit übermächtiger Kuppel, heute Sitz von Verwaltungsbehörden, und andere öffentliche Gebäude sowie die breit angelegten schattigen Avenuen sind sichtbare Spuren der kolonialen Vergangenheit.

An der Hauptstraße, dem Ahmadu Bello Way mit seinen doppelspurigen getrennten Fahrbahnen, liegen die wichtigsten Geschäfte und Konsulate. Ein Montagewerk für Pkws (Peugeot), eine Erdölraffinerie, Textilfabriken und zahlreiche andere Industriebetriebe haben Kaduna zu einem bedeutenden Wirtschafts- und Handelszentrum im Norden gemacht. Hier stoßen auch die beiden Eisenbahnlinien von Lagos und Port Harcourt zusammen.

Flußlandschaft am Kaduna River

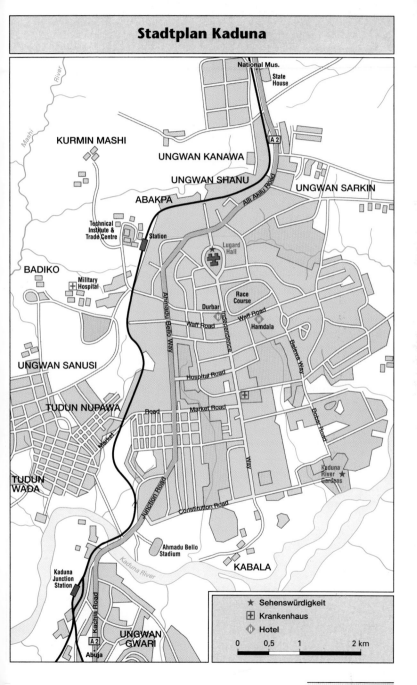

Stadtplan Kaduna

Eine weiträumige Parkanlage zieht sich durch die Stadtmitte bis jenseits des Kaduna River hin. In den etwas vernachlässigten **Kaduna River Gardens** am südlichen Stadtrand ist eine Hängebrücke aus der Zeit von Lord Lugard sehenswert. Die großzügig angelegte **Pferderennbahn** (Race Course) mit Poloplatz an der Waff Road zeugt gleichfalls von britischer Kolonialherrlichkeit. Die großen Hallen neben der Rennbahn beherbergen einmal jährlich eine große internationale Industrieausstellung.

Das **National Museum** an der zum Flughafen führenden Straße gibt in drei Abteilungen einen Überblick über die nigerianische Kunst. Der erste Saal enthält neben steinzeitlichen Werkzeugen Skulpturen der verschiedenen Kulturepochen. In der ethnographischen Abteilung sind Masken, Holzfiguren, Musikinstrumente und Münzen ausgestellt. Die dritte Abteilung schließlich ist dem modernen Kunsthandwerk, insbesondere Nordnigerias, gewidmet: Töpferei, Lederarbeiten, Kalebassenschnitzerei. In dem auf dem Museumsgelände angesiedelten, mit *Habe I* und *Habe II* (vor Beginn der Herrschaft der Fulbe ab 1804 wurden die Haussa »Habe« genannt) bezeichneten Hütten kann man Töpfern, Schmieden, Webern, Kalebassenschnitzern, Haarflechtern und anderen Handwerkern bei der Arbeit zuschauen. Bei dem auf der anderen Straßenseite liegenden Bau mit seinem reich verzierten Tor handelt es sich um die **Residenz des Emirs von Zaria.**

Wer Kaduna als Flugreisender besucht, sollte die Fahrt zum Flughafen (30 km) mit dem preiswerten Sammeltaxi unternehmen.

Hotels

Durbar Hotel, Tel. 0 62/21 10 01; 300 Zi., Klimaanlage, Fernsehen, Swimmingpool

Hamdala Hotel, Tel. 0 62/21 10 72; 184 Zi., Klimaanlage, Swimmingpool

Kaduna Residential Hotel, Tel. 0 62/21 65 08

Arewa Hotel, Tel. 0 62/21 30 76

Restaurants

Neben dem chinesischen Restaurant im Hamdala Hotel sind das Arewa China Restaurant im Ahmadu Bello Way und vor allem das Jacaranda im Rimi Drive zu empfehlen. Fast schon eine Attraktion ist die Dependance, das Jacaranda Restaurant & Pottery; es liegt allerdings 20 km außerhalb an der nach Kafanchan führenden Straße.

Von Kaduna sind es 80 km bis nach **Zaria,** dem Zentrum des Baumwollanbaugebietes.

Zaria

Zaria (310 000 Einw., 600 m ü. M.) war Hauptstadt einer der ursprünglichen sieben Haussa-Staaten des frühen 15. Jh. Die Namen der beiden Töchter eines der damaligen Herrscher leben im Namen der Stadt sowie in der Bezeichnung *Amina* für den 15 km langen **Stadtwall** fort. Diese von Sklaven errichtete Mauer mit ihren alten Toren zählt zu den am besten erhaltenen in Nigeria.

Zaria verlor im Verlauf der Eroberungszüge der Fulbe-Krieger (S. 47) seine historische Bedeutung. Die von der Stadtmauer eingeschlossene **Altstadt** zeugt von vergangener Größe. Hier findet man noch zahlreiche Häuser im traditionellen Lehmbaustil des Nordens mit Flachdach, die sich angenehm von den heutzutage üblichen Wellblechhäusern abheben. Die Haupttore sind **Kofar Doka** (restauriert) und **Kofar Kuyumbana** (*Kofar* = Tor), durch das man, von Kaduna kommend, rechter Hand in die Altstadt einfährt. Vom Kreisel etwa in die Stadtmitte ist links am Ende einer Straße der **Emirpalast** *(Gidan Sarki)* zu erkennen, der durch seine an Ornamenten reiche Fassade ins Auge fällt. Die rechts vor dem Palast stehende Moschee ist jüngeren Datums und umschließt die kleinere erhalten gebliebene alte Moschee. Vom gleichen Kreisel führt eine Straße in

entgegengesetzter Richtung zu dem seit Jahrhunderten bestehenden Markt mit Schmieden, Färbern, Töpfern, Webern und Sattlern. Beachtenswert sind die Erzeugnisse des Fulbe-Handwerks wie Decken und Leder.

Neben dem traditionellen Handwerkerzentrum der Altstadt hat sich im Laufe des Jahrhunderts das Viertel **Sabon Gari** entwickelt, dem sich an der Straße nach Sokoto das

Stadtmauer und Tore prägen noch heute das Bild der alten Haussastadt Zaria

weitläufige Gelände der **Ahmadu Bello University** anschließt. Besuchenswert ist hier das Centre for Nigerian Cultural Studies mit Museum. Etwas außerhalb der Stadt steht die älteste (anglikanische) Kirche Nordnigerias; sie wurde zwischen 1925 und 1931 errichtet.

Hotels

Kongo Conference Hotel, Tel. 0 69/3 28 72; 92 Zi., Klimaanlage, Fernsehen, Swimmingpool, Tennisplätze

Zaria Hotel, Tel. 0 69/5 08 14; 104 Zi., Klimaanlage

Von Zaria kann man auf der A 126 in nordwestlicher Richtung über Gusau in 410 km das Wirtschafts- und Handelszentrum Sokoto, den Endpunkt unserer Reise, erreichen. Wir wenden uns jedoch auf der A 2 (jetzt als vierspurige Autobahn ausgebaut) nach Nordosten, um zunächst der alten faszinierenden Haussa-Stadt Kano einen Besuch abzustatten. In einem weiten Bogen gelangen wir sodann über Katsina nach Gusau, von wo wir dann nach Sokoto weiterfahren.

Das stark vom Islam geprägte und nicht zuletzt deswegen kulturell recht homogene Haussa-Land erstreckt sich vom Gebiet um Kaduna und Kano weiter nach Norden und Westen bis zur Grenze mit den Nachbarstaaten Niger und Benin. In der Trockenperiode um die Jahreswende überzieht der Harmattan die Landschaft mit einem braunen Schleier aus feinem Sand; das eintönige Bild unterbrechen lediglich die schwarzen Flecken, die von den nach der Ernte abgebrannten Feldern herrühren. In der fast siebenmonatigen Trockenzeit werden die

Kunstvoll verziertes Haussa-Gehöft in Nordnigeria

Die mächtigen Baobabs überragen stets ihre Umgebung

Flußtäler *(fadama)* zu lebenswichtigen Grünzonen, in denen intensiv Bewässerungslandwirtschaft mit Reis, Weizen, Gemüse und Zuckerrohr betrieben wird. Unter dem spärlichen Baumbestand fallen die bizarren Baobab-Bäume auf, die vor allem in der Abenddämmerung eine eigentümliche Silhouette abgeben. Während der kurzen Regenzeit dagegen verwandelt sich das Land in ein leuchtendes Grün.

Die südliche Haussa-Region eignet sich aufgrund des Landschaftstyps (Guinea-Savanne) besonders für den Anbau von Hirse, Sorghum (Guinea Corn) und Baumwolle. Nördlich von Zaria schließt sich in der trockeneren Sudan-Savanne der Erdnußgürtel an, der sich vor allem auf das Gebiet um Kano und Katsina konzentriert. Der Wechsel in der Vegetation – erkennbar an den wesentlich kleinblättrigeren Bäumen und dem nach Norden hin zunehmenden Auftreten von Dornbuschgewächsen – setzt etwa auf halbem Wege zwischen Zaria und **Kano** (160 km) ein.

Kano

Die über 1100 km von Lagos entfernte Stadt Kano (ca. 2 Mill. Einw., 467 m ü.M.) wurde an einem Kreuzungspunkt der Transsahara-Karawanenrouten um 900 n.Chr. von den Haussa gegründet und war einst der bedeutendste Handelsplatz ganz Westafrikas. Die Landschaft in der Umgebung von Kano mit ihren trockenen Grassavannen wirkt, abgesehen von den riesigen Termitenhügeln, ziemlich eintönig. Mit 870 mm bei 64 Regentagen sind die Niederschläge recht niedrig. Die Temperaturen steigen am Tage auf Werte von 30–40 °C, gelegentlich auch darüber, und fallen in der Harmattan-Zeit nachts bis auf 12 °C (sonst um 20 °C). Die relative Luftfeuchtigkeit schwankt zwischen 15 % (extrem trocken) während der Hauptzeit des Harmattan (Januar/Februar) und um 70–80 % in der Regenzeit (Mai bis August). Die beiden größten Flüsse des gleichnamigen Bundeslandes, Chalawa und Hadejia, führen nur in der Regenzeit Wasser.

Eines der Stadttore von Kano

Lange Zeit war Kano für Fremde unzugänglich. Der arabische Afrikaforscher Leo Africanus betrat als erster Außenstehender 1523 die Stadt. Die von ihm überlieferte Beschreibung trifft teilweise auch heute noch auf den Stadtkern zu: Mauern und Häuser sind aus Lehm errichtet, und die Bewohner sind reiche Kaufleute. In jüngster Zeit muß allerdings die Lehmarchitektur an verschiedenen Stellen den Verkehrsbedürfnissen einer modernen Stadt weichen. Kano hat sich den Ruf als bekannteste Haussa-Stadt bewahrt. Die Funktion einer Drehscheibe für den internationalen Flugverkehr im Vordüsenzeitalter hat es zwar verloren, verfügt aber immer noch über einen bedeutenden internationalen Flughafen und ist ein äußerst geschäftiges und aufstrebendes Wirtschaftszentrum mit zahlreichen Industriebetrieben, darunter Fiat/Iveco-Monta-

gewerk für Lastwagen und Traktoren, das wegen mangelnder Rentabilität jedoch die Produktion einstellen mußte.

Etwa zwei Drittel der angestammten Bevölkerung leben im Altstadtkern innerhalb der erhalten gebliebenen Stadtmauer. Die einst berühmte, 18 km lange, im 12. Jh. begonnene und erst im 17. Jh. fertiggestellte **Stadtmauer** mit ihren Toren *(Kofar)* ist stark verfallen. Am besten erhalten geblieben sind Kofar Dan Agundi und Kofar Na'sa an der Südseite. Hier kann man auch Reste der einstmals 13 m hohen und 24 m dicken Mauer sehen. Ihr Verfall setzte mit der Eroberung der Stadt und Besetzung durch die Engländer im Jahre 1910 ein, da sie keine Schutz- und Verteidigungsfunktion mehr zu erfüllen hatte. Eine Nachbildung eines typischen Teilstücks der Mauer ist in Jos (S. 269) zu sehen.

Stadtplan Kano

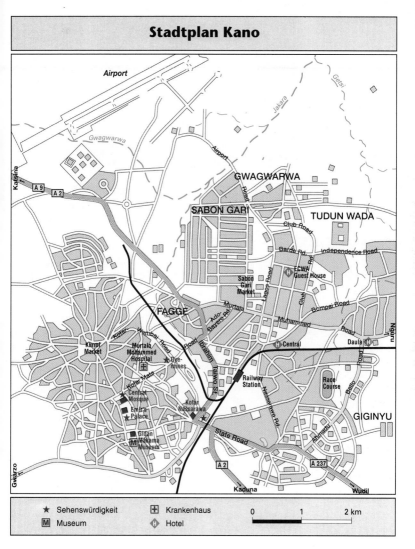

★	Sehenswürdigkeit	✚	Krankenhaus	
Ⓜ	Museum	◈	Hotel	

0   1   2 km

Die im Westteil von Kano gelegene **Altstadt** ist mit ihren traditionellen, auf die Europäer scheinbar eintönig wirkenden Lehmbauten ein charakteristisches Beispiel für die Stadtzivilisation in der Sudan-Zone. Sie besteht aus einem Labyrinth von engen Straßen, in denen sich die Flachdachhäuser aneinanderdrängen. Die Lehmbauten sind zuweilen mit kunstvollen Ornamenten verziert und bilden mit ihren Zinnen einen eindrucksvollen Kontrast zu den glatten Fassaden der modernen Büro- und Geschäftshäuser.

*Die Zentral-
moschee von Kano*

*Lehmarchitektur
in der Altstadt von
Kano*

Einen Erkundungsgang durch die Altstadt beginnt man am besten bei dem ehemaligen **Kofar Nassarawa** an der State Road mit dem vielstöckigen Verwaltungsgebäude **Gidan Murtala** und dem **Jubiläumsdenkmal** zum 25. Jahrestag der Unabhängigkeit Nigerias. Nach etwa 500 m liegt rechts der äußerlich unscheinbare, jedoch sehr weitläufige **Emir's Palace,** dahin-

ter die **Central Mosque.** Gegenüber dem Palast befindet sich das in den siebziger Jahren im traditionellen Baustil errichtete **Gidan Makama Museum,** in dem in sehr übersichtlicher Anordnung anhand von Kunstgegenständen und Fotodokumenten ein instruktiver Überblick zur Vor-, Früh- und Zeitgeschichte der Stadt Kano sowie der Haussa und Fulbe vermittelt wird.

Das in traditioneller Lehmbauweise errichtete Museum von Kano

Moderne kunsthandwerkliche Erzeugnisse runden die Ausstellung ab (täglich 10 bis 16 Uhr geöffnet). Ein 50seitiger Museumsführer enthält gute einführende Informationen.

Der seit dem 15. Jh. bestehende **Kurmi Market** liegt im Zentrum der Altstadt. Bei zielstrebigem Feilschen können hier qualitativ gute Souvenirs (Lederwaren, Schnitzereien, Flechtarbeiten, Bronzegegenstände usw.) erworben werden. Sehenswert sind auch die traditionellen **Färbergruben** hinter dem Kofar Mata mit ihrem penetranten Indigo-Geruch. Der größere und interessantere Markt ist der außerhalb der Altstadt gelegene **Markt Sabon Gari** in der Neustadt gleichen Namens, der 1913 für die Zuwanderer aus dem Süden (z. B. Ibo) angelegt wurde.

Die größte Attraktion in Kano ist die farbenprächtige Prozession des Emirs, des mächtigen Haussa-Herrschers, an hohen muslimischen Feiertagen von seinem Palast zur Zentralmoschee. Die freitäglichen Gebetsstunden sind für einen Europäer gleichfalls beeindruckend. In Kano begegnen sich mittelalterliche Sitten und Gebräuche – beim Vorbeizug des Emirs verneigen sich die Gläubigen demutsvoll bis zum Boden – und Lebensformen des elektronischen Zeitalters. Hoheitsvolle traditionelle Würdenträger können erfolgreiche Geschäftsleute sein, die sich in London und New York ebensogut auskennen wie in ihren Herrschaftsbereichen.

Das Wahrzeichen von Kano in den letzten Jahrzehnten waren die aus jeweils 1000 Säcken (700 t) errichteten Erdnußpyramiden, die hier vor dem Abtransport in den Süden gestapelt wurden. Die hinsichtlich der Wachstumsbedingungen recht anspruchslose Erdnuß hatte einst für die Haussa eine ähnliche wirtschaftliche Bedeutung wie der Kakao für die Yoruba. Geringere Ernten in den achtziger Jahren wegen unzureichender Regenfälle und anderweitig bessere Verdienstmöglichkeiten haben die Pyramiden zusammenschrumpfen lassen.

Die Kriminalität, die lange Jahre auch in Kano beängstigende Ausmaße angenommen hatte, ist zurückgegangen. Abends sollte man trotzdem nicht allein auf die Straße gehen.

Hotels

Central Hotel, Tel. 064/601120; 195 Zi., 15 Suiten, Klimaanlage, Swimmingpool, Tennisplatz, Fernsehen, Autovermietung

Duala Hotel, Tel. 064/601140; 192 Zi., 8 Suiten, Klimaanlage, Swimmingpool, Autovermietung

Leedo Holiday Inn, Tel. 064/629714; 56 Zi., Klimaanlage, Fernsehen, Autovermietung

Kano Guest Inn, Tel. 064/622717; 70 Zi., Klimaanlage, Fernsehen

ECWA Guesthouse der Church of Western Africa

Bagauda Lake Hotel, Tel. 064/625135; 114 Bungalows, Klimaanlage, Fernsehen, Swimmingpool, Tennisplatz, Reiten (Pferde, Kamele); das Ferienhotel liegt 65 km südlich von Kano an einem See (über A2 Richtung Zaria, nach 60 km links abbiegen).

Restaurants

Neben den Hotel-Restaurants zu empfehlen: Rock Castle Restaurant, 20 Ahmadu Bello Road; Peking Chinese Restaurant,

Färber in Kano

Markt in Daura

14 Ahmadu Bello Road; Magwan Water Restaurant, Audo Bako Way.

Im **Audu Bako-Zoo** etwas außerhalb der Stadt an der Straße nach Zaria werden eine Reihe exotischer Tiere, darunter Känguruhs, gehalten, deren natürlicher Lebensraum nicht auf dem afrikanischen Kontinent liegt. Einen Abstecher wert sind auch die Findlinge und Felsmalereien von **Birnin Kudu,** 135 km südöstlich von Kano auf der A 237 (S. 282).

Von Kano über Daura nach Katsina (210 km)

Die Landschaft nördlich von Kano zur Grenze nach Niger hin führt nun deutlich sichtbar aus der Sudan-Savanne hinaus in die Ausläufer der Sahelzone. Das zunächst noch dicht besiedelte Flachland wird hauptsächlich mit Sorghum, Hirse und vor allem mit den als Zweitkultur angepflanzten Erdnüssen bebaut. In den Dörfern fallen immer wieder, auch während der Trockenzeit, die tiefgrünen Farbtupfer der *Neem*-Bäume und

im freien Gelände die unverkennbaren Baobab-Bäume ins Auge, von deren Aststummeln an langen Fäden die eßbaren Früchte (das »Affenbrot«) herabhängen. In diesen und anderen Bäumen wird vielfach Hirsestroh gelagert, das auf diese Weise den nimmersatten und klettertüchtigen Ziegen entzogen wird.

Statt von Kano aus auf der A9 direkt nach Katsina zu fahren (173 km), nehmen wir die interessantere Strecke über die Grenzstadt Daura (210 km).

Der letzte Abschnitt der A2 Richtung nigrische Grenze führt durch **Dambarta** (50 km nördlich von Kano), wo Sonntag vormittags der größte Viehmarkt Nigerias mit Musikanten und Schlangenbeschwörern abgehalten wird.

Kurz vor der Grenze erreicht man **Daura** (130 km von Kano), die älteste Stadt des Haussa-Landes. Von hier ging im 10. Jh. die Teilung des Haussa-Reiches aus. Die Feste an den muslimischen Feiertagen, besonders am Eid-el-Maulud, der hier *Sallah Gani* heißt, haben ihren ursprünglichen Charakter bewahrt und zeichnen sich durch ihr malerisches Gepräge aus. Ein kleines Durbar gehört zu jedem Fest dazu. Der legendäre Kuzugu-Brunnen, aus dem – wie man sich erzählt – wegen einer Schlange einst nur freitags Wasser geschöpft werden konnte, bis sie von einem Herrscher mit seinem (bis heute erhalten gebliebenen) Schwert getötet wurde, erfüllt noch immer seinen Zweck. Eine Stadtbesichtigung sollte auf den frühen Abend gelegt werden, dann kann man sich an den Gesängen und Spielen der Bewohner erfreuen. Besuchenswert ist der Markt in der Nähe des Emirpalastes.

Die 80 km zwischen Daura und **Katsina** bieten wenig Abwechslung.

Katsina

Das 80 km westlich von Daura gelegene Katsina (175 000 Einw.) gehört ebenfalls zu den ältesten Haussa-Städten. Wie keine andere Stadt atmet sie den Geist des alten (Nord-) Nigeria, obgleich auch hier die moderne Industriegesellschaft erste Zeichen in Form eines Stahlwalzwerks gesetzt hat, das unter japanischer Mitwirkung entstand und 1982 seinen Betrieb aufnahm. Mit der Schaffung des Bundeslandes Katsina im Jahre 1987 hat sich die Stadt weiter modernisiert. Neben ihrem Ruf als ein früher Hort der Haussa-Kultur und Brennpunkt des Handels fungierte Katsina lange Zeit als Zentrum des Bildungswesens. Das **Katsina College** war einst die wichtigste Bildungsstätte des Nordens. Im Transsahara-Handel des 18. Jh. spielte die Stadt eine führende Rolle. Sehenswert sind die bis zu 5 m hohe, allmählich verfallende **Königin-Amina-Stadtmauer** mit dem **Stadttor Kofar Yandaka** und das Empfangstor zum **Emirpalast**, außerdem die **Zentralmoschee** mit dem 300 Jahre alten, aus Lehm errichteten **Gobarau-Minarett**, das nach Einholung einer Genehmigung bestiegen werden kann. Der Stadtkern innerhalb der Mauer mit seinen abseits der Straßen gelegenen, schön verzierten Häusern ist weitgehend erhalten geblieben. Schmiede, Lederwarenhersteller, Färber und Weber kann man bei der Arbeit beobachten. Weithin bekannt ist das *Durbar* von Katsina (S. 142), das während der Sallah-Feste oder zu den jährlichen Polo-

In Katsina befindet sich die älteste Lehrerausbildungsstätte des Landes

Turnieren (September/Oktober) veranstaltet wird.

Hotels

Katsina Motel, Tel. 0 65/3 40 06; 10 Zi., Klimaanlage

Katsina Guest Inn, Tel. 0 65/3 03 13

Die weitere Route Richtung Gusau führt zunächst an der Grenze zu Niger entlang. Dann macht die Straße einen Bogen nach Süden. Nach 150 km gelangt man in die nächste größere Stadt, **Kaura Namoda.** Der Ort ist Endstation der von Lagos kommenden Eisenbahnlinie und bedeutende Erdnußverladestation. Die dominierende Rolle des Erdnußanbaus in diesem Gebiet wird besonders in der Regenzeit (Juni–September) augenfällig,

wenn die Erdnußpflanzungen inmitten der ansonsten gleichförmigen Landschaft einem grünen Teppich gleichen.

Im Siedlungsmuster fallen in der Umgebung der Städte die dicht gedrängten, zumeist von einer Lehmmauer oder Hecke eingeschlossenen Gehöfte auf, die jeweils aus mehreren Hütten bestehen. Zwischen den Dörfern liegen verstreut einzelne Weiler, in ähnlicher Weise von Mauern oder Hecken umgeben. Besonders angenehm in der Tageshitze sind die großen, schattenspendenden Bäume.

Ab **Gusau** (200 km von Katsina) fährt man auf der Straße A 126 (direkte Verbindung Zaria–Sokoto, S. 252) in nordwestlicher Richtung nach Sokoto. Bei dem Ort **New Maradun** wurde zur besseren Nutzung der in der kurzen Regenzeit anfallenden Niederschläge der 48 m hohe Bakalori-Staudamm am Sokoto River angelegt. Der Stausee ermöglicht die ganzjährige Bewässerung von 30 000 ha landwirtschaftlicher Nutzfläche. Die grünen Maisfelder am Straßenrand, selbst bei größter Hitze und Trockenheit in der sonst so eintönigen Landschaft, in der Rinder- und Ziegenherden mühsam nach Nahrung suchen, erscheinen beinahe unwirklich. 75 km hinter Gusau biegt man rechts ab und erreicht nach 4 km den Staudamm. Das Ziel der Route 4 ist aber **Sokoto,** das 217 km von Gusau entfernte Wirtschafts- und Handelszentrum im Nordwesten Nigerias.

Sokoto

Sokoto (500 000 Einw.) liegt auf 350 m Höhe in der leicht welligen Sokoto-Ebene, die von der nordwestlichen Abdachung des nordnigerianisches Plateaus zum Sahel im Norden überleitet. Die am Plateau entspringenden Flüsse gehören sämtlich zum Einzugsbereich des Niger, so auch der Sokoto River, in den der nur zeitweilig wasserführende Rima mündet und dessen Ufergebiete intensiv landwirtschaftlich genutzt werden. Die jährlichen Niederschläge sind mit 710 mm bei 58 Regentagen recht niedrig. Die Temperaturen weisen große Schwankungen zwischen Tag und Nacht und den einzelnen Jahreszeiten auf: bis über 40 °C ansteigend in den Monaten März bis Mai, sonst um 30 °C; während des Harmattans nachts bis auf 15 °C, sonst auf 20 °C zurückgehend. Die relative Luftfeuchtigkeit erreicht den extremen Tiefstand von 10 % und schwankt in der Regenzeit (Juni–September) zwischen 60 % und 80 %. Die Vegetation wird denn auch von der trockenen Grassavanne mit spärlichem Baumbestand

*Sokoto zur Zeit
Heinrich Barths*

charakterisiert Weidende Kamele deuten auf die nahe Wüste hin.

Sokoto ist ein bedeutender muslimischer Wallfahrtsort; jährlich pilgern zahlreiche Gläubige aus ganz Westafrika zum **Grabmal des Usman dan Fodio** (S. 47), der sich nach seinem Heiligen Krieg *(Jihad)* 1810 hier niederließ. Heute ist die Stadt Sitz des einflußreichen Sultans von Sokoto, dem höchsten religiösen und geistlichen Herrscher des Nordens. Der häufig auch zu hörende Titel *Sardauna* gebührt dem jeweils ältesten Sohn des Sultans. Folgt er dem Vater als geistliches Oberhaupt nach, wird er Sardauna und nicht, wie sonst üblich, Sultan von Sokoto genannt.

Die Stadt Sokoto wurde erst 1809 von Sultan Bello gegründet. Sie hat sich sehr langsam der modernen Entwicklung erschlossen. Noch in den zwanziger Jahren lehnte der damalige Sultan es ab, die Stadt zum Endpunkt der im Bau befindlichen Eisenbahnlinie werden zu lassen; sie endet daher in dem kleinen Ort Kaura Namoda (S. 261).

Auffallendste Sehenswürdigkeiten der Stadt mit ihren von Neem-Bäumen eingerahmten, schattenspendenden Alleen sind der **Sultanspalast** und die **Zentralmoschee.** Donnerstag abends werden dem Sultan im Palast Preisgesänge dargebracht. Freitags lohnt sich bei einbrechender Dämmerung ein Gang zum Fluß am Nordrand von Sokoto, um dort die langen Kamelkarawanen und Menschenschlangen beim Verlassen der Stadt zu beobachten.

Daß die einstige Fulbe-Siedlung typische Züge ihres ursprünglichen Stadtbildes erhalten konnte, liegt daran, daß die Häuser auch heute noch – von Verwaltungsgebäuden und Geschäftszentren abgesehen – in der überlieferten Lehmbauweise errichtet werden. Auch im Handwerk, insbesondere in der Lederherstellung, leben alte Traditionen weiter fort. Geschätzt sind vor allem Schuhe und Handtaschen aus Maroquin-Leder.

Hotels

Sokoto Guest Inn, Tel. 060/23 32 05; 120 Zi., Klimaanlage, Swimmingpool

Sokoto Hotel, Tel. 060/23 24 12; 120 Zi., Fernsehen, Swimmingpool

Ginginya Hotel, Tel. 060/23 12 63

Shukura Hotel, Tel. 060/23 24 12

Von Sokoto zurück nach Lagos

Zurück ins ca. 970 km südlich gelegene Lagos kann man auf der A 1 über **Jega** (121 km) und **Yelwa** (181 km) fahren. Sollte man zur Zeit des Argungu-Festivals (S. 144) unterwegs sein, lohnt sich ein Abstecher zu diesem Ort (Abzweigung auf halber Strecke nach Jega). Das in einem früheren Palast des Emirs untergebrachte Kanta Museum zeichnet die Geschichte des Volkes der Kebbawa nach. In **Birnin Yauri** (8 km) passiert man das Ostufer des Kainji Lake (nur geländegängiges Fahrzeug benutzen, andernfalls muß der Stausee in westlicher Richtung auf der F 210 großräumig umfahren werden), wo man zum **Kainji Lake National Park** gelangt (ca. 100 km bis New Bussa; Beschreibung des Naturparks S. 213). Von **New Bussa** bis **Lagos** ist die Strecke mit der auf S. 208–213 in umgekehrter Richtung beschriebenen Route 2 identisch.

Route 5: Über das Jos-Plateau zum Tschadsee

Lagos – Benin City – Onitsha – Enugu – Makurdi – Jos – Bauchi – Potiskum – Maiduguri – Baga (ca. 2 000 km ohne Abstecher)

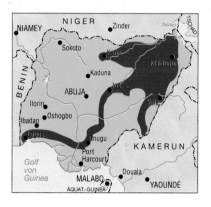

Mit dem Auto benötigt man für die gesamte Strecke 8–10 Tage. Forsche Fahrer mögen zwar die Teilstrecke bis Jos (über 1 000 km) an einem Tag zurücklegen, doch lassen sich die Strapazen vermeiden, wenn man statt dessen einen Inlandflug nach Jos bucht. Angesichts der Länge der Route liegt es auch nahe, sich auf die Städte Jos und Bauchi sowie auf Ausflüge ins Jos-Plateau oder in den Yankari-Nationalpark zu beschränken. Will man Nigeria von Südwesten nach Nordosten ganz durchqueren und zum Tschadsee, dem größten Binnensee Westafrikas, vordringen, sollten wegen der gelegentlichen politischen Spannungen in diesem Gebiet vor Antritt der Reise verläßliche Auskünfte über eventuelle Reisebeschränkungen eingeholt werden.

Die Fahrt von **Lagos** über **Benin City** (Route 3, S. 218), der Haupt-stadt des Bundeslandes Edo (330 km), und **Onitsha** (Route 3, S. 224) am Niger nördlich des Delta-Gebietes (141 km) bis **Enugu** (108 km nordöstlich von Onitsha) entspricht gut einem Viertel der Gesamtroute (579 km).

Enugu

Wie bei einigen größeren Städten Nigerias, z. B. Kaduna (S. 248), basiert die heutige Größe und Bedeutung von Enugu nicht auf einer langen geschichtlichen Tradition, sondern auf einer raschen wirtschaftlichen Entwicklung. Enugu (500 000 Einw.; 250 m ü. M.) verdankt seine Gründung der Entdeckung von Kohlelagern im Jahre 1909. Die Fertigstellung der Eisenbahnverbindung von Port Harcourt, 1916, schuf die verkehrstechnischen Voraussetzungen dafür, daß sich die Stadt zum Zentrum des nigerianischen Steinkohlebergbaus entwickeln konnte. Außer Kohle verfügt Enugu auch über Eisenerzvorkommen. Eine Reihe großer ausländischer Firmen wählte die Hauptstadt des gleichnamigen Bundeslandes als Standort von Zweigniederlassungen, darunter auch ein Mercedes-Montagewerk (ANAMCO) in der Nähe des Flughafens. Im Biafra-Krieg (S. 53) erlangte Enugu vorübergehend politische Bedeutung als Hauptstadt der von Oberst Ojukwu für selbständig erklärten Ostregion Biafra.

Hotels

Hotel Presidential, Tel. 0 42/33 74 72; 100 Zi., Klimaanlage, Fernsehen, Swimmingpool, Tennisplatz

Royal Palace Hotel, Tel. 0 42/33 74 36; 80 Zi., Klimaanlage, Swimmingpool, Tennisplatz

Zebu-Rinder im Gebiet des Jos-Plateaus

Nike Lake Resort Hotel, Tel. 0 42/33 70 00; Swimmingpool, Tennis

Nach dem Verlassen von Enugu fährt man zunächst nach **Ngwo** (13 km) zurück, dann weiter auf der A 3 Richtung Makurdi. Rd. 60 km nördlich von Enugu liegt **Nsukka** (bei Opi links abbiegen) mit einer der bekanntesten Hochschuleinrichtungen des Landes. Die 1960 in einem weitläufigen Gelände angelegte University of Nigeria geht auf die Initiative von Dr. Azikiwe (S. 51), einem der Gründungsväter Nigerias und Staatspräsident von 1963 bis 1966, zurück. Innerhalb des Universitätsgeländes befindet sich ein kleines, ausgezeichnetes **Museum** mit steinzeitlichen Funden, Töpferwaren und traditionellen Masken. Die Universität verfügt auch über Gästezimmer.

Nicht weit von Nsukka entfernt verläuft die südliche Verwaltungsgrenze des Bundeslandes Benue, das sich nördlich bis zur trogartigen Talsenke des gleichnamigen

Route 5: Über das Jos-Plateau zum Tschadsee

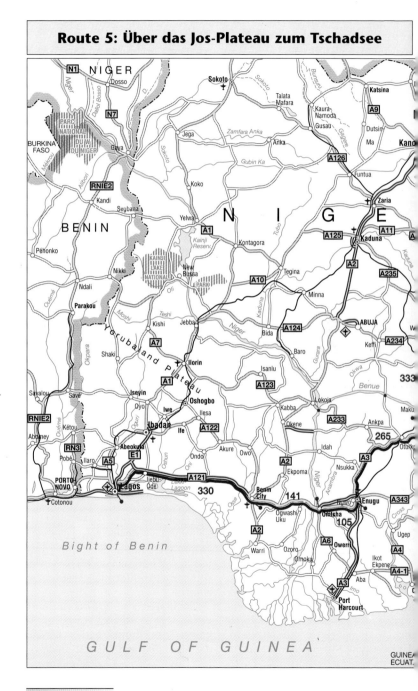

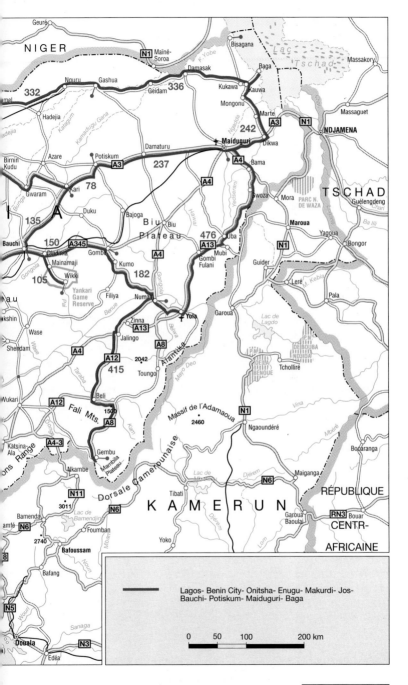

Lagos- Benin City- Onitsha- Enugu- Makurdi- Jos-
Bauchi- Potiskum- Maiduguri- Baga

0   50   100   200 km

Flusses hin erstreckt. Nach einer längeren Fahrt durch die Feuchtsavanne Südostnigerias wird **Makurdi** erreicht (ab Enugu 265 km ohne Abstecher).

Die Stadt selbst erfüllt zwar politische und wirtschaftliche Funktionen (Landeshauptstadt, Handelszentrum, Hafen), bietet dem Nigeria-Reisenden jedoch kaum Sehenswertes. Östlich der Stadt überspannt die New Bridge den Benue; vom Nordufer an führt die A3 ziemlich genau nach Norden in die Hügel- und Plateaulandschaft Zentralnigerias.

In den teilweise schwer zugänglichen Tälern im Gebiet zwischen Makurdi und Lafia (99 km) lebt neben den Tiv (S. 38) eine Reihe kleiner, zumeist animistischer Volksgruppen, die im vorigen Jahrhundert vor den islamischen Fulbe hier Zuflucht suchten und ihre alten Traditionen bewahrt haben. Die Hochebene des Jos-Plateaus (überwiegend im Bereich von 1000–1200 m) ist wegen ihres angenehmen Klimas und der bizarren Gebirgsformationen ein beliebtes Erholungs- und Ausflugsgebiet. Im Zentrum des Plateaus, rd. 235 km nördlich von Lafia, liegt **Jos** (1178 km von Lagos).

Jos

Die auf dem Niger Ende des 19. Jh. handeltreibende Royal Niger Company bezog von den Haussa-Kaufleuten Zinn. Auf der Suche nach den Minen wurde das Plateau, wie diese Gegend wegen seiner Höhenlage bezeichnet wird, von britischen Truppen 1902 besetzt. Jos, eine der Siedlungen für die Erzsucher, wurde schnell zu einem bedeutenden Handelszentrum. Der Name dieser Stadt leitet sich wahrscheinlich von dem nahe gelegenen Gwosh ab. Der Abbau des Zinnerzes in den verschiedenen Lagerstätten brachte einen schnellen Aufschwung für die junge Stadt, die 1914 an die Eisenbahnlinie Port Harcourt–Zaria angeschlossen wurde. In den dreißiger Jahren erreichte der Zinnabbau seinen Höhepunkt, und Jos war für einige Zeit nach Lagos die zweitgrößte Stadt des Landes (heute ca. 320 000 Einw.). Inzwischen sind die Zinnvorräte nahezu erschöpft. Die größten Industriebetriebe sind heute eine von Dänen betriebene Brauerei und ein Stahlwalzwerk. Im Vorort Naraguta befindet sich die traditionelle Lederindustrie.

Aufgrund der durch die Höhenlage bedingten angenehmen Temperaturen sind Jos (1310 m) und die umliegende Hochebene (bis 1800 m) schon immer ein beliebtes Ferien- und Ausflugsgebiet gewesen. Während der Trockenzeit schwanken die Höchsttemperaturen zwischen 25 °C und über 30 °C; die durchschnittlichen Tiefstwerte liegen bei für Nigeria ungewöhnlichen 15 °C. Die relative Luftfeuchtigkeit kann bis auf 15 % zurückgehen und steigt in der Regenzeit auf Höchstwerte um 80 %. Die durchschnittliche jährliche Niederschlagsmenge liegt bei 1400 mm. Diese günstigen klimatischen Verhältnisse haben das Plateau zum »Gemüsegarten« Nigerias gemacht. Nahezu alle europäischen Gemüse- und Getreidearten werden hier intensiv angebaut und bis in das über 1000 km entfernte Lagos geliefert.

Jos bietet dem Besucher eine Reihe von Abwechslungen. Das in einem Park gelegene, 1952 gegründete **National Museum** (täglich 9–18 Uhr) gehört zu den am besten ausgestatteten Museen Nigerias. Den Hauptanlaß für die Gründung dieses Museums gaben die Terrakottafiguren, die in der Nähe von Jos in den Zinnminen beim Dorf Nok in den vierziger Jahren gefunden wurden (Ausführliches zur Nok-Kultur S. 117). Sie bilden den Mittelpunkt der Hauptgalerie, in der auch Kunst- und Kultgegenstände (Holzschnitzereien, Webarbeiten, Masken, Schmuck sowie Stein- und Eisenwerkzeuge) aus anderen Gegenden des Landes zu sehen sind. Eine Sonderausstellung dokumentiert die Benin-Kunst und ihren Untergang (S. 120). Nur wenige der im 19. Jh. außer Landes gebrachten Bronze- und Elfenbeinfiguren und Masken konnten bisher von den ausländischen Museen zurückgekauft werden, so daß sie hier, von wenigen Ausnahmen abgesehen, nur auf Fotos gezeigt werden können.

Dem Museum angeschlossen ist eine große Sammlung von Töpferarbeiten aus allen Landesteilen. Die Bibliothek enthält 6000 Bücher und Zeitschriften zur nigerianischen Kunst- und Frühgeschichte. Im Museum Shop können recht gelungene Reproduktionen der bekanntesten nigerianischen Bronzefiguren erworben werden.

Auf dem Freigelände vor dem Nationalmuseum wurde das **Museum of Traditional Nigerian Architecture (MOTNA)** angelegt. Es ist kein Museum im landläufigen Sinne, sondern enthält naturgetreue Nachbildungen von charakteristischen Lehmbauwerken aus verschiedenen Landesteilen: vom Getreidespeicher bis zum Emir-Palast. Das kleine Restaurant im Bight of Benin-Gebäude, der Nachempfindung eines Benin-Palastes, nahe des Eingangs bietet afrikanische Gerichte an.

Der gleichfalls innerhalb des weitläufigen Geländes untergebrachte **Zoo** (täglich 7.30–18 Uhr) gehört zu den bestgepflegten in Nigeria; neben Antilopen, Löwen, Krokodilen, Schlangen und Vögeln erwarten den Besucher Schimpansen, die mit vorgeführten Kunststückchen Obstgeschenke erbetteln.

Das kleine **Tin Mining Museum** (7.30–18 Uhr) vermittelt aufschlußreiche Einblicke in die Technik des Zinnabbaus, von der mühseligen Gewinnung des Zinnerzes bis hin zur Verarbeitung für Gegenstände des täglichen Gebrauchs. Eine Lokomotive und Eisenbahnwaggons aus der »Goldgräberzeit« des Zinnbergbaus runden das Bild ab.

Besuchenswert sind auch die Märkte von Jos: der ultramoderne **Main Market** und der ältere **New Market.**

Hotels

Hill Station Hotel, Tel. 073/5 53 00; 105 Zi. und Suiten, Klimaanlage, Fernsehen, Swimmingpool, Tennisplatz

Plateau Hotel, Tel. 075/5 53 81; 108 Zi., Klimaanlage

Duala International Hotel, Tel. 073/5 33 40

Restaurants

Das chinesische Palace Restaurant im Hill Station Hotel und das libanesische Andulussa an der Bukuru Road zum Flughafen sind besser als die Hotelrestaurants.

Ausflüge in die Umgebung von Jos

Das Jos-Plateau mit seinen savannenartigen Hochflächen, in die zahlreiche, scheinbar kunstvoll aufgetürmte Granitfelsen eingebettet sind, zählt zu den reizvollsten Landschaften Nigerias. In den Shere Hills östlich von Jos steigen die bizarren Felsformationen bis auf über 1600 m an. Während der Sklavenjagden haben sich, wie im südlichen Plateaugebiet, ca. 100 kleinere Volksstämme in die Schutz vor Verfolgern bietenden Gebirgstäler zurückgezogen, wo sie ihre alten Sitten und Lebensgewohnheiten beibehalten und im Gegensatz zu den übrigen Völkern allen Islamisierungsversuchen und späteren Einflüssen der westlichen Zivilisation widerstanden haben.

Von Jos lassen sich zahlreiche abwechslungsreiche Tagesausflüge in die landschaftlich beeindruckende Umgebung unternehmen. Einen schönen Ausblick hat man von einem Ausläufer der Shere Hills (von der östlichen Ring Road in Richtung University Teaching Hospital, vorbei am Sheraton-Hotel und einem Stausee, zu einem kleinen Rastplatz; von dort kurzer Fußweg in Richtung eines Granitmassivs, das von innen her bestiegen werden kann; Weiterfahrt über zwei alte Holzbrücken vorbei am Wasserreservoir von Jos zurück zur Ring Road). In unmittelbarer Nachbarschaft südöstlich und südwestlich von Jos liegen alte bzw. noch für den Abbau genutzte Zinngruben, die mit ihrem tiefen Aushub und ihren Erdaufschüttungen an trostlose Mondlandschaften erinnern. Zum Teil sind diese Gruben mit Wasser aufgefüllt und dienen einerseits der Fischzucht oder, wie das

10 km südlich gelegene Rayfield, der Naherholung (Segeln, Baden).

Am Stadtrand von Jos liegt der **Jos Wildlife Park,** ein Wildpark mit schönem Garten-Café (täglich 10–18 Uhr). Er ist über die zum Flughafen führende A3 zu erreichen (der Flughafen Heipang liegt 35 km südlich von Jos): bis zur links gelegenen Coca Cola-Fabrik, dann rechts dem Hinweisschild folgen, auf schlechter Straße nach etwa 4 km bis zum Park. Die gleiche Straße führt weiter durch landwirtschaftlich genutztes Gebiet in das Dorf **Miango** (25 km) mit seinem für traditionelle Handwerkserzeugnisse bekannten Donnerstagsmarkt. Hinter der Ortsausfahrt sieht man von der modernen Brücke jenseits einer früheren die Stützmauern der ehemaligen Hängebrücke.

Etwa 55 km südlich von Jos an der Straße A3 nach Makurdi liegen die **Assob Falls.** Sie sind ein beliebter Picknickplatz und bieten besonders in der Regenzeit ein reizvolles Panorama. Die **Kurra Falls** mit Wasserkraftwerk sind über die Straße Richtung Pankshin zu erreichen (von der Abzweigung bei Barakin Lodi noch etwa 30 km).

Von Jos nach Bauchi (130 km)

Auf der Strecke von Jos nach Bauchi zeigt sich, daß das dicht besiedelte Jos-Plateau steil zu seinem Umland hin abfällt. An zwei Stellen sollte man die Hauptstraße für kurze Abstecher verlassen. Nach etwa 80 km (hinter Kilometerstein 39) führt links ein schmaler Feldweg zum Dorf **Zaranda** (1,5 km). Bei den Frauen des hier lebenden Volksstammes waren früher sog. Tellerlippen üblich, d.h., sie trugen Holzscheiben in den durchstochenen und ausgedehnten

Granitfelsen im Jos-Plateau

Lippen und Ohrläppchen. Ob dies als Körperschmuck diente oder als Verunstaltung Sklavenjäger abschrecken sollte, ist bislang ungeklärt. Sehenswert ist der sonntags zwischen 12 und 14 Uhr stattfindende Markt.

Weiter in Richtung Bauchi weist nach 15 km beim Dorf **Geji** auf der linken Straßenseite ein Schild mit der Aufschrift »Ancient Monument – Rock Paintings« auf Felszeichnungen hin. Der Feldweg führt an malerischen Dörfern vorbei und gabelt sich nach 5 km vor einer Schule; sich rechts haltend kommt man nach weiteren 2 km zu einem Inselberg. Von einem unbeschrifteten Zementpfosten aus sollte man nun ca. 15 m den Berg hochsteigen. Die etwa 10 Felszeichnungen in einer Höhle sind mit einem Drahtzaun geschützt. Sie sind in Qualität und Formenreichtum nicht mit jenen von Tassili und Tibesti in der Sahara vergleichbar, jedoch neben denen von Birnin Kudu bei Kano (S. 282) die einzigen in Nigeria.

Auf der nach Nordosten führenden Route durchquert man als nächstes den Lebensraum der Fulbe (S. 35). Im Gegensatz zu dem geographisch recht gut abgrenzbaren Haussa-, Yoruba- und Ibo-Land kann man nicht von einem Fulbe-Land sprechen, da die seßhaft gewordenen Fulbe Lebensgemeinschaften mit anderen Volksgruppen, vornehmlich den Haussa, eingegangen sind. Die Fulbe-Nomaden durchwandern zudem mit ihren Herden im jahreszeitlichen Wechsel das Land auf der Suche nach den besten Weidegründen. Sie halten sich immer nur wenige Tage an einem Ort auf und leben in notdürftig errichteten, zeltartigen Unterkünften. Sitz eines Fulbe-Emirs ist die Stadt **Bauchi.**

Bauchi

Die Stadt liegt knapp 130 km nordöstlich von Jos auf den nördlichen Ausläufern des Jos-Plateaus (600 m) und wurde 1848 als Hauptstadt eines neuen Emirats gegründet. Bauchi (190 000 Einw.) ist mit seinen in Nordnigeria üblichen Lehmbauten eine gefällige Stadt. Ihre markantesten Punkte sind der **Emir's Palace** im Zentrum (die Vorhalle ist für Besucher zugänglich), das schöne, in traditioneller Lehmbauweise errichtete **Museum** (gegenüber Zaranda Hotel; täglich außer sonntags 7–17.30 Uhr), das einen historischen und kulturellen Überblick über diese Region vermittelt, sowie das **Mausoleum** von Alhaji Tafawa Balewa, dem ersten nigerianischen Premierminister. Eine vom österreichischen Steyr-Konzern errichtete Lkw- und Traktorenfabrik am Stadtrand mußte infolge der Wirtschaftskrise ihre Produktion wieder einstellen.

Hotels

Awalah Hotel, Tel. 0 77/4 23 44; 150 Zi., Klimaanlage, Fernsehen, Swimmingpool, Tennisplätze, Autovermietung

Zaranda Hotel Bauchi, Tel. 0 77/4 35 96; 200 Zi., Klimaanlage, Fernsehen, Swimmingpool, Tennisplätze

Abstecher zum Yankari Game Reserve

Bauchi eignet sich gut als Ausgangspunkt für einen Besuch des Yankari Game Reserve, dem ersten Tierreservat Nigerias (105 km südöstlich der Stadt). Die nigerianischen Tierreservate können es nicht, was ihre Erschließung und den Artenreichtum betrifft, mit jenen Ost- oder Südafrikas aufnehmen, da ihre Entwicklung noch am Anfang steht. Zwar wurden mehrere Gebiete in verschiedenen Landesteilen zu Schutzgebieten erklärt, jedoch außer dem Yankari-Reservat erst ein weiteres, das Borgu Game Reserve (Route 2, S. 215), der Öffentlichkeit zugänglich gemacht.

Man gelangt zum Yankari Game Reserve, das eine Fläche von 2 200 km^2 umfaßt, von Bauchi über die A 345 nach **Dindima** (35 km); hinter der Brücke Hinweisschild nach **Mainamaji** (28 km) folgen. Vom Eingang sind es noch einmal 42 km bis zum Ort **Wikki** im Zentrum des Reservats. Auffallend sind die den Straßenrand säumenden riesigen Termitenhügel. Gelegentlich sieht man bei der Anfahrt auch schon Antilopen und Warzenschweine. Die bescheidenen Unterkünfte (113 Zimmer und Chalets, darunter VIP-Suiten mit Kühlschrank, Tennisplatz) wurden renoviert. Stromversorgung ist nur während der Nachtstunden gewährleistet. Obgleich das Reservat ganzjährig geöffnet ist, sollte ein Besuch wegen der Sichtbehinderung durch den üppigen Graswuchs während der Regenzeit und einige Monate danach am besten in die Zeit Januar/Februar gelegt werden. Nahrungs- und Wasserknappheit ziehen dann die Wildtiere ins feuchte Flußtal. Der Tierbestand umfaßt Elefanten, Antilopen, Gazellen, Nilpferde, Büffel, Wasserböcke, Wildschweine, Reptilien (Krokodile), Löwen und eine Vielzahl farbenprächtiger Vögel. In den letzten Jahren ist der Wildbestand durch Wilderer reduziert worden. Giraffen und Strauße sind bereits ausgerottet, Elefanten, Wasserböcke, Krokodile und Nilpferde stark bedroht. Fast zu einer Plage sind die zahllosen Hundsaffen geworden, die auch ständig um die Chalets herumstreichen. Jeder nicht niet- und nagelfeste Gegenstand wird entführt. Unverriegelte Türen sind für sie eine Aufforderung zur Hausdurchsuchung. Zielsicher werden für diese Beutezüge unerfahrene Neuankömmlinge ausgewählt. Eine besondere Attraktion ist das »Hot Springs«-Schwimmbad. Das glasklare, ständig über 30 °C warme Wasser strömt am Fuße eines 50 m steilen Abhangs aus dem Berg – eine schattige und ruhige Idylle.

Bei Besuchen während der Ferienzeiten oder an langen Wochenenden sollten in jedem Fall Zimmer reserviert werden (State Hotel Bauchi, Tel. 0 77/42 11 55; Postanschrift: PMB 12, Bauchi/Nigeria). Es empfiehlt sich die Mitnahme von Reiseproviant und genügend Trinkwasser. Reiseveranstalter bieten ab Lagos per Flugzeug eine Viertagestour an, die auch eine Besichtigung von Jos einschließt.

Abstecher nach Yola (430 km)
Der Abstecher in die Fulbe-Stadt Yola führt auf der A345 über **Dindima** (35 km; s.o.) und **Gombe** (150 km) ins Flußtal des Benue nach **Numan** (182 km) und von dort weiter in südöstlicher Richtung nach **Yola** (62 km).

Der Name dieser einige Kilometer südlich des Benue gelegenen Stadt ist von *Yolde,* einer Bezeichnung der Einheimischen für Hochland, abgeleitet. Zwar liegt Yola (120 000 Einw.) selbst am Fuße der Adamawa-Berge nur 152 m ü.d.M., die umliegenden Gebirge steigen jedoch bis auf über 1000

m an. Die Temperaturen erreichen im Januar/Februar ihre niedrigsten Werte bei 15 °C, während das Thermometer in den Monaten vor der Regenzeit (Beginn im April/Mai) bis auf über 35 °C klettert.

Yola entstand 1841 aus nicht näher überlieferten Gründen als Stadt eines Emirs. Um die Jahrhundertwende rivalisierten englische, französische und deutsche Händler um den aufblühenden Markt. Mit der Besetzung durch britische Truppen im Jahre 1901 wurde ein offener Konflikt vermieden. In der Folge verlor die Stadt an wirtschaftlicher und politischer Bedeutung als Zentrum des Emirats. Heute ist Yola eigentlich eine Doppelstadt, bestehend aus dem modernen Jimeta und dem traditionellen Yola. Neben den dominierenden Fulbe leben hier 100 verschiedene ethnische Gruppen.

Fährstelle am Benue River bei Yola

*Teepflanzung
im Gebiet des
Mambilla-Plateaus*

Hotels

Yola International Hotel, Tel. 0 75/2 42 29;
300 Zi., Klimaanlage, Swimmingpool,
Tennis)

Paradise Lodge, Tel. 0 75/2 48 10

Taraba Hotel, Tel. 0 75/2 49 00; 25 Zi.,
Klimaanlage

Palace Hotel, Tel. 0 75/2 52 04; 25 Zi.

Catering Resthouse, Tel. 0 75/2 41 33; 18 Zi.

Von Yola weiter auf das Mambilla Plateau (ca. 500 km bis Gembu)

Abenteuerlustige können den Aus-
flug von Bauchi nach Yola verlängern und vom Gebiet des oberen Benue nach Süden über Beli auf das
Mambilla Plateau bis Gembu vor-
stoßen: von **Numan** (S. 273) auf der
A 4 nach **Jalingo** (95 km), dort die
Hauptstraße verlassen und in südli-
cher Richtung auf der A 12 nach **Beli** (115 km). Der weitere Verlauf der
Straße folgt zunächst dem Flußlauf
des Gazabu, bis sie wieder nach Süden abbiegt. Wegen des sehr steilen,
nur 11 km langen Aufstiegs von der
Tiefebene auf das über 1 500 m hoch
gelegene, von Weideflächen überzo-
gene, praktisch baumlose Plateau

sollte die Fahrt nur mit einem
Geländewagen unternommen werden.

Dieser ganze Landstrich, der
zum Bundesland Adamawa gehört,
war einst Teil der deutschen Kolonie
Kamerun. Deutsche Händler waren
bis nach Yola vorgedrungen. Auf
dem wegen seiner Abgeschlossen-
heit recht rückständigen Plateau
leben hauptsächlich nomadisierende Fulbe-Viehzüchter. Nirgendwo
sonst liegen ihre Weidegründe so
weit im Süden. Das Mambilla-Hoch-
land eignet sich aufgrund seines
gemäßigten Klimas und der frucht-
baren Böden auch für die landwirtschaftliche Nutzung – an den Berg-
hängen wird Tee angebaut –, deren
Bedeutung allerdings hinter der der
Viehzucht zurücksteht. Die hier betriebene Teepflanzung mit Fabrik
wirkt in dieser Einöde wie ein
Fremdkörper aus einer anderen
Welt.

Der Ort **Gembu** (ca. 200 km von
Beli) am Endpunkt der Straße (8 Std.
ab Yola) bietet einige recht bescheidene Unterkunftsmöglichkeiten. Reiseproviant nicht vergessen! Unter-

Landschaft an der Grenze zu Kamerun

kunftsmöglichkeiten bestehen auch in den Gästezimmern der von der Europäischen Union finanzierten Teefabrik. Es wird dringend davon abgeraten, für eine eventuelle direkte Rückfahrt nach Lagos die auf manchen Karten eingezeichnete (sehr schlechte) Straße über Baissa und Takum zu benutzen.

Von Yola nach Maiduguri
(430 km)

Wer die Fahrt von Yola nach Maiduguri fortsetzen will, benutzt am besten die A13 entlang der Grenze zu Kamerun. Im Ort **Gwoza** (300 km), etwa 50 km vor dem Verkehrskno-

tenpunkt Bama, findet sonntags ein sehenswerter Markt der einheimischen Bevölkerung statt, die ihren animistischen Lebensformen verhaftet geblieben ist. Von **Bama** sind es noch 73 km auf der A4 bis nach **Maiduguri.**

Auf der Hauptroute weiter von Bauchi nach Maiduguri
(450 km)

In der Umgebung von **Kari** (135 km) und **Potiskum** (78 km) durchqueren wir eine Zone mit intensiver Vegetation, dichterem Baumbewuchs und starker landwirtschaftlicher Nutzung (Sorghum, Bohnen,

Kassava). Von **Damaturu** (104 km) führen die letzten 133 km bis Maiduguri durch ein dünn besiedeltes Gebiet mit sporadischen Dörfern. Rinder- und Ziegenherden überqueren immer wieder die Straße auf der Suche nach Weideflächen und Wasserstellen. (Vorsicht: Solange der Hirte selbst die Straße noch nicht überquert hat, ist besonders bei Ziegen mit Nachzüglern zu rechnen, die plötzlich, unerkennbar aus dem Busch auftauchend, im gestreckten Lauf Anschluß zur Herde auf der anderen Seite suchen; daher Geschwindigkeit herabsetzen!)

Nach 450 km von Bauchi ist **Maiduguri** erreicht (1760 km von Lagos).

Maiduguri

Diese 700 000 Einwohner zählende Stadt liegt in 350 m Höhe in der Übergangszone zwischen der lichten Baum- und Strauchsavanne der Sudan-Zone und dem Sahel, dem Weidegebiet der Viehnomaden. Sie ist die Hauptstadt des Bundeslandes Borno, einem alten Siedlungsgebiet, wo die traditionellen Transsahara- und Savannenstraßen aufeinandertrafen.

Seit dem 15. Jh. war Borno Sitz des religiösen Herrschergeschlechts der Shehu von Bornu. Maiduguri entwickelte sich erst spät zu seiner heutigen Funktion, nachdem die Engländer 1907 bei dem alten Dorf Yerwa, das fortan auch Maiduguri genannt wurde, ein Militärlager errichtet hatten. (Heute sind beide Namen bei den Einheimischen gebräuchlich, außerhalb der Region ist jedoch Maiduguri der bekanntere.)

Erst im Jahre 1964 wurde Maiduguri an die Bahnlinie nach Kaduna angeschlossen. Der dadurch erleichterte Abtransport von landwirtschaftlichen Erzeugnissen – Erdnüsse, Rinder, Häute und Felle – brachte einen gewissen wirtschaftlichen Aufschwung mit sich. Über den modernen Flughafen (8 km vom Stadtzentrum) ist Maiduguri mit den größeren Städten des Landes direkt verbunden.

Die Monate November bis April sind niederschlagsfrei, und die relative Luftfeuchtigkeit schwankt in dieser Zeit zwischen 10 % und 20 %. In den Regenmonaten Mai bis September erreicht sie Werte zwischen 70 % und 80 %. Die Temperaturen erreichen in den Monaten vor Beginn der Regenzeit (März/April) mit über 40 °C ihre Höchstwerte, während die Tiefstwerte in der Trockenperiode auf 15 °C fallen können.

Im Stadtbild Maiduguris fallen die von den 1926 aus Indien eingeführten *Neem Trees* (Azadirachte indica), einem schnell wachsenden und schattenspendenden Baum, gesäumten Alleen, die *Dendal*, ins Auge. Zusammen mit den alten roten Ziegelsteinbauten sind sie das architektonische Merkmal der Städte im nördlichen Nigeria (im Gegensatz zu den baumarmen bzw. -losen Straßen der Orte im Südteil des Landes). Das kleine **Borno State Museum** enthält Ausstellungsstücke zur Kultur der lokalen Völker. Der einstmals bekannte **Markt** von Maiduguri hat sein spezifisches Kolorit verloren, seit er 1984 in eine betonierte und überdachte Anlage im Geschäftszentrum der Stadt verlegt wurde. Wer die berühmten Marktfrauen der in Borno beheimateten Kanuri mit ihren kunstvollen Haartrachten sowie die schönen Frauen der Shuab-Araber sehen will, sollte bei der Fahrt zum

Siedlung in traditioneller Lehmbauweise

Tschadsee einen Abstecher nach Kukawa (S. 279) machen. In Maiduguri selbst kann man einen Spaziergang durch den **Kyarimi Park** unternehmen und dort den **Zoo** besuchen, wo etwa zwei Dutzend Tierarten, darunter Löwen, Leoparden, Gazellen, Zebras, Elefanten, Krokodile, gehalten werden (Mo–Fr 9–12, 15–18 Uhr, Sa und So 9–18 Uhr).

Hotels

Borno Holiday Inn, Tel. 0 76/23 27 59

Lake Chad Hotel, Tel. 0 76/23 24 00; 150 Zi., Klimaanlage, Fernsehen, Swimmingpool, Tennisplätze

Ageta International Hotel, Tel. 0 76/23 08 91

Deribe Hotel, Tel. 0 76/23 26 62; 101 Zi., Klimaanlage, Swimmingpool

Deribe Motel, Tel. 0 76/23 24 45; 160 Zi., Klimaanlage (Nähe Flughafen)

Von Maiduguri an den Tschadsee, nach Kukawa und Damasak (ca. 300 km)

Das Umland von Maiduguri ist touristisch noch wenig erschlossen. Wenn man aber schon die weite Reise in die nordöstlichste Ecke Nigerias unternommen hat, sollte man die Gelegenheit zu einer Exkursion zum Tschadsee und zu den Ruinen der alten Hauptstadt Ngazargamu nutzen. Die Anfahrt zum **Tschadsee** sollte nicht über die direkt nach Norden führende Straße nach Baga, sondern über die A 3 in Richtung Osten bis **Dikwa** (92 km) und die neu angelegte Straße über **Marte** und **Mongonu** nach dem am Ende einer Halbinsel gelegenen **Baga** (150 km) erfolgen. Das zwischen Maiduguri und dem Tschadsee gelegene Flachland ist während

*Transport von
Menschen und
Waren auf dem
Tschadsee*

und nach der Regenzeit teilweise überflutet. Zwei Mitte der achtziger Jahre fertiggestellte große Bewässerungsprojekte, die das Wasser des Tschadsees nutzen, sollen die landwirtschaftliche Erzeugung (hauptsächlich Sorghum, Hirse, Weizen und Bohnen) von den klimatischen Wechselfällen unabhängig machen. In den auf die Regen-

fälle angewiesenen Gebieten kann nur Zwerghirse angebaut werden. Bei andauernder Trockenheit, wenn sich die Ufer des Tschadsees, wie 1984, bis zu 50 km zurückziehen, verwandelt sich das fruchtbare Acker- und Weideland in eine trostlose Dornbusch-Savanne, in der die Rinder- und Ziegenherden der nomadisierenden Viehzüchter nach

*Bei niedrigem Wasserstand müssen
die Boote teilweise gezogen werden*

Die Dendal von Kukawa zur Zeit Heinrich Barths

spärlicher Nahrung und Wasser suchen. In normalen Zeiten kann sich der Tschadsee bis ca. 24 000 km² ausdehnen; er ist der viertgrößte Binnensee Afrikas. Hauptsächlich wird er von zwei aus Kamerun kommenden Flüssen gespeist. Seine Wassertiefe schwankt zwischen 3–7 m. Etwa ein Drittel seiner Fläche wird von rd. 100 Inseln bedeckt, die ca. 10 × 2 km groß sind und etwa 2 000 km² umfassen. Etwa 6 800 km² sind Sumpfgebiet, das im Norden mit Schilf, im Süden mit Papyrus bewachsen ist, das auch schwimmende Inseln bildet. Außer Nigeria sind die weiteren Anrainerstaaten Tschad, Niger und Kamerun. Vor 50 000 Jahren sollen seine Ausläufer bis nach Kano gereicht haben. Schwankungen in seiner jetzigen Ausdehnung haben ihre Ursache in periodischen Trockenzeiten sowie den erheblichen saisonalen Wasserentnahmen für landwirtschaftliche Bewässerungsprojekte, wie das Kanalsystem bei Baga verdeutlicht.

Die Ufer des Tschadsees sind an zwei nicht leicht auffindbaren Stellen erreichbar; entweder in der Stadt **Baga** selbst (von der Asphaltstraße

links abbiegen und die Stadt durchqueren) oder am Ende der Straße im Dorf **Doro** (2 km). Dort sollte man sich einen Führer nehmen und sich bei der Polizei melden, die ohnehin schnell über die Anwesenheit von Fremden informiert ist. Am Ufer mit den zahlreichen Wasservögeln, wo dichtes Schilf den Blick auf den See versperrt, herrscht geschäftiges Treiben. Die zahllosen Boote verkehren in Richtung der Nachbarstaaten Tschad und Kamerun, bieten aber auch Ausflüge auf dem See an. Eine bescheidene Übernachtungsmöglichkeit besteht im Baga State Hotel.

Auf der Rückfahrt sollte ein Abstecher nach **Kukawa** (früher auch *Kuka* genannt) gemacht werden: beim Ort **Kauwa,** 30 km von Baga, rechts abbiegen, danach noch 12 km. Nach der Zerstörung der alten Hauptstadt Birnin Ngazargamu (S. 281) im Verlauf der Fulbe-Eroberungsfeldzüge Anfang des 19. Jh. wurde Kukawa als neue Hauptstadt des Bornu-Reiches gegründet. Diese rechtwinkelig, mit einer breiten *Dendal* angelegte Stadt wurde durch Heinrich Barths Aufenthalt beim Shehu von Bornu (1851–55) bekannt. In seinen Reiseberichten beschreibt Barth ausführlich die Rolle der Stadt als religiöses und einflußreiches Handelszentrum. Mit der kolonialen Eroberung ging Kukawa der Hauptstadtfunktion zugunsten von Maiduguri verlustig, war aber schon vorher infolge kriegerischer Auseinandersetzungen gegen Ende des 19. Jh. erheblich zerstört worden, wenn es auch wieder aufgebaut wurde. Der bei Maiduguri bereits erwähnte Markt am Ortsausgang sollte auf alle Fälle besucht werden.

Von Kukawa aus kann man auf einer neuen Straße direkt nach **Damasak** (115 km) weiterfahren und dort die westlich dieses Ortes am Yo-

Fähre über den Komadugu River bei Geidam

Abendstimmung am Komadugu River

be-Fluß gelegenen Ruinen von **Birnin Ngazargamu** besichtigen. Die Überreste der Ende des 15. Jh. gegründeten und Anfang des 19. Jh. von den Kriegern des Usman dan Fodio (S. 47) zerstörten Hauptstadt des Bornu-Reiches sind von einer 7 m hohen Mauer umgeben und relativ gut erhalten geblieben (nur mit Geländewagen zugänglich, genauen Weg erfragen).

Von Damasak kann man direkt nach Maiduguri zurückkehren (180 km).

Von Damasak nach Kano
(ca. 500 km)
Statt dessen kann man auch über **Geidam, Gashua, Nguru** (Endstation der Eisenbahnlinie von Kano) und **Gumel** nach Kano weiterfahren. Das Teilstück Damasak–Geidam, das einst eine schwierig zu be-

Vorratsspeicher bei Geidam

fahrende Dünenpiste war, wurde mit finanzieller Hilfe der Europäischen Union zu einer Asphaltstraße ausgebaut. Die Hotelunterkünfte entlang der Straße nach Kano sind recht dürftig. Eine Ersatzlösung wäre die Mitnahme einer Campingausrüstung.

Die von zahllosen Flußarmen durchzogene Ebene zwischen Damasak und Kano ist in der Regenzeit an vielen Stellen überflutet. Doch schon bald nach der Regenperiode versiegen diese stark verästelten, alle in nordöstlicher Richtung zum Tschadsee verlaufenden und im Gegensatz zum üblichen Bild von Flüssen sich stromabwärts verengenden Flußarme sehr schnell. Nur an tiefer gelegenen Stellen steht das Wasser in größeren Pfuhlen bis weit in die Trockenzeit bzw. wird in größeren Stauseen für Bewässerungszwecke gesammelt. Dieses Feuchtgebiet bietet ideale Lebensbedingungen für zahlreiche einheimische Vogelarten. Hier überwintern auch große Schwärme von Zugvögeln aus Europa. Ansonsten nimmt die Landschaft nach dem Abernten der Felder wieder das gewohnte Gesicht der halbariden Sahelzone an, in der neben Dorn-

büschen und Akazien die bizarren Baobab-Bäume und eine nur in diesem nördlichen Randgebiet anzutreffende Palme (Hyphaene thebaica), deren Stamm sich recht gleichförmig ypsilonartig teilt und wie eine überdimensionale Zwille aussieht, das Bild bestimmen.

Von Maiduguri nach Kano
(600 km)
Will man mit einem normalen Pkw von Maiduguri nach Kano weiterreisen, so kann man die bereits auf der Hinfahrt benutzte A3 über **Potiskum** (235 km) und **Kari** (81 km) nehmen und dort über die A237 nach Kano (285 km) fahren. Beim Ort **Birnin Kudu** (160 km hinter Kari) können die bereits auf S. 259 erwähnten Felsmalereien be-

In Buga am Ufer des Tschadsees

sichtigt werden (den Ort ganz durchfahren, beim Schild »Resthouse« rechts abbiegen, nach weiteren 100 m liegt rechts eine Gruppe von Findlingen; hinter einem Drahtverhau sieht man dann vier kleine höckerlose Rinder auf dem Felsgestein).

Sowohl auf der nördlichen Route wie auch auf der südlicheren ist die plötzliche Zunahme der Bevölkerungsdichte im weiteren Umfeld von Kano sehr augenfällig. Zahlreiche Dörfer mit ihren strohgedeckten Hütten oder den typischen Haussa-Lehmbauten säumen die Straße. Auch das Landschaftsbild verändert sich mit der dichteren Vegetation und den Alleen von Neem Trees. Felsformationen und Berge geben der Landschaft für diese Breitengrade ungewohnte Konturen.

Kano siehe S. 253.

Nigeria
von A bis Z

Auto

In Nigeria wurde 1972 der Rechtsverkehr eingeführt. Auf den Hauptverkehrsstraßen und Expressways ist die Höchstgeschwindigkeit auf 100 km/h begrenzt, die allerdings ebensowenig eingehalten wird wie die 50 km/h in den Ortschaften. Für Ausländer genügt ein nationaler oder internationaler Führerschein für die ersten drei Monate, danach ist ein nigerianischer Führerschein erforderlich. Für die Dauer des Aufenthalts muß bei einer nigerianischen Gesellschaft eine Kurzhaftpflichtversicherung abgeschlossen werden. Reisende, die ihr eigenes Auto mitbringen, sollten beachten, daß die Farben olivgrün und dunkelblau für Polizei- und Militärfahrzeuge reserviert sind; private Pkws mit diesen Farben müssen umlackiert werden! Am Fahrzeug muß das Nationalitätenkennzeichen angebracht sein. Die benötigte Fahrerlaubnis (Circulation Permit) beantragt man beim Licensing Office, City Council, Lagos Island (2 Paßfotos).

Camping

In den südlichen Landesteilen nicht zu empfehlen, im Norden dagegen bei entsprechender Ausrüstung problemlos; keine Campingplätze.

Devisen

Mit der Freigabe des Wechselkurses ist die bislang bei der Einreise auszufüllende Devisenerklärung entfallen. Devisen können in den über das gesamte Stadtgebiet von Lagos verteilten Bureaux de Change umgetauscht werden. Überschüssige Beträge werden bei der Ausreise zurückgetauscht (Umtauschbelege aufbewahren!). Zur Vermeidung von Schwierigkeiten beim Geldumtausch empfiehlt sich die Mitnahme von US-$. Zahlung mit Kreditkarten nur in großen Hotels und Restaurants möglich. Wegen Gefahr mißbräuchlicher Nutzung ist sorgfältige Kontrolle angeraten.

Einreise, Aufenthaltsbestimmungen und Ausreise

Vor einer Reise nach Nigeria ist unter allen Umständen rechtzeitig, d.h. mehrere Wochen vor der Abreise, ein Visum bei der nigerianischen Botschaft einzuholen.

Ein Visum wird für drei Monate erteilt und kann in Nigeria um weitere drei Monate verlängert werden. Erforderlich sind die Vorlage eines Einladungsschreibens von Bekannten aus Nigeria oder einer dort ansässigen Firma sowie ein Rückflugticket. Auch Touristen benötigen ein Einladungsschreiben oder müssen den Nachweis erbringen, daß sie in der Lage sind, sämtliche während der Reise anfallenden Kosten zu tragen (Bankbestätigung); außerdem Nachweis der bezahlten Rückreise (bei Pkw-Reisen Bankbürgschaft sowie Carnet de Passage). Ein Aufenthaltsvisum für maximal ein Jahr mit mehrfacher Ein- und Ausreise (Multiple Re-entry Visa) kann beim Immigration Department in Ikoyi (Alagbon Close) beantragt werden. Eine Aufenthaltsgenehmigung (Residence Permit) wird nur bei Vorlage einer offiziellen Arbeitsgenehmigung (Work Permit) erteilt. Sollte der Paß beim Abholen im Immigration Department »nicht auffindbar« sein, was gelegentlich vorkommt, ist das eine Anspielung auf ein erwartetes Handgeld *(dash).*

Die Abfertigung durch die Einwanderungsbehörde am Flughafen ist langwierig. Da aber bis zu einer Stunde auf die Gepäckausgabe gewartet werden muß, besteht kein Grund zur Eile und Nervosität. Wegen der feuchtwarmen Temperatur (die Klimaanlage ist gelegentlich außer Betrieb) sollte man bei der Ankunft leichte Sommerkleidung tragen.

Unerfahrenen Neuankömmlingen werden von höflich auftretenden Betrügern Hilfsdienste bei der Erledigung der Einreiseformalitäten angeboten. Vielfach verfügen sie über die Namen insbesondere von Firmenvertretern, deren offizielle Abholer in der Ankunftshalle mit einem Namensschild warten. Diese Betrüger notieren sich die Namen und verschaffen sich Zugang in die Abfertigungshalle. Sobald sie die Reisedokumente, Flugschein und möglichst auch Devisen in den Händen haben, verschwinden sie auf Nimmerwiedersehen.

Für die Fahrt in die Stadt werden 1000 N verlangt. Der Neuankömmling wird in der Regel von Privattaxifahrern direkt angesprochen, die jedoch einen überhöhten Preis verlangen. Taxis und Privatwagen werden unterwegs an den Polizei-kontrollstellen wiederholt angehalten und überprüft; auch mit erneuten »Gepäckkontrollen« ist zu rechnen. Aus Sicherheitsgründen sollte man möglichst nächtliche Ankunftszeiten vermeiden.

Für Flüge ins Ausland ist Check-in-time drei Stunden, bei Inlandflügen eine Stunde vor Abflug (Beachte: die Gebäude des Murtala Muhammed International Airport und des Inlandflughafen Ikeja liegen zwar am gleichen Flughafen, aber fast eine Fahrtstunde voneinander entfernt). Vor Betreten des Flughafens wird der Reisende von Schleppern *(touts)* regelrecht bedrängt. Angesichts des starken Andrangs an den Abfertigungsschaltern sowie gelegentlicher Überbuchung der Maschinen bieten diesen Schlepper an, gegen Bezahlung für eine bevorzugte Abfertigung zu sorgen. Distinguierte Nigerianer, aber auch europäische Geschäftsleute, die sich nicht in das chaotische und lärmende Gedränge vor den Schaltern stürzen wollen, bedienen sich dieser Sonderabfertigung. Allerdings sollte man Gepäck und Flugschein sorgfältig im Auge behalten und vor allem keine Zahlung im voraus leisten. Auch die gelegentlich verlangte zusätzliche »Gebühr« für den Erhalt der Bordkarte sollte man ablehnen. Die Regierung hat dem Schlepperunwesen den Kampf angesagt, so daß die Touts seitdem etwas im Verborgenen arbeiten.

Die zusätzlichen Ausgaben für solche Schlepperdienste und möglichen, damit verbundenen Ärger kann man sich durch rechtzeitiges Eintreffen ersparen. Die Check-in geht in drei Etappen vor sich: Am ersten Schalter erfolgt die Gepäckaufgabe; an einem zweiten Schalter erhält man die Bordkarte und reserviert den Sitzplatz. Zur Vermeidung von Überraschungen sollte diese Reservierung in jedem Falle drei Tage im voraus vorgenommen werden, da es sonst passieren könnte, daß der Fluggast trotz Bordkarte keinen Platz erhält und zurückbleiben muß. Schließlich ist die Flughafengebühr (35 US-$ für ausländische Besucher, für Inhaber einer Aufenthaltsgenehmigung 800 ₦) zu entrichten. Der Abflug nach Europa kann auch von Kano, Abuja und Port Harcourt aus erfolgen.

Feiertage

1.1.	Neujahr
1.5.	Tag der Arbeit
1.10.	Nationalfeiertag
25./26.12.	Weihnachten

Bewegliche Feiertage sind neben den christlichen Feiertagen Karfreitag und Ostermontag die folgenden muslimischen Feste: Eid-el-Maulud (Geburtstag Mohammeds), Eid-el-Fitre (Ende des Fastenmonats Ramadan/2 Tage), Eid-el-Kabir (das »Große Fest«, Tag des Opferlamms). Die muslimischen Feiertage hängen wie Ostern und Pfingsten von den Mondphasen ab und wandern mit dem muslimischen Kalender jedes Jahr ungefähr einen Monat rückwärts, weshalb die genauen Daten sich von Jahr zu Jahr ändern. Die Schreibweise dieser Feiertage variiert. So kann man statt *Eid* (Fest) oft *Id* lesen. Das Eid-el-Fitre wird im Haussa-Land auch *Karamar Sallah* oder kurz *Sallah* genannt (S. 142).

Fallen gesetzliche Feiertage auf ein Wochenende, werden der oder die folgenden Wochentage zu Feiertagen erklärt.

Zu den genannten Feiertagen kommen in den einzelnen Städten und Bezirken noch eine Reihe sogenannter »Festivals« hinzu, die aus traditionellen Anlässen veranstaltet werden und sich über mehrere Tage hinziehen können. Die wichtigsten sind bei den jeweiligen Städten erwähnt und im Abschnitt Feste und Bräuche (S. 141) beschrieben.

Fotografieren

Obwohl offiziell nicht verboten, wird es vielfach nicht gern gesehen. Empfindlich reagiert man auf die Ablichtung von Szenen, die ein negatives Bild vom Land oder seinen Bewohnern vermitteln könnten. Vielfach glaubt man, daß ein fotografierende Tourist für seine Bilder viel Geld erhält, weshalb man als »Modell« ein entsprechendes Handgeld *(dash)* erwartet. Die Yoruba verbinden mit dem Fotografieren von Menschen die Befürchtung, daß damit ein Teil ihrer Seele verlorengehe. In jedem Falle verboten ist das Fotografieren von militärischen Anlagen, einschließlich Flughäfen und Brücken.

Freizeitgestaltung

Die Frage der Freizeitgestaltung betrifft in erster Linie die Frauen von Ausländern – aber auch von wohlhabenden Nigerianern –, deren Rolle auf die der Ehefrau beschränkt ist. Da hausfrauliche Aufgaben vom zahlreichen Personal übernommen werden und die Ausübung einer beruflichen Tätigkeit in der Regel nicht gestattet wird, sucht man die freie Zeit anderweitig sinnvoll auszufüllen.

Bei längerem Aufenthalt empfiehlt es sich deshalb, in einen Sport-Club einzutreten oder sich privaten Gruppen (z. B. Bridge-, Majong-Clubs) oder der International Women's Society anzuschließen. Die Kulturinstitute der Bundesrepublik Deutschland (Goethe-Institut), Englands (British Council), Frankreichs (Centre Culturel) und Italiens (Istituto Italiano di Cultura), alle in Victoria Island, verfügen über Leihbüchereien, veranstalten Filmvorführungen, Ausstellungen und Musikabende. Das nigerianische Fernsehprogramm ist verständlicherweise nicht auf den europäischen Geschmack zugeschnitten. Doch durch Kauf oder Ausleihen von Videokassetten kann man sein eigenes Programm zusammenstellen.

Für literarisch interessierte Frauen bietet sich die Mitgliedschaft im Nigerian Book Club. Er tritt einmal wöchentlich zusammen, um über Bücher westafrikanischer Autoren zu diskutieren. Auf diese Weise wird auch ein Einblick in Kultur, Tradition, Sitten und Gebräuche vermittelt. Die Mitgliedschaft ist allerdings naturgemäß beschränkt und nur über die Einführung durch ein Mitglied möglich.

Wer längere Zeit in Lagos ansässig ist, kann sich der Nigerian Field Society anschließen. Dieser Club – er besteht auch in anderen großen Städten vor allem im Norden – veranstaltet regelmäßig an Wochenenden von erfahrenen Landeskennern geleitete kürzere und längere Ausflüge in die Umgebung von Lagos und in das Landesinnere (Einführungsabende im Goethe-Institut). Die Kanu-Fahrten zu einzelnen Dörfern in der Umgebung, Wanderungen durch den Regenwald und Bergtouren bieten eine ausgezeichnete Gelegenheit, die Fauna und Flora des Landes sowie die Lebensweise der Nigerianer kennenzulernen. (Die Anschrift des Clubs wechselt mit dem jeweiligen Vorsitzenden.)

Ein Freizeitzentrum mit dem vielversprechenden Namen »Leisureland, Leisure world« befindet sich auf der Lekki-Halbinsel vor den Toren von Lagos. Es ist eine Art Disneyland. Durch seine Lage am Strand bietet es auch Wassersportmöglichkeiten.

Geschäftszeiten

Supermärkte und Fachgeschäfte: Mo–Fr 8.30–17 Uhr, Sa bis 13 Uhr; kleinere einheimische Geschäfte haben keine geregelten Öffnungszeiten. In den muslimischen Städten des Nordens bleiben die Geschäfte Freitag nachmittag geschlossen. Öffnungszeiten der Banken: Mo–Do 8–15 Uhr, Fr 8–13 Uhr.

Gesundheitliche Vorsorge

Gelbfieberimpfung und Malariaprophylaxe (3 Wochen vor der Ausreise beginnen), gegebenenfalls auch Schutzimpfung gegen Hepatitis. Darüber hinaus sollte man einen kleinen Vorrat an Aspirin, Mitteln gegen Magenverstimmung und Erkältungskrankheiten, Kohletabletten gegen Durchfall, Vitamintabletten und Einwegspritzen (für notwendig werdende Injektionen) im Reisegepäck mitführen. Bei Unachtsamkeit kann man sich eine Amöbenruhr einhandeln. Leitungswasser wird durch fünfzehnminütiges Abkochen und anschließendes Filtern trinkbar. Geschlechtskrankheiten sind weit verbreitet.

Besonders während der Harmattan-Zeit (S. 18) sind Erkältungskrankheiten weit verbreitet. Neben dem gewöhnlichen grippalen Infekt tritt auch die gefährlichere Virusgrippe auf, deren Auskurierung, wenn nicht rigoros behandelt, Wochen dauern kann.

Über die Vor- und Nachteile der Einnahme von vorbeugenden Mitteln gegen Malaria, die auch im Lande selbst erhältlich sind, bestehen unterschiedliche Auffassungen. Wegen gewisser Nebenwirkungen – angeblich wird die Sehfähigkeit beeinträchtigt – haben zahlreiche, seit Jahren ansässige Europäer die Mittel abgesetzt. Bei regelmäßigem Aufenthalt in klimatisierten Räumen, die durch Sprays mückenfrei gehalten werden, besteht kein großes Risiko. Für den Aufenthalt im Freien und bei Reisen ins Landesinnere sollte man Hautsprays oder einen elektronischen Mückenvertreiber, der sich um den Hals hängen läßt, mitführen.

Hotels

Durch den Bau zahlreicher Hotels in den siebziger und achtziger Jahren verfügen alle Landeshauptstädte und andere größere Orte über adäquate Unterbringungsmöglichkeiten. Strom- und Wasserversorgung sind nicht immer gesichert. Zur Standardrüstung der Zimmer gehören: Warm- und Kaltwasser, Dusche oder Bad, Klimaanlage, Farbfernseher, gelegentlich Kühlschrank und bei Suiten Mini-Bar.

Bei der Buchung wird eine Kaution (engl. deposit) für die gesamte Aufenthaltsdauer gefordert (kleiner Trick: bei längerem Aufenthalt zunächst kürzeren Zeitraum angeben und dann etappenweise verlängern; das jeweilige Restguthaben wird dann entsprechend berücksichtigt). Da eine schriftliche Vorausbuchung ohne Deposit in der Regel nicht angenommen wird, empfiehlt es sich, in Zeiten starker Nachfrage Buchungen durch Bekannte vor Ort vornehmen zu lassen. Doch selbst bei einer Vorausbuchung ist das Zimmer bei Ankunft oft nur dann »frei«, wenn mit einem Geldschein nachgeholfen wird. Ausländer ohne Residence Permit müssen ihre Hotelrechnung, auch das Deposit, in harter Währung begleichen. Die Preise liegen in Lagos und Abuja zwischen 200 und 300 US-$. Inhaber einer Aufenthaltsgenehmigung genießen einen Preisnachlaß und zahlen in ₦. Dazu kommen 10 % »Service Charge« und 5 % Hotelsteuer.

Neben diesen internationalen Hotels findet man in allen Städten eine größere Anzahl Hotels mit mittlerem Standard. Ihr technischer Zustand und Komfort ist schnellem Wechsel unterworfen, so daß hier keine verläßliche Auswahl empfohlen werden kann. Für die bei den einzelnen Orten genannten Etablissements kann deshalb keine Garantie übernommen werden.

Nicht aufgeführt sind die zahlreichen »afrikanischen« Hotels mit oft phantasiereichen und vielversprechenden Namen. Wer keinen Wert auf ein Minimum an Hygiene und

Sauberkeit legt und durch seine äußere Erscheinung nicht als lohnendes Objekt für unfreiwillige »Eigentumsübertragung« in Frage kommen will, andererseits aber das Leben der Durchschnittsnigerianer kennenlernen möchte, kann hier sein Nachtlager für wenig Geld finden. Angesichts der Vielzahl dieser Hotels und Resthouses, deren Überprüfung nicht möglich ist, kann hier keine Auswahlliste gegeben werden.

In allen größeren Städten des Landes unterhält die evangelische Church of Western Africa (ECWA) sog. Guesthouses, in denen der Reisende für wenig Geld einfach und sauber logieren kann. Er sollte jedoch eine positive Einstellung zur kirchlichen Arbeit mitbringen.

Schließlich bestehen in abgelegenen Orten sogenannte »Government Guesthouses«, die als einfache Unterkunft für reisende Regierungsbeamte gedacht sind, bei freier Kapazität aber auch anderen Gästen offenstehen.

Der unregelmäßig erscheinende Nigerian Hotel und Travel Guide enthält auch eine umfassende Übersicht der Hotels in über 100 Orten, teilweise mit Preisangaben.

Informationsmaterial

Das von der Regierung herausgegebene Informationsmaterial ist meist veraltet und zudem nicht immer erhältlich (s. auch Wichtige Anschriften für deutschsprachige Besucher, S. 296).

Karten

Street Maps LAGOS, West African Book Publishers, Lagos 1992

Enemsi's New Map of Greater Lagos, published by Nigerian Mapping Company, Lagos
Spectrum Map of Nigeria (Maßstab 1:1,5 Mill.); published by Spectrum Books Ltd., Ibadan (beste Straßenkarte)
Road & Administrative Map, Kaduna 1992
Nigeria (Maßstab 1:1,5 Mill.) Freytag & Berndt, Wien
Road Map of Nigeria (Maßstab 1:2 Mill.), Nigerian Mapping Company (Straßennetz unübersichtlich, aber genauer), mit Grundrissen der wichtigsten Städte.

Die Kategorisierung der Straßen auf den nigerianischen Karten läßt keine verläßlichen Rückschlüsse auf ihren Zustand zu. Drittklassige Nebenstraßen können manchmal besser unterhalten sein als manche Abschnitte von Hauptverkehrsstraßen. Bei längeren Fahrten sollte man deshalb genaue Auskünfte bei Ortskundigen einholen. Für einige größere Städte sind in den Buchhandlungen detaillierte, meist aber etwas veraltete Übersichtskarten erhältlich. Im Ministry of Works bekommt man einen Catalogue of Maps, in dem alle von öffentlichen Dienststellen herausgegebenen Karten aufgelistet sind.

Im übrigen enthält dieser Reiseführer im Anhang einen kompletten Reiseatlas im Maßstab 1:1,5 Mill. mit eigenem Ortsregister.

Kleidung

Nigerianische Geschäftsleute und Regierungsbeamte pflegen eine strenge Kleiderordnung: dunkler Anzug (oft mit Weste) und Krawatte. Europäische Geschäftsreisende und

Regierungsbeamte sollten ähnlich korrekt (es kann tagsüber auch ein leichter, heller Sommeranzug sein) gekleidet sein. In Bars, Restaurants etc. sind während des Tages dagegen leichte atmungsaktive Freizeitkleidungen, jedoch keine Shorts, üblich. Bei großen Empfängen tragen Damen häufig Abendgarderobe.

In den Städten im Landesinnern, vor allem in den nördlichen Landesteilen, ist die Kleiderordnung weniger streng. Während der Regenzeit sollte ein Regenschirm mitgeführt werden. Im Norden, insbesondere auf dem Jos-Plateau, erweist sich während des Harmattan wärmere Kleidung (Pullover, Strickjacke o. ä.) als nützlich.

Krankenhäuser

Die Krankenhäuser des Landes genügen in Ausstattung und Versorgung kaum europäischen Mindestansprüchen. Im Falle einer schwereren Erkrankung sollte man möglichst den Rückflug antreten. Als Ersatzlösung kommt das Sacred Heart Hospital in Abeokuta (100 km nördlich von Lagos) mit deutschen Ärzten in Frage. Das Krankenhaus ist örtlich besser unter dem Namen »Lantoro Hospital« bekannt. Für eine stationäre Behandlung stehen Privatzimmer zur Verfügung.

Lebenshaltungskosten

Für Ausländer war Nigeria bis zur ersten Abwertung des Naira 1986/88 ein kostspieliges Land. Mieten und Lebensmittel, selbst lokale Erzeugnisse, lagen oft über den vergleichbaren Preisen in Europa. Bei dem derzeitigen Wechselkurs ist Nigeria, von Hotelpreisen abgesehen, recht preiswert. Jeder Haushalt verfügt zudem über Hilfspersonal (Steward, Hausmädchen, Chauffeur, Gärtner, Nachtwächter). In der Regel übernimmt der Arbeitgeber einen Teil der Kosten. Angaben zu den Lebenshaltungskosten enthalten die Merkblätter, die vom Bundesverwaltungsamt, Informationsstelle für Auslandtätige und Auswanderer in Köln, herausgeben werden (S. 294).

Maße und Gewichte

Die britischen Maße und Gewichte wurden 1972 durch das metrische System abgelöst. Gelegentlich wird aber noch in Meilen (= 1,6 km), Gallonen (= 4,5 l) und Quadratfuß (bei Wohnflächen: 1 Square Foot = 0,0929 m²) gerechnet.

Notrufe

Angesichts chronischer Unterversorgung der Polizei mit Fahrzeugen bleiben Anrufe unter der Notrufnummer 199 in der Regel ohne Folgen.

Post

Die nigerianische Postverwaltung (NIPOST) ist für ihre Unzuverlässigkeit bekannt. Briefsendungen von und nach Europa können wenige Tage, aber auch Wochen unterwegs sein. Ein sicherer, wenn auch kostspieliger Weg ist die Benutzung der privat betriebenen internationalen Kurierdienste (S. 190). Wenn irgend möglich, gibt man Postsendungen zurückreisenden Bekannten mit (Briefmarken des Bestimmungslandes vorrätig halten!). Öffentliche Briefkästen existieren nur an

Postämtern. Ansonsten gibt man seine Briefe im Hotel ab.

Reisezeit

Am wenigsten geeignet sind die feuchtheißen Monate Mai bis September mit den stärksten Regenfällen des Jahres, jedoch mit nach Norden abnehmender Tendenz. Die Monate November bis März sind praktisch überall niederschlagsfrei, ausgenommen der Südosten, ohne daß deshalb die relative Luftfeuchtigkeit in den südlichen Landesteilen merklich sinkt.

Rundfunk

Das gut entwickelte Rundfunknetz deckt alle Landesteile ab. Das Programm der Deutschen Welle ist morgens und abends gut über Kurzwelle zu empfangen. Die monatliche Programmübersicht wird auf Anforderung vom Funkhaus in Köln kostenlos zugesandt (Deutsche Welle, Postfach 10 04 44, 50588 Köln) bzw. kann vom Goethe-Institut in Lagos bezogen werden.

Sicherheitsvorkehrungen

Unter der Überschrift »Anti-Robbery Tips« veröffentlichte die Sonntagszeitung »Sunday Times« eine Reihe von Hinweisen, wie sich Firmen und Privatpersonen gegen Überfälle schützen können: Führen Sie keine größeren Beträge von Bargeld mit und vermeiden Sie bei Zahlungen in der Öffentlichkeit, Einblick in die Brieftasche zu gewähren.

Nachts nur in Gruppen ausgehen; keine Spaziergänge im Dunkeln unternehmen.

Während der Fahrt mit dem Auto regelmäßig in den Rückspiegel schauen; bei vermuteter Verfolgung bis zum nächsten sicheren Punkt, möglichst Polizeirevier, weiterfahen.

Fahrzeuge nur in geschlossenen Grundstücken abstellen.

Abgestellte Fahrzeuge mehrfach sichern: Lenkradschloß, Blockierung des Lenkrads mit der Kupplung durch Stabschloß (Lenkradkralle), Unterbrechung der Benzinzufuhr durch elektronische Steuerung.

Bei Einstellung von Fahrern, Nachtwächtern und Hauspersonal Angaben über nahe Verwandte machen lassen, zwei Paßfotos mit Wohnanschrift und Fingerabdrükken anfertigen.

Souvenirs

Souvenirs sind vor den großen Hotels und in den internationalen Flughäfen erhältlich: Elfenbeinschnitzereien (zumeist aus den Nachbarstaaten; Vorsicht: bei größeren Stücken kann die Gefahr der Konfiszierung durch die Zollbehörden im Heimatland bestehen), Lederwaren (Taschen, Sandalen aus Krokodil-, Schlangen- oder Antilopenleder), Holz- und Holzschnitzereien, Fliegenwedel aus Pferdehaar, Speere, Schwerter, Masken und Gemälde. Silber- und Goldschmuck mit afrikanischen Motiven ist recht teuer. Sehr schöne Miniaturen der bekanntesten Bronzefiguren, auch vergoldet, werden in naturgetreuer Nachbildung von privaten Künstlern angefertigt und sind z. B. bei Ruth & Billy Omabegho in Ikoyi, 2 A, Waring Road, Tel. 68 38 19, erhältlich.

Die Ausfuhr antiker Kunstwerke sowie von Artikeln, die für rituelle

Zwecke verwendet werden, ist grundsätzlich verboten, eine verständliche Maßnahme, wenn man bedenkt, welche wertvollen Kunstschätze während der Kolonialzeit außer Landes geschafft wurden und heute weltbekannte Museen zieren. Zur Vermeidung von Schwierigkeiten bei der Ausreise empfiehlt es sich, auch für Kunstwerke jüngerer Zeit – ausgenommen die allgegenwärtige Airport Art –, eine staatliche Ausfuhrgenehmigung einzuholen. Sie ist bei der National Commission for Museums and Monuments im Nationalmuseum in Lagos rechtzeitig zu beantragen. Die umfangreichsten Sammlungen nigerianischer Kunst befinden sich im British Museum in London sowie in den Völkerkundemuseen von Berlin und Wien.

An den Souvenirständen gelten keine festen Preise. Bei Kaufinteresse – nicht nur für Souvenirs – sollte man keine Eile an den Tag legen. Das Feilschen gehört für den Verkäufer zum Geschäft. In manchen Fällen kann man einen Nachlaß von zwei Dritteln des ursprünglich genannten Preises erzielen. Ein vom Verkäufer schnell genannter »last price« ist keineswegs als sein letztes Wort zu verstehen. Mit dem Yoruba-Ausdruck *djale* (gib Nachlaß!) erhält man schnell ein günstiges Angebot.

Speisen und Getränke

In den Hotels und Restaurants werden nur wenige nigerianische Gerichte angeboten, angeblich wegen zu geringer Nachfrage. Das Sheraton Hotel in Lagos macht mit seinem Nigerian Restaurant eine Ausnahme. In Frage kommt auch das Bubles Bar and Restaurant an der Marina in Lagos. Sehr preisgünstig kann man einheimische Speisen aus verschiedenen Landesteilen im Museum Kitchen (im Nationalmuseum von Lagos) erhalten. Im nachfolgenden sind einige der geläufigen, in der Regel stark gewürzten Gerichte kurz beschrieben.

Palmoil Chop ist in Palmöl (oder auch Erdnußöl) mit Pfeffer gebratenes Huhn oder Rindfleisch; als Beilage reicht man *fufu* (Jamsmehlklöße) und verschiedene Früchte. *Moinmoin* ist ein Bohnenkuchen mit diversen Füllungen, dazu wird Huhn gereicht. *Okro*, eine Palmnußsoße, gibt es zu Fleisch oder Fisch und Pfeffer; als Beilage gestoßener Jams, Reis oder *gari* (Kassavamehlklöße). Neben Fleisch und Fisch brät man auch Gemüse in Palm- oder Erdnußöl; so zubereitete weiße Bohnen heißen *akara*. Zu den Hauptgerichten reicht man eine »Soup«, die jedoch keine Suppe, sondern eine Soße ist (am bekanntesten Egusi soup). Eine Besonderheit ist das an Straßenrändern angebotene *bush meat:* gebratenes (manchmal auch ungebratenes) Fleisch von Vögeln und kleinen Wildtieren (z. B. Eichhörnchen), das für viele Nigerianer die wichtigste Proteinquelle ist.

Das einzige »Nationalgetränk« ist der Palmwein, der gegorene Saft der Fächer- und Raphia-Palme; er wird durch Anzapfen der jungen Blütenstauden gewonnen. Destilliert wird daraus der landesübliche *kain kain*. In den Restaurants wird der Palmwein kaum angeboten; gelegentlich wird er bei offiziellen Anlässen gereicht. In Flaschen abgefüllt (Markenname »Palmi«) ist er in einigen Supermärkten erhältlich. Der Alkoholgehalt liegt bei 3,5 %. Beliebteste Getränke sind Bier (aus Sorghum statt Gerste) und »Chapman« (ein alkoholfreier, manchmal aber auch mit Rum gemischter Cocktail aus Limonade, Ginger Ale und einem Schuß Angostura). Aus der Kolanuß *(abatan* in Yoruba) werden der sogenannte Deebee-Wein sowie ein Deebee-Champ (Champagner) hergestellt. Ansonsten wird die bitter schmeckende Kolanuß wie Kaugummi gekaut und ist wegen ihrer auf dem Koffeingehalt beruhenden stimulierenden Wirkung vor allem bei Fernfahrern beliebt. (Zur traditionellen Bedeutung der Kolanuß siehe S. 148).

Sprachen

Amtssprache ist Englisch, das aber nicht überall gesprochen und verstanden wird. Die wichtigsten afrikanischen Sprachen sind Yoruba in den westlichen, Ibo in den östlichen sowie Haussa in den nördlichen Landesteilen, neben zahlreichen anderen Stammessprachen. Eine Art *Lingua franca* ist das Pidgin-English (S. 98 und 298). Bei Eigennamen ist zu beachten, daß die einzelnen Buchstaben wie im Deutschen ausgesprochen werden.

Stromspannung

220 Volt Wechselstrom. Die Stromversorgung durch die Nigerian Electric Power Authority (NEPA) ist sehr störanfällig. Stunden- und manchmal tagelange Abschaltungen sind allerdings seltener geworden. Im Volksmund bedeutet NEPA denn auch: Never Expect Power Always (= Erwarte nicht ständig Strom!).

Wegen der häufig auftretenden starken Spannungsschwankungen empfiehlt sich bei empfindlichen Geräten die Zwischenschaltung eines örtlich erhältlichen Spannungsreglers (Stabilisator).

Zur Überbrückung der Stromausfälle verfügen Hotels und Privathäuser über eigene Generatoren, die sich stadtviertelweise zu einem ohrenbetäubenden Lärm, der »Nachtmusik von Lagos« verbinden. Eine Taschenlampe sollte für die Umschaltzeiten stets griffbereit sein.

Für den Anschluß elektrischer Geräte aus Europa an die dreipoligen Stecker benötigt man einen Zwischenstecker. Die lokal angebotenen, aber durchweg unhandlichen Modelle enthalten vier Variationen und sind damit für alle Anschlüsse geeignet.

Taxis

Siehe unter Lagos von A bis Z, S. 191.

Telefon

Die Verbindungen von und nach Nigeria haben sich mit der Digitalisierung des Telefonnetzes stark verbessert. Die diesem System angeschlossenen Nummern sind an einer vorangesetzten 2 (Lagos) bzw. 9 (Abuja) erkennbar. Da der Anschluß nur auf kostenpflichtigen Antrag erfolgt, wird in Zweifelsfällen den Telefonnummern die zusätzliche Ziffer in Klammern vorangesetzt. Sukzessive wird das neue System auch auf andere Städte ausgeweitet.

Die Vorwahlnummer für die deutschsprachigen Länder nach Nigeria ist 00 34, jeweils gefolgt von der Ortskennzahl (0 der Städtevorwahl weglassen) und der Nummer des Gesprächsteilnehmers. Die Nummer für die Auskunft Inland ist 194, international 175.

Bei der Anmeldung von Ferngesprächen über das Fernmeldeamt NITEL (Nigerian Telecommunications, Tel. 171) ist stets die Ortskennzahl (area code) anzugeben. Meistens wird direkt durchgestellt. Auf den versprochenen Rückruf wartet man allerdings in der Regel vergebens.

Der inländische Telefonverkehr ist häufigen Störungen ausgesetzt. Öffentliche Telefonzellen sind kaum vorhanden oder defekt, selbst auf den Flughäfen.

Die wichtigsten Vorwahlnummern innerhalb des Landes sind:

Abeokuta	*039*
Abuja	*09*
Bauchi	*077*
Benin City	*052*
Calabar	*087*
Daura	*065*
Enugu	*042*
Ibadan	*022*
Ilorin	*031*
Jos	*073*
Kaduna	*062*
Kano	*064*
Katsina	*065*
Lagos	*01*
Maiduguri	*076*
Port Harcourt	*084*
Sokoto	*060*
Yola	*075*
Zaria	*069*

Trinkgelder

Neben dem üblichen Trinkgeld in den Restaurants (für Taxis gelten Festpreise) in Höhe von 10–15 % kennt man in Nigeria das *Dash*. Für

jede Dienstleistung, vor allem bei öffentlichen Einrichtungen wie Post, Zoll, Polizei etc., wird ein Dash erwartet. Diese Unsitte hatte unter der Zivilregierung wild um sich gegriffen. Die Militärregierung versucht dagegen anzugehen.

Währung

Nigerias Währungseinheit ist der Naira (₦), der in 100 Kobo (k) unterteilt ist. Es sind Banknoten zu 5, 10 20 und 50 ₦. im Umlauf, außerdem Münzen zu 10, 25 und 50 k. Anfang 1995 betrug der offizielle Wechselkurs: 1 US-$ = 22 ₦, 1 DM = 14 ₦. Der Marktkurs (»Parallelkurs«) liegt etwa beim Fünffachen.

Zeitdifferenz

Nigeria liegt in der gleichen Zeitzone wie die Bundesrepublik Deutschland, die Uhrzeit ist also identisch mit MEZ. Eine Zeitverschiebung besteht lediglich während des Sommerhalbjahres, da in Nigeria keine Sommerzeit eingeführt ist: Mitteleuropäische (Sommer-)Zeit –1 Stunde, d.h. 1 Stunde zurück.

Zeitungen und Zeitschriften

In einigen großen Hotels in Lagos sowie im Business Centre des Ikoyi Club (S. 181) sind die wichtigsten Zeitungen und Zeitschriften aus England, Frankreich, den USA und der Bundesrepublik erhältlich. Nur über Abonnement erhältlich ist der in London erscheinende, recht kostspielige, aber informative »Newsletter Nigeria«.

Zollbestimmungen

Folgende Artikel dürfen pro Person zollfrei eingeführt werden: 1 Liter Spirituosen, 1 Liter Wein, 200 g Tabak bzw. 200 Zigaretten oder 50 Zigarren mittlerer Größe, 284 ml Parfüm, 1 Fotoapparat und 1 Filmkamera mit Filmen. Echter Schmuck, andere Wertgegenstände sowie die Kamera sollten angemeldet werden.

Wichtige Anschriften für deutschsprachige Besucher

Diplomatische und konsularische Vertretungen

Vertetungen in Europa

Bundesrepublik Deutschland:
Goldbergweg 13, 53177 Bonn (Bad Godesberg), Tel. 02 28/32 20 71,
Fax 32 80 88

Generalkonsulat: Platanenstr. 98a,
13156 Berlin-Niederschönhausen,
Tel. 0 30/4 82 83 21, Fax 4 82 85 59

Österreich:
Rennweg 25, Postfach 262,
1030 Wien, Tel. 02 22/7 12 66 85,
Fax 7 14 14 02

Schweiz:
Zieglerstr. 45, 3007 Bern,
Tel. 0 31/3 82 07 26,
Fax 3 82 16 02

Vertretungen in Nigeria

Botschaft der Bundesrepublik Deutschland,
15 Eleke Crexcent, Victoria Island,
Lagos, Tel. 2 61 10 11, Fax 2 61 77 95;
Postanschrift: P. O. Box 7 28, Lagos

Außenstelle in der neuen Hauptstadt Abuja:
Europe House, Plot 533, Usuma Street, Maitama, Abuja/F.C.T.,
Tel. 5 23 31 44, Fax 5 23 31 47;
Postanschrift: P. O. Box 2 80,
Abuja/F.C.T.

Deutsches Honorarkonsulat,
c/o Western Nigerian Technical Co. Ltd., 22 Fajuiyi Road, Dugbe,
Ibadan, Tel. 2 41 12 91;
Postanschrift: P. O. Box 51 48,
Dugbe, Ibadan

Österreichische Botschaft,
3B Ligali Ayorinde Avenue,
Victoria Island, Lagos,
Tel. 2 61 60 81, Fax 61 60 81;
Postanschrift: P. O. Box 19 14,
Lagos

Schweizer Botschaft,
7 Anifowoshe Street, Victoria Island, Lagos,
Tel. 2 61 39 18, Fax 2 61 69 28;
Postanschrift: P. O. Box 536, Lagos

Informationsstellen und sonstige Anschriften

Delegate of German Industry and Commerce, Plot PC 10, off Idowu Taylor Street, Victoria Island, Lagos, Tel. 2 61 97 51, Fax 2 61 97 52; Postanschrift: P. O. Box 5 13 11, Falomo Ikoyi-Lagos

Nigerian Tourism Development Corporation, Tafawa Balewa Square Shopping Centre, Entrance No. 2, Lagos, Tel. (2) 63 80 80; Postanschrift: P. O. Box 29 44, Lagos

Nigerian Tourism Development Corporation, Sefadu Street, Zone 4, Wuse, Abuja/F.C.T., Tel. 5 23 04 18

German Cultural Centre (Goethe-Institut), opposite 1004 Estate, Ozumba Mdadiwe Avenue, Victoria Island, Lagos, Tel. (2) 61 07 17, Fax (2) 61 79 16; Postanschrift: P. O. Box 957, Lagos

Deutsche Schule, Beachland Estate, Lagos-Apapa, Tel. (2) 87 56 02; Postanschrift: P. O. Box 11 90, Lagos-Apapa

Lufthansa, 150 Broad Street, Lagos, Tel. 2 66 44 30, Fax 2 66 02 22; Postanschrift: P. O. Box 27 32, Lagos

Bundesstelle für Außenhandelsinformation (BfAI), Agrippastr. 87–93, 50676 Köln, Postfach 10 05 22, 50445 Köln, Tel. 02 21/20 57-0 oder 20 57-3 16, Fax 20 57-2 12

BfAI-Außenstelle: Unter den Linden 44–60, 10117 Berlin, Tel. 0 30/3 99 85-104

Bundesverwaltungsamt, Informationsstelle für Auslandtätige und Auswanderer, Marzellenstr. 50–56, 50668 Köln, Tel. 02 21/75 80-0, Postanschrift: Postfach 68 01 69, 50728 Köln

Verein für das Deutschtum im Ausland, Maximilianstr. 8, 53111 Bonn, Tel. 02 28/63 14 55-57

Kleine Sprachkunde

Angesichts einer Vielzahl von einheimischen Sprachen muß sich unser kleines Vokabular auf die wichtigsten Sprachen Yoruba, Haussa und Ibo beschränken. Auf eine englische Sprachkunde wird verzichtet, da bei einem Besuch Nigerias die Kenntnis der englischen Sprache vorausgesetzt werden kann. Eine Besonderheit stellt das Pidgin-Englisch dar (S. 98), das vor allem in den südlichen Landesteilen eine Art *lingua franca* ist. Daneben gibt es einen besonderen nigerianischen Slang, dem zwei interessante Bücher gewidmet sind (Asomugha und Kujore S. 303). Einige der gängigsten Ausdrücke und Redewendungen sind hier aufgeführt:

Pidgin-Englisch

god dey	guten Tag
long time no see	lange nicht gesehen (wo bist du denn gewesen?)
Masta (von Mister)	mein Herr
Oga	Großer Herr (Anrede an einen Höherrangigen)
Sa (von Sir)	Erwiderung eines Niederrangigen im Sinne von Ja
I beg	Verzeihung bitte
do me well	Tu mir was Gutes! (Aufforderung, Schmiergeld zu zahlen)
dash, kickback, commission, kola	Schmiergeld
abi?	Nicht wahr?
moto	Auto
ah ah	Ausdruck des Erstaunens (sowohl positiv wie negativ)

Yoruba

e k'aro o	guten Morgen
o, e k'aro	guten Morgen (als Erwiderung)
e k'asan o	guten Tag
o, e k'asan	guten Tag (als Erwiderung)
e ku'role o	guten Abend
o, e ku'role	guten Abend (als Erwiderung)
e k'ale	guten Abend (spät)
o d'aro o	gute Nacht
e ku ile o	Gruß an alle (beim Betreten des Hauses)
o, e k'abo o oder nur k'abo	willkommen
s'alafia ni?	Wie geht es?
a dupe	Danke, gut
e jo'wo	bitte
be ni	ja
rara, oti	nein
o d'abo o	auf Wiedersehen
alejo, oyinbo	Fremder, Ausländer
oko	Ehemann
aya, iyawo	Ehefrau

iyale	erste Ehefrau
emu	Palmwein
babalawo, ologun	Medizinmann
oba, obi, ooni, alafin, alake	König (traditioneller Herrscher)
afin	Palast (Sitz des oba)

Ibo

ututu oma; i sala chi; i boola	guten Morgen
ututu oma nke gi; i saala chi iboola	guten Morgen (als Erwiderung)
ehihie oma	guten Tag
ma gi kwa, ehihie oma nke gi	guten Tag (als Erwiderung)
mgbede oma	guten Abend
ma gi kwa; mgbede oma nke gi	guten Abend (als Erwiderung)
ka chi foo; rahu nke oma	gute Nacht
ka o boo; nodu mma	gute Nacht (als Erwiderung)
ndewo; i biala; i bia	willkommen
e e; ndewo; i noola	willkommen (als Erwiderung)
kedu ka i mere? kedu ka i di?	Wie geht es?
adii m mma	Danke, gut
i meela; ndewo	danke
biko	bitte
o	ja
mba; o dighi	nein
onye obia; obia a abia	Fremder, Ausländer
di	Ehemann
nwunye	Ehefrau
anaghi m asu asusu igbo	Ich spreche nicht Ibo

Haussa

sannunka	Sei gegrüßt!
sannunka dai	Sei gegrüßt (als Erwiderung)
sannu dai	Seid gegrüßt
sannunku dai	Seid gegrüßt (als Erwiderung)
ina kwana?	guten Morgen (gut geschlafen?)
an kwana lafiya? lafiya lau?	guten Morgen (als Erwiderung)
sannu da rana; barka da rana	guten Tag
sannunka dai	guten Tag (als Erwiderung)
barka da yamma	guten Abend
yauwa	guten Abend (als Erwiderung)
sai gobe	gute Nacht
maraba, sannu da zuwa	willkommen
sai an jima	auf Wiedersehen
sai an jima, Allah ya sa	auf Wiedersehen (als Erwiderung)
na gode	danke
i	bitte
i	ja
a'a	nein
bature, turawa (pl.)	Europäer (= weißer Mann)
miji, maigida	Ehemann
mata, mace, mai daki	Ehefrau
malam	Herr (in der Anrede)
sarki	König (traditioneller Herrscher)

Bibliographie

Die Literatur über Nigeria ist recht umfangreich. Ergänzende Hinweise geben die in der ersten Rubrik genannten Bibliographien. Nicht alle der hier aufgeführten Werke sind noch in Buchhandlungen erhältlich, werden aber meist noch in Bibliotheken geführt.

Gesamtdarstellungen, allgemeine Beschreibungen, Periodika, Bibliographien

African Books in Print, hg. v. Hans Zell Publishers London 1993 (K.G. Saur München)

Bach, D.C.: Le Nigeria contemporain. Paris 1986

Barbour, K.M. u. a.: Nigeria in Maps. London 1982

Diezemann, Eckart: Nigeria. 2. Aufl. Pforzheim 1992

Eitner, K.: Nigeria. Auswahlbibliographie. 2 Bde. Hamburg 1983

Harris, J.: Books about Nigeria. 5. Aufl. Ibadan 1969

Holmes, P.: Nigeria. Giant of Africa. Lagos 1985 (Bildband)

Kaufmann, H.: Nigeria. Bonn 1962 (mit Bibliographie)

Morgan, W.T.W.: Nigeria. London – New York 1983

Nason, Ian: Enjoy Nigeria. Ibadan 1991

Nigeria Magazine, hg. vom Department of Culture, Lagos (erscheint in unregelmäßiger Folge)

Nigerian Artists. A Who's Who and Bibliography. Comp. by Kelly, Bernice, ed. by Stanley, Janet L. Hans Zell Publishers, London 1993 (K. G. Saur München)

Nigeria Official Handbook, hg. vom Department of Information. Lagos 1994

Nigeria Yearbook, hg. von der Daily Times. Lagos 1992

Omuniva, M.A. und Salaam, M.O.: A Directory of Nigerian Libraries and Documentation Centres. Zaria 1983

Osaji, Sylvester: About Nigeria: An Investment and Tourist Guide to Nigeria. London 1987

Salamone, F.A.: The Hausa People. A Bibliography. New Haven Conn. 1983

Statistisches Bundesamt Wiesbaden (Hg.): Länderbericht Nigeria 1992. Stuttgart 1993 (mit umfangreicher Wirtschaftsbibliographie)

Wente-Lukas, Renate: Handbook of Ethnic Units in Nigeria. Wiesbaden 1985

Landesnatur und Bevölkerung

Ayeni, J.S.O. u. a.: Introductory Handbook on Nigerian Wildlife. Ilorin 1982

Ayida, Allison A.: The Rise and Fall of Nigeria. Oxford 1990

Bergstresser, Heinrich/Pohly-Bergstresser, Sibylle: Nigeria. München 1991

Buchanan, K.M. und Pugh, J.C.: Land and People in Nigeria. London 1985

Eades, J.S.: The Yoruba Today. Cambridge University Press 1980

Ellis, A.A.: The Yoruba Speaking Peoples of the Slave Coast of West Africa. Oosterhout 1970 (Nachdruck von 1894)

Forde, Darryl und Jones, J.: The Ibo and Ibibio Speaking Peoples of South East Nigeria. London 1969

Frobenius, Leo: Erlebte Erdteile. 7 Bände. Frankfurt 1925

Grabs, Wolfgang/ v. Richter, Gerold (Hg.): Bodenerosion in Südost-Nigeria. Raumbewertungsverfahren als Instrumente zu ihrer Kontrolle. Forschungs-Stelle Bodenerosion Universität Trier 11. Trier 1992

Imoagene, Oshomba: The Yoruba of South-Western Nigeria. Ibadan 1990

Kirk-Greene, A. u. a.: Faces North. Some Peoples of Nigeria. Knaphill 1975

Kraft, Charles u. Kirk-Greene A.: Hausa. Kent 1982

Lowe, Joyce: The Flora of Nigeria: Grasses. Ibadan 1990

Odole, Fabunmi: Ife: The Genesis of the Yoruba Race. Ikeja 1986

Orubuloye, T.O. und Oyeneye, O.Y.: Population and Development in Nigeria. Ibadan 1985

Talbot, P.A.: The Peoples of Southern Nigeria. 4 Bände. London 1926

Geschichte, politische und soziale Gegenwart

Afonja, Simi und Pearce, Tola Olu (Hg.): Social Change in Nigeria. London 1986

Akinyemi, A.A. (Hg.): Nigeria Since Independence. Ibadan 1989

Azikiwe, N.: Ideology for Nigeria: Capitalism, Socialism or Welfarism. Lagos 1980

Barth, Heinrich: Reisen und Entdeckungen in Nord- und Central-Afrika in den Jahren 1849–1855. 5 Bände. Gotha 1857 (Nachdruck 1962, für Nordnigeria bes. die Bände 2–4)

Barth, Heinrich: Die große Reise, hg. von H. Schiffers. Tübingen 1977 (eine Auswahl aus dem Gesamtwerk)

Bodley, J.H.: Der Weg der Zerstörung: Stammesvölker und die industrielle Zivilisation. München 1983

Ekeh, Peter P. und Ashiwaju, Garba: Nigeria Since Independence, vol. VII. Ibadan 1989

Entrup, J.L.: Nigeria von der völkerrechtlichen Unabhängigkeit zur Zweiten Republik. St. Augustin 1981

Forde, D. und Kaberry, P.M. (Hg.): West African Kingdoms in the 19th Century. London 1967

Forsyth, F.: Biafra Story. Zürich 1976 (deutsch)

Genschorek, Wolfgang: Zwanzigtausend Kilometer durch Sahara und Sudan. Leben und Leistung des Bahnbrechers der Afrikaforschung Heinrich Barth. 2. Aufl. Leipzig 1986

Gieler, Wolfgang: Nigeria zwischen Militär- und Zivilherrschaft. Eine Analyse der politischen Entwicklung seit der Unabhängigkeit 1960–1990. Politikwissenschatliche Perspektive 22. Münster, 1993

Graf, William: The Nigerian State: Political Economy, State, Class and Political System in the Post-Colonial Era. London 1989

Hieke-Dreyer: Zur Geschichte des deutschen Handels mit Westafrika – das Hamburgische Handelshaus G.L. Gaiser 1859–1939. Hamburg 1941

Isichei, E.: A History of Nigeria. London 1983

Johnson, S.: The History of the Yorubas. London 1921 (5. Nachdruck 1966)

Kirk-Greene, A.: Barth's Travels in Northern Nigeria. London 1962

König, Claus D.: Zivilgesellschaft und Demokratisierung in Nigeria.

Demokratie und Entwicklung 13. Münster 1994

Marx, Michael T.: Gewohnheitsrecht als Entwicklungspotential. Selbsthilfeorganisationen in Nigeria. Kölner Beiträge zur Entwicklungs-Länderforschung 14. Saarbrücken 1990

Marx, Michael T./Mönikes, Volker/ Seibel, Hans D.: Soziokulturelle Faktoren der Entwicklung in afrikanischen Gesellschaften. Entwicklung von oben oder Entwicklung von unten? Kölner Beiträge zur Entwicklungs-Länderforschung 13. Saarbrücken 1988

Nnoli, Okwudiba: Ethnic Politics in Nigeria. Enugu 1978

Nwabueze, B.O.: Military Rule and Social Justice in Nigeria. Ibadan 1993

Nwogugu, E.I.: Family Law in Nigeria. Ibadan 1974

Onabamiro, S.: Glimpses into Nigerian History. Lagos 1983

Rohlfs, G.: Quer durch Afrika. Reise vom Mittelmeer nach dem Tschad-See und zum Golf von Guinea. Leipzig 1874/75

Schwarz, W.: Nigeria. The Tribe, the Nation or the Race. The Politics of Independence. Cambridge, Mass. 1965

Sievers, A.: Nigeria. Stammesprobleme eines neuen Staates im tropischen Afrika. Frankfurt 1970

Stahn, Eberhard: Das Afrika der Vaterländer. Entwicklung und Bilanz nach 25 Jahren Unabhängigkeit. 3. Aufl. Frankfurt am Main 1985

Traub, Rudolf: Nigeria – Weltmarktintervention und sozialstrukturelle Entwicklung. Hamburg 1986

Wirtschaft

Adebowale, Annette: Die Veränderung traditioneller Yoruba-Märkte in Nigeria unter besonderer Berücksichtigung des modernen Verkehrswesens. Eine Fallstudie: Ado-Ekiti. Institut für Völkerkunde der Georg-August-Universität Göttingen. Edition Herodot. Aachen 1987

Ay, Peter: Agrarpolitik in Nigeria. Produktionssysteme der Bauern und die Hilflosigkeit von Entwicklungsexperten. Ein Beitrag zur Revision agrarpolitischer Maßnahmen in Entwicklungsländern. Institut für Afrika-Kunde 24. Hamburg 1980

Iliffe, J.: The Emergence of African Capitalism. London 1983

Olukoshi, Adebayo: Crisis and Adjustment in the Nigerian Economy. Lagos 1991

Onoge, Omafume F. (Hg.): Nigeria. The Way Forward. Ibadan 1993

Seibel, Hans D./Damachi, Ukandi G./Holloh, Detlev: Industrial Labour in Africa: Continuity and Change Among Nigerian Factory Workers. Kölner Beiträge zur Entwicklungs-Länderforschung 11. Saarbrücken 1988

Seibel, Hans D./Holloh, Detlev: Handwerk in Nigeria. Unternehmensorganisation, Verbandsstruktur und Förderungsansätze. Kölner Beiträge zur Entwicklungs-Länderforschung 12. Saarbrücken 1988

Wirz, A.: Nigeria. Das Scheitern der Musterschüler. In: Krieg in Afrika (vom selben Verfasser). Wiesbaden 1982

Wright, Stephen: Nigeria: the dilemma ahead. London 1986

Kulturelle Grundlagen
Allgemeines

Brockmann, Rolf und Hötter, Gerd: Szene Lagos. Reise in eine afrikanische Kulturmetropole. München 1994

Fagg, W. (Hg): The Living Arts of Nigeria. London 1971

Menke, Katrin: Kunst und Kultur im gesellschaftlichen Wandel eines Entwicklungslandes – dargestellt am Beispiel Nigerias. München 1991

Nwala, T. Uzodinma: Igbo Philosophy. Lagos 1985

Ojo, G. J. A.: Yoruba Culture. London und Ife 1971

Olusanya, G.O.: Studies in Yoruba History and Culture. Ibadan 1983

Staewen, C. und Schönberg, F.: Kulturwandel und Angstentwicklung bei den Yoruba Westafrikas. München o.J.

Sprachen, Bildung, Lehr- und Wörterbücher

Ashiwaju, M.: Lehrbuch der Yoruba-Sprache. Leipzig 1968

Asomugha, C.N.C.: Nigerian Slang. Onitsha 1984

Brauner, S. u. Ashiwaju, M.: Lehrbuch der Haussa-Sprache. München 1966

Dennet, R.E.: Nigerian Studies or The Religious and Political System of the Yoruba. London 1910 (2. Aufl. 1968)

Gerhardt, Ludwig/v. Zwernemann, Jürgern/Wolff, Ekkehard (Hg.): Beiträge zur Kenntnis der Sprachen des nigerianischen Plateaus. Afrikanische Forschung 9. Glückstadt 1983

Grohs, Elisabeth: Traditionelle Erziehung und Schule in Nordnigeria. Saarbrücken 1972

Jockers, Heinz: Studien zur Sprache der Tiv in Nigeria. Europäische Hochschulschriften 21 94. Frankfurt 1991

Jungraithmayr, Hermann: Einführung in die Hausa-Sprache, mit Wörterverzeichnis Hausa/Deutsch und Index Deutsch/Hausa. 2. Aufl. Berlin 1981

Kujore, O.: English Usage. Some Notable Nigerian Variations. Lagos 1985

Oshagbemi, Titus: Leadership and Management in Universities. Britain and Nigeria. Berlin 1988

Owens, Jonathan: A Grammar of Nigerian Arabic. Semitica Viva 10. Wiesbaden 1993

Ward, I.C.: An Introduction to the Ibo Language. Cambridge 1936

Religion und Mythos

Abun-Nasr, Jamil M. (Hg.): Muslime in Nigeria. Religion und Gesellschaft im politischen Wandel seit den 50er Jahren. Beiträge zur Afrikaforschung 4. Münster 1993

Akogu, Peter O.: Leben und Tod im Glauben und Kult der Igbo. Kulturanthropologische Studien, Bd. 10. Hohenschäftlarn 1984

Awolalu, J.O.: Yoruba Beliefs and Sacrificial Rites. London 1979

Beier, Ulli: Yoruba Myths. Cambridge University Press 1980

Clark, P.B. und Linden, I.: Islam in Modern Nigeria. Mainz 1984

Hackett, Rosalind: New Religious Movements in Nigeria. o. O. 1988

Idowu, E.A.: African Traditional Religion. A Definition. London 1973

Ludwig, Frieder: Kirche im kolonialen Kontext. Anglikanische Missionare und afrikanische Propheten im südöstlichen Nigeria 1879–1918. Studien zur interkulturellen Geschichte des Christentums 80. Frankfurt 1992

Okafor, Gabriel M.: Development of Christianity and Islam in Modern Nigeria. A critical Appraisal of the Religious Forces of Christianity and Islam. Religionswissenschaftliche Studien 22. Würzburg 1992

Omotayo, Michael: Schwarze Magie – hautnah erlebt. Ein Augenzeugenbericht aus Nigeria. Berlin 1993

Literatur

Achebe, Chinua: The Trouble with Nigeria. Enugu 1983

Achebe, Chinua: Okonkwo oder Das Alte stürzt (Things fall apart). Frankfurt am Main 1982 (Edition Suhrkamp 1138)

Achebe, Chinua: Heimkehr in ein fremdes Land (No Longer at Ease). Frankfurt am Main 1986 (Edition Suhrkamp 1413)

Achebe, Chinua: Termitenhügel in der Savanne (Anthills of the Savannah). Frankfurt am Main 1989 (Edition Suhrkamp 1581)

Achebe, Chinua: Ein Mann des Volkes. Frankfurt am Main (Edition Suhrkamp 1084)

Achebe, Chinua: Beyond hunger in Africa. Nairobi 1990

Achebe, Chinua: Der Pfeil Gottes. Wuppertal 1994

Achebe, Chinua: Hoffnungen und Hindernisse. Ausgewählte Essays 1965–1987. Berlin 1994

Bandele-Thomas, Biyi: Bozo David Hurensohn. Frankfurt am Main 1991

Bandele-Thomas, Biyi: Kerosin Mangos. Frankfurt am Main 1993

Ekwensi, Cyprian und von Haller, Albert (Hg.): Nigeria. In der Reihe: Moderne Erzähler der Welt, Bd. 38. Tübingen 1973

Emecheta, Buchi: Die Geschichte der Adah. München 1987

Emecheta, Buchi: Der Ringkampf, Göttingen 1989

Emecheta, Buchi: Zwanzig Säcke Muschelgeld. Zürich 1991

Emecheta, Buchi: Gwendolen. München 1991

Frobenius, Leo: Schwarze Sonne Afrikas. Düsseldorf und Köln 1980

Imfeld, Al: Wole Soyinka – Ursprung und Inszenierung des Welttheaters. In: ders. Vision und Waffe. Afrikanische Autoren, Themen, Traditionen. Zürich 1981 (auch Edition Suhrkamp 1039, Frankfurt am Main 1982)

Jestel, Rüdiger: Literatur und Gesellschaft Nigerias. Frankfurt 1980

Lindfors, B. (Hg.): Critical Perspectives on Nigerian Literatures. London 1979

Lindfors, B. und Innes, C.L. (Hg.): Critical Perspectives on Chinua Achebe. London 1979

Momodu, A.G.S. und Schild, Ulla (Hg.): Nigerian Writing. Schriftsteller über Afrika. Tübingen o. J.

Nwankwo, Nkem: My Mercedes is bigger than yours. London 1976 (dt. Mein Mercedes ist größer als deiner. Wuppertal 1979, auch Ullstein Tb. 20191)

Okanlawon, Tunde: Volkserzählungen aus Nigeria. Analysen, Gattungskriterien. Nigerianisches Erzählgut und europäische Märchentheorie. Frankfurt-Bern 1977

Okri, Ben: The Famished Road. London 1992 (dt. Die hungrige Straße. Köln 1994)

Okri, Ben: An African elegy. London 1992

Saro-Wiwa, Ken: Prisoners of Jebs (Kurzgeschichten). Port Harcourt 1988

Soyinka, Wole: Die Plage der tollwütigen Hunde. Olten 1979

Soyinka, Wole: Die Ausleger. Olten 1983 (auch dtv-Tb. 10726, München 1986)

Soyinka, Wole: Aké. Eine afrikanische Kindheit. Zürich 1986 (auch Fischer-Tb. 9217, Frankfurt am Main 1993)

Soyinka, Wole: Der Mann ist tot. Aufzeichnungen aus dem Gefängnis. Zürich 1987 (auch Fischer-Tb. 9572, Frankfurt am Main 1991)

Soyinka, Wole: Art, Dialogue and Outrage. Lagos 1988

Tutuola, Amos: Mein Leben im Busch der Geister. Mit einem Nachwort von Ulli Beier. Berlin 1991

Tutuola, Amos: Der Palmweintrinker. Zürich 1994

Theater, Film, Musik, Tanz

Aimes, D.W. und King, A.V.: Glossary of Hausa Music and its Social Context. Evanston 1971

Ajinre, Tosin und Alabi, Wale: King Sunny Ade – An Intimate Biography. Lagos 1989

Akpabot, S.: Ibibio Music in Nigerian Culture. Michigan 1976

Akpabot, Samuel Ekpe: Foundations of Nigerian Traditional Music. Ibadan 1985

Amali, Samson O.: An Ancient Nigerian Drama. Studie zur Kultur-Kunde. Wiesbaden 1985

Balogun, Françoise: The Cinema in Nigeria. Enugu 1987

Clark, E.: Hubert Ogunde. The Making of Nigerian Theatre. Oxford 1980

Dunton, Chris: Make Man Talk True. Nigerian Drama in English since 1870. New Perspectives on African Literatue 5. Hans Zell Publishers, London 1992 (K.G. Saur München)

Euba, Akin: Juju, Highlife and Afro-Beat. An Introduction to Popular Music in Nigeria; in: Essays on Music in Africa. Bayreuth 1988

Ogunbiyi, Y. (Hg.): Drama and Theatre in Nigeria. A Critical Source Book. Lagos 1983

Kunst, Kunsthandwerk, Architektur

Beier, Ulli: The Return of the Gods. The sacred Art of Susanne Wenger. Cambridge 1975

Beier, Ulli (Hg.): Neue Kunst in Afrika. Das Buch zur Ausstellung. Berlin 1980

Beier, Ulli: Glücklose Köpfe. Malerei von Verrückten aus Nigeria. Bremen 1982

Beier, Ulli: Three Yoruba Artists. Bayreuth 1988

Chesi, Gert: Susanne Wenger. Ein Leben mit den Göttern. Wörgl 1980 (auch in engl. Sprache)

Dmochowski, Zbigniew: An Introduction to Nigerian Traditional Architecture. London 1990

Dräyer, W. und Lommel, A.: Nigeria. 2000 Jahre afrikanischer Plastik. München 1962

Eyo, E.: Two Thousand Years of Nigerian Art. Lagos 1977

Eyo, E. und Willet, F.: Kunstschätze aus Altnigeria (Katalog zur gleichnamigen Ausstellung 1983 in Hildesheim). Mainz 1983

Fagg, Bernard: Nok Terracottas. London 1990

Fagg, W.: Bildwerke aus Nigeria. München 1963

Fagg, W., Pemberton, J. und Holcombe, B.: Yoruba. Sculpture of West Africa. New York 1982

Jones, G.I.: The Art of Eastern Nigeria. Cambridge 1984

Kecskesi, M.: Kunst aus dem alten Afrika. Innsbruck-Frankfurt 1982

Middle Art. Ein Künstler aus Nigeria Hg. vom Haus der Kulturen Bayreuth. Künstler der Welt 4. Ostfildern 1990

Mit Pinsel und Meißel. Zeitgenössische afrikanische Kunst, hg. v. Museum für Völkerkunde. Frankfurt am Main 1991

Ruprecht, Roland: Kunst in Nigeria seit 1950, in: Kunstreise nach Afrika. Tradition und Moderne. Bayreuth 1988

Twins Seven Seven: Paintings and Drawings. Italian Cultural Institute. Lagos 1990

Wenger, Susanne: The sacred Groves of Oshogbo. Wien 1990

Wenger, Susanne: Grenzüberschreitungen. Retrospektive 1950–1990. Bayreuth 1990

Mensch und Gemeinschaft, Brauchtum

Asfahani, Mohamad N./von Kook, Brigitta (Bearb.): Nigerianische Küche. Allerlei aus Südwestafrikanischen Töpfen. In: Exotische Küche 9. Hamburg 1993

Augi, A.R.: The History and Performance of Durbar in Northern Nigeria. Nigeria Magazine Special Publications, Nr. 8. Lagos 1978

Bolaji, S.L.: Yoruba Living Heritage. Ibadan 1984

Enahoro, Peter: The Complete Nigerian. Lagos 1992

Fadipe, N.A.: Sociology of the Yoruba. Ibadan 1991

Ikpe, Eno Blankson: Food and Society in Nigeria. Beitrag zur Kolonial- und Überseegeschichte 59. Stuttgart 1994

Kalu, Eke: The Nigerian Condition. Enugu 1987

Meyn, Wolfgang: Bestattungswesen und Bevölkerungsbewegungen in Nord-Nigeria. Hohenschäftlarn 1982

Nigeria in Costumes, hg. von der Shell Company. 2. Aufl. London – Amsterdam 1962

Nwankwo, A.: Nigeria. My People, My Vision. Enugu 1979

Nwankwo, A.: National Consciousness for Nigeria. Enugu 1985

Nzeribe, A.: Nigeria – Another Hope Betrayed. London 1985

Oji, M.K.: The Nigerian Ethical Revolution 1981–2000 A.D. Lagos 1982

Oloko, O.: Whither Nigeria. 20 Basic Problems Yet Unsolved. Lagos 1983

Onyeke, George/v. Sirch, Bernhard (Hg.): Masquerade in Nigeria: A Case Study in Inculturation. Diss. Theologische Reihe 42. St. Ottilien 1990

Randle, J.K.: Who is fooling Who? Hampshire 1985

Sagay, E.: African Hairstyles, styles of yesterday and today. London 1985

Talbot, P.A.: Life in Southern Nigeria. The Magic, Beliefs and Customs of the Ibibio Tribe. London 1923 (Nachdruck 1967)

Frauen in Nigeria

Esser, Sybille: Dramen in englischer Sprache von Frauen aus Nigeria. Europäische Hochschulschriften 27 33. Frankfurt am Main 1993

Fleischer, Luitgard: Zur Rolle der Frau in Afrika. Heirat, Geburt und Krankheit im Leben der Hausa-Frauen in Nigeria. Bensheim 1977

Herwegen, Sabine: Teufelskreis der Armut oder Verteufelung der Armen? Eine Untersuchung über die sozioökonomischen Aktivitäten der Frauen im informellen Sektor in Ajegunle, Nigeria. Kölner Beiträge zur Entwicklung – Länderforschung 4. Saarbrücken 1987

Hoffmann, Hortense: Frauen in der Wirtschaft eines Entwicklungslandes: Yoruba-Händlerinnen in Nigeria. Eine ethnosoziologische Fallstudie aus der Stadt Ondo. Sozialwissenschaftliche Studie zu internen Problemen 80. Saarbrücken 1983

Mba, N.E.: Nigerian Women Mobilized. Women's Political Activity in Southern Nigeria, 1900–1965. Berkely 1983

Mönnig, Gabriela: Schwarzafrika der Frauen. München 1989

Oguntoye, Katherina (Hg.): Farbe bekennen: Afrodeutsche Frauen auf den Spuren ihrer Geschichte. Frankfurt am Main 1992

Olatubi, Williams O./Nwajiuba, Chinedune U./Anyanwu, G.A.: Special Aspects of Rural Development in Nigeria. The Economics of Aquaculture. A Quantification of Rural Women Labour. Material des Zentrums für regionale Entwicklungs-Forschung der Justus-Liebig-Universität Gießen 19. Gießen 1991

Otokunefor, H.C. u. Nwodo, O.C. (Hg.): Nigerian Female Writers. Oxford 1990

Zdunnek, Gabriele: Marktfrauen in Nigeria. Ökonomie und Politik im Leben der Yoruba-Händlerinnen. Institut für Afrika-Kunde 52. Hamburg 1987

Einzelne Regionen, Städte, Orte

Adefuye, Ade u. a. (Hg.): History of the Peoples of Lagos State. Lagos 1987

Aderidigbe, A.B. (Hg.): Lagos. The Development of an African City. London 1975

Barkindo, B.M. (Hg.): Studies in History of Kano. London 1983

Cities of the Savannah. A History of Some Towns and Cities of the Nigerian Savannah. Nigerian Magazine Special Publications, Nr. 5. Lagos 1978

Folami, T.: A History of Lagos, Nigeria. The Shaping of an African City. New York 1982

Guide to the Zaria Area, hg. von der Field Society. Kaduna 1984

Hackett, Rosalind I.: Religion in Calabar. The Religious Life and History of a Nigerian Town. Religion and Society 27. Berlin 1988

Jaggar, Philip J.: The Blacksmiths of Kano City. A Study in Tradition, Innovation and Entrepreneurship in the Twentieth Century. Westafrikanische Studien 2. Köln 1994

Lathan, A.J.H.: Old Calabar 1600–1891. Oxford 1978.

Losi, J.B.: History of Lagos. Lagos 1967 (Nachdruck von 1914)

Maier, Jörg/Huber, Andreas/v. Adeniyi, P.O. Baer, Hermann: Lagos. Stadtentwicklung einer afrikanischen Metropole zwischen hoher Dynamik und Chaos. Problemräume der Welt 12. Köln 1989

Makinde, M.A.: Ile-Ife. Ibadan 1970

Morgan, K.: History of Ibadan. Ibadan o. J.

Njoku, Amby: Swinging Lagos. A Humerous Slant on Life in Africa's Fastest-Growing Metropolis. Lagos 1985

Ojo, G.J.A.: Yoruba Palaces. London 1966

Oniororo, Nivi: Lagos is a wicked place. Ibadan 1991

Sonuga, Gbenga: Lagos State. Life and Culture. Lagos 1987

Willet, Frank: Ife, Metropole afrikanischer Kunst. Bergisch Gladbach 1968

Fotonachweis

Bildarchiv Bilfinger und Berger, Wiesbaden: Titelbild, Titelseite, Impressumseite, S. 15, 17, 22 oben und unten, 24 oben und unten, 25, 26 oben, 28, 29, 31, 32 oben und unten, 39, 70/71, 74, 76, 78, 82, 83, 84, 87, 89, 90 oben und unten, 96, 100 oben, 104, 123, 127, 131, 135, 138, 139, 140, 141, 144, 145, 149, 151, 157, 164, 168, 171 unten, 178, 180/181, 198, 206, 207, 216, 217, 223, 224, 225, 226 unten, 238, 239, 241 oben und unten, 242, 244, 245, 253, 254, 256 unten, 261, 277, 295

Bildarchiv Schuster/Hoffmann-Burchardi, Oberursel: S. 19, 21 oben, 33, 37, 146 oben und unten, 229, 265, 273, 275

Gert Chesi, Wörgl: S. 30 oben, 204/205, 252

Günter Hauser, München: S. 30 unten, 75, 143, 271

Mainbild, Frankfurt: S. 197 oben, 248

Hans Tuengerthal, Bad Vilbel: S. 20, 23, 26 unten, 27, 77 oben und unten, 79 unten, 101, 197 unten, 201, 202, 203, 211 oben, 212, 234, 251, 259, 278 oben und unten, 280 oben und unten, 281, 282/283

National Museum, Lagos: S. 41, 42, 49, 116, 117 oben und unten, 119, 120, 121, 179, 218, 233

Nigeria Magazine, Lagos: S. 100 unten, 210

National Museum, Oron: S. 231

Alle übrigen Fotos stammen vom Autor

Die historischen Abbildungen wurden folgenden Publikationen entnommen:

Nach Afrika und Asien hinein. Abenteuer der Entdeckungen in Farbe. Gütersloh 1977: S. 44, 45, 47

Calwer historisches Bilderbuch der Welt. Calw 1883. Reprint Stuttgart 1987: S.193, 196, 228

Genschorek, Wolfgang: Zwanzigtausend Kilometer durch Sudan und Sahara. Leben und Leistung des Bahnbrechers der Afrikaforschung Heinrich Barth. 2. Aufl. Leipzig 1982: S.154, 262, 279

Soyinka, Wole: Aké – Jahre der Kindheit. Schutzumschlag von A.R. Penck. Zürich 1986. Mit freundlicher Genehmigung des Ammann Verlages: S. 108

Mit Pinsel und Meißel. Zeitgenössische afrikanische Kunst. Museum für Völkerkunde. Frankfurt am Main 1991: S. 125

Museum für Völkerkunde. Staatliche Museen Preußischer Kulturbesitz, Berlin. Abt. Afrika: S.118, 219

Register

Übersichtskarte mit Blattschnitt

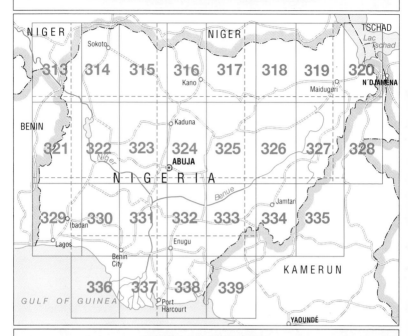

Zeichenerklärung

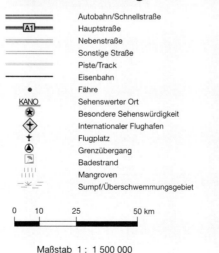

═══════	Autobahn/Schnellstraße
▬▬A1▬▬	Hauptstraße
....	Nebenstraße
‒‒‒‒‒‒‒	Sonstige Straße
‒ ‒ ‒ ‒	Piste/Track
──────	Eisenbahn
•	Fähre
KANO	Sehenswerter Ort
★	Besondere Sehenswürdigkeit
✦	Internationaler Flughafen
+	Flugplatz
▲	Grenzübergang
▨	Badestrand
⏐⏐⏐⏐	Mangroven
‒⥾‒	Sumpf/Überschwemmungsgebiet

```
0    10    25            50 km
```

Maßstab 1 : 1 500 000

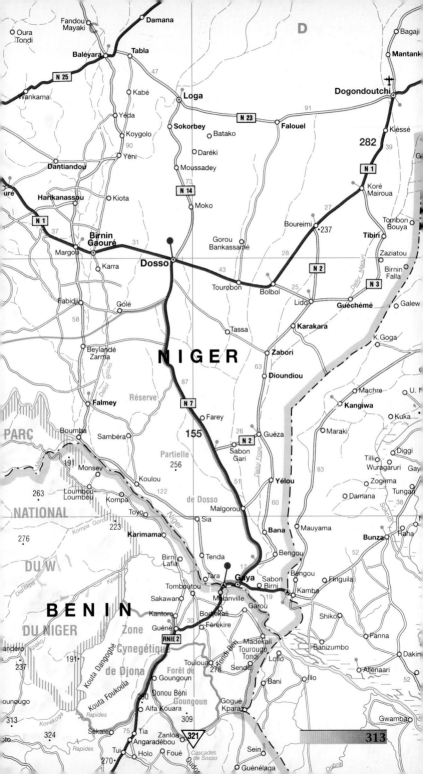

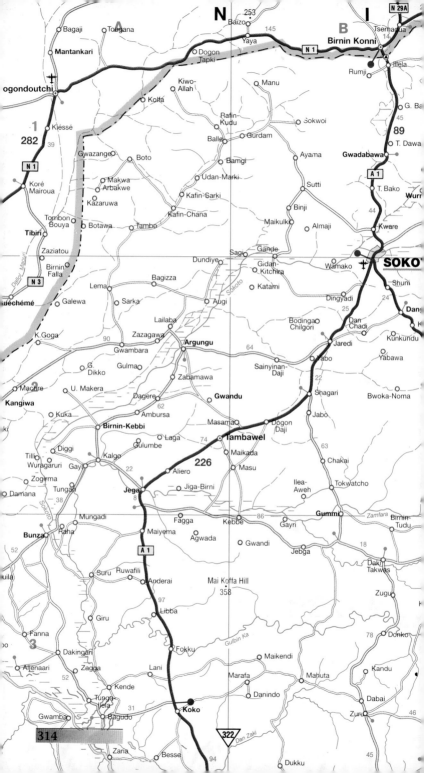

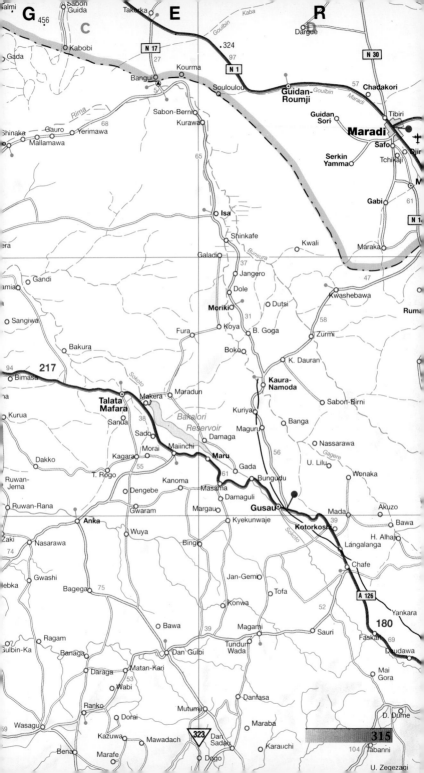

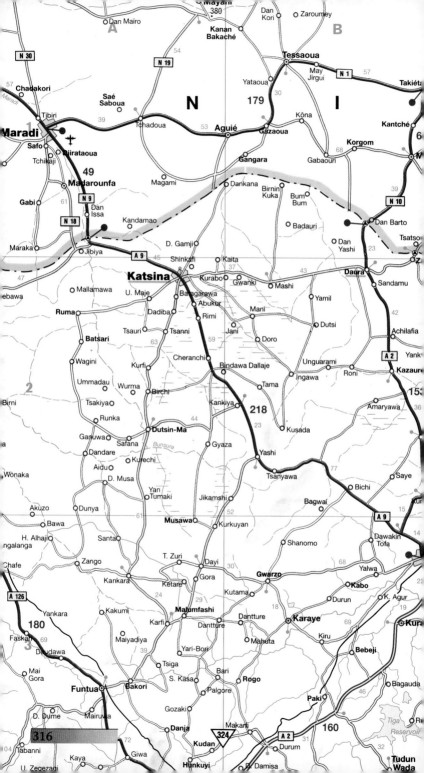

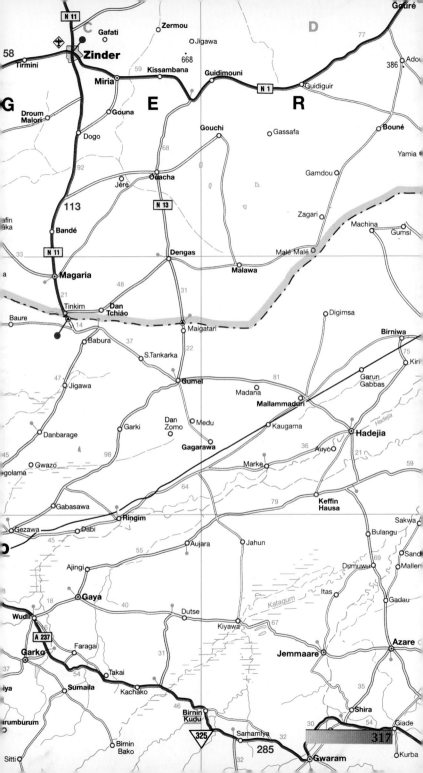

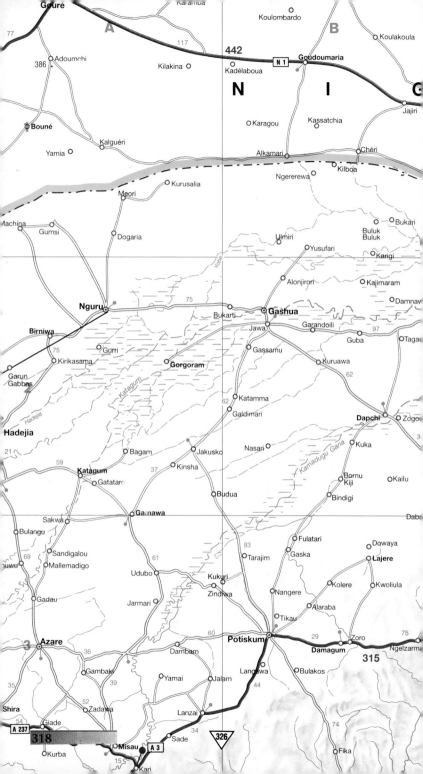

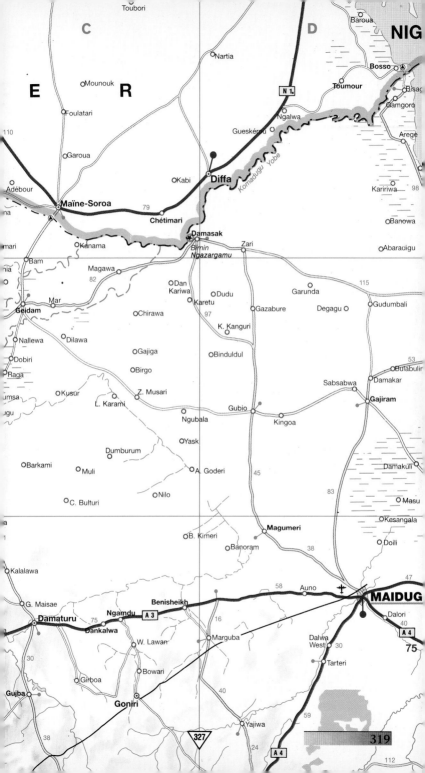

Toubori

C

D

Baroua

E

R

Mounouk

Bosso

Toumour

Bisag

Foulatari

N 1

Nartia

Gamgoro

Ngalwa

Arege

Garoua

Gueskérou

110

Kabi

Diffa

Komadugu Yobe

Kaririwa

98

Adébour

Maïne-Soroa

79

Banowa

Chétimari

Damasak

Zari

Abaradigu

Kanama

Birmin

Ngazargamu

ari

Bam

Magawa

82

Dan
Kariwa

Dudu

Garunda

115

Karetu

Gazabure

Degagu

Gudumbali

Chirawa

97

Mar

K. Kanguri

Geidam

Nallewa

Dilawa

Gajiga

Binduldul

53

Dobiri

Birgo

Bulabulir

Raga

Damakar

Kusur

Z. Musari

Sabsabwa

umsa

L. Karami

Gubio

Gajiram

ugu

Ngubala

Kingoa

Dumburum

Yask

Damakuli

Barkami

Muli

A. Goderi

45

83

C. Bulturi

Nilo

Masu

Kesangala

B. Kimeri

Magumeri

Doili

Banoram

38

Kalalawa

Auno

MAIDUG

47

G. Maisae

Benisheikh

58

Damaturu

Ngamdu

A 3

16

Dalori

75

Dankalwa

40

A 4

W. Lawan

Marguba

Dalwa
West

30

75

30

Bowari

Tarteri

Girboa

Gujba

Goniri

40

327

Yajiwa

59

38

24

A 4

112

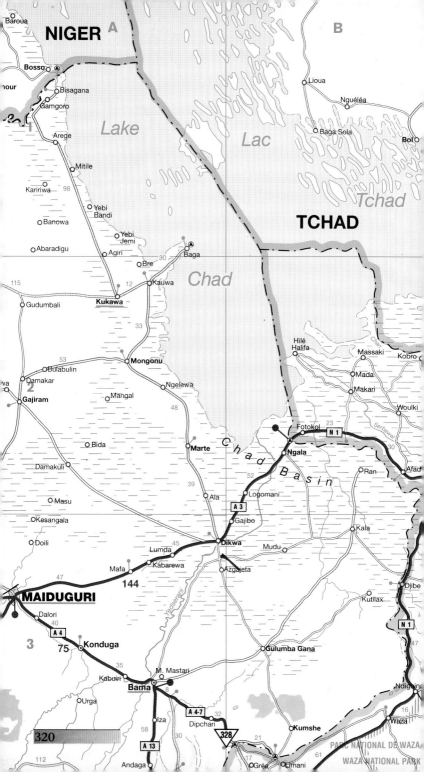

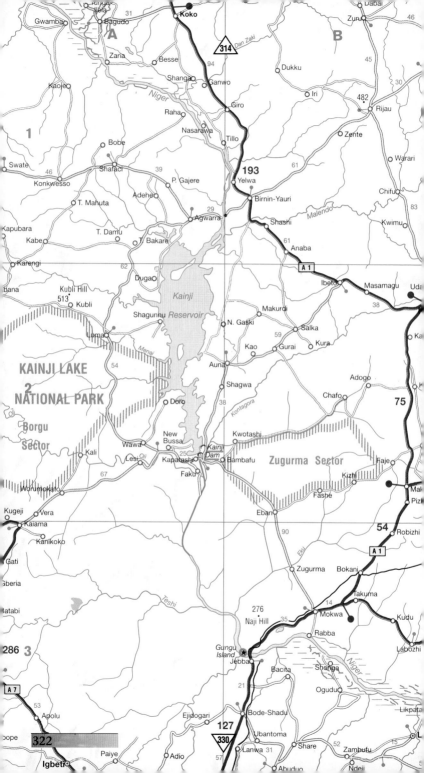

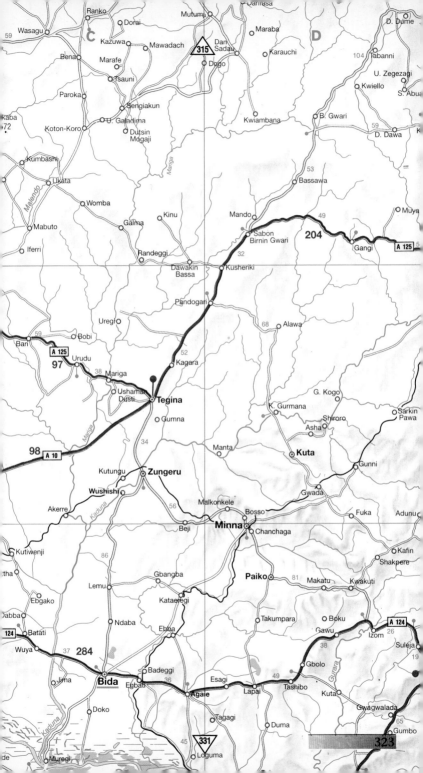

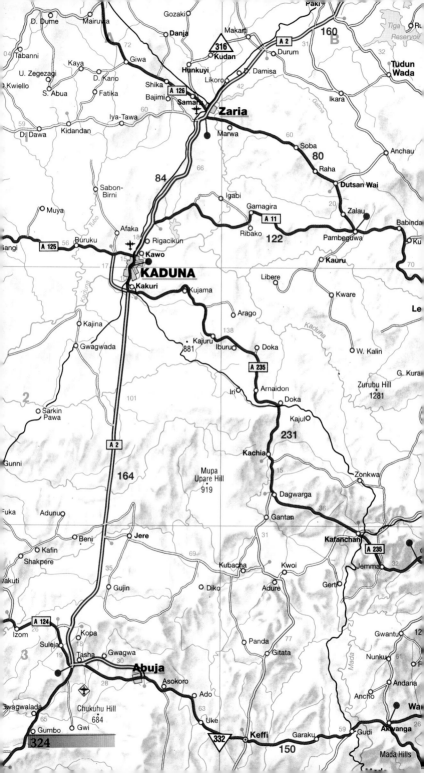

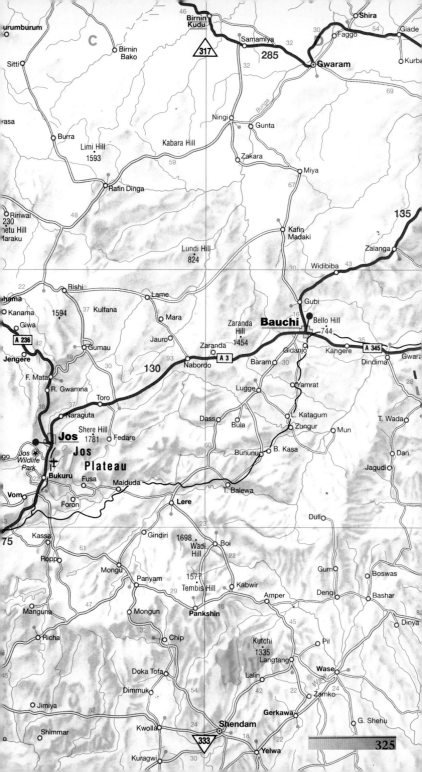

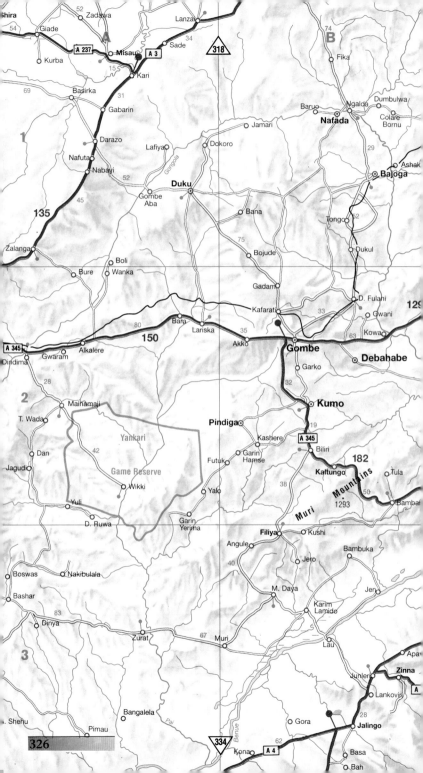

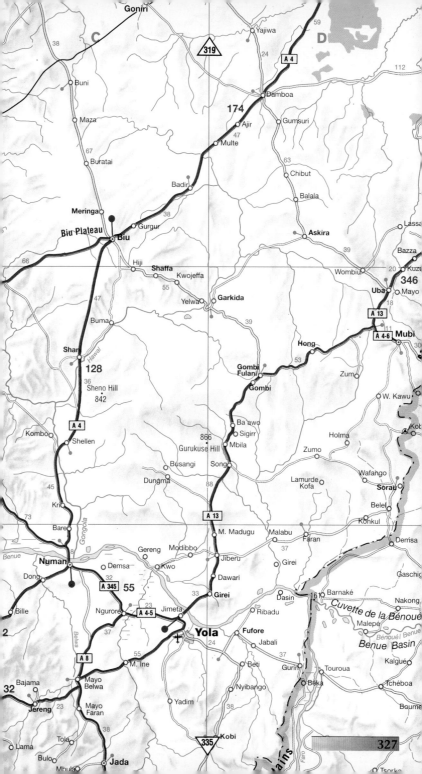

Goniri

C

319

Yajiwa

59

A 4

Buni

24

112

Damboa

Maza

Ajir

174

Gumsuri

Multe

47

Buratai

67

Chibut

63

Badir

Balala

Meringa

38

Gurgur

Askira

Lassa

Biu Plateau

Biu

89

Bazza

66

Hiji

Shaffa

Wombiu

20

Kuzi

346

Kwojeffa

Uba

Mayo

55

Yelwa

Garkida

18

Buma

39

A 13

Shani

Hong

A 4-6

Mubi

47

Hawal

128

53

Zum

30

36

Gombi

Fulani

Sheno Hill

842

Gombi

W. Kawu

A 4

Kob

Kombo

Shellen

Ba awo

Sigirr

Holma

866

Mbila

Zumo

Gurukuse Hill

Busangi

Song

Wafango

Dungma

Lamurde

Kofa

Sorau

45

88

Belel

Kric

A 13

Konkul

Bare

73

M. Madugu

Malabu

Demsa

Numan

8

Gereng

Modibbo

Jiberu

Faran

37

Girei

Gaschig

Dong

Demsa

Kwo

Dawari

Dasin

16

Barnaké

Nakong

Bille

A 345

55

33

Girei

Ribadu

Cuvette de la Bénoué

Malepé

2

Ngurore

A 4-5

Jimeta

Yola

Fufore

Bénoué/ Benue

Benue Basin

A 8

55

M. Ine

24

Jabali

37

Kalgué

Bajama

Mayo

Belwa

Beti

Gurin

Touroua

Béka

Tchéboa

32

Belwa

Nyibango

Boumé

Jereng

23

Mayo

Faran

Yadim

38

Lama

38

Tola

335

Kobi

Bulo

Mbula

Jada

Tsorke

327

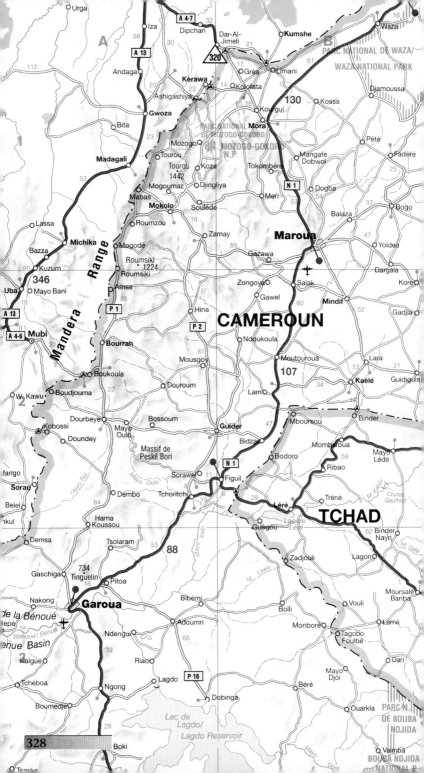

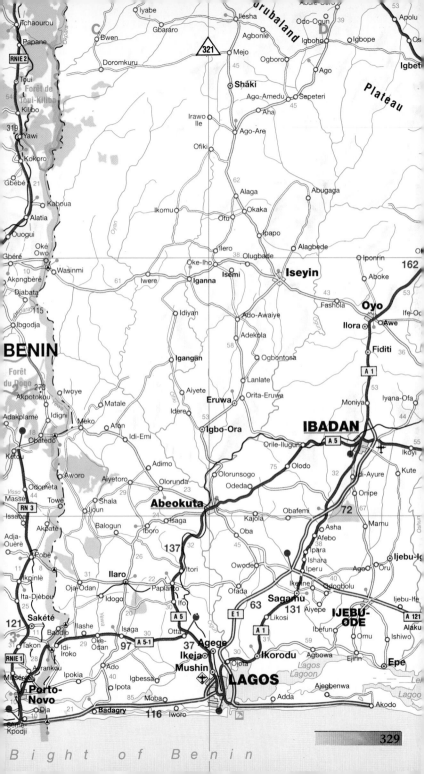

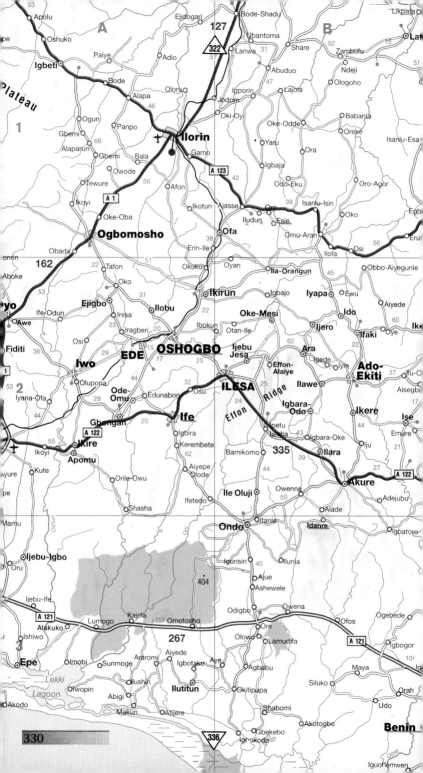

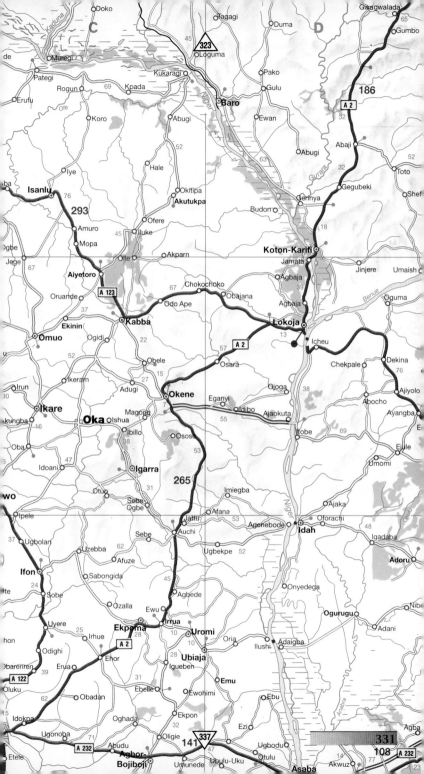

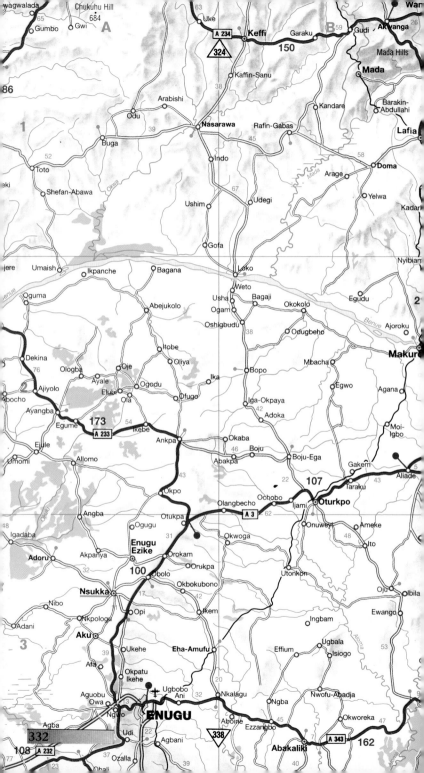

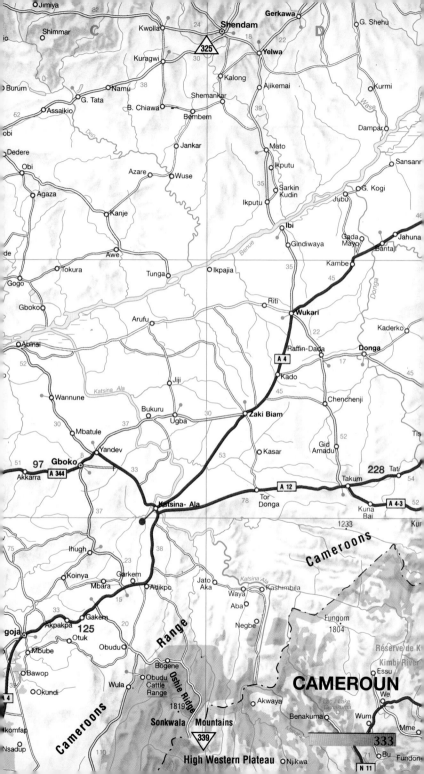

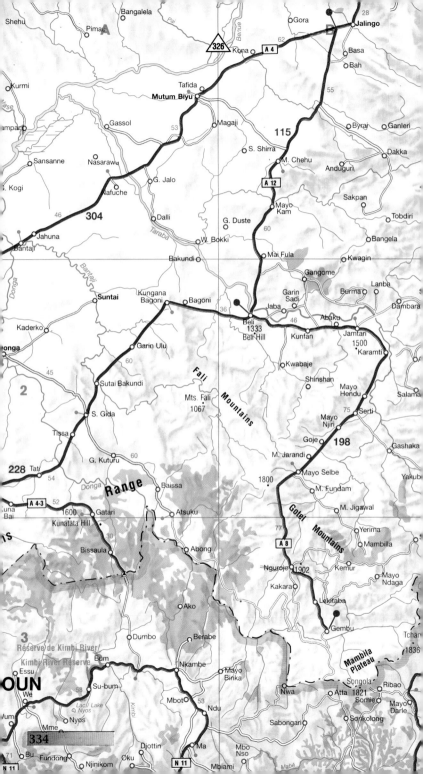

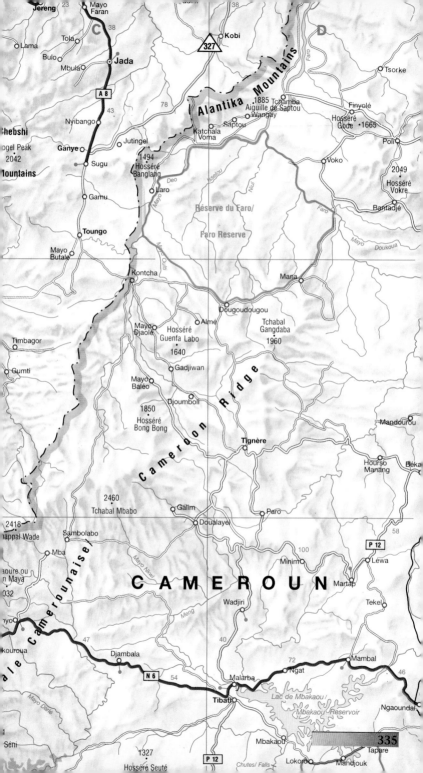

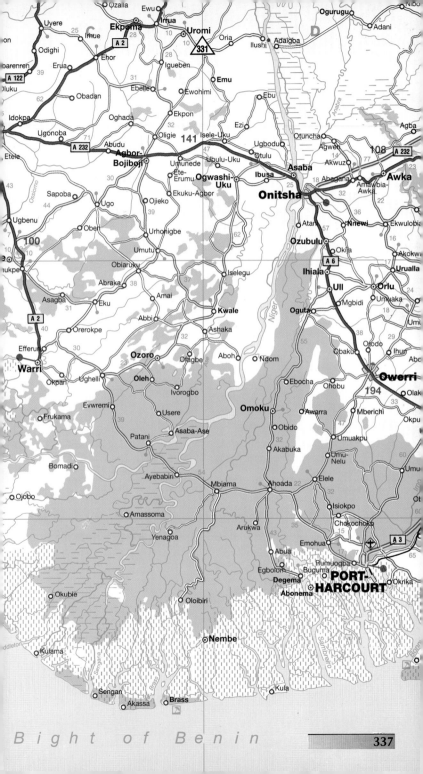

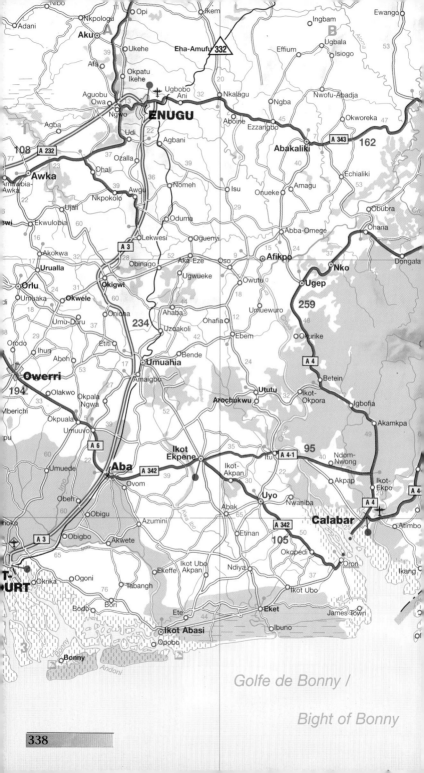

Golfe de Bonny /

Bight of Bonny

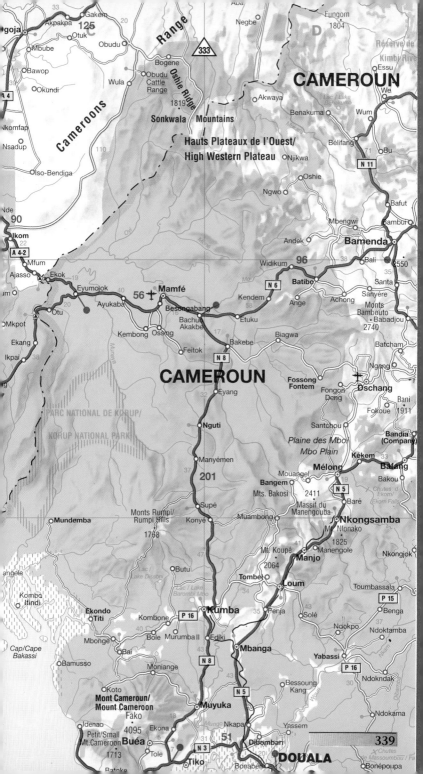

Ortsregister zum Reiseatlas

Zum Auffinden der Orte dient das blaugedruckte Suchgitter mit den dazugehörigen halbfetten Suchbezeichnungen am Kartenrand. Nach den Ortsnamen steht als erste Zahl die Seite, danach die Bezeichnung des entsprechenden Suchfeldes.

Oban 338-B2
Obarenren 331-C3
Obbo-Aiyegunle 330-B2
Obele 331-C2
Oben 337-C1
Oben 338-A2
Obi 333-C1
Obiaruku 337-C2
Obido 337-D2
Obigbo 338-A3
Obigu 338-A2
Obinago 338-A2
Obolo 332-A3
Obubra 338-B1
Obudu 333-C3
Obudu Cattle Range 339-C1
Ochobo 332-B2
Ode-Omu 330-A2
Odeda 329-D2
Odigbo 330-B3
Odighi 331-C3
Odo Ape 331-C2
Odo-Eku 330-B1
Odo-Ogun 321-D3
Odogbolu 329-D3
Odu 332-A1
Odugbeho 332-B2
Oduma 338-A1
Ofa 330-B1
Ofada 329-D3
Ofagbe 337-C2
Ofere 331-C1
Ofiki 329-D1
Oforachi 331-D3
Ofos 330-B3
Ofugo 332-A2
Ogam 332-B2
Ogbe 331-C1
Ogbohi 333-C3
Ogbomosho 330-A1
Ogbontosa 329-D2
Ogboro 329-D1
Ogebede 330-B3
Oghada 337-C1
Ogidi 331-C2
Ogodu 332-A2
Ogoja 333-C3
Ogoni 338-A3
Ogudu 322-B3
Oguenyi 338-A1
Ogugu 332-A3
Oguma 332-A2
Ogun 330-A1
Ogurugu 331-D3
Oguta 337-D2
Ogwashi-Uku 337-D1
Ohafia 338-B2
Ohali 338-A1
Ohana 338-B1
Ohobu 337-D2
Oja-Odan 329-C3
Oje 332-A2
Ojieko 337-C1
Ojobo 337-C2
Ojoga 331-D2
Ojota 329-D3
Oju 332-B3
Oka 331-C2
Okaba 332-B2
Okaka 329-D1
Okbokubono 332-A3
Oke 336-B2
Oke-Iho 329-D2
Oke-Mesi 330-B2
Oke-Oba 330-A1
Oke-Odan 329-C3
Oke-Odde 330-B1
Okene 331-C2
Oki-Oyi 330-B1
Okigwi 338-A2
Okija 337-D1
Okitipa 331-C1

Okitipupa 330-B3
Oko 330-A2
Oko 330-B1
Okohon 331-C3
Okokolo 332-B2
Okopedi 338-B3
Okpala Ngwa 338-A2
Okpari 337-C2
Okpatu Ikehe 332-A3
Okpo 332-A2
Okpoma 333-C3
Okpuala 338-A2
Okrika 338-A3
Okubie 337-C3
Okuku 330-A2
Okuku 333-C3
Okundi 333-C3
Okurike 338-B2
Okuta 321-C3
Okwa 336-B1
Okwele 338-A2
Okwoga 332-B3
Okworeka 338-B1
Ola 332-A2
Olakwo 338-A2
Olangbecho 332-B2
Oleh 337-C2
Oligie 337-C1
Oliya 332-A2
Olle 331-C2
Olodo 329-D2
Ologba 332-A2
Ologoho 330-B1
Oloibiri 337-C3
Oloru 330-A1
Olorunda 329-C2
Olorunsogo 329-D2
Olowo 330-B3
Olugbade 329-D2
Oluku 331-C3
Olupona 330-A2
Omoku 337-D2
Omotosho 330-A3
Omu 329-D3
Omu-Aran 330-B1
Omuo 331-C2
Ondo 330-B3
Onicha 338-A2
Onipe 329-D2
Onitsha 337-D1
Onueke 338-B1
Onuweyi 332-B3
Onyedega 331-D3
Opi 332-A3
Opobo 338-A3
Ora 330-B1
Orah 330-B3
Ore 330-B3
Oreke 330-B3
Orerokpe 337-C2
Oria 331-D3
Orile-Ilugun 329-D2
Orile-Owu 330-A2
Orita-Eruwa 329-D2
Orlu 338-A2
Oro 330-B1
Oro-Agor 330-B1
Orodo 338-A2
Orokam 332-A3
Oron 338-B3
Oru 330-A3
Oruande 331-C2
Orukpa 332-A3
Osara 331-D2
Oshigbudu 332-B2
Oshogbo 330-A2
Oshuko 330-A1
Osi 330-A2
Osi 330-B1
Oso 338-B2
Ososo 331-C2
Osu 330-A2

Otan-Ile 330-B2
Otta 329-C3
Otu 329-D1
Otuk 333-C3
Otukpa 332-A3
Otulu 337-D1
Otuncha 337-D1
Otuo 331-C2
Oturkpo 332-B2
Ovom 338-A2
Owena 330-B3
Owenna 330-B2
Owerri 338-A2
Owo 331-C2
Owod 330-A1e
Owode 329-D3
Owutu 338-B2
Oyan 330-B2
Oye 330-B2
Oyo 330-A2
Ozalla 331-C3
Ozalla 338-A1
Ozoro 337-C2
Ozubulu 337-D1

P

P. Gajere 322-A1
Paiko 323-D3
Paiye 330-A1
Paki 316-B3
Pako 331-D1
Palgore 316-A3
Pambeguwa 324-B1
Panda 324-B3
Pandogari 323-D2
Pankshin 325-C3
Panpo 330-A1
Panyam 325-C3
Paplanto 329-C2
Paroka 323-C1
Patani 337-C2
Pategi 331-C1
Pil 325-D3
Pimau 326-A3
Pindiga 326-B2
Pizhi 322-B2
Port-Harcourt 337-D3
Potiskum 318-B3

R

R. Gwamna 325-C2
Rabah 314-B1
Rabba 322-B3
Raffin-Dada 333-D2
Rafin Dinga 325-C1
Rafin-Gabas 332-B1
Rafin-Kudu 314-A1
Raga 319-C2
Ragam 315-C3
Raha 314-A3
Raha 322-A1
Raha 324-B1
Rahama 325-C2
Ran 320-B2
Randa 324-B3
Randeggi 323-C2
Ranko 315-C3
Rano 316-B3
Ribadu 327-D3
Ribah 314-B3
Ribako 324-B1
Richa 325-C3
Rigacikun 324-A1
Rijau 322-B1
Rimi 316-A2
Ringim 317-C3
Ririwai 325-C1
Rishi 325-C2
Riti 333-D2
Robizhi 322-B3
Rogo 316-B3
Rogun 331-C1

Roni 316-B2
Ropp 325-C3
Ruma 316-A2
Rumji 314-B1
Rumuogba 337-D3
Runka 316-A2
Rurum 316-B3
Ruwafili 314-A3
Ruwan-Jema 315-C2
Ruwan-Rana 315-C2

S

S. Abua 324-A1
S. Gida 334-A2
S. Kasa 316-A3
S. Shirra 334-B1
S. Tankarka 317-C2
Sabere 334-B3
Sabon Birnin Gwari
323-D1
Sabon-Berni 315-C1
Sabon-Birni 315-D2
Sabon-Birni 324-A1
Sabongida 331-C3
Sabsabwa 319-D2
Sade 326-A1
Sado 315-C2
Safana 316-A2
Safo 322-B2
Sagamu 329-D3
Sagi 314-B1
Sainyinan-Daji
314-B2
Sakaba 323-C1
Sakpan 334-B1
Sakwa 318-A3
Salama 334-B2
Salka 322-B2
Samamiya 317-D3
Samaru 324-A1
Sandamu 316-B2
Sandigalou 318-A3
Sangiwa 315-C2
Sansanne 333-D1
Santa 316-A3
Sanua 315-C2
Sapele 337-C1
Sapoba 337-C1
Sare 321-D2
Sarka 314-A2
Sarkin Kudin 333-D1
Sarkin Pawa 324-A2
Sauri 315-D3
Saya 321-C3
Saye 316-B2
Sebe 331-C3
Sebe-Ogbe 331-C2
Sengan 337-C3
Sengiakun 323-C1
Sepeteri 329-D1
Serti 334-B2
Shabomi 330-B3
Shabu 332-B1
Shafaci 322-A1
Shaffa 327-C2
Shagari 314-B2
Shagunnu 322-A2
Shagwa 322-A2
Sh?ki 329-D1
Shakpere 324-A3
Shala 329-C2
Shanga 322-A1
Shangev-Tiev 332-B3
Shani 327-C2
Shanomo 316-B3
Share 330-B1
Shasha 330-A2
Shashi 322-B1
Shefan-Abawa 332-A1
Shegau 318-B2
Shellen 327-C2
Shemankar 333-D1

MAI
VERLAG

Im bisherigen Erscheinungs-
bild sind folgende Mai's Weltführer, Städteführer und Reise-Lesebücher erhältlich:

Mai's Städteführer
Dublin, Lissabon, Lyon

Mai's Reise-Lesebücher
*Geschichten und Erzählungen
über die Kunst des Reisens,
die zu genauerem Hinschauen
und zu intensiverem Erleben
ermuntern.*

Mai's Weltführer
*Alaska mit Yukon-Territory
Dominikanische Republik
Ecuador mit Galápagos-Inseln
Gambia
Grönland
Indien
Island
Nordafrika
Portugal
Südafrika
Südsee
Thailand
USA
Zimbabwe*

MAI VERLAG

Quellenweg 10, 63303 Dreieich-Buchschlag,
Tel. 0 61 03/6 29 33, Fax 0 61 03/6 48 85